校企合作双元开发"互联网+"新形态信息化教材
高等职业教育特色系列教材——铁道电气化、交通运输类

接触网设备检修与施工

(智媒体版)(活页式)

主　编 ◎ 马成禄　周艳秋　康　飞

副主编 ◎ 王春燕

主　审 ◎ 林毓梁

西南交通大学出版社
·成都·

图书在版编目（CIP）数据

接触网设备检修与施工：智媒体版：活页式 / 马成禄，周艳秋，康飞主编. — 成都：西南交通大学出版社，2022.8

校企合作双元开发"互联网+"新形态信息化教材，高等职业教育特色系列教材. 铁道电气化、交通运输类

ISBN 978-7-5643-8750-1

Ⅰ. ①接… Ⅱ. ①马… ②周… ③康… Ⅲ. ①接触网–检修–高等职业教育–教材②接触网–工程施工–高等职业教育–教材 Ⅳ. ①U225

中国版本图书馆 CIP 数据核字（2022）第 107922 号

Jiechuwang Shebei Jianxiu yu Shigong
(Zhimeiti Ban) (Huoye shi)

接触网设备检修与施工
（智媒体版）（活页式）

主编　马成禄　周艳秋　康飞

责任编辑	张文越
封面设计	何东琳设计工作室
出版发行	西南交通大学出版社 （四川省成都市金牛区二环路北一段 111 号 西南交通大学创新大厦 21 楼）
邮政编码	610031
发行部电话	028-87600564　028-87600533
网址	http://www.xnjdcbs.com
印刷	四川玖艺呈现印刷有限公司
成品尺寸	185 mm × 260 mm
印张	24.5
字数	493 千
版次	2022 年 8 月第 1 版
印次	2022 年 8 月第 1 次
书号	ISBN 978-7-5643-8750-1
定价	68.00 元

课件咨询电话：028-81435775
图书如有印装质量问题　本社负责退换
版权所有　盗版必究　举报电话：028-87600562

前言
PREFACE

本教材针对职业院校基于工作过程的项目化教学编写而成。校企合作双元开发、活页式、"教、学、做一体"是本教材的特点。高校与企业合作共同撰写本教材,力求实现"两个结合":一是充分结合实际工作需要与高职学生的知识基础,精选内容,优化组合,并体现行业新技术的发展;二是充分结合高职学生的学习特点与认识规律,创新内容的组织形式,同时借鉴企业项目管理理念。本教材强调职业工作的整体性,强调将专业能力、方法能力和社会能力以及职业素养融为一体,以具体典型工作任务为载体,强调工作过程的完整性;对知识内容结构进行优化设计,以岗位"工作过程"为基准,以完成工作任务的方式组织学习项目。

在充分考虑学生知识发展和技能需求的基础上,本教材打破了以单一的知识传授为主要特征的传统教学方式,把知识点、技能点、职业素养和课程思政融合在一起,嵌入具体项目教学中;在项目中引导学生完成知识和技能的学习,突出对学生职业能力的训练,同时融合相关职业资格考试对知识、技能的要求。

本教材的内容,主要包括24个具体的项目,从基本结构到检修、施工以及事故处理,基本涵盖了电气化铁路接触网运行维护与施工人员应掌握的基本技能;教学评价采取过程评价的方式,通过理论与实践相结合,重点评价学生的职业能力、沟通协调能力、稳定的心理、安全与保护意识等综合素质。

本教材由辽宁轨道交通职业学院马成禄、大连科技学院周艳秋、辽宁轨道交通职业学院康飞任主编,辽宁轨道交通职业学院王春燕任副主编,辽宁轨道交通职业学院邹月海、钟德生、张璃及沈阳供电段黄少宏任参编,山东职业学院林毓梁教授任主审。全书共设24个项目,具体分工如下:项目一~项目四由周艳秋编写,项目七~项目八、项目十八~项目十九(任务一)由马成禄编写,项目十四~项目十七由康飞编写,项目五~项目六、项目十一~项目十二、项目十九（任务二）由王春燕编写，项目二十~项目二十二由邹月海编写，项目二十三~项目二十四（任务一、二）由钟德生编写，项目九、项目二十四（任务三、四）由黄少宏编写，项目十、项目十三由张璿编写。本书的编写充分吸取企业兼职教师的建议意见，并融入企业兼职教师的授课资料，使该教材达到校内、校外教师都能使用的目的；同时也参考了诸多文献资料，在此谨向文献资料的作者表示真挚的谢意。

由于编者水平有限，书中难免存在不足和欠妥之处，恳请广大读者和有关专家批评指正。

编 者

2022 年 3 月

目录

项目一　接触网导线高度的调整 1
　　任务一　电气化铁路概述 1
　　任务二　接触悬挂的类型 6
　　任务三　接触网的供电方式 12
　　任务四　牵引供电系统的供电方式及特点 14
　　任务五　接触网参数测量 16
　　复习与思考题 24

项目二　接触网常用工具仪表的使用 25
　　任务一　接触网常用工具的使用 25
　　任务二　接触网常用仪表的使用 32
　　复习与思考题 35

项目三　支柱的检修 37
　　复习与思考题 49

项目四　支持装置的检修 50
　　复习与思考题 62

项目五　定位装置的检修 63
　　复习与思考题 77

项目六　接触网线索的检修 79
　　复习与思考题 87

项目七　绝缘子的检修 89
　　复习与思考题 95

项目八　吊弦的检修 …… 97
　　复习与思考题 …… 104

项目九　中心锚结的检修 …… 106
　　复习与思考题 …… 114

项目十　锚段关节的检修 …… 116
　　复习与思考题 …… 128

项目十一　线岔的检修 …… 129
　　复习与思考题 …… 145

项目十二　分段分相绝缘装置的检修 …… 147
　　任务一　分段绝缘装置的检调 …… 147
　　任务二　分相绝缘装置的检调 …… 159
　　复习与思考题 …… 170

项目十三　补偿装置的检修 …… 172
　　复习与思考题 …… 183

项目十四　隔离开关与电连接的检调 …… 184
　　任务一　隔离开关的检调 …… 184
　　任务二　电连接的检调 …… 195
　　复习与思考题 …… 204

项目十五　软横跨的检修 …… 206
　　复习与思考题 …… 213

项目十六　避雷器的检修 …… 216
　　复习与思考题 …… 220

项目十七　导线回头的制作 …… 221
　　任务一　接触线终端锚固线夹安装 …… 221
　　任务二　承力索终端锚固线夹安装 …… 225
　　任务三　承力索回头制作 …… 229
　　复习与思考题 …… 230

项目十八　接触网施工 ·· 231
任务一　接触网施工准备与组织 ··· 231
任务二　接触网基坑工程 ··· 240
任务三　接触网混凝土工程 ·· 248
任务四　立杆与整正 ·· 253
任务五　接触网架设 ·· 260
任务六　接触悬挂调整 ··· 268
复习与思考题 ··· 270

项目十九　接触网作业区防护 ··· 272
任务一　坐台防护的设置 ··· 272
任务二　行车防护的设置 ··· 275
复习与思考题 ··· 279

项目二十　接触网高空作业 ··· 281
任务一　高空作业安全用具的使用 ·· 281
任务二　高空作业登高用具的使用 ·· 284
任务三　攀杆作业 ··· 288
复习与思考题 ··· 290

项目二十一　冷滑试验 ·· 291
任务一　冷滑试验 ··· 291
任务二　送电开通 ··· 296
任务三　竣工验收 ··· 300
复习与思考题 ··· 303

项目二十二　接触网的运营管理 ··· 304
任务一　接触网的运营检修 ·· 304
任务二　接触网的管理 ··· 308
任务三　铁路交通事故及接触网事故 ··· 317
复习与思考题 ··· 321

项目二十三　接触网平面图、安装图 ·· 323
任务一　认知接触网平面布置原则 ·· 323
任务二　接触网平面图的识读 ··· 331

  任务三 接触网安装图的识读 …… 342
  任务四 接触网供电示意图的识读 …… 345
  复习与思考题 …… 348

项目二十四 接触网事故抢修 …… 350
  任务一 接触网常见设备事故判别和查找 …… 350
  任务二 接触网事故抢修应急响应 …… 352
  任务三 接触网事故处理 …… 363
  任务四 接触网事故案例分析 …… 371
  复习与思考题 …… 381

参考文献 …… 383

项目一 接触网导线高度的调整

 项目描述

接触网是沿铁路上空架设的一条特殊形式的输电线路，它由接触悬挂、支持装置、定位装置、支柱和基础等几部分组成。为了安全可靠地向电力机车（电动车组）供电，接触网必须始终处于良好的工作状态，有足够的机械强度，结构尽量简单、轻巧，易于施工安装、维修更换，还要满足一定的技术参数要求。对这些参数进行测量需要掌握特定的知识和技能。

任务一 电气化铁路概述

【知识目标】
- 了解电力机车的基本结构和电气化铁路的概念。
- 掌握电气化铁路的基本组成。
- 掌握接触网的组成。

【技能目标】
- 能够区分接触网和牵引供电系统的供电方式。

【素养目标】
- 能主动获取有效信息、自主学习新知识。

一、电气化铁路概述

采用电力机车为主要牵引动力的铁路称为电气化铁路。低能耗、高效率、高速度的电力牵引已成为世界各国铁路发展趋势，是铁路现代化的标志。20 世纪 60 年代，世界上第一条高速电气化铁路——东京到大阪的新干线在日本建成，拉开了高速电气化铁路建设的新篇章。到 20 世纪 80 年代，法国和德国先后建成了速度超过 300 km/h 的高速电气化铁路。目前，电气化铁路在全球 60 多个国家的营运里程已经突破 25 万千米，占世界铁路总营业里程的近四分之一，承担了一半以上的铁路运量，显示了电气化铁路的巨大生命力。我国第一条电气化铁路是宝（鸡）成（都）线宝鸡—凤州段，于 1961 年 8 月 15 日正式交付运营，从此揭开了我国电气化铁路建设的序幕。从第一条电气化铁路运营到现在的 50 多年间，特别是改革开放以来，我国的电气化铁路得到了迅猛的发展。中国电气化铁路用五六十年走过了西方发达国家一百多年的发展历程，成功走出了一条从无到有、从低吨位到重载、从常速到高速的探索创新之路。通过原始创新、集成创新和消化吸收再创新，我国电气化铁路不仅总里程跃升至世界第一，在技术水平和建设质量上也达到世界领先水平。目前，我国已经全面掌握了时速 350~380 km 电气化铁路的设计、施工、检测技术体系；全面掌握了高速铁路接触网零配件、高强高导接触网导线、GIS 开关、自动过分相等高铁关键产品研发和生产技术，构筑起了具有完全自主知识产权的中国高速铁路牵引供电技术体系平台，跻身世界高铁技术前沿。电气化铁路牵引功率大、节能环保、能大幅度提高运输能力和速度，具有技术、经济、环保方面的优越性，是各国铁路优先发展的铁路牵引动力方式。我国的电气化铁路采用了目前国际上普遍使用的 25 kV 单相工频交流制，其优点为：牵引供电系统的结构简单，牵引变电所损耗小、间距大、数目少，机车黏着性能和牵引性能良好，大大降低了建设投资和运营费用。

二、电气化铁路的组成

由于电力机车本身不携带原动机，靠外部电力系统经过牵引供电装置供给其电能，故电气化铁路是由电力机车和牵引供电装置组成的。牵引供电装置一般分成牵引变电所和接触网两部分，所以人们又称电力机车、牵引变电所和接触网为电气化铁路的"三大元件"。

（一）电力机车

电力机车靠其顶部升起的受电弓，直接接触导线获取电能。每台电力机车前后各有一受电弓，由司机控制其升降。受电弓升起工作时，以（68.6+9.8）N 的接触压力紧贴接触线摩擦滑行，将电能引入机车，经机车主断路器到机车主变压器降压后，经传动装置供给牵引电动机，牵引电动机通过齿轮传动使电力机车运行，如图 1-1 所示。

电力机车受电弓直接从接触线上滑行取流，其形式一般有单臂式和双臂式两种。目前一般采用单臂式受电弓。受电弓顶部的滑板紧贴接触线。滑板固定在托架上，托架一般采用 2 mm 的铝板冷压制成。根据接触线材质的不同选用不同材质的滑板。受电弓最大工作范围为 1250 mm，允许工作范围为 950 mm。受电弓及滑板安装如图 1-2 所示。

我国目前使用的电力机车主要是国产韶山系列与和谐系列电力机车，投入运用的有 SS_1、SS_3、SS_4、SS_8、SS_9、HX_D1、HX_D2、HX_D3 等型号及部分进口电力机车。

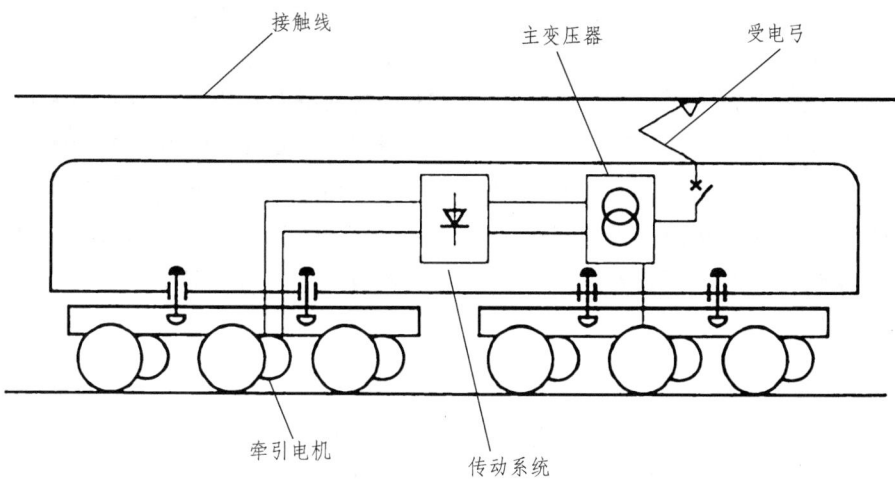

图 1-1　电力机车示意图

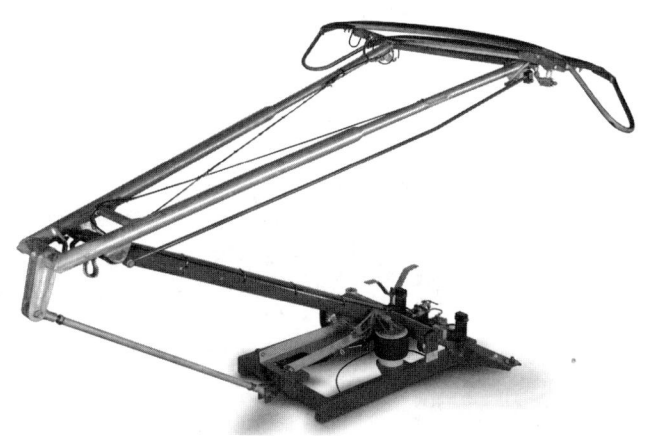

图 1-2　受电弓示意图

（二）牵引变电所

牵引变电所的主要任务是将电力系统输送来的电能降压，然后以单相供电方式经馈电线送至接触网上，电压变换由牵引变压器进行。电力系统的三相交流电改变为单相是通过牵引变压器的电气接线来实现的。牵引变电所一般设有备用电源，采用双回路电源供电，以提高供电的可靠性。我国目前所用的牵引变压器有三相式、三相—两相式及单相式三种类型。

三相式变压器线圈接成星—三角形连接组，连接标号为 Y,d11。三角形的一角（c 相）与钢轨和接地网连接，另两角（a、b 相）分别接至牵引变电所两边供电分区的接触网上（又称两个供电臂），因此使接触网对地为单相。三相变电所高压侧电压等级为 110 kV，低压侧（又称牵引侧）电压为 27.5 kV。这在 AT 供电区段，牵引变电所低压侧电压为 55 kV，配合 AT 变压器实现对牵引网的供电。

单相变电所一般采用两台单相变压器联成开口三角形接线，符号为 V/V 接法，例如哈（尔滨）—大（连）线牵引变电所就采用了这种接线形式，高压侧电压等级为 220 kV，牵引侧为 27.5 kV。单相变电所比较简单，单相变压器利用率较高，但是对电力系统负载对称性影响较大。

为了减少单相牵引负载对三相电力系统产生的不对称影响，其牵引变电所的变压器采用较特殊的接线方式，主要有斯科特（Scott）接线方式和伍德桥（Wood Bridge）接线方式，这样的变电所称为三相—两相变电所。这种接线方式的特点是变压器次边电压为相角差为 90° 的二相交流电，在两相负载平衡时，其在变压器的原边为三相对称负载，可以大大消除牵引系统对电力系统产生的不对称影响。

（三）牵引供电回路

牵引供电回路是由牵引变电所—馈电线—接触网—电力机车—钢轨、地或回流线—牵引变电所构成。如图 1-3 所示，其中接触网在供电回路中起着十分重要的作用，直接影响电气化铁路的运行可靠性，因此必须使接触网始终处于良好的工作状态，安全可靠地向电力机车供电，这对于保证铁路运输畅通无阻有着极为重大的意义。

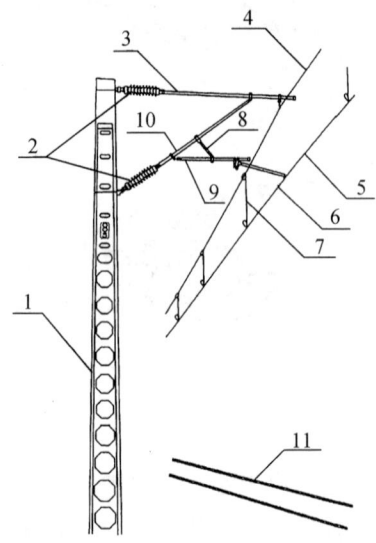

1—支柱；2—棒式绝缘子；3—平腕臂；4—承力索；5—接触线；6—定位器；7—吊弦；8—定位管支撑；9—定位管；10—斜腕臂；11—钢轨图。

图 1-3 接触网结构示意图

三、接触网组成

接触网是沿铁路上空架设的一条特殊形式的输电线路，它由接触悬挂、支持装置、定位装置、支柱与基础等几部分组成，如图 1-3 所示。

（一）接触悬挂

接触悬挂包括接触线、吊弦、承力索和补偿器及连接零件。接触悬挂通过支持装置架设在支柱上，其作用是将从牵引变电所获得的电能输送给电力机车。电力机车运行时，受电弓顶部的滑板紧贴接触线摩擦滑行得到电能（简称"取流"）。为了保证滑板的良好取流，接触悬挂应达到下列要求。

1. 接触悬挂的弹性应尽量均匀

接触悬挂弹性是指接触悬挂在受电弓抬升力作用下所具有的抬高性能，用单位垂直力使接触线升高量表示，常用 η 表示，单位为 mm/N。衡量弹性好坏的标准有：① 弹性的大小，它取决于接触线索张力；② 弹性均匀程度，它取决于悬挂结构、悬挂类型和某些附在接触线上的集中负载的集中程度等。当接触线本身不平直或者在接触线的某一位置存在着较大的集中负载，接触线将出现硬点，影响接触网受流质量。

2. 接触线对轨面的高度应尽量相等，限制接触线坡度

接触线坡度是指一个跨距两端的支柱悬挂处，接触线距轨面高度差与跨距值的千分比。

$$i = \frac{H_A - H_B}{1000 \times l} \times 1000\%$$

式中　i ——接触线坡度；

　　　H_A、H_B——跨距两端的接触线轨面高度差，mm；

　　　l——跨距，m。

接触线坡度对机车运行速度有很大影响，坡度选择不当，会产生离线、起弧等不正常情况。

3. 接触悬挂在受电弓压力及风力作用下应有良好的稳定性

电力机车运行取流时，接触线不发生剧烈的上、下振动；在风力作用下不发生过大的横向摆动；这就要求接触线有足够的张力，并能适应气候的变化。

4. 接触悬挂的结构及零部件应力求轻巧、简单、可靠，做到标准化

标准化有助于检修和互换，缩短施工及运行维护时间。具有一定的抗腐蚀能力和耐磨性，可以延长使用年限。另外，要结合国情尽量节省有色金属及钢材，降低造价。

（二）支持装置

支持装置是接触网中支持接触悬挂，并将其机械负荷传给支柱固定的部分。支持装置包括腕臂、平腕臂（或水平拉杆、悬式绝缘子串）、棒式绝缘子及接触悬挂的悬吊零件。根据接触网所在区间、站场和大型建筑物需要的不同，支持装置表现为不同的形式，如：腕臂结构（图 1-3 所示为区间腕臂装配形式）、软横跨、硬横跨（多股道站场使用）及隧道、桥梁和其他大型建筑物上的特殊支持结构。

（三）定位装置

定位装置包括定位管、定位器、定位线夹及其连接零件。其作用是固定接触线的横向位置，使接触线水平定位在受电弓滑板运行轨迹范围内，保证接触线与受电弓不脱离，使受电弓磨耗均匀，同时将接触线的水平负荷传给支柱。

（四）支柱与基础

支柱与基础用以承受接触悬挂、支持和定位装置的全部负荷，并将接触悬挂固定在规定的位置和高度上。我国接触网中主要采用预应力钢筋混凝土支柱和钢柱。基础用来承载支柱负荷，即将支柱固定在地下用钢筋棍凝土制成的基础上，由基础承受支柱传给的全部负荷，并保证支柱的稳定性。预应力钢筋混凝土支柱可不设单独的基础，支柱直接埋入地下，起到基础的作用。

任务二　接触悬挂的类型

【知识目标】
- 掌握简单接触悬挂结构。
- 掌握链形悬挂结构。
- 掌握线索在平面投影上相对位置的分类方法。

【技能目标】
- 能够根据接触网线索的锚定方式，确定悬挂类型。

【素养目标】
- 能自主学习新知识、新技能。

接触网的分类大多以接触悬挂的类型来区分。在一条接触网线路上，接触线和承力索在延伸一定长度后，为了满足供电和机械方面的要求，总是将接触网分成若干一定长度且相互独立的分段，这就是接触网的锚段。我们所讲的接触悬挂分类是针对架空式接触网中的每个锚段而言。根据其结构的不同分成简单接触悬挂和链形接触悬挂两大类。

一、简单接触悬挂

简单接触悬挂（以下简称简单悬挂）是由一根接触线直接固定在支柱支持装置上的悬挂形式。它在发展中经历了未补偿简单悬挂（图 1-4）、季节调整式简单悬挂和带补偿装置及弹性吊索式简单悬挂（图 1-5）。

接触线（或承力索）端头同支柱的连接称为线索的下锚。下锚分两种方法，一是将线索端头同支柱直接固定连接，称为硬锚或者未补偿下锚。另一种是加装补偿装置，以调整线索的弛度和张力，称为补偿下锚。

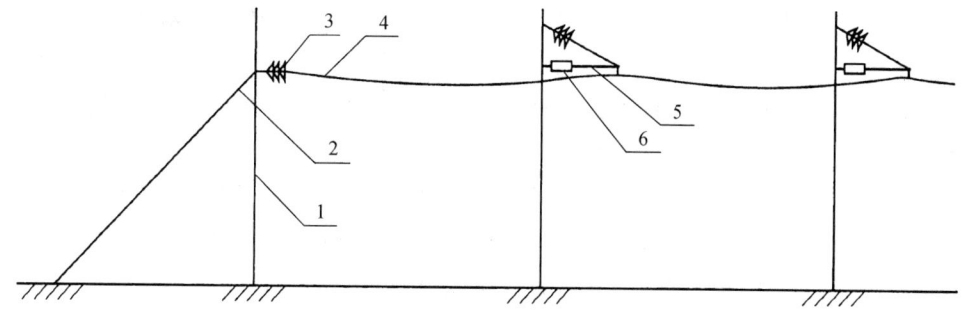

1—支柱;2—拉线;3—绝缘子串;4—接触线;5—腕臂;6—棒式绝缘子。

图 1-4 未补偿简单悬挂

未补偿的简单悬挂结构简单,要求支柱高度较低,因此建设投资低,施工和检修方便。其缺点是导线的张力和弛度随气温的变化较大,接触线在悬挂点受力集中,形成硬点,弹性不均匀,不利于电力机车高速运行时取流。

近年来,国内外对简单悬挂做了不少研究和改进。我国现采用的带补偿装置及弹性吊索的简单悬挂是在接触线下锚处装设了张力补偿装置;以调节张力和弛度的变化。在悬挂处加装 8~16 m 长的弹性吊索,通过弹性吊索悬挂接触线,增加了悬挂点,减小了悬挂点处产生的硬点,改善了取流条件。另外,跨距适当缩小,能在增大接触线张力的同时改善弛度对取流的影响。根据我国的试验,这种弹性简单悬挂在行车速度 90 km/h 时,弓网接触良好,取流正常,所以在多隧道的山区和行车速度不高的线路上可采用。我国在部分线路上采用了这种悬挂形式。

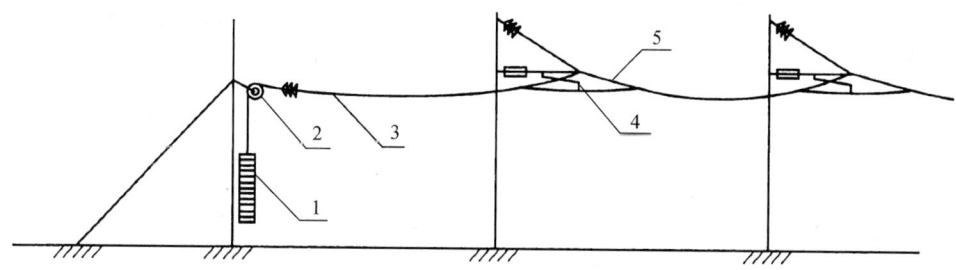

1—坠砣;2—补偿滑轮;3—接触线;4—定位器;5—弹性吊弦。

图 1-5 带弹性吊弦的简单悬挂

二、链形悬挂

链形悬挂是一种运行性能较好的悬挂形式。它的结构特点是接触线通过吊弦悬挂在承力索上,承力索通过钩头鞍子、承力索座或悬吊滑轮悬挂在支持装置的腕臂上。使接触线在不增加支柱的情况下增加了悬挂点,通过调节吊弦长度使接触线在整个跨距中对轨面的高度基本保持一致;减小了接触线在跨中的弛度,改善了接触线弹性,增加了接触悬挂的重量,提高了稳定性;可满足电力机车高速运行时取流的要求。

链形悬挂分类方法较多，按悬挂链数的多少可分为单链形、双链形（又称复链形）和多链形（又称三链形）。目前我国主要采用单链形悬挂。

单链形根据悬挂点处吊弦的形式不同分为简单链形悬挂和弹性链形悬挂两种，如图 1-6 所示。弹性链形悬挂在支柱悬挂点处增设了一根弹性吊弦。弹性吊弦由长 15 m 的辅助绳和一根（或两根）短吊弦构成。安装时，辅助绳两端分别固定在承力索上，短吊弦上端用 U 形滑动夹板同辅助绳连接，下端与接触线定位器相连，当温度变化时，可避免短吊弦产生过大偏斜。

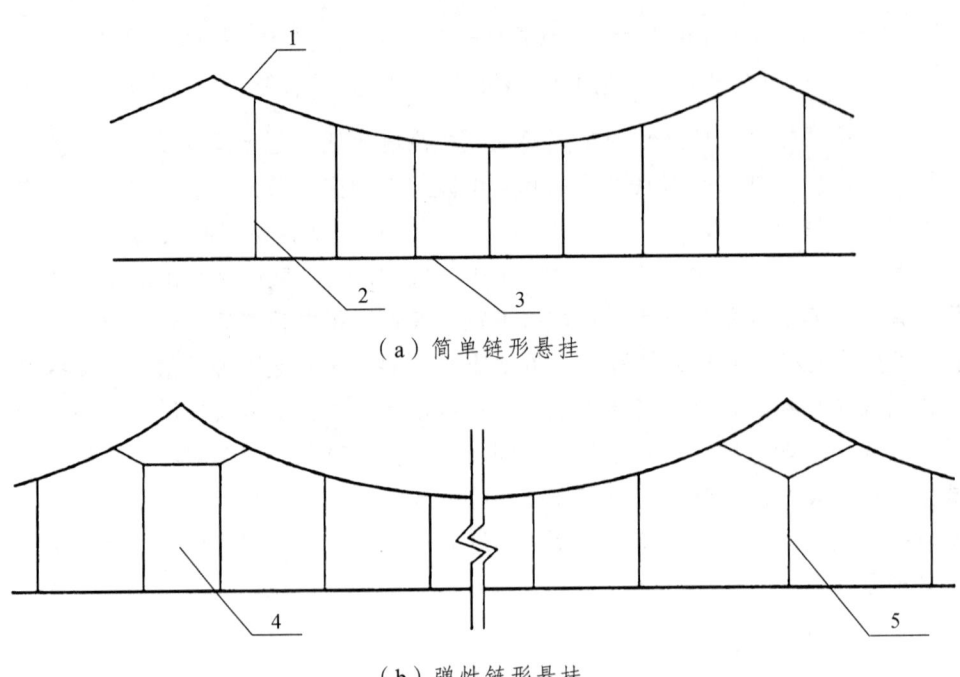

（a）简单链形悬挂

（b）弹性链形悬挂

1—承力索；2—吊弦；3—接触线；4—Ⅱ形弹性吊弦；5—Y形弹性吊弦。

图 1-6　链形悬挂示意图

弹性吊弦的作用是增加支柱处接触线固定点（又称定位点）的弹性，使其弹性均匀，有利于机车受电弓取流。

简单链形悬挂结构简单，造价较便宜，运行、检修经验丰富。目前，简单链形悬挂是我国电气化铁路使用的主要悬挂类型。弹性链形悬挂在高速（>200 km/h）时受流性能较为优越，是世界上普遍认可的高速接触网悬挂类型，我国在哈（尔滨）—大（连）线、秦（皇岛）—沈（阳）高速客运专线上使用了这种悬挂类型。

双链形悬挂的接触线经短吊弦悬挂在辅助吊索上，辅助吊索又通过吊弦悬挂在承力索上如图 1-7 所示。

双链形悬挂接触线弛度小，受流稳定性和风稳定性都比较优越，弹性均匀度好，有利于电力机车高速运行取流。但结构较复杂，投资及维修费用高，我国仅在个别地段试用。

多链形悬挂及其他悬挂类型由于结构复杂、不易施工、维修困难、设计烦琐、造价高等原因,目前没有得到广泛应用。

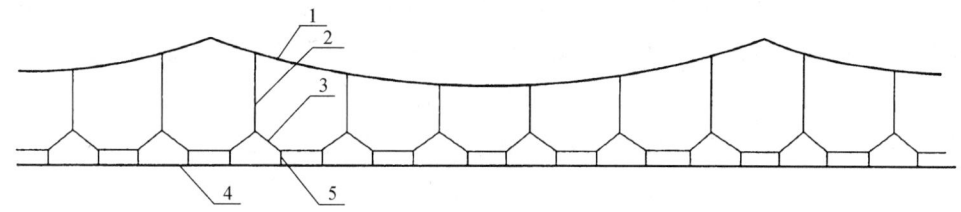

1—承力索;2—吊弦;3—辅助吊索;4—接触线;5—短吊弦。

图 1-7 双链形悬挂示意图

链形悬挂根据线索的锚定方式(即线索两端下锚的方式),可分为下列几种形式。

1. 未补偿链形悬挂

这种悬挂方式的承力索和接触线两端无补偿装置,均为硬锚。在大气温度变化时,因为承力索和接触线的热胀冷缩,承力索和接触线的张力、弛度变化较大,造成受流状态恶化,一般不采用。其结构形式如图 1-8 所示。

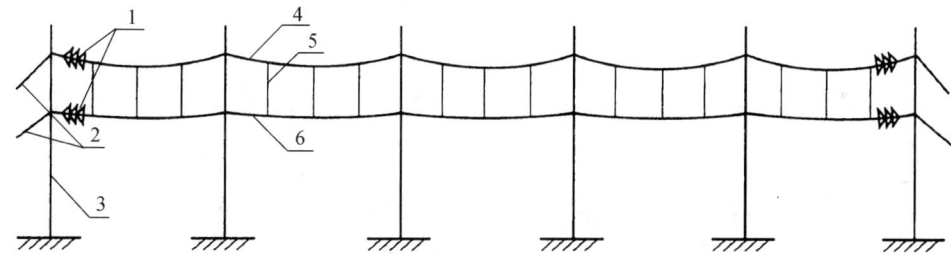

1—绝缘子;2—拉线;3—支柱;4—承力索;5—吊弦;6—接触线。

图 1-8 未补偿链形悬挂示意图

2. 半补偿链形悬挂

在半补偿简单链形悬挂中,接触线两端设张力补偿装置,承力索两端为硬锚,如图 1-9 所示。

1—承力索;2—吊弦;3—补偿装置;4—接触线。

图 1-9 半补偿链形悬挂示意图

半补偿链形悬挂比未补偿链形悬挂在性能上得到了很大改善，但由于承力索为硬锚，当温度变化时，承力索的张力和弛度随之发生变化，会对接触线产生一定影响。同时，在温度变化时，承力索的弛度变化使吊弦上端产生上、下位移，而吊弦下端随接触线发生顺线路方向偏斜。由于各吊弦的偏斜，造成接触线纵向张力不均匀，特别是在极限温度下，使接触线在锚段中部和下锚端之间出现较大张力差。接触线张力和弹性不均匀，在支柱悬挂点处产生明显的硬点，不利于电力机车高速运行取流。因此，这种悬挂只用于行车速度不高的车站侧线和支线上。

根据链形悬挂结构不同，半补偿链形悬挂又有半补偿简单链形悬挂和半补偿弹性链形悬挂之分。

3. 全补偿链形悬挂

全补偿链形悬挂，即承力索和接触线两端下锚处均装设补偿装置，如图1-10所示。全补偿链形悬挂在温度变化时由于补偿装置的作用，承力索和接触线的张力基本不发生变化，弹性比较均匀，承力索和接触线均产生同方向纵向位移，因而吊弦偏斜大大减小（接触线和承力索为相同材质时，偏斜更小，几乎可以忽略），有利于机车高速取流。因此，这种悬挂方式得到广泛使用。

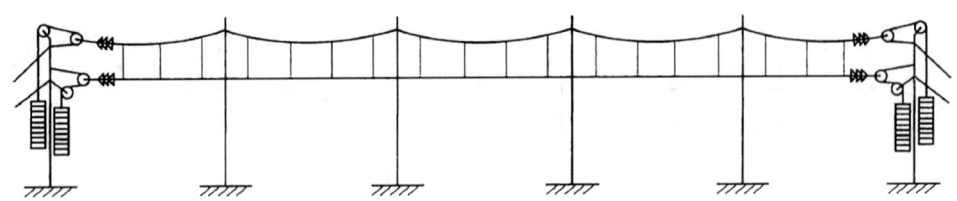

图1-10 全补偿链形悬挂示意图

全补偿链形悬挂也分为全补偿简单链形悬挂和全补偿弹性链形悬挂两种形式。区别这两种悬挂形式的方法同半补偿链形悬挂一样。全补偿链形悬挂是目前我国电气化铁路使用的主要悬挂类型。

链形悬挂按其承力索和接触线的相对位置不同，可分为下列几种形式。

1）直链形悬挂

直链形悬挂是承力索和接触线布置在同一垂直平面内，它们在水平面上的投影是一条直线。

直链形悬挂的风稳定性较差（和半斜链形悬挂相比），在大风作用下接触线易产生横向摆动，造成接触线与受电弓脱离而发生事故（简称脱弓事故）。在很长一段时间内，我国电气化铁路只在曲线区段采用这种悬挂形式，即只在曲线处承力索布置在接触线的正上方（需要说明的是，对于直链型悬挂，接触线和承力索在曲线上有垂直于轨面和垂直于水平面两种布置方式，不同线路都有所采用）。

近年来研究发现,采用直链形悬挂,可使接触线、承力索在水平面投影重合,便于吊弦长度计算(采用整体吊弦后,吊弦长度计算非常重要),并可以提高施工精度,避免接触线在吊弦存在纵向倾斜时出现的接触线偏磨甚至是线夹与受电弓的碰撞。因此,新建电气化铁路和提速改造线路多采用直链形悬挂。

2)半斜链形悬挂

在半斜链形悬挂中,承力索沿线路中心线布置,接触线在每一支柱定位点处,通过定位装置被布置成"之"字形,承力索与接触线不在同一垂直平面内,它们在水平面上的投影有一个较小的偏移如图1-11所示。

半斜链形悬挂风稳定性好,我国在直线区段大量采用这种悬挂方式。

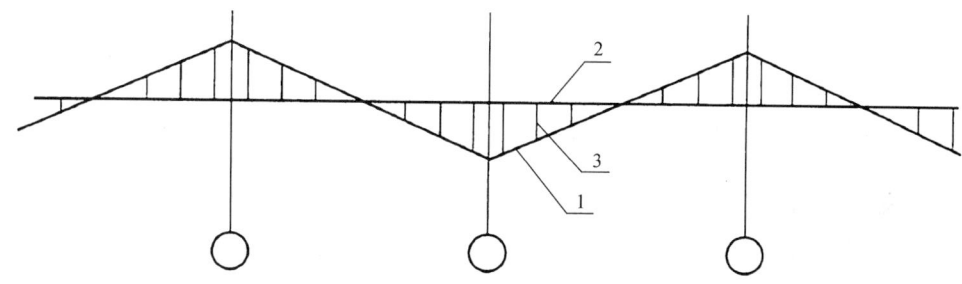

1—接触线;2—承力索;3—吊弦。

图1-11 半斜链形悬挂

3)斜链形悬挂

斜链形悬挂是指接触线和承力索均布置成方向相反"之"字形,接触线和承力索在水平面上的投影有一个较大的偏移。在直线区段如图1-12所示。

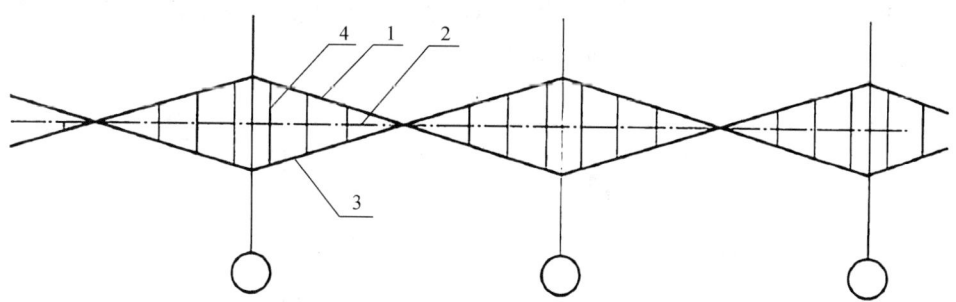

1—承力索;2—线路中心线;3—接触线;4—吊弦。

图1-12 斜链形悬挂

在曲线区段,承力索对线路中心线向外侧有一个较大的偏移,吊弦的倾斜角较大。这种悬挂的优点是风稳定性好,可增大两支柱之间的距离(简称跨距),但其结构复杂、设计计算烦琐、施工和检修困难、造价较高,我国尚未采用。

任务三　接触网的供电方式

【知识目标】
- 掌握单边供电方式。
- 掌握双边供电方式。
- 掌握越区供电方式。
- 掌握并联供电方式。

【技能目标】
- 能够说明接触网的供电方式。

【素养目标】
- 具有严谨认真、实事求是的科学态度。
- 能自主学习新知识、新技能。

铁路牵引变电所从电力系统得到电能后，经变电所主变压器降压至适合于电力机车使用的电压等级后，再经馈电线将电能送到接触网上，因此接触网是向电力机车供电的特殊输电线路。

牵引变电所牵引侧母线上的额定电压为 27.5 kV（自耦变压器供电方式为 2×27.5 kV），接触网的额定电压为 25 kV，最高电压为 29 kV。在供电距离较长时，电能在输电线路和接触网中产生电能损耗，使接触网末端电压降低。接触网末端电压不应低于电力机车的最低工作电压 20 kV，系统在非正常运行情况（检修或事故）下，机车受电弓上的电压不得低于 19 kV。所以两牵引变电所之间的距离一般为 40~60 km，具体间距需经供电计算确定。图 1-13 所示为直接供电方式的供电系统图。接触网的供电方式主要有：

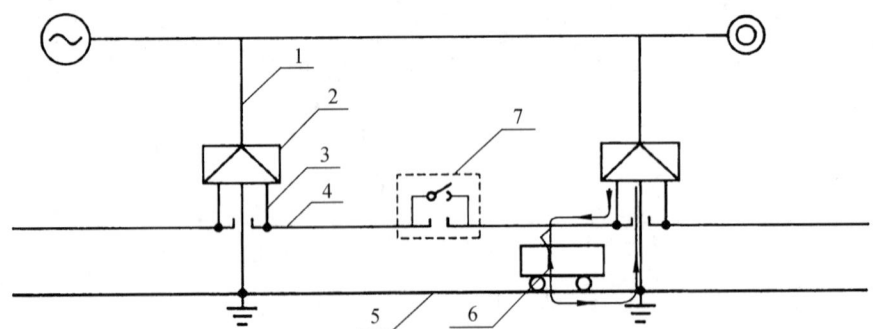

1—输电线；2—牵引变电所；3—馈电线；4—接触线；5—钢轨；
6—电力机车；7—分区所。

图 1-13　供电系统图

1. 单边供电

两个牵引变电所之间将接触网分成两个供电分区（又称供电臂），正常情况下，两相邻供电臂之间的接触网在电气上是绝缘的。每个供电分区只从一端牵引变电所获得电能的供电方式称为单边供电。单边供电时，相邻供电臂在电气上独立，运行灵活；接触网发生故障时，只影响到本供电分区，故障范围小；牵引变电所馈线保护装置较简单，单边供电是我国电气化铁路采用的主要形式。

2. 双边供电

若两个供电分区通过开关设备，在电路上连通，两个供电分区可同时从两个牵引变电所获得电能，这种供电方式称为双边供电。双边供电可提高接触网电压水平，减少电能损耗。但馈线及分区亭的保护及开关设备都较复杂，因此，目前双边供电方式较少采用。

3. 越区供电

单边和双边供电为正常的供电方式，还有一种非正常供电方式（也称事故供电方式）叫越区供电，如图1-14所示。

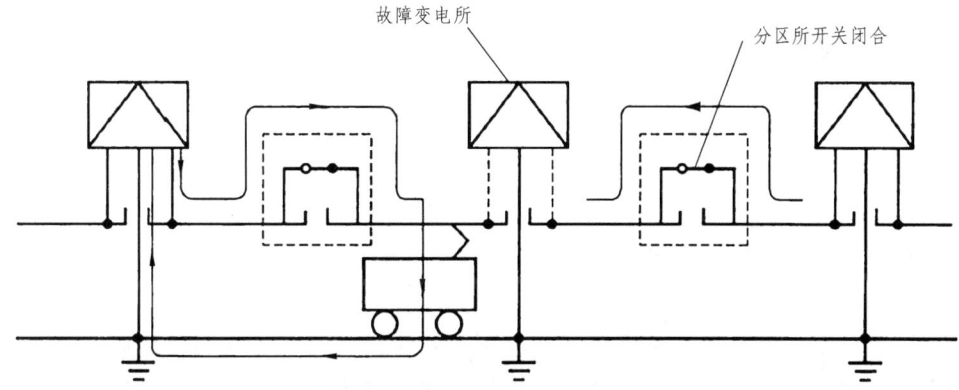

图 1-14 越区供电示意图

越区供电是当某一牵引变电所因故障不能正常供电时，故障变电所担负的供电臂经分区所开关设备与相邻供电臂接通，由相邻牵引变电所进行临时供电。这种供电方式称越区供电。因越区供电增大了该变电所主变压器的负荷，对电气设备安全和供电质量影响较大，因此，只能在较短时间内实行越区供电。越区供电是避免电力机车中断运输的临时性措施。

4. 并联供电

复线区段供电方式与上述基本相同，但每一供电臂分别向上、下行接触网供电，因此牵引变电所馈出线有四条。同一侧供电臂上、下行线通过开关设备（或者电连接线）实行并联供电。并联供电可提高供电臂末端电压，但是接触网发生事故时，影响范围大，运行检修不够灵活。越区供电时，通过分区亭开关设备来实现。复线区段的单边供电和并联供电目前在我国都有使用。复线区段供电情况如图 1-15 所示。

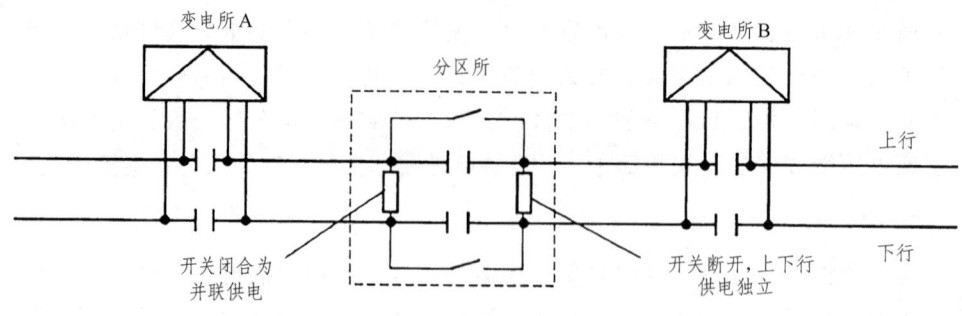

图 1-15 复线区段供电示意图

任务四 牵引供电系统的供电方式及特点

【知识目标】
- 掌握直供加回流供电方式及其特点。
- 掌握 AT 供电方式及其特点。

【技能目标】
- 能够区分接触网和牵引供电系统的供电方式。

【素养目标】
- 具有严谨认真、实事求是的科学态度。
- 能自主学习新知识、新技能。

我国电气化铁路采用单相工频交流制,其牵引网是一种不对称回路。当牵引电流流过接触网时,会在线路周围空间产生较强电磁场,对邻近架空通信线路通信、广播设备等产生杂音干扰和感应电压。为减少电气化铁路对沿线通信设备的干扰,保障其设备、人身安全及正常工作,在牵引供电系统中采取了许多防干扰措施,形成了不同的牵引供电方式。目前我国广泛采用的牵引供电方式主要有下列两种。

1. 直供加回流线供电方式

直供加回流线的供电方式是在接触网支柱的田野侧,架设一条与钢轨并联的导线,以使钢轨中的电流尽可能经由回流线流回牵引变电所。这样既保持供电回路结构简单的特点,又能起到一定的防护效果。

在设计回流线时应设法使回流线尽量靠近接触线,以增加二者之间的互感作用,迫使更多的牵引电流沿着回流线流回牵引变电所,以降低对通信线路的感应影响。回流线一般架设在接触网支柱田野侧,每隔一定的距离,通过一定的电气设备和钢轨相连。总的来说,这种方式经济性好、可靠性高、故障率低、维修工作量小,且防干扰性能不随负荷电流改变。同时,这种方式下的馈电回路简单,回路阻抗较小,一次投资及运营费均较低,是可推广的方式之一。其工作原理如图 1-16 所示。

这种供电方式目前在我国普速铁路广泛采用。

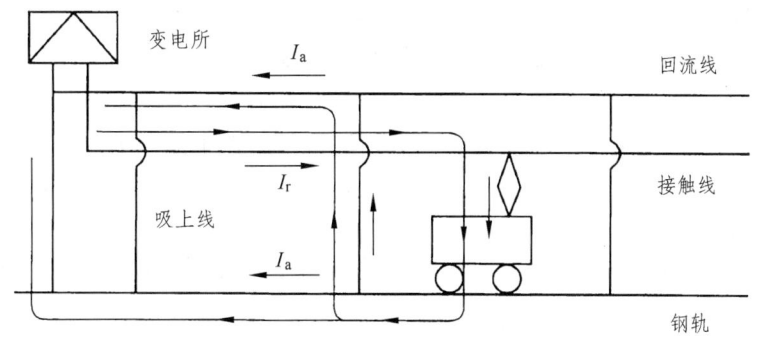

图 1-16　直供加回流线供电方式原理图

2. AT 供电方式

AT 供电方式又称自耦变压器供电方式，自耦变压器（Auto-Transformer，简称 AT）是一种电力变压器，它并接于接触网（J）、钢轨（G）和正馈线（AF）之中，其接入方式如图 1-17 所示。这种方式由接触网、钢轨、正馈线和自耦变压器组成供电回路，并在接触网与正馈线之间每隔 10~15 km 左右并联接入一台自耦变压器，其中心抽头与钢轨联结，正馈线与接触悬挂同杆架设，架设于接触网支柱的田野侧。在 AT 牵引变电所中，牵引变压器将 110 kV 三相电降压至单相 55 kV，则钢轨与接触网间的电压正好是自耦变压器两端电压的一半即 27.5 kV。

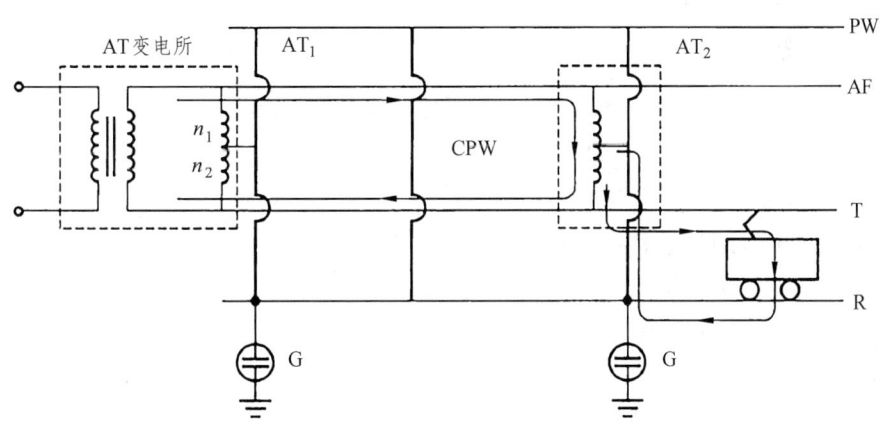

图 1-17　AT 供电方式示意图

自耦变压器供电方式具有良好的防干扰性能，这是自耦变压器本身的性能决定的。自耦变压器利用其耦合原理进行防护。例如，当机车运行于 AT_1 与 AT_2 之间的位置时（见图 1-17），由 AT_{1n1}、AT_{2n1} 绕组同时向机车供应电流，根据变压器安匝平衡的原理，必定有一定的机车电流分量被吸入 n_2 绕组中，并经正馈线返回电源。当忽略变压器的励磁电流，且在 $n_1=n_2$ 时，两绕组（n_1 与 n_2）中的电流大小相等，方向相反。也即在 AT_1 与 AT_2 的区间内，接触网与正馈线中将对称地流过供给机车的电流（如果机车处于正中间，将流过 1/2 机车电流），而且方向相反，因而它们产生的感应影响互相抵消。当机车运行于 AT_1 与 AT_2 之间或任意两相邻变压器之间时，牵引电流将由两侧流向机车，且在机车两侧钢轨内的电流方向相反，因而在通信线中的影响也起抵消作用。同时，机车的回归电流除了机车在 AT_1 与 AT_2 区间之外，均被限制在正馈线内。由于接触网和正馈线相隔较近，电流大小相等，方向相反，因而能有效地减弱对通信线的电磁影响。

在 AT 供电方式区段，与接触网同杆架设在田野侧的还有一条保护线，它相当于架空地线，在自耦变压器处保护线经接触悬挂接地部分或双重绝缘子中部同钢轨连接。保护线电位一般在 500 V 以下，正常情况下无电流通过。当绝缘子发生闪络时，短路电流可通过保护线作为回路，提供金属性短路，使继电保护装置可靠动作，减少了短路对铁路信号轨道电路的干扰。同时，保护线还能起到架空地线的保护和屏蔽作用，起到减少接触网架空通信线的干扰和防雷的作用。通过横向连接线将钢轨与保护线并联，可以在钢轨对地泄漏电阻和机车取流较大时，降低钢轨电位。

采用 AT 供电方式使牵引网电压增高，电流减小，牵引变电所间距离增大，提高了网压水平。自耦变压器并联于接触网上，不需增设电分段，能适应高速、大功率电力机车运行。其缺点为 AT 供电方式的接触网结构复杂，保护方式烦琐，电力损耗较大，需要增设 AT 所等。

我国高速铁路主要采用这种供电方式。

任务五　接触网参数测量

【知识目标】
- 了解接触网设备技术状态的判断方法。
- 熟悉常用接触网参数测量方法。
- 掌握 DJJ-8 型接触网检测仪的使用方法。

【技能目标】
- 能熟练分析接触网参数测量结果。
- 能按规定填写接触网参数测量记录单。

【素养目标】
- 培养团结协作精神，可以既有分工又有协助，互相帮助、共同达成目标。
- 增强作业组员标准化意识，防范作业安全风险。
- 养成爱护设备的良好习惯。
- 具有高度的职业责任心和安全意识，遵章守纪、规范操作。

一、接触网参数测量

接触网检修作业工作流程如图 1-18 所示，根据视图进行参数测量，将测量结果填入表 1-1 中。

表 1-1 接触线综合检测记录

支柱（隧道悬挂点）号	曲线半径 /m	外轨超高 /mm	侧面限界 /mm	定位点处导高 /mm			设计（标准）拉出值 /mm	实测值 /mm			跨中偏移 /mm	定位器坡度	设备缺陷内容	处理日期/处理人	处理结果	备注
				标准	实测	跨中		m	c	a						

二、知识准备

1. 导高 H

导高是接触线悬挂点高度的简称，是指接触线无弛度时定位点处（或悬挂点处）接触线距轨面的垂直高度。

2. 支柱侧面限界 CX

支柱侧面限界是指轨平面处，支柱内缘至线路中心线的水平距离。

3. 拉出值 a

拉出值即在定位点处接触线距受电弓中心的水平距离，这个距离在直线区段叫作接触线的"之"字值，在曲线区段称拉出值。

4. 结构高度 h

链形悬挂的结构高度是指接触网悬挂点处承力索和接触线的铅垂距离。

5. 接触网检修作业工作流程

接触网检修作业的工作流程如图 1-18 所示。

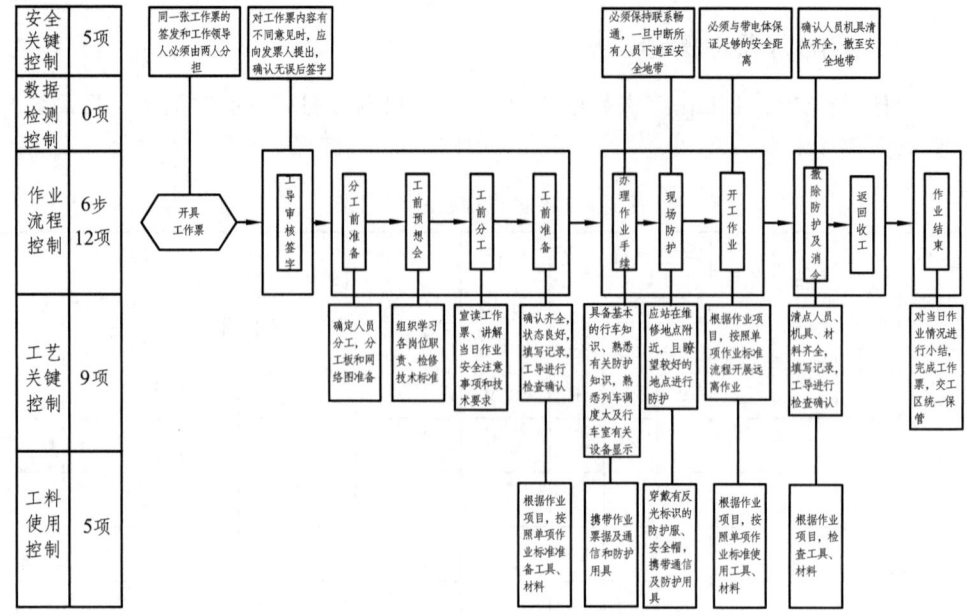

图 1-18　接触网检修作业的工作流程图

三、工作任务流程

1. 使用激光测距仪的基本要求

（1）测量架的紧固旋钮要在操作人员的右手边。

（2）使用前应该将电池充满电，充电时间 6～8 h。

（3）主机液晶显示屏的端面应指向操作者。

（4）测量拉出值时不需要调水平，测量值即为接触网实际状态下的参数值。

2. 使用激光测距仪的注意事项

（1）仪器应安放在轨道上，并旋紧脚架旋钮。

（2）观测时应仔细对光，消除视差影响。

（3）激光测距仪的调平、保养应执行有关程序和规程。

（4）观测时，强光下须撑伞防护仪器。

（5）测量中，按规定设置安全防护员。

3. 导高测量的方法

（1）拉伸测量架，使两测量脚紧靠钢轨内侧，旋紧紧固旋钮。

（2）将主机固定轴插入测量架的滑块上，通过观察窗瞄准接触线的投影，左右移动滑块和前后移动测量架，使接触线投影与十字丝的竖线重合，接触线上的被测量点投影与十字丝中心重合。

（3）按下主机上的测量按钮，即可在主机液晶屏上读出导高。

（4）读取的导高值填入表 1-1。

4. 拉出值测量的方法

（1）拉伸测量架，使两测量脚紧靠钢轨内侧，旋紧紧固旋钮。

（2）将主机固定轴插入测量架的滑块上，通过观察窗瞄准接触线的投影，左右移动滑块和前后移动测量架，使接触线投影与十字丝的竖线重合，接触线上的被测量点投影与十字丝中心重合。

（3）当接触线上的被测量点投影与十字丝中心严格重合时，滑块上的指针与拉出值读数尺相交处的刻度即为拉出值。

（4）读取的拉出值填入表1-1。

5. 支柱侧面限界测量的方法

（1）拉伸测量架，使两测量脚紧靠钢轨内侧，旋紧紧固旋钮，主机侧放。

（2）打开超高尺，旋动超高尺手轮，调整水平，使气泡居中，旋紧紧固旋钮。

（3）移动滑块至靠近支柱侧的测量架拉出值刻度尺标记红点处，按长光按钮，使激光束垂直打在支柱上，按测量按钮，读数即为支柱侧面限界的数值。

（4）读取的支柱侧面限界值填入表1-1。

6. 结构高度测量的方法

（1）拉伸测量架，使两测量脚紧靠钢轨内侧，旋紧紧固旋钮。

（2）瞄准定位点处承力索，按下测量按钮测出承力索高度后再按下"确认"键。

（3）瞄准定位点处接触线，按下测量按钮测出接触线高度后再按下"确认"键，此时液晶屏上显示的数值即为结构高度。

（4）读取的支柱侧面限界值填入表1-1。

四、DJJ-8型接触网检测仪（见图1-19）使用

1. 仪器放置标准

将测量架放置于待测目标下方的轨道面上，拨动测量架右端的轨距手柄，使测量架两端的固定测脚和活动测脚都紧靠钢轨内沿。保持测量架与轨道基本垂直。将主机置于测量架的定位盘上，并使旋紧旋钮处于旋紧状态。

2. 开　机

打开电源开关后，按下键盘上"启动"按钮，显示屏出现"请向右旋转主机"，根据提示用手轻轻旋转主机头（禁止快速旋转），直至显示屏上出现视频图像，即表示仪器进入正常测量状态，可以开始测量。

3. 瞄　准

仪器的显示屏中央有白色十字丝，通过前后挪动测量架和旋转主机头，使十字丝中心与待测目标完全重合。瞄准时，可先用手转动主机头进行粗调，然后根据需要可旋转微调旋钮进行微调，直到对准目标。在光线较弱的情况下也可以按"长光"键打开长光，用眼睛观察红色激光点辅助瞄准。

图 1-19　DJJ-8 型接触网检测仪

4. 测　量

在正常测量状态下，瞄准目标后即可按下相应功能键进行测量，并显示测量结果。如果没有瞄准目标则提示"进入盲区或未对准目标请重新测量"。

5. 接触网参数测量

1）标准模式：导高、拉出值、轨距、超高

（1）将仪器按"仪器放置标准"放置。

（2）正确测量状态下瞄准目标后，按下"测量"键。即可显示结果如图 1-20 所示：

```
××年××月××日××：××
导　高：6023.0 mm
拉出值：+300.0 mm
轨　距：1435.0 mm
超　高：+002.0 mm
```

图 1-20　接触网参数测量

2）侧面限界测量

（1）将仪器按测量状态放置在钢轨上；旋转主机，同时前后移动测量架，使主机瞄准支柱或其他侧面物体的被测量位置。

（2）按下"侧面限界"键，即可显示结果如图 1-21 所示：

```
红线标高
+005.0 mm
侧面限界
2758.0 mm
```

图 1-21　侧面限界测量

3）500 mm 处高差测量

将仪器按"仪器放置标准"放置于"500 mm 处"下方的任意一对钢轨上，正常测量状态下按下"500 mm"键，进入 500 mm 处高差测量模式，仪器提示"请测量第一点"，瞄准第一条接触线后按下"测量"键，仪器提示"请测量第二点"，瞄准第二条接触线，按下"测量"键，即可显示结果（示例如图 1-22 所示）：

```
500 mm 高差
高度 1：6100.0 mm
线  距：+502.0 mm
高  差：+015.0 mm
```

图 1-22　500 mm 处高差测量

4）承力索、接触线高差测量

将仪器按"仪器放置标准"放置，正常测量状态下按下键盘上"承力索"键，仪器提示"请测量第一点"，瞄准承力索后按下"测量"键，仪器提示"请测量第二点"，瞄准接触线，按下"测量"键，按下"确认"键，即可显示结果（示例如图 1-23 所示）：

```
承力索高差
高度 1：9000.0mm
高度 2：6000.0mm
高差：3000.0mm
```

图 1-23　承力索、接触线高差测量

5）自由测量

将仪器按"仪器放置标准"放置，在正常测量模式按下"自由测"键即可显示结果（示例如图 1-24 所示）：

```
距离测量
水平距：31 786.6 mm
垂直距：28 897.3 mm
```

图 1-24　自由测量

6）非支测量

将仪器按"仪器放置标准"放置，正常测量状态下按下键盘上"非支"键，仪器提示"请先测量工作支"，瞄准工作支后，按下"测量"键，仪器提示"请测量非支"，瞄准非支后，按下"测量"键，按下"确认"键即可显示结果（示例如图 1-25 所示）：

```
非支抬高：-0010.0 mm
非支偏离： 0030.0 mm
工支导高： 60 000.0 mm
工支拉出：-0300.0 mm
```

图 1-25　非支测量

7）定位器坡度测量

将仪器按"仪器放置标准"放置，正常测量状态下，按下"定位器"键，仪器提示"请测量第一点"，瞄准定位器的近端即线夹点位置，按下"测量"键，仪器提示"请测量第二点"，瞄准定位器的远端即定位环位置；按下"测量"键，按"确认"键，即可显示结果（示例如图 1-26 所示）：

```
定位器坡度：1∶10.0
高差：0300.0 mm
```

图 1-26　定位器坡度测量

8）支柱跨距测量

将仪器放置在两支柱中间位置（可以不用测量架），确保仪器在两支柱的连线上，即仪器发出的激光分别向左向右都能打在支柱上，正常测量状态下，按下"跨距"键，仪器提示"请测量第一个支柱"，瞄准第一个支柱后按"测量"键，仪器提示"请测第二个支柱"，旋转主机瞄准第二个支柱后按"测量"键，按"确认"键，即可显示结果（示例如图 1-27 所示）：

```
支柱跨距：045.326 m
```

图 1-27　支柱跨距测量

9）线岔中心测量

将仪器按"仪器放置标准"放置在其中任意一对钢轨上，瞄准岔心后，按下"岔心"键，仪器提示"请输入内轨距"，根据测量架上的内轨距刻度尺，正确输入内轨距，按"确认"键，按"测量"键，即可显示结果。示例如图 1-28 所示：

```
线岔中心
导　高：6225.0 mm
偏离值：+010.0 mm
内轨距：0780.0 mm
```

图 1-28　线岔中心测量

10）支柱垂直度测量

将仪器按"仪器放置标准"放置，按下"菜单"键，再按下"岔心"键，进入支柱垂直度测量模式，仪器提示"请测量第一点"，瞄准支柱的高端按下"测量"键，仪器提示"请测量第二点"，瞄准支柱的低端，按下"测量"键，按"确认"，即可显示结果。示例如图 1-29 所示：

支柱垂直度：0003.9‰

图 1-29　支柱垂直度测量

6. 数据保存

在任何一个参数测量完成后都可以进行数据保存，保存的数据为当前杆号下的已测量参数，这组参数包括：杆号、导高、拉出值、轨距、超高、线岔中心导高、线岔中心偏离值、定位器坡度、定位器高差、红线标高、侧面限界、非支抬高、非支间距、工作支导高、工作支拉出值、500 mm 处高差、承力索高差、自由测量水平距离、自由测量垂直距离、支柱跨距、支柱垂直度等。保存时，先按下"保存"键，显示屏提示"请输入杆号"，输入杆号后按下"确认"键。

7. 注意事项

（1）光下测量应避免将物镜直接瞄准太阳，若在太阳下作业应安装滤光镜。

（2）避免在高温和低温下存放和使用检测仪，亦应避免温度骤变（使用时气温变化除外）。

（3）检测仪不使用时，应将其装入箱内，置于干燥处，注意防震、防尘和防潮。

（4）若检测仪工作处的温度与存放处的温度差异太大，应先将检测仪留在箱内，直到它适应环境温度后再使用仪器。

（5）使用本仪器时不要撕掉或损毁仪器上的警告标签。

（6）避免眼睛遭受直接的激光辐射，这样会导致眼睛瞬间的视觉盲区。

（7）请勿在小孩周围操作仪器或让小孩自行操作，避免伤害眼睛。

（8）不要试图改变本仪器的性能，可能导致严重的激光辐射伤害。

（9）不要维修或拆解本仪器，非专业人员维修可能导致严重激光辐射。

五、分析与思考

该任务主要是测量接触网的参数，填写"接触线综合检测记录"，一项看似简单的任务，关系到接触网的结构和技术标准要求，因此，如何保证数据的准确至关重要。在实际工作中容易出现以下问题：

（1）由于野外作业受天气影响较大，测量不方便容易造成误差，如何消除测量误差尤为重要。

（2）对测量结果及时记录是分析的基础。

（3）对测量结果进行分析是判断接触网参数是否超标的关键环节，各项接触网技术参数的合格范围需要熟练掌握。

复习与思考题

1. 电气化铁路主要组成部分有哪些？
2. 接触网组成有哪些？
3. 接触悬挂类型有哪些？
4. 接触网供电方式有哪些？试比较各类供电方式的优缺点。
5. 试描述 AT 供电方式的特点。
6. 如何测量导高、拉出值？

实训考核标准及评分表

内容	考核要求	配分	评分标准	扣分	得分
准备工作	准备测量工器具	15	没按规定准备扣 5 分，检查方法不当扣 5 分		
	准备相关图纸				
	安全防护用品穿戴情况				
接触网测量仪使用	仪器的放置	20	每错或落一步扣 5 分		
	开机、瞄准				
	测量校正				
参数测量	按规定方法进行一个锚段的导高、拉出值测量	30	每错或落一步扣 5 分		
记录分析	正确填写测量记录表，绘制拉出值曲线	20	每错或落一步扣 5 分		
文明操作	工器具摆放整齐	10	凡违反有关规定，扣 2~4 分，但对发生严重事故者，则取消资格		
时间	30 分钟内按时完成	5	每超时 2 分钟酌扣 3~5 分		

接触网常用工具仪表的使用

 项目描述

接触网的检修维护需要专业工具与仪器的使用，因此熟练掌握接触网常用工具仪表的使用显得尤为重要。在日常管理过程中，按规程对工具仪器进行有效的保管、保养也是我们需要具备的基本素质之一。

【知识目标】
- 了解工具管理的基本要求。
- 掌握接触网牵引及受力工具的使用方法。
- 掌握接触网剪切工具的使用方法。
- 掌握接触网专用工具的使用方法。
- 掌握仪表管理的基本要求。
- 掌握兆欧表的使用方法。
- 掌握钳形电流表的使用方法。

【技能目标】
- 能够正确使用接触网受力工具、剪切工具、专用工具完成接触网相关检修维护操作。
- 能够正确使用兆欧表、钳形电流表完成接触网相关测量工作。

【素养目标】
- 培养规范应用习惯，能严格遵守国家法律法规、国家和行业的相关规范，作风严谨。
- 培养团结协作的精神，可以互相帮助、共同学习、共同达成目标。
- 培养吃苦耐劳、勇于开拓、积极进取的精神。

任务一　接触网常用工具的使用

一、工具管理基本要求

1. 工具的配发和建账

根据各工种、各部门个人工具及公用工具定额的数量进行工具的发放、管理及旧工具的回收工作。分级建立工具管理台账，各单位材料管理人员负责本单位公用工具的建帐管理。

所有工具（含公用工具、个人工具）均按定额进行发放。定额中没有或超出定额数量的工具，一般情况下不予发放。若大型施工或实际工作中确实需要定额中没有的工具，由使用部门报主管业务部门批准后领取，并由领用车间、班组与定额内公用工具分开建账、分架管理。

2. 工具的保管、保养、编号管理

个人工具由领用人负责保管和使用，使用时要爱护工具，不得超出工具自身功能使用，要经常对工具进行检查保养，当出现丢失或损坏时，要及时进行更换或补发，不得影响生产。部门的公用工具由部门的工具管理员负责管理。要定期进行检查保养，发现问题及时进行整改，无法修复的工具及时进行更换，发电机等抢险工具要定期进行发动、试验，时刻保持良好状态。

各种公用工具均应编号管理，无编号的绝缘、受力工具禁止试验。各部门工具库应建立检查登记本，对各级检查的问题、整改、整修情况进行登记。工具管理员每周进行一次检查。

3. 工具的损坏、丢失、更换补发

公用工具损坏、丢失、更换补发要填写《物品遗失损坏评定单》，注明损坏或丢失原因和该工具的领用时间。损坏工具更换时要交旧领新。人为损坏、丢失的，按规定进行赔偿。

新领的耐压、受力工具经试验不合格的，凭试验报告单到供电段主管部门进行更换，由供电段主管部门与供应商联系更换。各种受力、绝缘工具均应按规定周期进行试验，并进行试验登记。

二、牵引及受力工具的使用

接触网作业最常使用的工具有线材夹持工具（各种紧线器）、施力工具（手扳葫芦、链条葫芦等）、固定受力工具（钢丝套等）。

1. 线材夹持工具

用于紧固线索、保持线索受力、受力线索卸载时夹持线索的固定部位，可以方便地连接施力工具。要求工具不能造成线材受伤，不能影响线材的电气及机械性能。

常用的电气化铁路专用紧线器如图 2-1 所示。

作用：专为铁路特别设计，主要用于电气化线路导线紧固。

特点：轻型合金钢制造，安全可靠，不伤导线；特别设计安全挡片，不跑线。

规格：2 t、3 t、4 t 等多种规格。

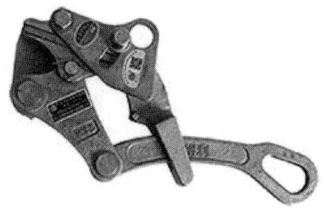

图 2-1 铁路专用紧线器

2. 施力工具

作业过程中可以通过调节整个连接的长度,给作业对象加力、卸力并能够在任何力的时候停留闭锁受力状态。

1)棘轮紧线器(图 2-2)

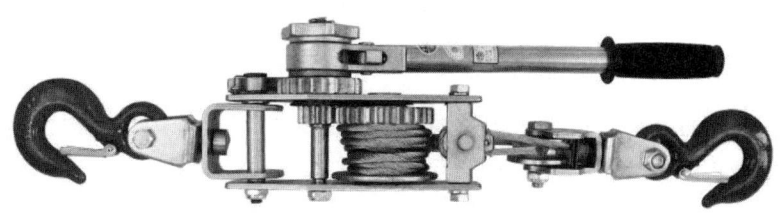

图 2-2 棘轮紧线器

作用:用于紧线。

特点:特制的合金钢重量轻、坚固耐用;正反两个方向,可松可紧,手柄可 360°转动,可带张力调整弧垂。

规格:2 t、3 t、4 t 等多种规格。

2)链条葫芦(图 2-3)

图 2-3 链条葫芦

作用:用于紧固。

特点:特制的铝合金材料,重量轻、适合高空作业;高强度的合金钢链条,坚固耐用;专门设计的防逆棘轮,提高本身的安全性能;一次性铸造成型的挂钩,强度高、坚固耐用。

规格:0.75 t、1.5 t、3 t、4 t、6 t 等多种规格。

3. 固定受力工具

用于固定施力工具的工具，主要根据设备的实际情况，能够快捷地给施力工具的一端进行可靠的固定。

常用的钢丝绳套如图2-4所示。

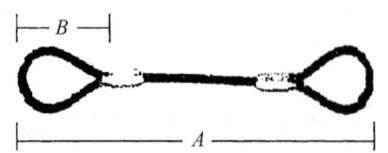

（a）铝合金压头钢丝绳套　　　　（b）手工插编钢丝绳套

图2-4　钢丝绳套

三、剪切工具的使用

不同的剪切工具，用于不同材质、不同线径的线材的剪切。对切口要求严格的应使用专用剪切工具，如接触网电车线的对接接头，应使用电车线专用剪切钳。

机械式剪切工具和液压切割工具分别如图2-5和图2-6所示。

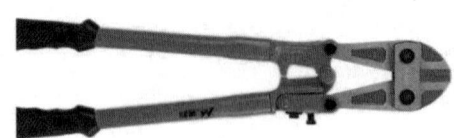

（a）大剪刀　　　　　　　（b）齿轮式断线钳

图2-5　机械式剪切工具

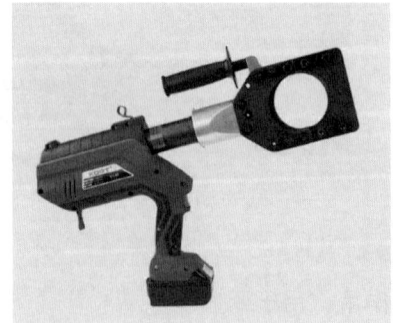

（a）手动式液压切割工具　　　　（b）电动式液压切割工具

图2-6　液压切割工具

四、测量工具的使用

测量工具主要用来测量接触网的几何参数，早期使用的检测工具主要有道尺、测杆、水平尺。

道尺用来测量轨距和钢轨的超高；测杆用来测量导线高度，定位悬挂点的垂直投影位置；水平尺用来定位参照点的水平位置线。

随着检测水平的不断提高，目前检测接触网参数主要使用接触网激光测量仪，利用激光测距技术和微电脑技术高效精确地测量各种几何参数。

五、专用工具的使用

1. 五轮式导线校直器（图 2-7）

导线校直器又称导线正弯器，是用来消除导线机械弯曲、使导线平顺的工具，有机械臂式、三轮式、五轮式等多种，目前使用较多、效果较好的是五轮式正弯器。

用途：接触线的校直，保证了受电弓高速平稳运行。

技术参数：适用于 85 mm^2、110 mm^2、120 mm^2、150 mm^2 电车线。

特点：能够轻易地校直电车线；重量轻、操作简便；五轮设计精良，垂直于一条直线。

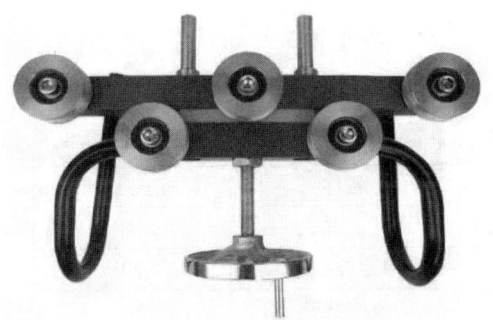

图 2-7　五轮式导线校直器

2. 导线局部校直器（图 2-8）

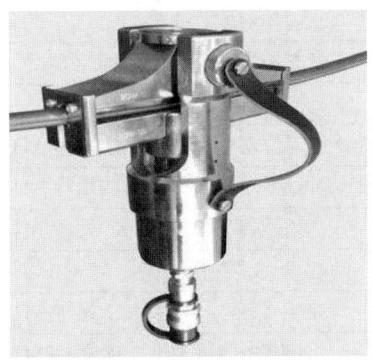

图 2-8　导线局部校直器

用途：接触网的局部校直，保证了受电弓与接触网的摩擦。

技术参数：适用于 85 mm^2、110 mm^2、120 mm^2、150 mm^2 电车线。

特点：能够轻易地校直电车线的死弯；重量轻、操作简便；模具有多种规格。

特别提示：分体式液压工具需配液压泵使用；根据电车线的规格选择不同型号的校直压模。

3．扭矩扳手（图 2-9）

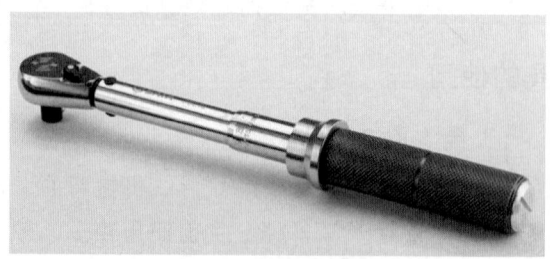

图 2-9　扭矩扳手

用途：用于螺栓的精确紧固，可以设定扭矩。

技术参数：扭矩：8~330 N·m；长度：305~560 mm。

特点：材质优异，经久耐用；可预先设定扭矩，达到预设扭矩后即空转，保证每次工作质量准确一致；预设方法简便快捷，手柄上有指针式读数指示；可用于拧紧，也可用于拧松，轻移转换按钮，即可控制正转或反转。

接触网连接螺栓紧固力矩标准见表 2-1。

表 2-1　接触网连接螺栓紧固力矩标准

序号	标准代号	名称	螺栓直径/mm	螺栓紧固力矩/（N·m）
1	TB 2075.5—2020	定位线夹	10	25
2	TB 2075.6—2020	铝定位线夹	10	25
3	TB 2075.7—2020	吊弦线夹	10	25
4	TB 2075.8—2020	铅吊弦线夹	10	25
5	TB 2075.9—2020	中心锚结线夹、接触线电连接线夹、电连接线夹	12	44
6	TB 2075.10—2020	支持器	12	44
7	TB 2075.11—2020	长支持器	12	44
8	TB 2075.12—2020	定位环	U 螺栓 M12	44
9	TB 2075.13—2020	长定位环	U 螺栓 M12	44
10	TB 2075.14—2020	套管双耳	U 螺栓 M16	70
11	TB 2075.15—2020	套管绞环	16	70
12	TB 2075.16—2020	杵座鞍子	U 螺栓 M10	25
13	TB 2075.17—2020	钩头鞍子	U 螺栓 M10	25
14	TB 2075.18—2020	定位环线夹	J 螺栓 M12	44
15	TB 2075.19—2020	横承力索线夹	U 螺栓 M12	44
16	TB 2075.4—2020	双横承力索线夹	U 螺栓 M12	44

续表

序号	标准代号	名称	螺栓直径/mm	螺栓紧固力矩/(N·m)
17	TB 2075.30—2020	接地线夹	钩螺栓 M16	59
18	TB 2075.31—2020	接地线连接线夹	12	25
19	TB 2075.41—2020	钩螺栓	钩螺栓 M16	59
20	TB 2075.51—2020	定滑轮装置	底座 U 螺栓 M16	59
21	TB 2075.53—2020	承锚角钢	22	98
22	TB 2075.54—2020	线锚角钢	22	98
23	TB 2075.23—2020	压管	M10/M12	25/44
24	TB 2075.59—2020	底座槽钢	底座 U 螺栓 M16	59
25	TB 2075.62—2020	特型拉杆底座	底座 U 螺栓 M16	59
26	TB 2075.65—2020	特型钢锚角钢	22	98
27	TB 2075.45—2020	软横跨固定底座	16	70
28	TB 2075.68—2020	长定位立柱	U 螺栓 M16	70
29	/	整体吊弦	10	25
30	/	螺栓式可调吊弦	10	25

4. 电车线校面器

电车线紧固夹具及校面器是用来校正导线面、消除导线扭曲的工具,如图 2-10 所示。

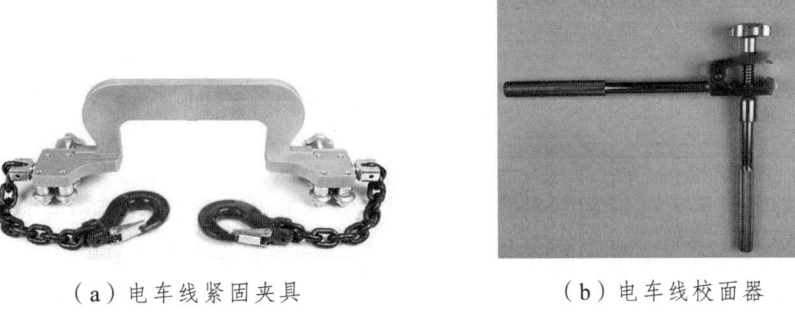

(a)电车线紧固夹具　　　　(b)电车线校面器

(c)制作导线接头操作示意图

图 2-10　电车线紧固夹具及校面器

任务二　接触网常用仪表的使用

一、仪表管理基本要求

仪表管理属于计量器具的管理，应贯彻执行《中华人民共和国计量法》及其实施细则，管理的目的是确保计量单位制的统一和量值准确可靠，提供准确、可靠的数据。

计量器具（含计量标准器）的管理包括计量器具的申请、选型、发放、使用与管理、检定、维修、报废等工作。

（一）计量器具的申领管理

1. 计量器具申请计划

根据生产需要，向供电段主管部门提报计量器具申请计划。申请计划的内容应包括：计量器具名称、型号规格、测量范围、精度等级、生产厂家、数量、用途及配置处所，并注明新领或更换。

2. 计量器具的发放

供电段主管部门根据各单位配备标准、计划安排以及安全生产的实际需要进行发放。领用单位应填写《计量器具领用记录》后领取。

各单位计量器具的发放由单位计量管理人员负责，并纳入本单位计量器具台账管理。

（二）计量器具周期检定管理

计量器具必须按规定周期进行周期检定（以下简称周检），经检定不合格的计量器具、超检定周期或无有效检定合格标志的计量器具不得使用。

根据供电段制定计量器具的检定周期，各部门在每年 12 月向主管部门提报下一年度计量器具周期检定计划。

主管部门对提报的周检计划审核、平衡后，统一编制下一年度计量器具周期检定计划。并于每月 30 日前下达次月各车间月度周检送修计划。

（三）计量器具运用管理

1. 计量器具的台账管理

应分级建立计量器具管理台账，计量器具管理台账应纳入微机管理，台账填写项目要齐全，应能真实反映计量器具现场的实际状况，实现账物相符。新增、更换、检定计量器具后，由所管辖的单位负责在一个月内，对计量器具管理台账进行相应的建立、撤换、填写日期。

2. 计量器具的使用、维护、保养

计量（测量）人员必须懂得计量器具的计量原理，严格按照计量器具使用说明书的规定定期检查或测试状态，并能按有关技术要求正确使用在检定有效期内的各种计量器具。使用中的计量器具，如发生故障或有疑问时，应及时送交有关检定部门进行修理、检定，不得擅自拆封。计量器具、设备在使用后，要认真擦拭保养，正确摆放，妥善保管，不得与其他工具备件混放在一起。由个人保管的计量器具不得私自转让和互换。

（四）计量器具检定管理

计量检定工作按上级部门的有关规定进行。新表检定应按当月生产计划按时完成。管内所有的计量器具原则上必须在供电段指定部门检定，段内若无检定能力需送地方计量检定部门或上级计量单位进行检定。对未经检定、超期、检定不合格的计量器具，严禁在生产、经营中使用。

1. 计量器具的降级、限用

经检修后仍达不到原精度等级的计量器具可降级使用，但必须在检定证书或合格标签上注明更改后的精度等级。对存在不合格或不使用未检部分挡位而其他挡位合格的计量器具，采用限用标签，告知使用者该计量器具测量数据的可靠范围。

2. 计量器具的封存

凡长期不用（一个检定周期以上）的计量器具，由使用单位提出申请，报主管部门办理封存手续。封存的计量器具重新启用，应报主管部门批准，经检定合格后方可投入使用。

3. 计量器具的报废

对检定不合格的计量器具且确认无法修复或无修复价值时，填写《检定报废通知单》，报主管部门审核，经批准后方可报废。正常使用破损、淘汰、报废的计量器具凭《检定报废通知单》领取新表。非正常损坏、报废或丢失的计量器具凭《检定报废通知单》和责任鉴定，赔偿后领取新表。

4. 计量检定印、证、记录的管理

计量检定印、证、记录包括：检定证书、检定报废通知单、检定合格证（标签）、铅封、印、检定记录。计量器具经检定合格的，由检定员按照计量检定规程的规定，出具检定证书、加盖检定合格印记或粘贴检定合格证（标签）。计量器具经检定不合格的，由检定员出具检定报废通知单，注销原检定合格印记。计量检定证书、检定报废通知单必须字迹清楚、数据无误，有检定、核验、主管人员签字，并加盖计量检定专用章。检定合格证（标签）由检定人和核验人签字或签写检定员代码。

二、兆欧表的使用

兆欧表也叫绝缘电阻表,是测量绝缘电阻最常用的仪表。在测量绝缘电阻时,本身就是高压电源,不同于其他测电阻仪表。兆欧表如图 2-11 所示。

(a)指针式　　　　　　　　　　(b)数字式

图 2-11　兆欧表

(1)测量前,应将兆欧表保持水平位置,左手按住表身,右手摇动兆欧表摇柄,转速约 120 r/min,指针应指向无穷大(∞),否则说明兆欧表有故障。

(2)测量前,应切断被测电器及回路的电源,并对相关元件进行临时接地放电,以保证人身与兆欧表的安全和测量结果准确。

(3)测量时必须正确接线。兆欧表共有 3 个接线端(L、E、G)。测量回路对地电阻时,L 端与回路的裸露导体连接,E 端连接接地线或金属外壳;测量回路的绝缘电阻时,回路的首端与尾端分别与 L、E 连接;测量电缆的绝缘电阻时,为防止电缆表面泄漏电流对测量精度产生影响,应将电缆的屏蔽层接至 G 端。

(4)兆欧表接线柱引出的测量软线绝缘应良好,两根导线之间和导线与地之间应保持适当距离,以免影响测量精度。

(5)摇动兆欧表时,不能用手接触兆欧表的接线柱和被测回路,以防触电。

(6)摇动兆欧表后,各接线柱之间不能短接,以免损坏。

三、钳形电流表的使用

钳形电流表俗称钳表、卡表,通常用于电气设备、电力线路的交流电流和直流电流的测量。它的最大便利之处是无须断开被测电路,就能够实现对被测导体中电流的测量,所以特别适合于不便于断开线路或不允许停电的测量场合,而且该表结构简单、携带方便。钳形电流表如图 2-22 所示。

钳形电流表按结构和工作原理的不同,分为整流系和电磁系两类;从测量结果的显示形式的不同来划分,又分为指针式和数字式两类。整流系钳形电流表只能用于交流电流的测量,而电磁系钳形电流表则既可测量交流电流,也可以测量直流电流。常用的整流系钳形电流表主要由电流互感器、整流电路、磁电系电流表、量程转换开关及测量电路组成。电流互感器的铁芯为钳形结构,它分为固定部分和活动部分且置于电流互感器的前端，其中的活动部分与扳手联动，当握紧扳手时，电流互感器的铁芯便可以张开，这样被测电流通过的导线不必切断就可以穿过铁芯的缺口，然后放松扳手使铁芯闭合，这时通过电流的导线相当于电流互感器的一次线圈，则二次线圈中便将出现感应电流，和二次线圈相连的电流表指针就发生偏转，从而指示出被测电流的数值。量程转换开关及切换电路可实现钳形电流表的多量程电流测量。

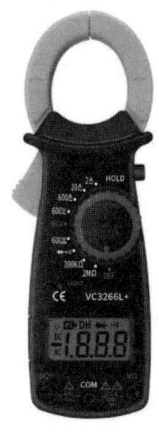 

（a）数字式　　　　　　　（b）指针式

图 2-22　钳形电流表

复习与思考题

1. 工具管理的基本要求有哪些？
2. 试简述链条葫芦的作用及特点。
3. 接触网剪切工具有哪些？
4. 接触网专用工具有哪些？各有什么作用？
5. 试简述兆欧表的使用方法。

接触网常用工具仪表的使用实训考核标准及评分表

内容	考核要求	配分	评分标准	扣分	得分
紧线类工具	正确使用手扳葫芦	20	每错一次扣5分		
	正确使用紧线器				
	正确使用滑轮				
校正类工具	正确使用扭力扳手	30	每错一处扣5分		
	正确使用扭面扳手				
	正确使用接触线平弯器				
	正确使用电车线校正器				
连接类工具	正确使用线缆剪	20	每错一处扣5分		
	正确使用常用电工工具				
	正确使用压线钳				
文明操作	实验台零部件摆放整齐	10	凡违反有关规定，扣2~4分，但对发生严重事故者，则取消资格		
绝缘和仪表类工器具	正确使用绝缘安全用品	15	每错1处扣5分		
	正确兆欧表的使用				
	正确钳形电流表的使用				
时间	30分钟内按时完成	5	每超时1分钟酌扣3~5分		

项目三 支柱的检修

 项目描述

支柱(含基础)是接触网的重要承力设备,用于安装支持结构、悬挂和定位接触悬挂以及附加导线,承受接触网自身及附加的各类负载的重力及接触网的全部机械负荷并传递给大地。在设计条件下,支柱和基础不得出现裂纹、锈蚀、倾斜以及变形。

【知识目标】
- 掌握 H 型钢柱的规格型号与技术参数。
- 掌握各类型支柱功能。

【技能目标】
- 掌握支柱检修作业方法。

【素养目标】
- 培养协同合作的精神、良好的组织纪律性,能够有团队合作精神。
- 培养安全意识,熟知安全常识,保障自己和他人的人身安全。
- 培养劳动精神,养成积极的劳动态度和良好的劳动习惯。

一、H 型钢支柱技术参数说明

支柱按材质可分为预应力钢筋混凝土支柱和钢支柱两大类。预应力混凝土支柱又分为重杆式和环形圆柱式(等径式或圆锥式);钢支柱有桁架式、圆钢管式、方钢管式、H 型钢式。由于 H 型热浸镀锌钢柱具有强度高、抗碰撞、体积小、安装运输方便、整齐美观、易于维护的特点,近年来在高速铁路接触网中得到广泛应用,如图 3-1 所示。

图 3-1　高速铁路接触网及 H 型钢支柱

H 型钢柱代号有 GH、GHT、GHd、GHs 四种，GH 表示符合标准 DIN1025-2 的 H 型钢柱；GHT 表示符合标准 DIN1025-4 的 H 型钢柱；GHd 表示符合标准 GB/T 11262—2005 的单 H 型钢柱；GHs 表示符合标准 GB/T 11262—2005 的双 H 型钢柱。如 GH240×9.5。

GH240×9.5 为符合标准 DIN1025-2 的 H 型钢柱，240 为其截面标称高度 240 mm；9.5 为柱高 9.5 m；×为柱底法兰盘型号，有 A、B、C、E、F 等几种型号，图 3-2～图 3-4 是 A、B、C 三种法兰盘的几何尺寸。A 型法兰盘用于柱底弯矩小于 150 的 H 型钢柱；B 型法兰盘用于柱底弯矩 150～200 的 H 型钢柱；C 型法兰盘用于柱底弯矩 200～240 的 H 型钢柱。

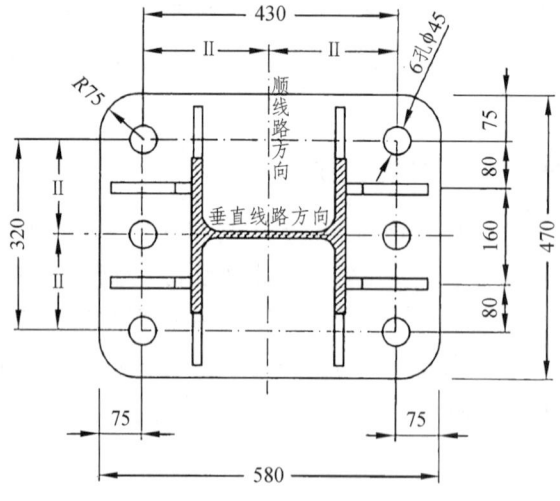

图 3-2　A 型法兰盘

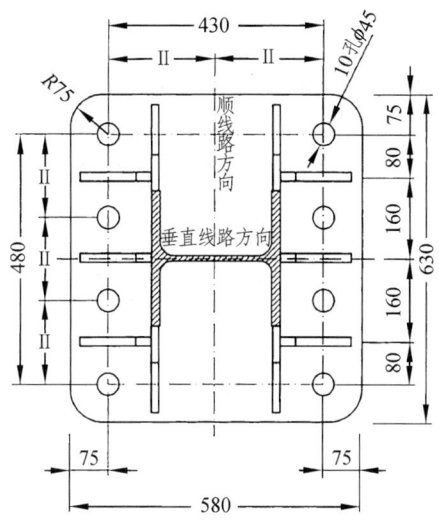

图 3-3 B 型法兰盘

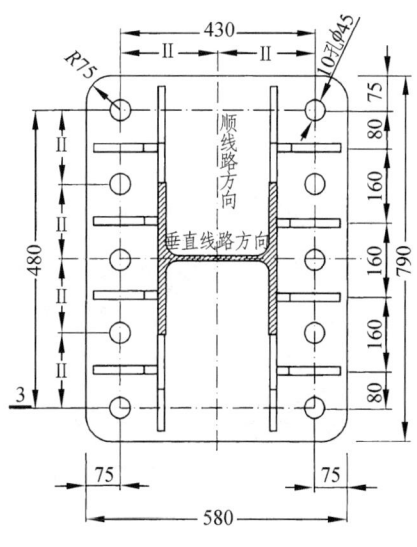

图 3-4 C 型法兰盘

（一）设计荷载

（1）抗拉、抗压和抗弯强度设计值：

板厚≤16 mm，f=215 N/mm²；板厚 16～40 mm，f=205 N/mm²。

角焊缝强度设计值 f_t^w=160 N/mm²，锚栓抗拉强度设计值 f_t^a=180 N/mm²。

钢柱柱顶的容许挠度为 $1.5L/100$（L 为支柱基础顶以上高度）；

仅在风荷载（标准值）作用下，支柱在接触线高度处垂直线路方向的水平挠度≤50 mm。

（2）垂直线路方向标准弯矩为 60～240 kN·m。

（3）接触网运营风速按照 30 m/s。

（4）钢柱的安全等级为二级，结构构件的重要性系数 γ_0=1.0。

（二）结构形式

（1）柱身采用等截面的单欧标 H 型钢，截面尺寸见表 3-1。

表 3-1　H 型钢截面尺寸

截面形式	h/mm	b/mm	t_1/mm	t_2/mm	r_1/mm
GH240	240	240	10	17	21
GH260	260	260	10	17.5	24
GH280	280	280	10.5	18	24
GH300	300	300	11	19	27

（2）支柱高度为 8 m、8.5 m、9.5 m、11 m。

（三）H 型钢柱规格型号及选用

（1）H 型钢支柱型号代号表示如下：

（2）所有支柱均可用于转换柱，已考虑 10 kN·m 的扭矩。

（3）根据设计需要，也可采用 2 根 H 型钢柱用于转换柱和道岔柱。

（四）材料说明

（1）H 型钢支柱所用 H 型钢符合欧标《热轧工字型钢及 H 型钢》（DIN1025-2）及国家标准《热轧 H 型钢和部分 T 型钢》（GB/T 11263—2005）

（2）H 型钢支柱所用材料为 Q235B 钢（高于-20 ℃ 时）、Q235D 钢（低于-20 ℃ 时）。钢材具有抗拉强度、伸长率、屈服强度及硫、磷含量的质量证明，其质量符合国家标准《低合金高强度结构钢》（GB/T 1591—2018）。

（3）H 型钢支柱使用的材料具有相应的质量证明并符合以下国家标准：

GB 50205—2020《钢结构工程施工质量验收标准》

GB/T 709—2019《热轧钢板和钢带的尺寸、外形、重量及允许偏差》

GB/T 3098—2010《紧固件机械性能》（其中部分标准被最新版替代）

GB/T 5117—2012《非合金钢及细晶粒钢焊条》

GB/T 5118—2012《热强钢焊条》

GB/T 5293—2018《埋弧焊用非合金钢及细晶粒钢实心焊丝、药芯焊丝和焊丝-焊剂组合分类要求》

GB/T 8110—2020《熔化极气体保护电弧焊用非合金钢及细晶粒钢实心焊丝》

GB/T 12470—2003《埋弧焊用热强钢实心焊丝、药芯焊丝和焊丝-焊剂组合

分类要求》

GB/T 470—2008《锌锭》

（五）防腐说明

（1）所有钢结构件采用热浸镀锌防腐。热浸镀锌应在制作质量检验合格后进行。

（2）热浸镀锌之前，构件在除去油污、油漆、焊渣等表面污垢和杂质后进行酸洗。

（3）锌层表面应光滑，不允许有锌刺、滴瘤和多余结块，并不得有过酸洗现象。热浸镀锌后必须对构件进行矫正。

（4）热浸镀锌漏镀面应用灌装冷喷锌或富锌底漆、面漆各一道进行修复。

（5）锌层应与基体金属结合牢固，不得有过酸洗和欠酸洗引起结合性能的缺陷，按 GB/T 2694—2018《输电线铁塔制造技术条件》规定的试验方法进行锤击试验后，锌层不剥离、不凸起。

（6）所有螺栓、螺母、垫圈采用一级热浸镀锌防腐，锌层附着量不低于 350 g/m^2，即任何局部镀锌层厚度不低于 50 μm；其余钢结构件的锌层附着量不低于 610 g/m^2，即任何局部锌层厚度不低于 86 μm。

（7）热浸镀锌的锌层应均匀，用硫酸铜溶液浸蚀五次以后不露铁。

（8）镀锌后，H 型钢支柱表面采用无气喷涂喷三层防腐漆。

二、各类型支柱功能

支柱除按材质分类外，在实际工程中常将支柱按位置和功能分为：中间柱、转换柱、中心柱、下锚柱、下锚过渡中间柱、定位柱、道岔柱、软（硬）横跨柱等，如图 3-5 所示。

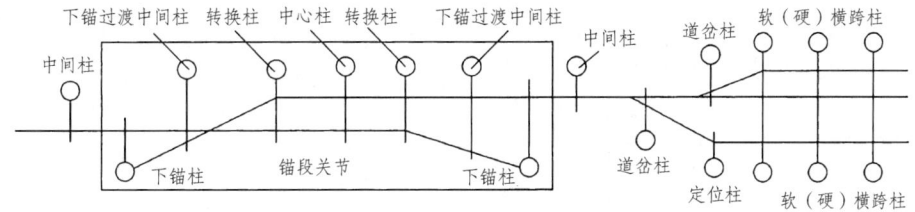

图 3-5 功能柱位置分布示意图

① 中间柱广泛用于区间接触网，承载一组工作支的重直负荷和水平负荷。

② 转换柱位于锚段关节内，承载一组工作支和一组非工作支的重直负荷和水平负荷。

③ 中心柱位于四跨锚段关节中部，承载两组工作支的重直负荷和水平负荷。

④ 下锚柱位于锚段关节的两端或接触网需要下锚的其他地点，承载下锚支和工作支的垂直和水平负载。

⑤ 下锚过渡中间柱用于当下锚支在一跨内下锚不能满足技术要求需延长一跨下锚的地方,位于转换柱(或道岔定位柱)与锚柱之间,完成一组工作支定位和一组非工作支悬挂。工作支是指与受电弓直接接触,完成电能传输的一组接触悬挂;非工作支是指不与受电弓直接接触,只完成下锚的一组接触悬挂。

⑥ 定位柱用于站场道岔后曲线处或其他需定位的地方,仅承受接触悬挂的水平负荷,不承受接触悬挂的垂直负荷。

⑦ 道岔柱用于道岔区的接触网悬挂与定位。

⑧ 软(硬)横跨柱多用于站场接触网,因其容量要求较大,一般采用钢支柱。

支柱是接触网最为重要的承载设备,必须具有足够且合理的安全性能,机械强度高、重量轻、耐腐性能强、结构简单、材料经济合理、便于施工和运营维护。各支柱类型及各项参数见表3-2。

支柱基础是指埋入地下(或桥隧结构体内)用于安装支柱的结构体,其强度和稳定性要求很高,在长期受力的情况下支柱基础不得出现裂纹、倾斜和移位现象。电气化铁路横腹杆式预应力混凝土支柱外形尺寸见表3-3。

表3-2 支柱类型及各项参数

序号	支柱型号	总长/m	上部尺寸	下部尺寸/mm	基础型号/mm	基础尺寸(坑)/mm	螺栓型号	螺栓数量 单向受力	螺栓数量 双项受力
1	H93	12.2	210×400	291×705	上-3Ⅱ下-1Ⅱ	1100×800×3000			
2	H170	15.5	300×300	403×920	上-4Ⅲ下-1Ⅲ	深3500			
3	H350	15	300×300	400×900	JH15-10	1450×1050×4000	M36×1480	6	2
							M36×890+20×3440	4	8
4	G250	15	400×400	800×1200	J15-10	1450×1050×4000	M24×890	12	8
							M24×4190	4	8
5	G350	15	400×400	800×1200	J15-10	1450×1050×4000	M24×890	12	8
							M24×4190	4	8
6	G450	15	400×400	800×1201	J15-15	1450×1050×3500	M30×1080	12	8
							M30×3730	4	8
7	GT450	15	400×400	800×1202	J15-15	1450×1050×3500	M30×1080	12	8
							M30×3730	4	8
8	Gz(0.8)300	15	400×400	600×800	J15-10b	1000×800×4000	M36×1250	12	8
							M36×4320	4	8
9	Gz(1.0)350	15	400×400	800×1000	J15-10a	1250×1050×4000	M30×100	12	8
							M30×4230	4	8
10	GD350	15	外径450	外径650					

续表

序号	支柱型号	总长/m	上部尺寸	下部尺寸/mm	基础型号	基础尺寸(坑)/mm	螺栓型号	螺栓数量 单向受力	螺栓数量 双项受力
11	GD350-250	15	外径440	外径670					
12	GH100	9	250×350	250×350	Z33-36	1000×800×200+1000×1000×3100	M36×1250	2	
12							M36×3730	2	4
13	GH130	9			Z36-42	1000×800×200+1000×1000×3400	M42×1250	2	
13							M42×4030	2	4
14	双GH100	现场定	350×700	350×700	双GH100	1450×1000×3100	M36×1240+d20×215	8	8
15	Gg300	15	外径450	外径750	Gg15-1	1250×1250×4000	M42×1670	6	2
16	GY650	20	600×600	1000×1800	J20-3	2100×1300×4000	M36×1350	8	
16							M36×4370	8	16
17	GY800	20	600×600	1000×1800	J20-2	2100×1300×4000	M42×1350	8	
17							M42×4370	8	16
18	GY800	25	600×600	1000×2000	J25-3	2300×1300×4000	M42×1350	8	
18							M42×4370	8	16

表3-3 电气化铁路横腹杆式预应力混凝土支柱外形尺寸

序号	产品名称	规格型号	柱长/m	埋深/m	柱顶长/mm	柱顶宽/mm	柱底长/mm	柱底宽/mm
1	腕臂支柱	$H\dfrac{60}{8.7+3.0}$、$H\dfrac{78}{8.7+3.0}$、$H\dfrac{93}{8.7+3.0}$	11.7	3.0	413	213	705	291
2	腕臂支柱	$H\dfrac{60}{9.2+3.0}$、$H\dfrac{78}{9.2+3.0}$、$H\dfrac{93}{9.2+3.0}$	12.2	3.0	400	210	705	291
3	腕臂支柱	$H_{40}\dfrac{78}{8.7+3.0}$、$H_{40}\dfrac{93}{8.7+3.0}$	11.7	3.0	413	213	705	291
4	腕臂支柱	$H_{40}\dfrac{78}{9.2+3.0}$、$H_{40}\dfrac{93}{9.2+3.0}$	12.2	3.0	400	210	705	291
5	法兰型腕臂支柱	$H\dfrac{60}{8.7}$、$H\dfrac{78}{8.7}$、$H\dfrac{93}{8.7}$	8.7	0	413	213	630	271
6	法兰型腕臂支柱	$H\dfrac{60}{9.2}$、$H\dfrac{78}{9.2}$、$H\dfrac{93}{9.2}$	9.2	0	400	210	630	271

续表

序号	产品名称	规格型号	柱长/m	埋深/m	柱顶长/mm	柱顶宽/mm	柱底长/mm	柱底宽/mm
7	法兰型腕臂支柱	$H_{40}\dfrac{78}{8.7}$、$H_{40}\dfrac{93}{8.7}$	8.7	0	413	213	630	271
8	法兰型腕臂支柱	$H_{40}\dfrac{78}{9.2}$、$H_{40}\dfrac{93}{9.2}$	9.2	0	400	210	630	271
9	浅埋型腕臂支柱	$H\dfrac{60}{8.7+1.5}$、$H\dfrac{78}{8.7+1.5}$、$H\dfrac{93}{8.7+1.5}$	10.2	1.5	413	213	670	282
10	浅埋型腕臂支柱	$H\dfrac{60}{9.2+1.5}$、$H\dfrac{78}{9.2+1.5}$、$H\dfrac{93}{9.2+1.5}$	10.7	1.5	400	210	670	282
11	浅埋型腕臂支柱	$H_{40}\dfrac{78}{8.7+1.5}$、$H_{40}\dfrac{93}{8.7+1.5}$	10.2	1.5	413	213	670	282
12	浅埋型腕臂支柱	$H_{40}\dfrac{78}{9.2+1.5}$、$H_{40}\dfrac{93}{9.2+1.5}$	10.7	1.5	400	210	670	282
13	软横跨支柱	$H\dfrac{90}{12+3.5}$、$H\dfrac{130}{12+3.5}$、$H\dfrac{170}{12+3.5}$	15.5	3.5	300	300	920	403
14	软横跨支柱	$H_{40}\dfrac{90}{12+3.5}$、$H_{40}\dfrac{130}{12+3.5}$、$H_{40}\dfrac{170}{12+3.5}$	15.5	3.5	300	300	920	403
15	法兰型软横跨支柱	$H\dfrac{90}{12}$、$H\dfrac{130}{12}$、$H\dfrac{170}{12}$	12.0	0	300	300	780	380
16	法兰型软横跨支柱	$H_{40}\dfrac{90}{12}$、$H_{40}\dfrac{130}{12}$、$H_{40}\dfrac{170}{12}$	12.0	0	300	300	780	380
17	大容量软横跨支柱	$H\dfrac{150}{13}$、$H\dfrac{200}{13}$、$H\dfrac{250}{13}$	13.0	0	300	300	820	287
18	大容量软横跨支柱	$H\dfrac{200}{15}$、$H\dfrac{250}{15}$、$H\dfrac{300}{15}$、$H\dfrac{350}{15}$、$H\dfrac{400}{15}$、$H\dfrac{450}{15}$	15.0	0	300	300	900	400

　　接触网支柱的基础类型如图 3-6 所示，具体选用取决于支柱类型和土壤特性。横腹杆式钢筋混凝土支柱的基础与本体是一体的，埋入地下部分即为基础，这种基础称为直埋式支基础，埋置深度一般在 2.0～2.6 m。当土壤抗压强度不够

时，需设置底板和横卧板。等径圆形钢筋混凝土支柱一般采用嵌入式整体基础；H 型钢柱、格构式钢柱、圆形钢管支柱一般采用整体螺栓安装式基础。

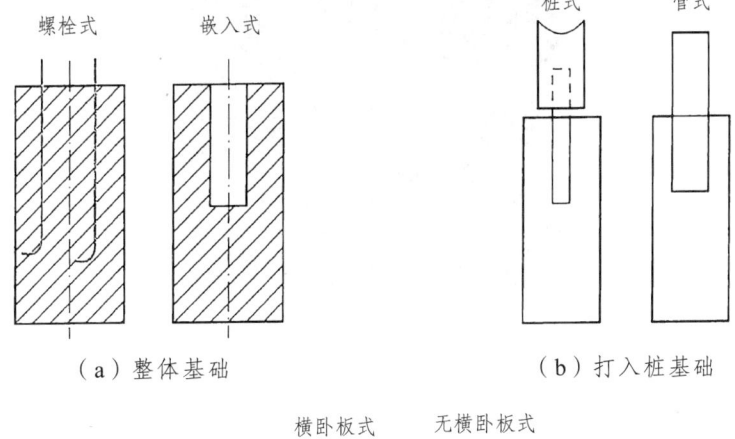

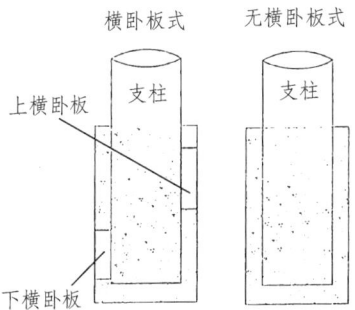

图 3-6　接触网支柱的基础类型

在桥隧等特殊地段，接触网支柱基础等下部工程应同桥隧工程的设计和施工同步进行，使桥隧工程和接触网基础工程成为一个整体，这既有利于提高施工精度和效率，增加基础的稳定性，同时又可避免接触网基础施工对桥梁和隧道结构的二次破坏。

在桥梁上，支柱基础一般设置在桥墩上或箱梁上，并采用整体螺栓安装式基础，在桥梁施工的同时预留安装接触网钢柱的基础螺栓，基础螺栓与桥梁钢筋焊接在一起，如图 3-7 所示。

图 3-7　桥梁区段支柱基础图

在隧道内，接触网的悬挂和定位方式取决于隧道断面和隧道净空高度。新建线路的隧道，净空一般较高，大多采用图3-8所示的悬挂方式。

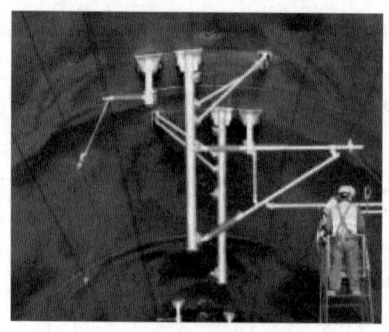

图 3-8　隧道内基础及支持结构

与接触网支柱和基础相关的基本概念有：支柱侧面限界、支柱红线、支柱容量、支柱最大工作力矩、支柱安全系数、土壤承压力、土壤安息角等。

三、支柱检修作业方法

1. 作业目的

通过检修，使支柱位置符合要求，本体无破损、裂纹，基础牢固，防护符合要求，能满足接触网运行需要。

2. 作业准备

（1）人员：2～7人。

（2）工具：线坠、铁锹、灰抹子、刷子、钢丝刷、扳手、水桶、手扳葫芦、钢丝套、支柱整正器、捣固机具等。

（3）材料：水泥、砂子、油等。

3. 作业程序

（1）检查支柱位置是否符合要求，否则移位。

（2）检查支柱本体是否破损、裂纹，钢柱是否裂纹、开焊，否则修补、更换。

（3）检查支柱倾斜率是否符合要求，否则整正、更换。

（4）检查支柱基础是否符合要求，否则清理、培土、砌石。

（5）检查支柱防护是否符合要求，否则进行防护。

（6）检查支柱拉线是否符合要求，否则进行处理。

（7）整正支柱。

① 支柱卸载，即对定位器卸载并将承力索取出支撑线夹或钩头鞍子即可。如果支柱上架设附加导线，根据情况临时取消线索的悬挂固定。

② 测量核对支柱侧面限界数值、顺线路方向和横线路方向倾斜度，根据测量结果确定出需整正的方向和数值。

③ 安放整正器。

④ 支柱上的悬挂从支持装置上拆卸完毕后，开挖支柱根部，深度为 2.5 m 左右。

⑤ 限界的调整。

⑥ 倾斜度的调整。

⑦ 回填支柱根部基础土石，并捣固。

⑧ 拆卸整正器，其余人员恢复支柱上的悬挂固定至技术要求。

4．检修标准

1）支柱位置

（1）支柱的侧面限界应符合规定，允许误差+100 mm、-60 mm，但最小不得小于《铁路技术管理规程》规定的限值。

（2）每组软横跨两支柱中心的连线应垂直于正线，偏角不大于 30°；每组硬横跨两支柱中心的连线应垂直于正线，偏角不大于 2°。

（3）支柱应尽量设在侧沟限界以外，若客观条件限制必须设在侧沟中，则应留有排水通道，支柱根部应用砂浆砌石加固。支柱埋设深度应符合设计要求，允许误差：±100 mm。

2）支柱本体

（1）横腹杆式钢筋混凝土支柱表面应光洁、平整。横腹板破损应及时修补，翼缘破损和露筋不超过两根长度，不大于 400 mm 应及时修补；露筋达两根以上但不超过 4 根且长度不超过 400 mm 者可以修补后降级使用；露筋超过 4 根或者露筋长度超过 400 mm 者，均应及时更换。

支柱翼缘不得有横向、斜向和纵向裂纹。支柱翼缘与横腹板结合处裂纹及横腹板裂纹宽度不超过 0.3 mm 时，要及时修补，大于 0.3 mm 时应更换。

混凝土支柱破损不露筋者，可以用水泥砂浆修补后使用。

（2）环形等径预应力混凝土支柱表面应光洁平整，合缝处不得漏浆，不应有混凝土剥落、露筋等缺陷。

横向裂纹宽度不超过 0.2 mm，长度不超过 1/3 圆周长；纵向裂纹宽度大于 0.2 mm，不超过 1 mm 的支柱要及时修补。纵向裂纹宽度大于 1 mm 的支柱应更换。支柱弯曲度不大于 2‰，杆顶封堵良好。

修补支柱破损部位的混凝土等级比支柱本身混凝土高一级。

（3）金属支柱及硬横梁各焊接部分不得有裂纹、开焊；主角钢弯曲不得超过 5‰，副角钢弯曲不得超过 2 根；锈蚀面积不得超过 10%。

整正支柱使用的垫片不得超过 3 块。每块垫片的面积不小于 50 mm×100 mm。

3）支柱倾斜率

接触网各种支柱，均不得向线路侧和受力方向倾斜。

安装在曲线外侧及直线上的支柱，在垂直线路方向要向受力的反向倾斜。

腕臂柱的外倾斜率为0~0.5%。软横跨支柱的倾斜率：高度13m的支柱为0.5%~1%；高度15 m及以上的支柱为1%~2%。硬横跨支柱应保证垂直于地面。

曲线内侧的支柱、装设开关的支柱、双边悬挂的支柱、硬横跨支柱均应直立，允许向受力的反向倾斜，其倾斜率不超过0.5%。

支柱在顺线路方向应保持铅垂状态，其倾斜率不超过0.5%。锚柱应向拉线方向倾斜，其倾斜率不超过1%。

4）支柱基础

金属支柱基础面应高出地面（或站台面）100~200 mm。基础外露400 mm以上者应培土，每边培土宽度为500 mm，培土边坡与水平面成45°。

基础帽应完整无破损，支柱根部和基础周围应保持清洁，不得有积水和杂物。

桥支柱的托架与接腿、支柱的连接应牢固可靠，螺栓应用双螺帽并涂油防护。

填方地段的支柱外缘距路基边坡的距离小于500 mm时应培土，其坡度应与原路基相同。

填方地段培土困难、流失严重或土质强度不够者，应采用干砌片石或砂浆砌石加固，片石应挤压紧密、堆砌整齐，砂浆应饱满、标号符合规定。

5）杯形基础

（1）杯形基础内杯底距基础面的距离为1500 mm；基础垂直于线路方向的中心线与线路中心线垂直，偏差不大于3°。

（2）杯形基础面应与路基面平齐，不得高于路基面，杯形基础面应平整，外形尺寸及限界符合设计要求。

（3）杯形基础田野侧的土层间距不得小于600 mm，否则需进行边坡培土或砌石；路堑地段的基础外侧与水沟外侧的间距不得小于300 mm。

（4）杯形基础采用C15级混凝土。

6）支柱防护

道口两侧、经常有机动车辆运行的场所、装卸货物站台上等易被碰撞的支柱，均应设置强度较高的防护桩。其中，道口两边支柱防护桩的高度为2 m。

金属支柱不宜采用外围砖砌、内填石砟或砂土的封闭式防护方式，否则，应保证防护桩的防水处理质量，避免防护桩内支柱锈蚀。

7）支柱拉线

拉线应位于接触悬挂下锚支的延长线上（附加导线单独下锚时，应位于下锚支导线的延长线上），在任何情况下不得侵入限界。拉线与地面夹角一般情况下为45°，最大不得超过60°。

拉线应绷紧，在同一支柱上的各拉线应受力均衡；锚板拉杆与拉线应成一条直线；拉线应采取防腐措施，埋入地下部分的地锚拉杆应涂防腐剂。拉线不得有断股、松股、接头及严重的锈蚀。UT型线夹螺帽外露螺纹长度应有可调余量，UT线夹不得埋入地中。各部螺栓紧固良好并涂油。拉线基础周围不得有积水。

设在挡土墙、隧道口、桥墩、坚石地带及砂浆砌石护坡上等处打孔灌注的地锚杆，其埋入深度应符合规定。受力后其周围水泥灌注部分不得有裂纹、破损及脱落现象。禁止将地锚杆设在孤石、风化石、次坚石上。

接触悬挂下锚、中心锚结下锚、附加导线下锚的拉线基础外形尺寸应符合设计要求。

拉线拉环应采用二级热漫镀钵防腐，拉线基础不得有积水。

5．注意事项

（1）注意来往车辆，做好防护。

（2）注意和带电部分的安全距离。

（3）雨天和雨后要加强基础的巡视检查。

（4）操作整正器手柄时用力要均匀，不得猛拉、猛推，以免支柱断裂。

复习与思考题

1. 接触网支柱类型有哪些？
2. 接触网支柱基础类型有哪些？
3. 各类型支柱倾斜率分别为多少？
4. 支柱检修需要注意什么？

支柱检修实训考核标准及评分表

内容	考核要求	配分	评分标准	扣分	得分
准备工作	准备材料	15	线坠、铁锹、灰抹子、刷子、钢丝刷、扳手、水桶、手扳葫芦、钢丝套、支柱整正器、捣固机具、水泥、砂子、油等，漏一项扣1分		
准备工作	准备安装用工器具	15			
支柱检查	检查内容6项	30	每错或落一步扣5分		
支柱整正	按程序完成支柱整正（8项）	40	每错或落一步扣5分		
文明操作	工器具、零部件摆放整齐	15	凡违反有关规定，扣2~4分，但对发生严重事故者，则取消资格		

项目四　支持装置的检修

 项目描述

支持装置是接触网的核心组成部分，其学习目标和典型工作任务是接触网维护与检修的重要组成部分，本项目中要求掌握绝缘腕臂的结构，中间支柱装配，了解其他类型的腕臂支柱装配方法，能够识别腕臂的组成部分并进行腕臂的地面预配。

【知识目标】
- 掌握绝缘腕臂的结构。
- 了解其他类型的腕臂支柱的装配。
- 识别腕臂的组成部分。

【技能目标】
- 能够装配中间支柱。
- 能够进行腕臂的地面预配。

【素养目标】
- 养成安全高于一切，服从统一指挥的职业素养。
- 培养严格执行工作程序、工作规范、工作标准的职业习惯。

一、支持装置的检调

平腕臂中间柱装配图（正定位）如图 4-1 所示，根据实训基地实物进行支持装置检调，并将检调结果填入表 4-1 中。

二、知识准备

腕臂安装在支柱上部，一般使用圆形钢管或用槽钢、角钢加工制成，用以支持接触悬挂，并起传递负荷的作用。

腕臂按其与支柱之间是否绝缘分为绝缘腕臂和非绝缘腕臂两类。

1. 绝缘腕臂

我国目前在接触网上普遍采用绝缘腕臂，由于腕臂与水平拉杆均通过绝缘子对地绝缘，故称为绝缘腕臂，其安装结构如图 4-2 所示。

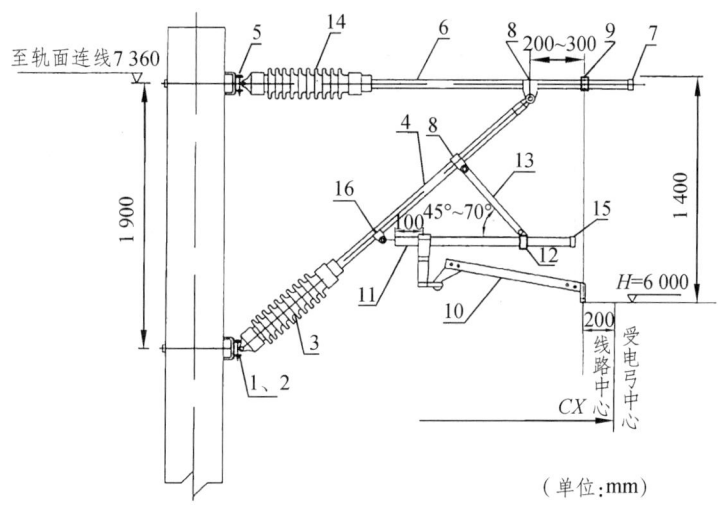

图 4-1 平腕臂中间柱装配图(正定位)

表 4-1 平腕臂中间柱装配材料表

序号	标准代号	名称	材料	单位	数量	质量/kg
1	/	单腕臂底座槽钢		套	1	—
2	JL28(T)-89	T形旋转腕臂底座		套	1	—
3	QBK2-25/8D	棒式绝缘子	瓷	套	1	—
4	JL6I(CX)-85	X形腕臂	Q235A	件	1	—
5	/	压管底座	Q235A	件	1	—
6	JL6I(P)-85	P形腕臂	Q235A	件	1	—
7	JL07(NT2)-89	管帽	L3	件	1	0.49
8	JLl4(T)-96	套管双耳	Q19-4	套	1	—
9	JL0318	承力索座	ZCZZB-500	套	1	—
10	/	定位器		套	1	—
11	JL62-89	定位管		套	1	2.08
12	JL35(1.5)-89	定位管卡子	Q235A	套	1	0.23
13	JL375(410)-92	定位管支撑	Q235A	套	1	0.78
14	QBNX-25/8D	格式绝缘子	瓷	套	1	—
15	JL07(1.5)-89	管帽	L3	件	1	0.49
16	JL12(T2)-96	定位环	Q419-4	套	1	—

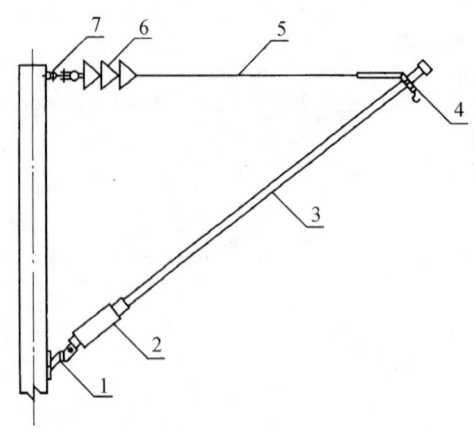

1—旋转腕臂底座；2—棒式绝缘子；3—绝缘腕臂；4—套管绞环；
5—水平拉杆；6—悬式绝缘子；7—拉杆底座。

图 4-2　绝缘腕臂

它是用外径 48 mm 或 60 mm 圆形热镀铸铜管经加工而成，其根部通过棒式绝缘子与安设在支柱上的腕臂底座相连，顶端经套管绞环、调节板、水平拉杆（或压管）并通过悬式绝缘子串（或棒式绝缘子）固定在支柱顶部水平拉杆底座处。当水平拉杆受压时采用水平压管，悬式绝缘子改为棒式绝缘子。

绝缘腕臂结构灵巧简单，技术性能好，施工维修和安装方便。由于绝缘子安装在靠支柱侧，减少了对支柱容量和高度的要求，从而降低了成本，同时在内电混合牵引区段不易被污染，减少了清扫和维护绝缘子的工作。因腕臂和拉杆（或压管）与接触悬挂处于同等电位，现场开展带电作业时和接地部分有足够的安全距离。

当腕臂受力较大时，应采用套管型腕臂，用字母 TG 表示。腕臂顶端为防雨水或雪水流入可配用管帽防止管内生锈。

2. 非绝缘腕臂

非绝缘腕臂结构中，通过悬吊在腕臂上的绝缘子串来悬挂承力索。腕臂和支柱间不绝缘，因此称为非绝缘腕臂。非绝缘腕臂结构笨重，要求支柱高度和支柱容量大，安装维修困难，绝缘子容易脏污，不便开展带电作业，应尽量减少使用。目前多存在于 2~3 股道受限不能为每条线路单独布置支柱时使用，即跨线路腕臂，如图 4-3 所示。

按照不同的分类标准，腕臂有多种形式。按腕臂结构可分为有带拉杆的水平腕臂、带斜撑的平腕臂、带拉杆（或压管）的斜腕臂等；按腕臂在支柱上的固定方法分有固定腕臂、半固定（或半旋转）腕臂、旋转腕臂等；按照腕臂跨越的股道数分有单线路腕臂、多线路腕臂等。

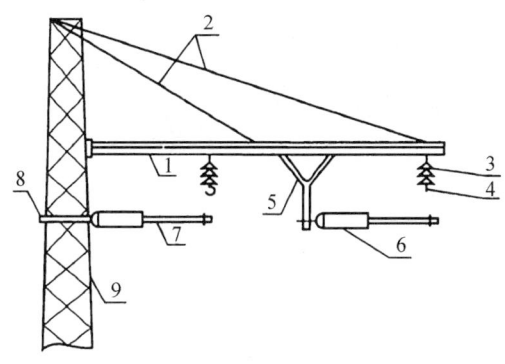

1—直腕臂；2—斜拉杆；3—悬式绝缘子；4—承力索；5—定位支架；
6—棒式绝缘子；7—定位器；8—定位肩架；9—钢柱。

图 4-3　非绝缘腕臂

3. 高速铁路接触网的腕臂结构介绍

高速铁路接触网的腕臂支持装置从结构上可分为平腕臂-斜腕臂结构和整体腕臂结构，如图 4-4 所示，从使用的材质上可分为钢腕臂和铝合金腕臂。

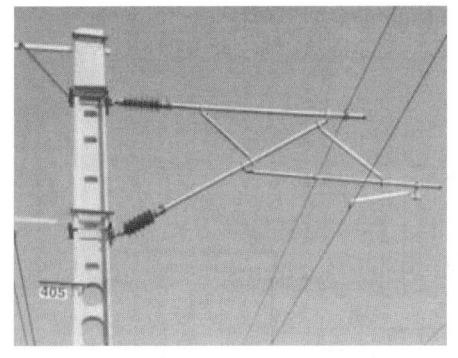

（a）平腕臂-斜腕臂方式（限位）

（b）平腕臂-斜腕臂方式（非限位）

（c）整体腕臂方式

图 4-4　高速铁路接触网常用腕臂装配结构图

图 4-5 为中国高速铁路接触网中间柱典型装配结构，腕臂本体多采用优质碳素无缝钢管（G 型、内外表面热浸镀锌防腐）或铝合金管（L 型）。

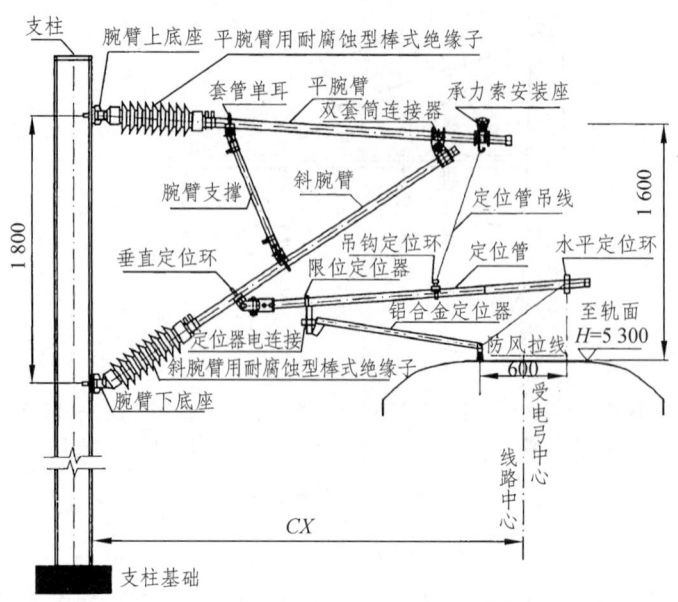

图 4-5　高速铁路接触网中间柱装配结构示意图*

转换柱、中心柱、道岔柱在直线区段的装配结构如图 4-6～图 4-11 所示。

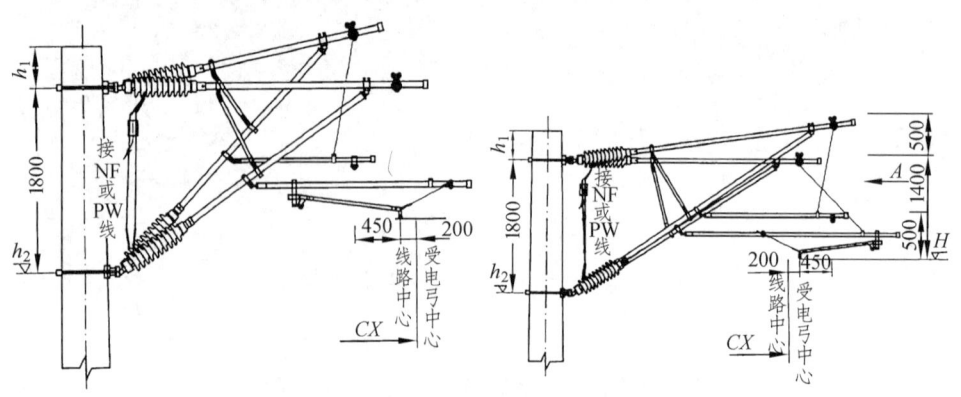

图 4-6　五跨绝缘转换柱装配图（ZJS1）　　图 4-7　五跨绝缘转换柱装配图（ZJS2）

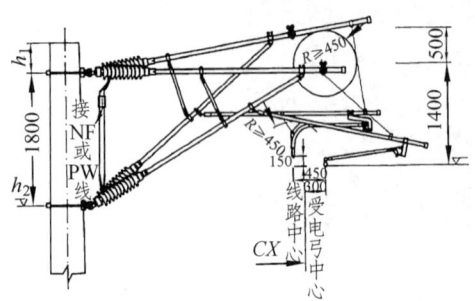 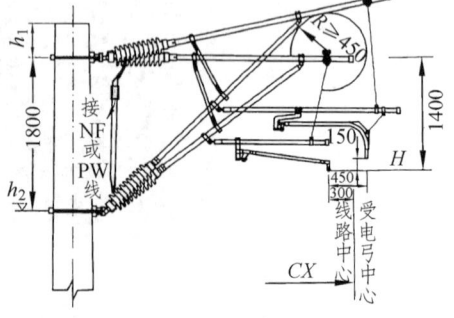

图 4-8　五跨绝缘转换柱装配图（ZJS3）　　图 4-9　五跨绝缘转换柱装配图（ZJS4）

*：图中若无特别注明，所用单位均为毫米（mm）。

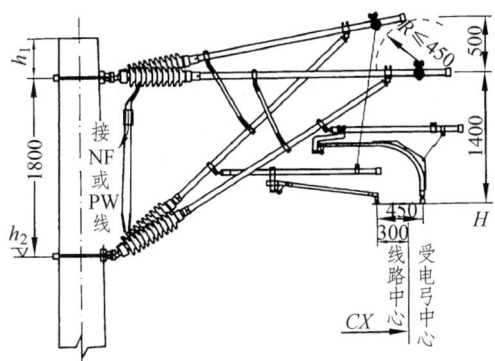

(a)四跨绝缘关节中心柱装配图(ZJS3)

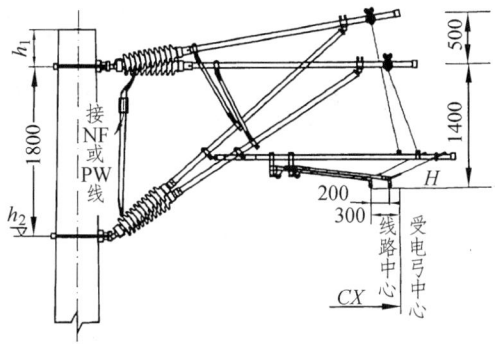

(b)四跨非绝缘中心柱装配图(ZFS3)

图 4-10 直线区段四跨锚段关节中心位装配结构示意图

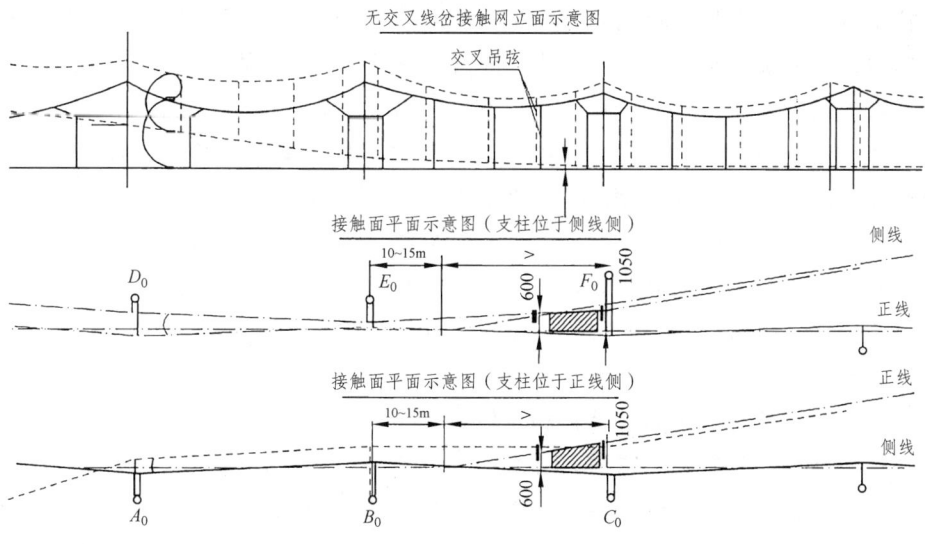

(a)18号道岔区上空的接触网(无交分线岔)布置示意图

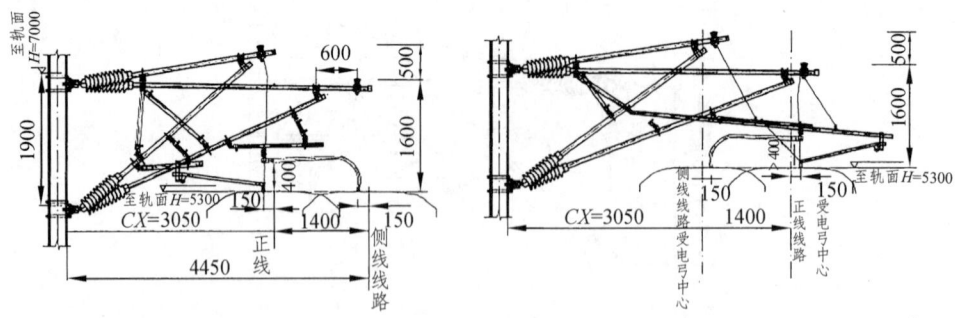

(b) 18号道岔正线侧支柱A0装配图（L型） (c) 18号道岔侧线侧支柱A0装配图（Y型）

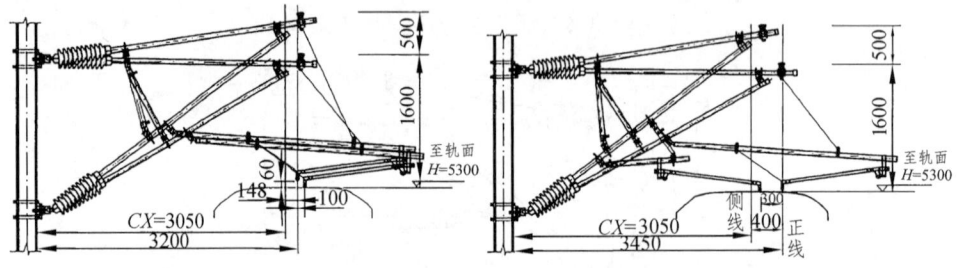

(d) 18号道岔侧线侧支柱E0装配图（Y型） (e) 12号道岔侧线侧支柱B0装配图（LY型）

图 4-11 道岔柱的典型装配结构示意图

图中各装配代号的符号：Z 表示直线；Q 表示曲线，曲线外侧用 QW 表示、曲线内侧用 QN 表示；F 表示非绝缘，J 表示绝缘，S 表示双绝缘；1（3）和 2（4）表示两组悬挂与支柱的相对位置关系，非工作支靠近支柱侧安装、工作支远离支柱侧安装的叫 1（3）型，反之叫 2（4）型。

在道岔区，当列车转辙时，受电弓也需从一组悬挂过渡到另一组悬挂，实现这种过渡的接触网结构称为线岔。线岔有交叉和无交分两类，图 4-11 是 18 号道岔上空的接触网无交分线岔示意图。完成道岔区接触网定位和悬挂的支柱称为道岔定位柱，其装配形式与线岔类型有关，从腕臂受力角度，可将其划分为有 L（拉）型、Y（压）型和 LY（拉压）型三种。

在高速铁路接触网中，对中心柱、转换柱、道岔定位柱的装配结构应给予重点关注，主要关注点有：定位管坡度、定位器坡度、受力、拉出值、限位间隙、定位线夹疲劳、连接件强度、紧固力矩、组合定位中各零部件及线索间的绝缘距离、各机械连接点的电连接情况等。

腕臂装配结构（含支持装置和定位装置）应结构简洁、稳定，转动灵活，每种装配结构的腕臂管都需进行强度校验，腕臂结构中任何部位都不得发生塑性变形和滑移。承力索悬挂点处的最大水平工作荷重和垂直工作荷重、承力索支承线夹与承力索间的滑动荷重、承力索支承线夹与腕臂管间的滑动荷重、套管双耳与腕臂管间的滑动荷重、防振动及抗疲劳能力均应满足相应技术要求，除考虑来自线索的张力和重力荷载外，还应充分考虑附加荷载和动荷载的影响。在工作状态下，G 型腕臂支持装置中各部分挠度不大于 0.7%S，L 型腕臂支撑装置中各部分挠度不大于 1%S，S 为腕臂支持装置各部件受力支点间的最大长度。

三、工作任务流程

（一）任务组织

支持装置检修人员配置见表 4-2。

表 4-2 支持装置检修人员配置表

序号	项目	单位	数量	备注
1	工作领导人	人	1	
2	驻站联络员	人	1	
3	行车防护兼地线监护人	人	2	
4	地线操作人员	人	2	
5	高空作业人员	人	3（2）	作业车（车梯）
6	辅助人员	人	2（4）	作业车（车梯）
7	作业车司机	人	2	司机、学习司机各 1 人

注：括号内人员为使用车梯作业时所需人员配置。

（二）检修程序和方法

1. 流程图

支持装置检修流程如图 4-12 所示。

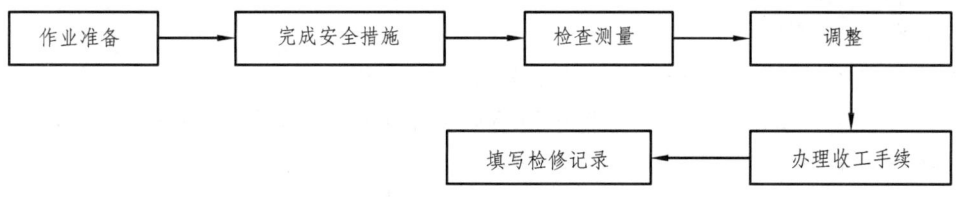

图 4-12 支持装置检修流程图

2. 方法

1）作业准备

按规程要求填写工作票并交付工作领导人，工作领导人向作业组全体成员宣读工作票、分工并进行安全预想，检查工具、材料。

2）完成安全措施

做好安全措施，工作领导人确认完成安全措施后，通知各作业组开工。

3）检查测量

（1）支持装置外观检查：用水平尺测量底座水平状态，检查底座扭转状态；各部位零件是否有锈蚀、变形、裂纹、偏斜、缺少；接地跳线是否有烧伤、断股；棒式绝缘子是否有破损和放电痕迹，铁件是否有松动、裂纹，瓷绝缘子袖面是否有剥落情况，顶丝是否顶进、滴水孔是否朝下；腕臂支撑是否有锈蚀、缺少开口销、螺母情况。

（2）测量腕臂偏移值：是否符合标准规定。

（3）力矩检查：用力矩扳手检查各部位零件紧固力矩。

4）调整

（1）底座装设不水平、扭转。

① 方法一：

a. 调整上底座时可稍松动紧固螺栓，用手锤敲击，调整上底座水平和扭转状态。

b. 调整下底座时可在上下底座间搭手扳葫芦拉住下底座，稍松动紧固螺栓，用手锤敲击，调整下底座水平和扭转状态。

c. 紧固底座螺栓。

② 方法二：

a. 卸载承力索。

在直线、曲线外侧区段时，在柱顶搭手扳葫芦拉住承力索，紧手扳葫芦，使腕臂不受力；用 $\phi 4.0\ mm$ 铁线把接触线吊到腕臂上，使吊弦不受力；从承力索座内抬出承力索，慢慢松动 $\phi 4.0\ mm$ 铁线至铁线不受力，拆除铁线。

在曲线内侧时，先摘除腕臂管帽，在腕臂管插入一根带两个定位环的 1 m 长定位管，调整定位管的外漏长度，在定位管上搭手扳葫芦拉住承力索，紧手扳葫芦使腕臂不受力后从承力索座内抬出承力索，松手扳葫芦至手扳葫芦不受力状态，拆除手扳葫芦、插管。

b. 卸载接触线。

在直线区段时，松开定位线夹，拆除定位装置。

在曲线外侧时，在支柱上搭手扳葫芦拉住接触线，紧手扳葫芦使定位器不受力后拆除定位装置。

在曲线内侧时，拆除定位管管帽，在定位管端部搭手扳葫芦，紧手扳葫芦使定位器不受力后松开定位线夹，松手扳葫芦至手扳葫芦不受力状态，拆除手扳葫芦和定位装置。

c. 稍松动底座固定螺栓，用手锤敲击底座调整底座水平状态和扭转状态。

d. 紧固底座螺栓。

（2）腕臂上的部件与腕臂不在同一垂直面内：将与腕臂不在同一垂直面内零部件螺栓稍松动，调整至同一垂直面内。

（3）零部件有锈蚀、变形、裂纹，开口销不齐全、锈蚀：各零部件有锈蚀、变形、裂纹时，更换零部件；对缺少开口销进行补装，锈蚀开口销更换，开口销掰开角度不小于 60°。

（4）棒式绝缘子有破损和放电痕迹，铁件松动、裂纹，瓷绝缘子袖面剥落面积超过 300 mm²：用棒式绝缘子更换器将棒式绝缘子更换。

（5）棒式绝缘子滴水孔朝上：用棒式绝缘子更换器将棒式绝缘子拆下；将棒式绝缘子转动 180°，滴水孔朝下重新安装。

（6）平腕臂棒式绝缘子顶丝（凸头压板）未顶进：拆下承力索卸载，松开顶丝、铁模压板；松开平、斜腕臂连接处套管双耳，用管钳转动平腕臂使平腕臂尾部顶丝孔对准顶丝（凸头压板）；将顶丝（凸头压板）顶进，拧紧。

（7）接地跳线有烧蚀、断股：更换。

a. 测量平、斜腕臂之间棒式绝缘子上两接地跳线连接板的距离和接地跳线至回流线线连接点的径路尺寸。

b. 预制接地跳线：跳线长度=测量长度+400 mm

（两端预留长度）+600 mm（3个弹簧圈长度）。

c. 安装接地跳线：接地跳线两端各预留 200 mm 长留头与跳线连接板绑扎在一起，端头预留 50 mm 后绑扎 2 道，间距 50 mm；接地跳线在平腕臂跳线连接板绑扎后在跳线至跳线肩架中间处绕 3 个直径 60 mm 弹簧圈，在跳线肩架上固定后与回流线用线夹连接如图 4-13 所示。

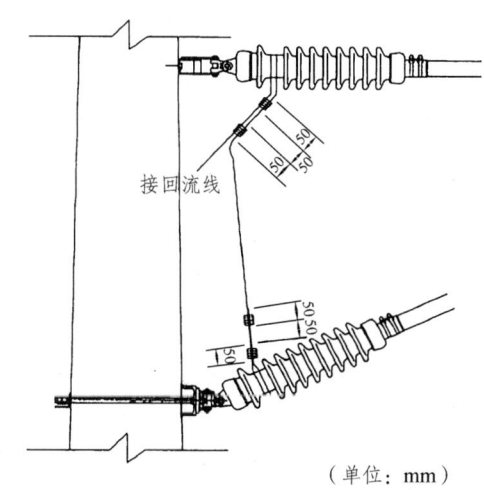

图 4-13　单腕臂接地跳线安装图

d. 双腕臂接地跳线呈门形，平、斜腕臂间同单腕臂，两腕臂间绕 3 个直径 60 mm 弹簧圈，与回流线连接一段跳线单独预制，两端用钱夹与回流线、腕臂接地跳线连接，如图 4-14 所示。

（8）腕臂管有弯曲、变形、锈蚀，端口封堵不良。

a. 腕臂管有弯曲、变形，更换腕臂管。

测量原平、斜腕臂长度，按照测量长度预制腕臂；卸载线索张力；更换斜腕臂时卸载接触线、拆除定位装置后，拆除斜腕臂，更换新腕臂；更换平腕臂时卸载承力索，摘下平腕臂，更换新腕臂。

b. 对腕臂管锈蚀部分用砂纸打磨除锈后涂防腐漆、银粉漆。

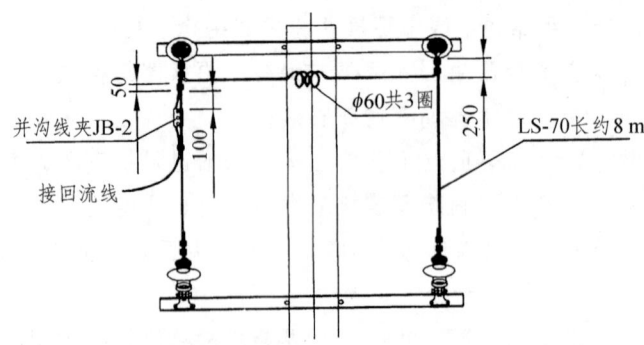

图 4-14 双腕臂接地跳线安装图（单位：mm）

c. 腕臂端口封堵不良时更换腕臂管帽。

（9）腕臂支撑有锈蚀、套管双耳缺螺母、开口销。

a. 对腕臂支撑锈蚀部位用砂纸打磨除锈后涂防腐漆、银粉漆。

b. 对腕臂支撑套管双耳缺少开口销、螺母进行补装，螺母按标准力矩紧固，开口销掰开角度不小于 60°。

（10）腕臂顺线路的偏移值不符合规定。

a. 查阅腕臂安装曲线图，根据现场温度，确定腕臂偏移值或通过腕臂偏移计算公式进行计算，确定腕臂偏移值。腕臂偏移计算公式：

$$E = La(T_x - T_p)$$

式中　E —— 腕臂偏移值（负值表示偏向中锚侧，正值表示偏向下锚侧）（mm）；

　　　L —— 调整腕臂到中锚中心柱的距离（mm）；

　　　a —— 线胀系数；

　　　T_x —— 现场温度（°C）；

　　　T_p —— 无偏移温度（根据设计值）（°C）。

b. 松开承力索座压板螺母，移动腕臂到规定偏移值处；小半径曲线时需在支柱顶部或腕臂顶部搭 0.75 t 手扳葫芦卸载承力索座所受的曲线力。

c. 涂电力复合脂，拧紧承力索座压板螺母。

（11）螺栓未按标准力矩紧固：螺栓力矩按标准力矩进行紧固，螺纹外露部分涂防腐油；螺母的防松措施按照使用说明进行安装。

5）办理收工手续

工作领导人确认各作业组工作结束，人员机具均已撤至安全地带后，通知监护人员撤除地线及其他安全措施。

工作领导人确认安全措施撤除后，通知驻站联络员申请消除停电作业命令和线路封锁命令。

工作领导人召开收工会，办理收工手续。

6）填写检修记录

按照当天检修情况填写检修记录。

（三）技术标准

1）腕臂底座

腕臂底座、拉杆底座、压管底座应与支柱密贴。底座角钢（槽钢）应水平安装，两端离差不得大于 10 mm。腕臂底座需与腕臂结构相对应，双腕臂底座槽钢应按照设计标准使用。

2）结构高度

标准值：区段的设计采用值。

安全值：标准值±200 mm。

限界值：（以跨距中最短吊弦长度为依据界定）在 160 km/h 及以下运行区段，最短吊弦长度为 250 mm；在 160 km/h 以上运行区段，最短吊弦长度不小于 500 mm，困难条件下不小于 300 mm。

3）对腕臂技术状态的要求

（1）腕臂及其安装位置。腕臂的安装位置应满足承力索悬挂点（或支撑点）距轨面的距离（即导线高度加结构高度），允许误差±200 mm；悬挂点距线路中心的水平距离符合规定。棒式绝缘子安装时滴水孔朝下，腕臂的各部件均应组装正确，腕臂上的各部件（不包括定位装置）应与腕臂在同一垂直面内，连接处要转动灵活。腕臂不得弯曲且无永久性变形，斜（平）腕臂顶部非受力部分长度为 100~200 mm。顶端管口封堵良好。双线路腕臂应保持水平状态，其允许仰高不超过 100 mm，无永久性变形。定位立柱应保持铅垂状态。

（2）腕臂偏移。

标准值：无偏移温度时垂直于线路中心线，温度变化时腕臂顶部的偏移要和该处的承力索伸缩量相对应。

安全值：标准值±100 mm。

限界值：任何情况下不得超过腕臂垂直投影长度的 1/3。

（3）绝缘距离。腕臂带电部分距硬横梁、上跨桥底面、隧道顶面的绝缘距离不小于 500 mm，困难情况下不小于 300 mm。

4）对拉杆（压管）或水平腕臂技术状态的要求

（1）拉杆（压管）或水平腕臂的安装位置要满足承力索的悬挂需要，安装误差与腕臂相同。

（2）拉杆（压管）或水平腕臂应呈水平状态，允许悬挂点侧仰高不超过 100 mm。

（3）拉杆必须处于受拉状态。

5）螺栓紧固力矩相关标准

见附录一。

四、分析与思考

该任务主要是支持装置检调，填写"接触线综合检测记录"。这看似简单的一项任务，但关系到接触网的结构和技术标准要求。因此，如何保证数据的准确至关重要。在实际工作中应注意以下事项：

（1）安装更换支持装置时，应避免上下层同时作业，上下部作业人员应分别位于支柱的两杆上，作业必须系好安全带，安全带使用前应做好检查。

（2）作业人员不宜位于线索受力方向的反侧，并应采取防止线索滑脱的措施。

（3）上、下行接触网带电设备间的距离小于 1.6 m 时，必须在垂直天窗内作业。

（4）V 形天窗内作业时，作业车作业平台严禁转向带电侧。

（5）V 形天窗内作业时，作业人员所持的工具、材料必须与相邻带电体保持足够的绝缘距离。

复习与思考题

1. 腕臂的结构类型有哪些？
2. 腕臂装配结构组成有哪些？
3. 腕臂的技术状态应符合哪些要求？

中间柱支持装置预配及安装实训考核标准及评分表

内容	考核要求	配分	评分标准	扣分	得分
准备工作	准备安装用零部件	15	没按规定准备扣 5 分，检查方法不当扣 5 分		
	准备安装图纸				
	准备安装用工器具				
装置预配	按图进行中间柱支持装置的地面预配工作	30	每错或落一步扣 5 分		
装置安装	将预配好的装置进行安装	40	每错或落一步扣 5 分		
文明操作	工器具、零部件摆放整齐	10	凡违反有关规定，扣 2~4 分，但对发生严重事故者，则取消资格		
时间	30 分钟内按时完成	5	每超时 2 分钟酌扣 3~5 分		

项目五　定位装置的检修

 项目描述

定位装置是支持结构中的主要组成部分，它是在定位点处实现接触线相对于线路中心进行横向定位的装置。其学习目标和典型工作任务是接触网维护与检修的重要组成部分，并和其他模块共同组成接触网的日常维护与检修工作。

【知识目标】
- 掌握定位管、定位器的作用及机构。
- 掌握定位方式。
- 掌握拉出值的定义及计算。

【技能目标】
- 能够用激光测量仪进行拉出值的测量。
- 能够进行定位装置的检修调整。

【素养目标】
- 培养爱岗敬业，一丝不苟的学习态度。
- 培养良好的职业精神和职业习惯。

一、定位装置的技术要求

定位装置是支持结构中的主要组成部分，它是在定位点处实现接触线相对于线路中心进行横向定位的装置。也就是说，定位装置的作用就是根据技术要求，把接触线进行横向定位，保证接触线始终在受电弓滑板的工作范围内，保证良好受流；在直线区段，相对于线路中心把接触线拉成"之"字形状；在曲线区段，相对于受电弓中心则拉成切线或割线，使受电弓滑板磨耗均匀；同时，定位装置要承担接触线水平负载，并将其传递给腕臂。对定位装置的技术要求：其一，动作要灵活，在温度发生变化，接触线沿顺线路发生移动时，定位装置应能以固定点为圆心，灵活地随接触线沿线路方向相应移动；其二，质量应尽量小，在受电弓通过定位点时，在受电弓抬升力作用下，应上下动作自如，并且有一定的抬升量，不产生明显硬点，其静态弹性和跨距中部应尽量一致；其三，具有一定的风稳定性，在受风时，保证定位状态的稳定性。各种型号定位器结构如图 5-1 所示。定位器规格表如表 5-1 所示。

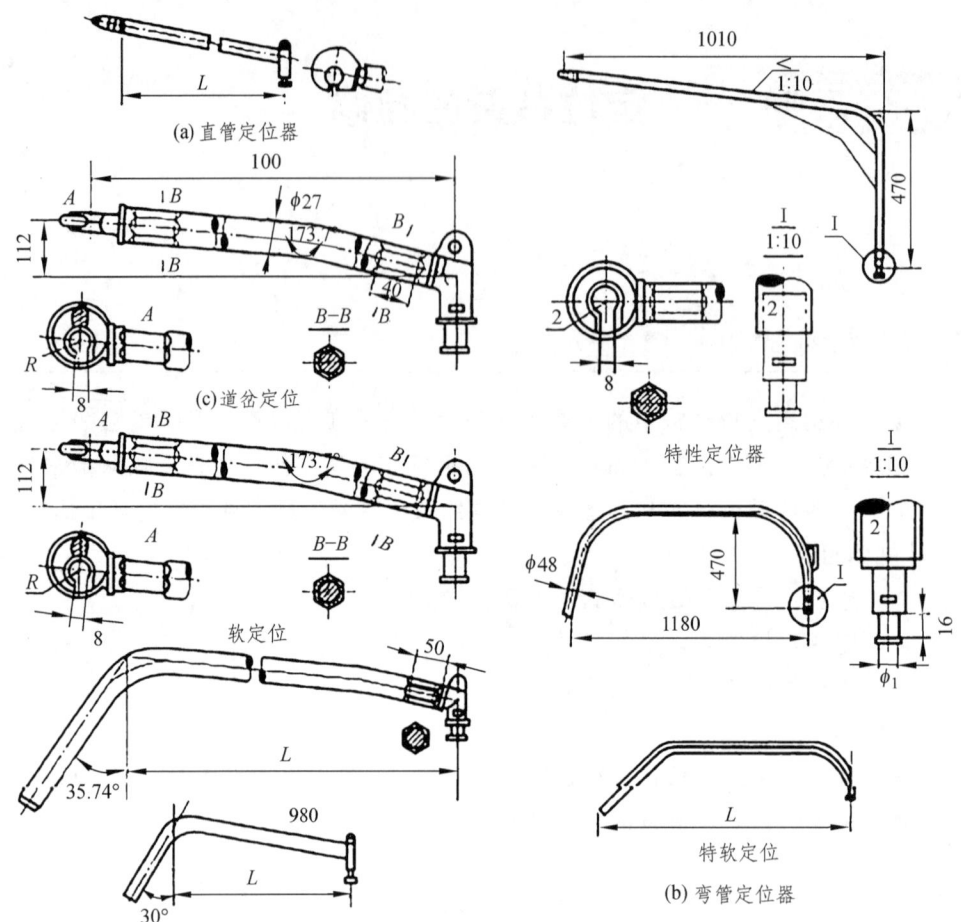

图 5-1　各种型号定位器结构图（单位：mm）

表 5-1　定位器规格表

类别	定位器型号	焊接筒形式	定位器套管外径/mm	安装倾斜度	总长/mm	单件质量/kg	使用范围
直管定位器	$\dfrac{1}{2}-960$	有环	21.25	1:10	~970	1.51	直线或 $R>1000$ m 曲线定位
	$\dfrac{3}{4}A-960$	无环	26.75	1:10	~970	1.88	曲线内侧反定位 $R\leqslant 1000$ m 定位
	$\dfrac{3}{4}B-1150$	无环	26.75	1:6	~1145	2.20	软横跨定位
弯管定位器	道岔定位器	$\dfrac{3}{4}DC-1000$	27	有环	1000	1.88	道岔处固定接线位置
	定位器（速度120 km/h 的接触线定位）	$\dfrac{3}{4}L_2-745$	22	有环	745	0.74	直线定位处

续表

类别	定位器型号	焊接筒形式	定位器套管外径/mm	安装倾斜度	总长/mm	单件质量/kg	使用范围
弯管定位器	定位器（速度120 km/h 的接触线定位）	$\frac{1}{2}L_2-1000$	28	有环	1000	1.21	$R \leq 1000$ m 处定位
		$\frac{1}{2}A_2-745$	28	有环	1200	1.41	软横跨定位
		$\frac{3}{4}A_2-1000$	23	有环	745	1.38	直线及 $R \leq 1000$ m 处定位
		$\frac{3}{4}A_2-1200$	27	有环	1000	2.08	$R \leq 1000$ m 处定位
		1-980	27	有环	1200	2.40	软横跨定位
	软定位器	1	33.5	无环	~980	3.35	$R=300 \sim 380$ m 曲线外侧定位
		J-1010	33.5			3.24	$R \leq 1000$ m 软定位
	特型定位器	T-1180		有环	~1010	7.11	直线及大半径曲线外侧中心柱处
	特型软定位器	T	48	无环	~1180	8.15	$R<1000$ m 曲线外侧中心柱处
			33.5	无环		6.8	$R<1000$ m 曲线外侧中心柱处

二、知识准备

1. 定位装置结构

定位装置是由定位管、定位器、定位线夹及连接零件组成的。根据支柱所在位置不同及受力情况，定位装置采用不同形式，一般有硬定位、软定位、反定位、双定位及特殊定位等方式。

1）定位管

定位管有两种类型，普通定位管和特型（T 型）定位管。普通定位管是用镀锌钢管加工制成的，尾部焊有定位钩，以便通过定位环连接在腕臂上使用。定位管安装后应呈水平状态，为保持其水平，可将其端部用 $\phi 4.0$ mm 镀锌铁线吊在，为了保证定位管稳定性，现在多用定位管支撑代替铁线。

设置普通定位管目的是为了定位器在水平方向和坡度方向便于调节，使定位装置结构较灵活，增加定位点的弹性。定位管的长度和外径的选用是根据支柱所在位置和定位管受力情况而确定的。

T 形定位管又称套管式定位管，它仅与普通定位管的尾部不同，加焊了一段套管来代替定位钩,便于与棒式绝缘子配套并增加其尾部的机械强度。T型定位管多用于隧道定位和多线路腕臂支柱装配使用。由棒式绝缘子、T型定位管、支持器、定位线夹及其他连接零件构成了特殊定位装置。

2)定位器

定位器是定位装置中关键的部件,其作用是通过定位线夹把接触线按设计标准拉出值的要求,通过线夹把接触线固定在一定位置,保证接触线工作面平行于轨面,并承受接触线的水平力。定位器是由镀锌钢管、套筒、定位销钉焊接而成。定位器从形状上可分为直管定位器、弯管定位器等几种常用的定位器。

为了适应高速电气化铁路的要求,定位器的重量要轻,一般采用轻型铝合金材料,在定位点处不产生硬点或应力集中。保持定位点的弹性系数尽量和跨距中部的状态接近或一致。同时,在铅垂方向应有足够的灵活性及能适应受电弓较大的抬升量。

为了避免定位器碰撞运行中电力机车受电弓,特别是在曲线区段,由于电力机车车身随线路的外轨超高而向内轨侧倾斜,机车的受电弓也呈倾斜状。为了防止定位器碰撞受电弓,要求定位器安装后应有一定的倾斜度(现场称定位坡度,即定位器根部在安装后要适当抬高一些,其倾斜度要求为1:10~1:5。

定位器在平均温度时,应该垂直于线路中心线,温度变化时,沿接触线纵向偏移在极限温度下,不得超过定位器管长的1/3。

2. 定位方式

1)正定位

在直线区段或曲线半径 $R=1200 \sim 4000$ m 区段,采用这种定位方式,如图5-2(a)所示。该定位装置由直管定位器和定位管组成。定位器的一端利用定位线夹固定接触线;另一端通过定位环与定位管衔接,定位管又通过定位环固定在腕臂上。

2)反定位

反定位一般用于曲线内侧支柱或直线区段之字值方向与支柱位置相反的地方,如图5-2(b)所示。定位器附挂在较长的定位管上,呈水平工作状态。定位管受压力较大,为保证其稳定性,反定位管一般用 25.4 mm、38.1 mm 或 50.8 mm 的镀锌钢管制成;为了使定位管保持水平,一般用两条斜拉线将定位管吊住,固定在承力索上。为了保证定位器与主定位管之间保持有一定的距离(≥300 mm),定位器通过长支持器与主定位管连接。

3)软定位

软定位装置只能承受拉力,而不能承受压力,因而它用于曲线半径 $R<1000$ m 的区段,为避免在某些特殊情况下拉力过小,经过计算,在曲线力抵消反方向的风力之后,拉力需保持 0.2 kN 以上方能使用这种方式,弯管定位器通过两股 $\phi>4.0$ mm 锌铁线拧成的定位拉线(现场称为软尾巴)固定在绝缘腕臂上的定位环里，定位拉线活固定端在定位管侧，死固定端在腕臂侧，如图 5-2（c）所示。

4）单拉定位

单拉定位的特点是没有腕臂，将软定位器直接通过绝缘子固定到支柱上，如图 5-2（d）所示。它一般用在导曲线处或因跨距较大，接触线的偏移达不到设计技术要求的简单悬挂。

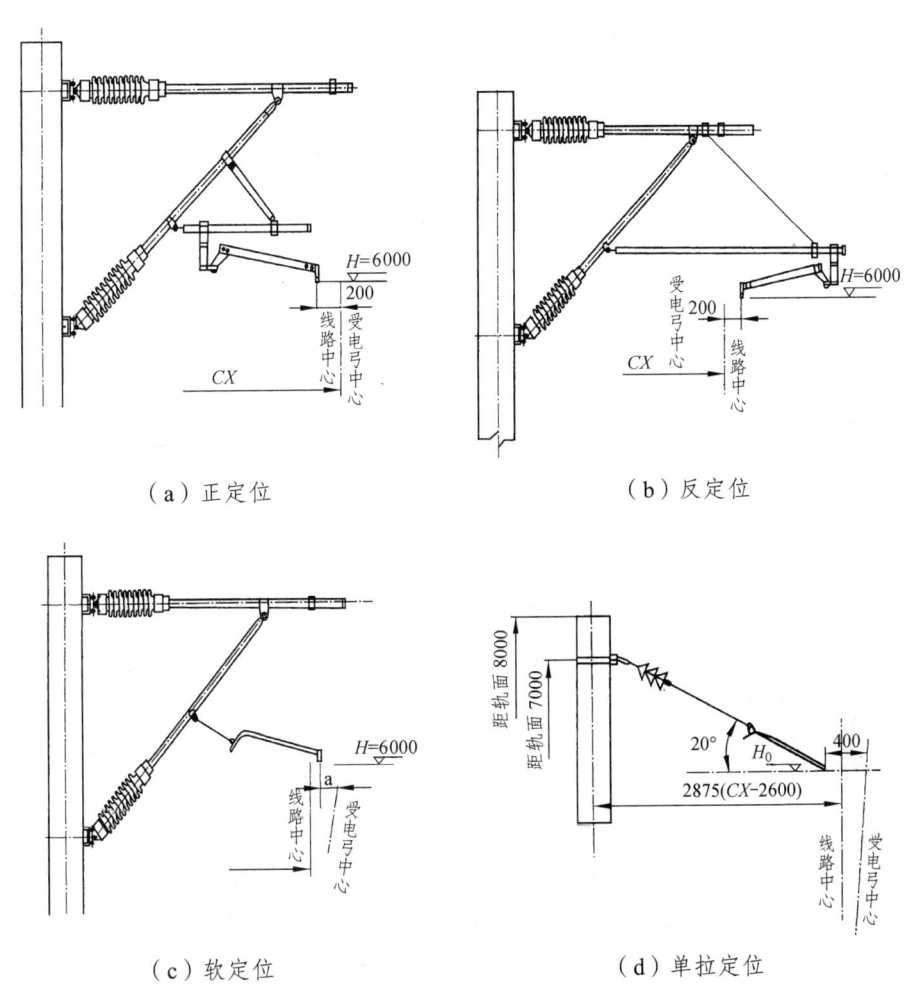

图 5-2 各种定位方式（单位：mm）

3. 高速铁路接触网的定位装置

定位装置是指由定位管、定位器、支持器、定位线夹、定位环以及定位钩等零部件组成的定位结构，其主要作用是将接触线定位在设计的空间范围内，如图 5-3 所示。

设置定位管的目的是便于调节定位器的位置，增加定位装置安装的灵活性，必要时可通过调节定位管在斜腕臂上的安装位置在一定范围内调节接触线的安装高度。平腕臂、斜腕臂、定位管应处于同一垂直面内，它们在水平面的投影应与线路中心垂直，其偏移量应符合腕臂安装曲线的要求。

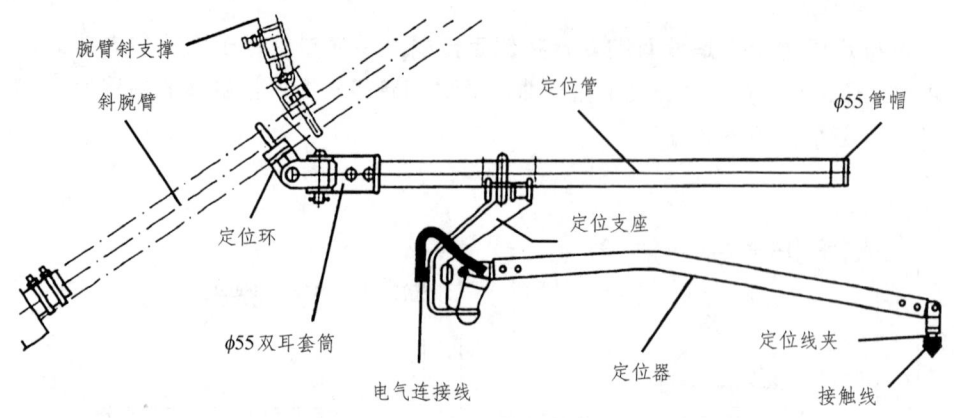

图 5-3　定位装置及其零部件示意图

　　弹性链型悬挂限位定位装置的定位管吊线设计分为与弹性吊索相连、不相连两种情况。

　　速度小于 250 km/h 时，定位管吊线与弹性吊索相连。受电弓通过定位点处时，接触线和定位器被抬升，与弹性吊索相连的吊线被减载，导致弹性吊索减载而上升，与弹性吊索相连的定位管吊线又把定位管拉升，从而"动态"加大定位管与定位器之间的夹角、同时也"动态"加大限位定位器的限位间隙。

　　速度大于 250 km/h 时，定位管吊线与弹性吊索不相连。因为速度 250 km/h 及以上高速铁路的接触线和定位器抬升比速度小于 250 km/h 时大，为防止定位管吊线从定位钩中脱落、定位管吊线设计与承力索相连。

　　从以上所述的理念出发，定位装置的定位管是不宜采用斜撑与腕臂刚性连接的，否则应验算限位定位器的抬升以及出现接触线或承力索断线时对腕臂和棒式绝缘子造成的冲击负荷是否符合有关规定。

　　定位管的最大工作荷重为 1.5 kN，破坏荷重应不小于 13.5 kN，耐拉伸荷重为 6.75 kN，耐压缩荷重为 1.5 kN；L 型定位管中顶紧螺栓的紧固力矩为 75 N·m，顶紧螺栓用螺母的紧固力矩为 50 N·m。定位管的长度需根据支柱装配结构图由腕臂预配计算给出。

　　定位装置中的定位器完成接触线定位，是接触悬挂中最为关键的部件，其受力、坡度、限位间隙以及电气安全与弓网集流质量和运营安全息息相关。

　　定位器的选用与悬挂方式、运行速度、允许抬升量、受电弓型号及动态包络线有关。

　　不论哪种定位装置，定位器都要承受水平和垂直两个方向的力——因拉出值引起的水平力和定位器自重及接触线重量。按接触网平面布置图的设计拉出值对曲线，尤其是缓和曲线处的定位器进行腕臂计算时，如果定位器的受力超出规定范围，就必须修改拉出值，以免安装后在工地现场重新调整。

通过以上分析，可知高速集电对定位装置的技术要求如下：

（1）能保证接触线的高度和拉出值符合设计要求。

（2）不影响接触线沿线路方向的移动。

（3）重量轻、不形成集中载荷，不影响受电弓高速通过。

（4）定位器坡度合理（1/6~1/8），其理论计算用图如图 5-4 所示，理论计算式如式 5-1。

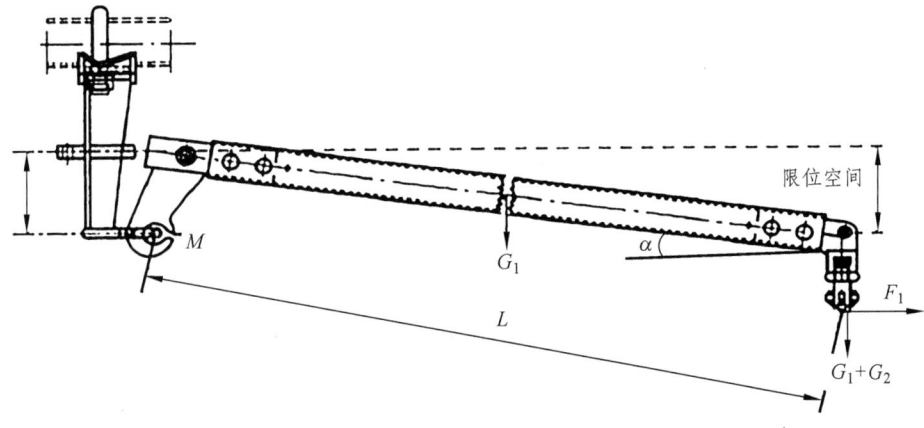

图 5-4　定位器坡度理论计算用图

$$\tan\alpha = \frac{\frac{1}{2}G_1 + \frac{1}{2}g_j(e_1+e_2)\times 9.81 + G_2}{F_1} \tag{5-1}$$

式中　G_1——定位器自重（kN）；

G_2——定位线夹自重（kN）；

g_j——接触线单位长度重量（kN/m）；

e_1，e_2——定位器至相邻吊弦的距离（m）；

F_1——接触线补偿张力在此处的水平分力（kN）。

当采用限位定位器时，限位间隙

$$d = \frac{h_1 \cdot h_2}{L} \tag{5-2}$$

式中　d——限位定位器的允许限位间隙（mm）；

L——定位器长度（mm）；

h_1——定位器底座的底部到限位止钉轴线中心的距离（mm）；

h_2——定位器根部到端部的高差（mm）。

各符号的几何意义如图 5-5 所示，允许偏差为±1 mm。

（5）为防止绝缘子闪络电流或短路电流流过支持和定位结构时烧损支持和定位零件，确保支持及定位零件的短路稳定性，应在支持与定位装置的几个主要机械连接点上加装固定电连接，如图 5-6 所示。安装电连接时，应在连接零件之间均匀涂抹电力脂，以防止异种金属间的电化学腐蚀。

（6）所用材料的机械电气特性应满足使用要求，所有材料均应有良好的耐腐蚀能力。

（7）定位线夹与接触线之间应连接贴切，无相对滑动。当定位线夹与接触线材质不同时，二者之间应涂电力脂。

（8）防振动及抗疲劳能力满足高速运行条件的要求；采用螺栓连接的螺纹副应有可靠的防松措施；阻抗低、耐流量和其他电气数据应满足使用要求。

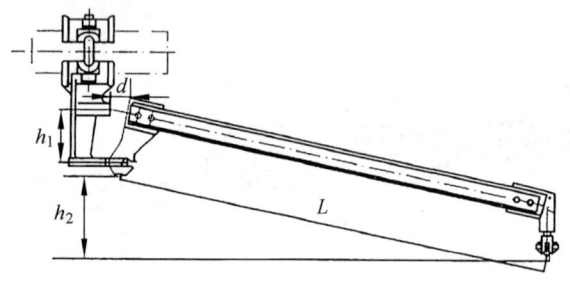

图 5-5　限位间隙计算用图

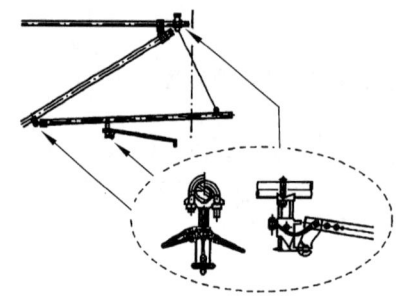

图 5-6　支持定位装置中的电连接示意图

4. 接触线"之"字值（拉出值）的确定

接触线直接与电力机车受电弓接触且发生摩擦，为了保证受电弓和接触线可靠接触、不脱线和保证受电弓磨耗均匀，要求接触线在线路上按技术要求固定位置，即在定位点处保证接触线与电力机车受电弓滑板中心有一定距离。这个距离在直线区段叫作接触线的"之"字值，在曲线区段称拉出值，一般用符号"a"表示。

接触线的"之"字值或拉出值可以使在运行中的电力机车受电弓滑板工作面与接触线摩擦均匀（否则会使滑板工作面某些部分磨出沟槽，降低受电弓使用寿命），保证接触线与受电弓接触，不发生脱弓，避免因脱弓造成的弓网事故。

接触线"之"字值和拉出值的区别是使用场合不同，"之"字值用于直线区段，拉出值用于曲线区段，它们从本质上说都是接触线在定位点处距受电弓中心的距离。

接触线的"之"字值（拉出值）的大小由电力机车受电弓最大允许工作范

围（950 mm）、线路情况、行车速度等因素决定。在直线区段，线路中心线与机车受电弓中心线重合，接触线沿线路中心线上空成"之"字形对称布置，即所谓直线区段，接触线拉出值也称"之"字值的原因，其标准值一般为 300 mm（当定位点位于线路中心线和支柱之间时，记为正，否则记为负）。在线路行车速度大于 120 km/h 的线路上，考虑到车速提高后机车受电弓左右摇摆量及高速下接触线的摆动量的增加，"之"字值一般选定为±200 mm，允许误差范围为±30 mm。

曲线区段电力机车车身随线路的外轨超高向曲线内侧（简称曲内）倾斜，受电弓也呈倾斜状，线路中心线与受电弓中心不重合，曲线区段上随曲线半径不同拉出值有差异，一般在 150～400 mm。拉出值的允许误差为±30 mm。

如果地理环境受限或设备特殊，拉出值也可适当增大（或减小），但拉出值最大不超过受电弓滑板允许工作范围（950 mm）的 1/2，即拉出值最大不得大于 450 mm。之字值（拉出值）的选用必须保证最大风偏移时，跨距中任一点接触线产生的最大水平偏移不超过规定的受电弓允许工作范围。

5. "之"字值（拉出值）的施工与检调

在直线区段，由于线路中心线和受电弓中心重合，定位点处接触线的垂直投影距线路中心线的距离也就是定位点处接触线距受电弓中心的距离。故在直线区段接触线的"之"字值就是定位点处接触线距线路中心线的距离。在对接触线"之"字值施工或测量检修时，可以直接通过接触线对线路中心线间距离来确定"之"字值。

在曲线区段，为平衡列车在转弯时产生的离心力，将曲线外侧轨道抬高，称为外轨超高，外轨超高值由线路曲线半径和线上列车允许通过的最大行车速度而定，可按式（5-3）计算：

$$h = \frac{7.6 v^2_{max}}{R} \tag{5-3}$$

式中　　h——外轨超高值（mm）；

　　　　R——线路曲线半径（m）；

　　　　v_{max}——线路允许最大行车速度（km/h）。

曲线上，由于线路外轨超高，使机车车身向曲线内侧方向倾斜，机车受电弓随之偏斜，受电弓中心线与线路中心线有一定偏斜距离。施工检调中，无法直接测量接触线距受电弓中心线的水平距离（即 a 值）。在确定曲线拉出值时，要通过定位处接触线对线路中心线投影的位置（即 m 值）间接确定对受电弓中心的位置，如图 5-7 所示。

定位点处接触线距受电弓中心的水平距离（拉出值）用符号"a"表示。

定位点处接触线距线路中心的距离用符号"m"表示。

线路中心线距机车受电弓中心的偏斜值用符号"c"表示，三者的关系为

$$a = m + c \tag{5-2}$$

式（5-2）中的 m 值有正、负之分。当接触线定位点投影在线路中心线与外轨间时，m 值为正值，如图 5-7（a）所示；当在线路中心线与内轨间时，m 值为负值，如图 5-7（b）所示。式（5-2）中的 c 值可以根据图 5-7 中的几何关系求得。

$$c = \frac{hH}{L} \tag{5-3}$$

式中　c——受电弓中心对线路中心偏移值（mm）；

　　　h——曲线外轨超高（mm）；

　　　H——接触线至轨面的高度（导高）（mm）；

　　　L——轨距（mm）。

现场进行简化计算，当导高为 6000 mm 时，

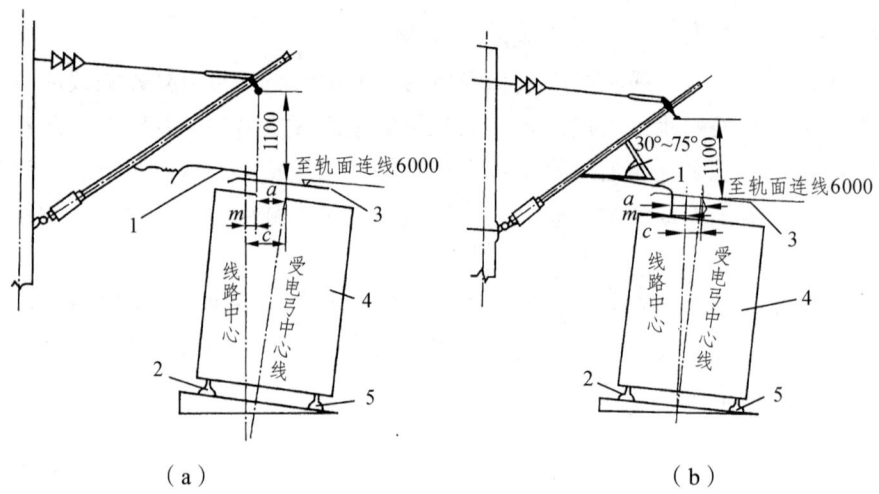

1—定位器；2—外轨（超高轨）；3—受电弓；4—电力机车；5—内轨。

图 5-7　曲线区段外轨超高对受电弓位置的影响及 a、m、c 的关系（单位：mm）

现场进行简化计算，当导高为 6000 mm 时，

$$c \approx 4h \tag{5-4}$$

曲线拉出值的施工与检调，其主要计算就是根据现场实际情况求标准 m 值。过程为：

① 确定计算条件：a 值为设计标准拉出值，h、H、L 可以通过现场实测得到。

② 计算标准 m 值（$m_{标}$）。

③ 利用 $m_{标}$ 指导施工、检调。

a. 施工时，利用 $m_{标}$ 确定接触线的水平位置。

b. 检调时，$m_{标}$ 和现场实际测得的 m 值（$m_{实}$）相比较，如果 $m_{标}$ 和 $m_{实}$ 误差小于 ±30 mm 时可以不检调（《铁路技术管理规程》规定接触线拉出值允许误差 ±30 mm）；误差大于 ±30 mm 时应该进行检调。

$$\Delta m = m_{标} - m_{实} \qquad (5\text{-}5)$$

式中　Δm——定位点实际位置和标准位置的差值。

在拉出值检调中，将定位点向曲线外侧移动，称为拉；将定位点向曲线内侧移动，称为放。Δm 当为正时，需要将定位点向曲外拉 $|\Delta m|$；Δm 当为负时，需要将定位点向曲内放 $|\Delta m|$。

现场简称为"正拉、负放、零不动"。在检调过程中，特别要注意的是 $m_{实}$、$m_{标}$ 的符号。当接触线定位点垂直投影在线路中心线至外轨间时，m 为正值；在线路中心线至内轨间时，m 为负值。代入式（5-5）计算时，要带符号进行运算。

三、工作任务流程

（一）任务组织

定位装置检修人员配置见表 5-2。

表 5-2　定位装置检修人员配置表

序号	项目	单位	数量	备注
1	工作领导人	人	1	
2	驻站联络员	人	1	
3	行车防护兼地线监护人	人	2	
4	地线操作人员	人	2	
5	高空作业人员	人	3（2）	作业车（车梯）
6	辅助人员	人	2（4）	作业车（车梯）
7	作业车司机	人	2	司机、学习司机各 1 人

（二）检修程序和方法

1. 流程图

定位装置检修流程如图 5-8 所示。

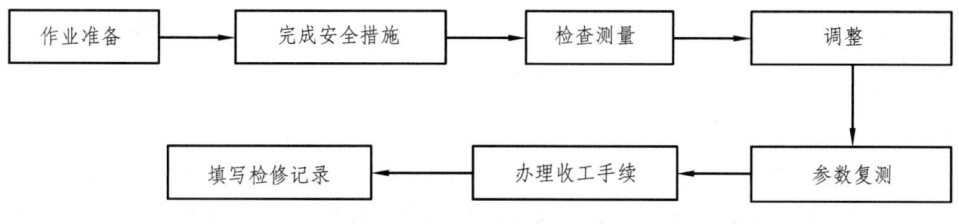

图 5-8　定位装置检修流程图

2. 方法

1）作业准备

按规程要求填写工作票并交付工作领导人，工作领导人向作业组全体成员宣读工作票、分工并进行安全预想，检查工具、材料。

2）完成安全措施

做好安全措施，工作领导人确认完成安全措施后，通知各作业组开工。

3）检查测量

① 测量定位器偏移：使用线坠和钢卷尺测量出定位器相对于支柱中心垂直线路方向的偏移值，根据当时的气温和支柱距中心锚结的距离，根据安装曲线确定偏移量是否超标。

② 测量定位器坡度。

a. 用水平尺测量定位器坡度：将水平尺放在定位器上方，调平同时用钢卷尺测量出高度差，计算出定位器坡度（mm/m）=两点高度差/水平尺长度。

b. 用接触网激光测量仪测量定位器坡度：在曲线区段时，调平接触网激光测量仪；用激光测量仪分别测量出定位器下方两点对轨平面的高度；计算出两点高度差；在激光测量仪的轨道尺上计算出两点的距离差；计算定位器坡度：坡度（mm/m）=两点高度差/两点距离差。

③ 检查限位间隙：在接触网高度符合标准的前提下，用异径塞钉测量限位间隙是否符合标准。

④ 检查定位器：有无弯曲、损坏。

⑤ 检查弹性支座：使用激光测量仪测量弹性支座安装高度，接触线拉出值；依据受电弓通过时定位管的振动情况调整平衡阻尼器。

⑥ 检查斜拉线、防风支撑：有无锈蚀、损坏。

⑦ 检查定位线夹：有无裂纹、损伤、倾斜，受力面安装是否正确。

⑧ 各部件状态：检查定位环、定位器、定位支座、支持器、套管绞环等各部件是否有裂纹、损伤、短缺；检查各部螺栓紧固及受力是否良好、是否有脱扣、是否有锈蚀缺陷，垫片是否齐全，各部位连接是否正确。

4）调整

① 定位器偏移值不符合标准：根据测量数据，确定调整方向和调整量；确认腕臂偏移正确，否则先在承力索上做好标记，松动组合承力索线夹螺栓，推动腕臂移到标准位置；用手扳葫芦等将定位器卸载（卸载方法见接触线检修工艺），松动定位线夹螺栓，将定位器调至标准位置，按标准力矩紧固；松动、拆除手扳葫芦。

② 定位器坡度不符合标准：在保证接触网高度的前提下，确认调整量和调整方向；利用大绳或手扳葫芦等，将定位器卸载（卸载方法见接触线检修工艺），

松动定位环线夹螺栓，调整定位管高度；调整后用激光测量仪或水平尺复测定位器坡度，直至符合要求；所有参数都符合要求后，用力矩扳手对关节的各部螺栓进行紧固。

③ 限位、弓形定位器的限位间隙不符合标准：利用大绳或手扳葫芦等，将定位器卸载（卸载方法见接触线检修工艺），松动定位环线夹螺栓，调整定位管高度。

④ 定位器弯曲、损坏时，更换：将定位器卸载（卸载方法见接触线检修工艺）；松动定位线夹螺母，使定位器与接触线脱离，拆除定位器；更换定位器，紧固定位线夹螺母；拆除大绳或手扳葫芦；复测调整后的拉出值，直至符合标准，否则重新调整。

⑤ 弹性支座高度不符合标准：桥隧地段使用弹性支座时，应依据受电弓通过时定位管的振动情况调整平衡阻尼器，振动较大时拧紧调整螺母，不能灵活跟随受电弓时，应放松调整螺母。

⑥ 斜拉线、防风支撑损坏、严重锈蚀时，应更换：用手扳葫芦一端挂在承力索上，另一端挂在接触线上；紧动手扳葫芦，使定位管不受力；松开定位管卡子，拔出螺栓，拆除旧斜拉线或防风支撑；更换新斜拉线或防风支撑，调整定位管卡子的位置，用水平尺测量定位管坡度符合标准；按标准力矩紧固连接螺栓；拆除大绳或手扳葫芦。

⑦ 检查定位线夹。

a. 定位线夹有裂纹或损坏：更换定位器或定位线夹，方法同上。

b. 定位线夹受力面装反：将定位器卸载，松动定位线夹螺栓，反面后按标准力矩紧固。

c. 定位线夹倾斜：调整定位器坡度或接触线扭面。

⑧ 检查各部件：检查定位环、定位器、定位支座、支持器、套管绞环等各部件是否有裂纹、损伤、短缺，存在缺陷更换、补齐。检查各部螺栓紧固及受力是否良好，是否有脱扣、锈蚀缺陷，垫片是否齐全，各部位连接是否正确，存在缺陷须处理。

5）参数复测

复测各部位技术参数，使之符合技术标准。

6）办理收工手续

① 工作领导人确认各作业组工作结束，人员机具均已撤至安全地带后，通知监护人员撤除地线及其他安全措施。

② 工作领导人确认安全措施撤除后，通知驻站联络员申请消除停电作业命令和线路封锁命令。

③ 工作领导人召开收工会，办理收工手续。

7）填写检修记录

按照当天检修情况填写检修记录。

（三）技术标准

（1）定位装置的结构及安装状态应保证接触线工作面平行于轨面，定位点处接触线的弹性符合规定。当电力机车受电弓通过和温度变化时，接触线能上下左右自由移动。

（2）定位器坡度。

① 标准值：160 km/h 及以下区段为 1/10～1/5；200 km/h 以上区段为设计值。

② 安全值：160 km/h 及以下区段为 1/10～1/5；160 km/h 以上区段为设计值。

③ 限界值：160 km/h 及以下区段为 1/10～1/3；160 km/h 以上区段与安全运行值相同。

（3）定位器偏移。

① 标准值：在平均温度时垂直于线路中心线，温度变化时沿接触线纵向偏移与接触线在该点的伸缩量相一致。

② 安全值：标准值±10%。

③ 限界值：极限温度时其偏移值不得大于定位器管长度的 1/30。

（4）软定位器的定位拉线调整端在定位器侧，固定端在腕臂侧。

（5）定位管及定位肩架。反定位管、定位肩架及组合定位器的定位管的状态符合设计规定。反定位器主管两侧拉线的长度张力应相等，定位管卡子距定位环应保持 100～150 mm 的距离。各管口封堵良好，定位拉线受力适当且不应有严重锈蚀。转换支柱处两定位器能分别自由转动，不得卡滞；非工作支和工作支定位器、管之间的间隙不小于 50 mm。

（6）定位环应沿线路方向垂直安装。定位管上定位环（定位支座）的安装位置距定位管根部不小于 40 mm。定位装置各部件之间应连接可靠，定位钩与定位环（定位支座）的衔接状态良好。

（7）弹性支座绝缘子连接器与水平线的夹角为 -7.5°～-25°；腕臂中心线与棒式绝缘子中心线的夹角不得超过 30°，连接处的弹性销钉铆接牢靠；平衡阻尼器压簧的长度应保持在 20～26 mm。

（8）限位定位器的限位间隙参数见表 5-3，允许偏差为±1 mm。

表 5-3　限位间隙参数　　　　　　　　（单位：mm）

序号	拉出值	定位器长度	限位间隙
1	≥400	700	26
2	300～399	800	23
3	200～299	900	20
4	100～199	1000	19
5	0～99	1100	16

四、分析与思考

该任务主要是定位装置检调，填写"接触线综合检测记录"，看似简单的一项任务，但关系到接触网的结构和技术标准要求，因此，如何保证检调作业的正确至关重要。而在实际工作中应注意以下事项：

（1）拉出值、定位坡度、定位偏移不得超过安全值，线夹不得偏斜，不得人为造成定位硬点。

（2）拉出值调整要考虑接触线与承力索的布置，保证其连线能够垂直于轨面连线，在曲线区段要防止承力索向区线外侧偏斜。

（3）调整弹性支座时，应保证其腕臂在任何条件下对固定接地体的空气间隙不小于 300 mm。

（4）作业人员不宜位于线索受力方向的反侧，并采取防止线索滑脱的措施。

（5）定位器上的定位线夹安装时，应使其螺栓母受压，定位线夹与接触线接触面应涂电力复合脂。

（6）定位环应沿线路方向垂直安装，定位管上定位环的安装位置距定位管根部不小于 40 mm，定位装置各部件之间应连接可靠，定位钩与定位环的铰接状态良好。

（7）软定位器的定位拉线调整端在定位器侧，固定端在腕臂侧。

复习与思考题

1. 定位装置的技术要求有哪些？
2. 定位管类型有哪些？
3. 定位方式有哪些？
4. 高速铁路定位装置技术要求有哪些？
5. 定位器检查测量与调整过程中需要注意哪些问题？

接触网拉出值调整实训考核标准及评分表

内容	考核要求	配分	评分标准	扣分	得分
准备工作	按要求准备工具、材料	10	错备、漏备每件扣 2 分		
技术标准	拉出值调整后仍在标准值误差范围(+200 mm)之外,每超 10 mm 扣 5 分	20			
	定位点处造成硬点或磨耗每处扣 5 分	10			
	定位坡度不标准扣 10 分	10			
	零部件破损或裂纹每处扣 10 分	10			
	各部零件松动每处扣 5 分	20			
安全及其它	个人劳保齐全	20			
	不扎安全带扣一次 10 分,两次按失格处理				
	高空高空坠物扣 5 分				

项目六　接触网线索的检修

 项目描述

接触线是接触网的核心组成部分，其学习目标和典型工作任务是接触网维护与检修的重要组成部分，本项目学习过程中需掌握识别接触网线索型号的能力，具备接触线磨耗测量和制作接触线接头的能力。

【知识目标】
- 掌握接触线、承力索的规格、型号及检调要求。
- 了解接触线、承力索磨耗和损伤记录的填写。

【技能目标】
- 具有识别接触网线索的型号的能力。
- 能够判断接触线磨耗的程度。
- 掌握接触线偏磨的调整方法。

【素养目标】
- 培养吃苦耐劳、爱岗敬业、勇于开拓、积极进取的精神。
- 培养工匠精神，养成"怀匠心、铸匠魂、守匠情、践匠行"意识。

一、接触线的检调

图 6-1 是常见接触线的截面图。根据实训基地实物进行接触线检调，并将检调结果填入表 6-1 和表 6-2 中。

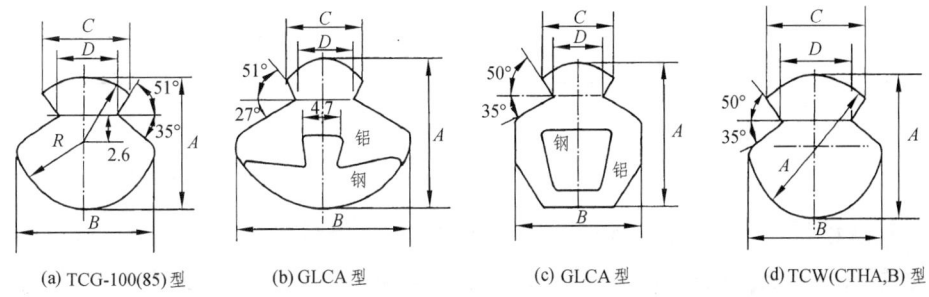

图 6-1　常见接触线类型

表 6-1　接触网全面检查记录

支柱号	接触悬挂				定位及支撑装置					支柱、基础及横梁	电连接	附加导线	螺栓紧固力矩	缺陷处理情况	检查人	互检人	日期
	接触线	承力索	吊弦	其他	支撑装置状态	定位装置状态	定位器坡度	限位间隙	软横跨								

设备负责人：　　　　　　工长：　　　　　　领工员：

表 6-2　接触导线磨耗损伤测量记录

区间（站场）：

支柱号	接触线剩余高度		接头及其他			测量人	日期
	定位点	跨中	位置	类别	剩余高度		

设备负责人：　　　　　　工长：　　　　　　领工员：

二、知识准备

接触线是接触网中直接和受电弓滑板摩擦接触取流的部分，电力机车从接触线上取得电能。接触线的材质、工艺及性能对接触网起着重要作用，要求它具有较小的电阻率、较大的导电能力；要有良好的抗磨损性能，具有较长的使用寿命；要有高强度的机械性，具有较强的抗张能力。

接触线制成上部带沟槽的圆柱状,沟槽是为了便于安装固接触线的线夹,同时又不影响受电弓取流。接触线底面与受电弓接触的部分呈圆弧状。

1. 接触线按照材质的分类

按照材质主要分为铜接触线、钢铝接触线和铜合金接触线。

1）铜接触线

我国电气化铁路建设初期,采用的是铜接触线,主要型号为 TCG-110 型、TCG-100 型和 TCG-85 型。

2）钢铝接触线

为了减少有色金属铜的使用量,20 世纪 70 年代我国研制了以铝代铜的 $GLCA\dfrac{100}{215}$ 和 $GLCB\dfrac{80}{173}$ 型钢铝复合接触线以及内包钢的 GLCN 型钢铝接触线。

3）铜合金接触线

随着电气化铁路的大幅度提速和高速电气化铁路的建设,进入 20 世纪 90 年代以后,我国研制了 CTHA-110 型、CTHB-120 型银铜合金接触线（也称为 AgCu-110、AgCu-120）,MgCu-120 型镁铜合金接触线也有使用。铜合金接触线以其抗拉强度高、耐高温性能好的优势逐渐被人们所认可,目前已成为我国繁忙干线或提速干线接触导线的主流产品。

2. 接触线的接头和磨耗

1）接触线接头

为了保证整个接触网线路质量,在新架设的车站正线及区间干线上规定：每个锚段中接触线的接头数目,正线不应超过 1 个,站线不应超过 2 个（不包括下锚处非工作支上接头）。接头间距不应小于 150 m。接触线接头处应平滑,不打弓,螺栓紧固,扭距应符合有关标准的要求。

运行中的接触线可能因为磨耗、损伤和断线而使锚段中的接头数量增加,一个锚段内的接触线和承力索接头、补强和断股的总数应符合如下规定：锚段长度在 800 m 及以下时,不超过 4 个；锚段长度超过 800 m 时,铜合金及铜线不超过 8 个,钢线、铝线、钢铝复合线不超过 6 个。接头距悬挂点应不小于 2 m,两接头之间距离应不小于 80 m。

2）接触线磨耗

接触线在运行中,受电弓和接触线的摩擦会造成接触线截面积减小,称为接触线磨耗。接触线的磨耗使接触线截面积减小,会影响到接触线的强度安全系数。运营中,要求每年至少进行一次接触线磨耗测量,当接触线磨耗达到一定限度时应局部补强或更换。如发现全锚段接触线平均磨耗超过该型接触线截面积的 20% 时,应全部更换。局部磨耗超过 30% 时可进行补强。当局部磨耗达到 40% 时应更换接头。

接触线磨耗测量一般一年一次,测量点通常选在定位点、电连接线、导线接头、中心锚结、电分相、电分段、锚段关节、跨距中间等处。测量磨耗要利用游标卡尺,测量磨耗后接触线的直径残存高度。根据直径残存高度可以计算得到接触网线的磨耗截面积。

现场应用中,一般不采用计算的方法来求磨耗面积,而是根据接触线的直径残存高度,对照该型号接触线磨耗换算表,查出该点接触线磨耗截面积(磨掉的截面积)。

三、工作任务流程

(一)任务组织

接触线检修人员配置见表 6-3。

表 6-3 接触线检修人员配置表

序号	项目	单位	数量	备注
1	工作领导人	人	1	
2	驻站联络员	人	1	
3	行车防护兼地线监护人	人	2	
4	地线操作人员	人	2	
5	高空作业人员	人	3(2)	作业车(车梯)
6	辅助人员	人	2(4)	作业车(车梯)
7	作业车司机	人	2	司机、学习司机各1人

(二)检修程序和方法

1. 流程图

接触线检修流程如图 6-2 所示。

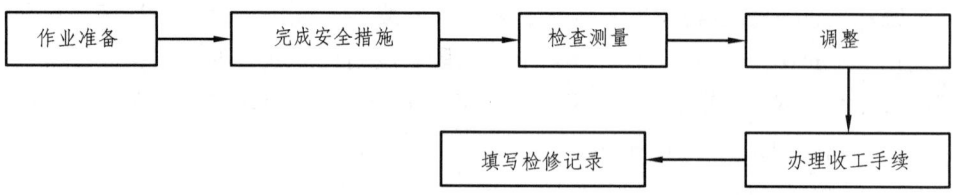

图 6-2 接触线检修流程图

2. 方法

1)作业准备

按规程要求填写工作票并交付工作领导人,工作领导人向作业组全体成员宣读工作票、分工并进行安全预想,检查工具、材料。

2)完成安全措施

做好安全措施,工作领导人确认完成安全措施后,通知各作业组开工。

3）检查测量

使用接触网多功能激光测量仪测量接触线坡度、坡度变化率、驰度。

（1）坡度测量：测量相临悬挂点（定位点或吊弦悬挂点）的接触线高度和水平间距，并按式（6-1）进行计算。

$$P = (H_1 - H_2)/L \times 1000\% \tag{6-1}$$

式中　H_1——第一测量点的接触线高度（mm）；
　　　H_2——第二测量点的接触线高度（mm）；
　　　L——两测量点水平间距（mm）；
　　　F——坡度变化率。

$$\Delta P = |P_1 - P_2| \tag{6-2}$$

式中　P_1——测量点左侧的接触线坡度；
　　　P_2——测量点右侧的接触线坡度；
　　　ΔP——接触线坡度变化率。

（2）弛度：

$$f_x = (H_1 + H_2)/2 - H_{\min} \tag{6-3}$$

式中　$H_{\min}$——本跨距内最小接触线高度。

4）调整

（1）接触线高度、坡度、坡度变化率、弛度不符合标准：根据实测值和设计值计算需要调整量，确定调整范围，调整相关吊弦，使之达标；如调节吊弦不能满足要求，对其进行更换。具体工艺见《吊弦检修工艺》。

（2）定位点拉出值、跨中偏移值不符合标准：调整定位器位置，使之达标，如定位器调整到最大位置仍不能达标，正定位时更换定位器，反定位时更换定位器或反定位管。

① 拉出值调整。

正定位定位器调整。根据测量值和设计值计算出调整量，用手扳葫芦连接导线和支柱使定位器卸载。松开定位器底座螺栓，按照调整量调整定位器底座位置，并随时根据距离收紧葫芦。调整到位后，紧固螺栓，卸下手扳葫芦。

反定位定位器调整。根据测量值和设计值计算出调整量；卸下腕臂管帽，在腕臂顶端插入一节定位管，通过手扳葫芦与导线相连，收紧葫芦使定位器卸载。松开定位器底座螺栓，按照调整量调整定位器底座位置，并随时根据距离收紧葫芦。调整到位后，紧固螺栓，卸下手板葫芦。

更换定位器或者定位管：根据调整量确定定位器或定位管型号，卸载方法同上，更换定位器或反定位管，将拉出值调整至符合标准。

② 跨中偏移值调整。

测量两侧定位点拉出值、跨中偏移值。比较两侧定位点拉出值，选择引起跨中偏移值超标作用因素较大的定位点，即与标准值相差较大的定位点。根据跨中偏移值超标数值，计算调整此处定位能否使跨中偏移值符合标准，如不能，同时调整另一定位点拉出值。按照拉出值调整工艺调整定位点拉出值，至符合标准。

（3）接触线接触面有麻点：用平挫和砂纸进行打磨，直至平滑。

（4）接触线弯曲、局部变形。

① 接触线弯曲：用直弯器进行直弯。

转动手轮打开接触线直弯器。在靠近弯曲接触线附近将接触线直弯器钩挂在接触线上，转动手轮关闭直弯器（直到将接触线推到和直弯器所有轮子接触，并使轮子方便移动即可）。用手柄沿着要校直的接触线扭歪部位来回移动直弯器直至校直，如有必要，拧紧手轮重复操作。松开直弯器观察接触线平直状态，达不到要求时重复以上操作，直到接触线符合平直要求。操作完成后，打开手轮，从接触线上取下直弯器。

② 接触线局部变形。

用局部校直机进行整正，或用普通直弯器直、用木锤敲击整正，如不能校直，切断接触线做接头。

（5）接触线扭面、偏斜、偏磨：用一个扭面器首先卡在接触线偏磨起始位置，用另一个扭面器卡在偏磨接触线偏磨面上距第一个扭面器 200~300 mm 处。将第一个扭面器固定不动，根据接触线偏磨方向和偏磨程度旋转另一个扭面器 180°左右；松开两个扭面器使接触线处于无外力状态，观察接触线线面情况（如果一次调整不到位，重复上一步骤直至接触线面符合要求为止）；对接触线偏磨的另一端采取同样方法进行校正。

（6）接触线磨耗、损伤：局部磨耗和损伤，可加补强线或切除损坏部分重新接续。

① 局部接触线磨耗、损伤面积≤20%，若损伤只发生在一点，在此处加一个导线接头线夹进行补强；若磨耗损伤为一个范围，在磨耗、损伤范围外两端用两个接头线夹及同材质副线进行加强。接触线损失截面积和接触线残余直径对应关系见表 6-4 和表 6-5。

② 局部接触线磨耗、损伤面积≤20%，将磨耗处导线切除，重新接续，如图 6-3 所示。接续的步骤如下：在接触线磨耗超标的两端各 1 m 处安装接触线紧线器，挂上手扳葫芦紧线使接触线卸载；用钢锯截下磨耗超限的接触线，对两个端头打磨后紧线至两接触线头对接时做接头；接头线夹螺栓力矩为 50 N·m。螺栓紧固顺序按先内后外，按左内→右内→左外→右外循序紧固，是先紧固螺栓，再紧固备母；检查接触线接头安装牢固可靠后，缓慢松开手扳葫芦，确认接触线接头牢靠后，拆除手扳葫芦；接头完成后，检查两侧吊弦偏移，不符合要求时要按标准进行适当调整。

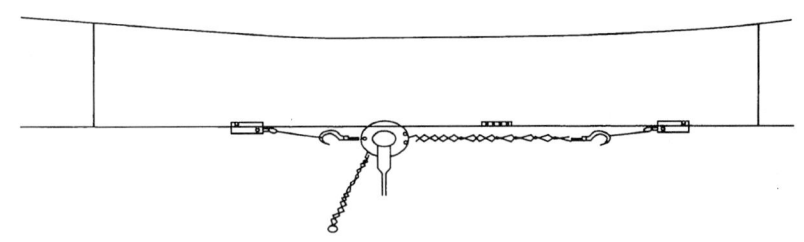

图 6-3 接续导线示意图

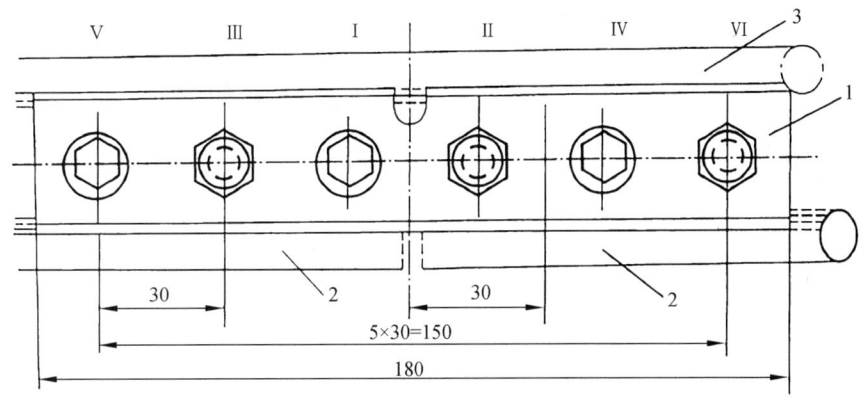

图 6-4 接触线接头线夹

普遍磨耗超标：更换整锚段导线。

（7）接头线夹（图 6-4）。

① 接头线夹裂纹：更换接头线夹。用紧线器、手板葫芦连接两侧接触线使线夹不受力，拆下旧线夹，换上新接头线夹。

② 螺栓松动、锈蚀：松动按照标准力矩重新紧固；锈蚀用更换同型号新螺栓，更换时必用紧线器和手板葫芦连接两侧接触线。

③ 接头过渡不平滑：用平锉对不平滑处打磨。

④ 两接触线缝隙过大：用紧线器、手板葫芦连接两侧接触线使线夹不受力，松开接头绽螺栓，对缝隙进行调整。如果因为两接头断面不平滑导致缝隙不能缩小，则重新接头。

⑤ 接头线夹处高度低于相邻吊弦点：调整两侧相邻吊弦，必要时加装吊弦。

⑥ 复测各部技术参数，符合技术标准。

5）办理收工手续

工作领导人确认各作业组工作结束，人员机具均已撤至安全地带后，通知监护人员撤除地线及其他安全措施。

工作领导人确认安全措施撤除后，通知驻站联络员申请消除停电作业命令和线路封锁命令。

工作领导人召开收工会，办理收工手续。

6）填写检修记录

按照当天检修情况填写检修记录。

（三）技术标准

（1）铜或铜合金接触线在最大允许磨耗面积 20%的情况下，其强度安全系数不应小于 2.0。

（2）接触线的张力和弛度。

① 标准值：符合安装曲线的规定。

② 安全值：半补偿链形悬挂和简单悬挂弛度允许误差为 15%；全补偿链形悬挂弛度允许误差为 10%。弛度误差不足 15 mm 者按 15 mm。

③ 限界值：同安全运行值。

（3）接触线之字值、拉出值（含最大风偏时跨中偏移值）。

① 160 km/h 及以下区段：

a. 标准值：直线区段 200～300 mm；曲线区段根据曲线半径不同在 0～350 mm 选用。

b. 安全值：之字值≤400 mm；拉出值≤450 mm。

c. 限界值：之字值 450 mm；拉出值 450 mm。

② 160 km/h 以上区段：

a. 标准值：设计值。

b. 安全值：设计值±30 mm。

c. 限界值：同安全值。

（4）接触线高度：

① 标准值：区段的设计采用值。

② 安全值：标准值±100 mm。

③ 限界值：小于 6500 mm；任何情况下不低于该区段允许的最低值。

当隧道间距不大于 1000 m 时，隧道内、外的接触线可取同一高度。

（5）接触线坡度（工作支）：

① 标准值：120 km/h 及以下区段≤3‰；120～160 km/h 区段≤2‰；200 km/h 区段≤2‰，坡度变化率不大于 1‰；200～250 km/h 区段≤1‰，坡度变化率不大于≤1‰。

② 安全值：120 km/h 及以下区段≤5‰；120～160 km/h 区段≤4‰。其他同标准值。

③ 限界值：120 km/h 及以下区段≤8‰；120～200 km/h 区段≤5‰；200 km/h 及以上区段同安全值。

160 km/h 及以上区段，定位点两侧第一根吊弦处接触线高度应相等，相对该定位点的接触线高度度允许误差±10 mm，但不得出现 V 形。

（6）接触线偏角（水平面内改变方向）：

① 标准值：160 km/h 及以下区段≤6°；160 km/h 以上区段≤4°。

② 安全值：160 km/h 及以下区段≤12°；160 km/h 以上区段≤6°。

③ 限界值：同安全值。

（7）接触线、承力索磨耗及损伤：

① 接触线磨耗和损伤后不能满足该线通过的最大电流时，若系局部磨耗和损伤，可以加电气补强线，若系普遍磨耗和损伤则应更换。

② 接触线磨耗和损伤后不能满足规定的机械强度安全系数时，若系局部磨耗和损伤，可以加补强线或切除损坏部分重新接续，若系普遍磨耗和损伤则应更换。

③ 接触线接头、补强处过渡平滑。该处接触线高度不应低于相邻吊弦点，允许高于相邻吊弦点 0～10 mm，必要时加装吊弦。

（8）一个锚段内接触线接头、补强和断股的总数量应符合表 6-4 中的规定（不包括分段、分相及下锚接头）。

表 6-4　接触线接头、补强、断股总数标准

项目	标准值	安全值		限界值	
运行速度/（km/h）		锚段长度在 800 m 及以下	锚段长度在 800 m 以上	锚段长度在 800 m 及以下	锚段长度在 800 m 以上
$v \leqslant 120$	0	3	4	3	4
$120 < v \leqslant 160$	0	2	4	2	4
$v > 160$	0	2	4	2	4

接头距悬挂点应不小于 2 m，同一跨距内不允许有两个接头。

四、分析与思考

该任务主要是接触线检调，填写接触网全面检查记录表（表 6-1）和接触导线磨耗损伤测量记录表（表 6-2）。看似简单的一项任务，但关系到接触网的结构和技术标准要求，因此，如何保证数据的准确至关重要。而在实际工作中应注意以下问题：

（1）严禁踩踏接触线。

（2）曲线处作业时，作业人员不宜站在线索受力方向的反侧。

（3）高空作业系好安全带，严禁将安全带系在拆卸的接触网部件上。

（4）对导线进行接头处理后，应观察接头线夹附近导线弯度，如有弯曲，用直弯器及时处理。

复习与思考题

1. 接触线分类有哪些？
2. 接触线的接头有哪些要求？
3. 接触线测量过程中需要测量哪些参数？
4. 如何进行拉出值调整？
5. 如何进行导线接续？

接触网线索检修实训考核标准及评分表

内容	考核要求	配分	评分标准	扣分	得分
准备工作	准备安全用具	15	没按规定准备扣5分,检查方法不当扣5分		
	准备检修工具				
	安全防护用品穿戴情况				
接触线偏磨的调整	工具选择	10	每错1处扣5分		
	操作顺序				
接触线接头制作	接触线接头线夹法	30	每错1处扣5分		
	并接接头法				
	平接接头法				
承力索接头制作	判断接头的条件	15	每落1处扣5分		
	楔形线夹的受力面的判断				
	绑扎要求				
检修记录	正确填写检修记录	15	每错1处扣5分		
文明操作	工器具摆放整齐	10	凡违反有关规定,扣2~4分,但对发生严重事故者,则取消资格		
时间	30分钟内按时完成	5	每超时2分钟酌扣3~5分		

项目七　绝缘子的检修

 项目描述

绝缘子是接触网的核心组成部分，其学习目标和典型工作任务是接触网维护与检修的重要组成部分，本项目学习中需要掌握绝缘子的作用和类型，掌握绝缘子的性能及电压分布测量，掌握绝缘子的防污和使用注意事项。

【知识目标】
- 掌握绝缘子的作用和类型。
- 掌握绝缘子的性能、电压分布测量。
- 掌握绝缘子的防污和使用注意事项。
- 掌握技术标准。

【技能目标】
- 能够对绝缘子进行有效的维护。
- 能够检调和更换绝缘子。

【素养目标】
- 培养团结协作精神，可以既有分工又有协助，互相帮助，共同达成目标。
- 培养吃苦耐劳、爱岗敬业、勇于开拓、积极进取的精神。
- 培养工匠精神，养成"怀匠心、铸匠魂、守匠情、践匠行"意识。
- 具有高度的职业责任心和安全意识，遵章守纪、操作规范。

一、知识准备

绝缘子的作用是保持接触悬挂对地的电气绝缘。由于绝缘子是串接在支持装置或接触悬挂中，所以绝缘子应具备承受一定机械负荷的能力。

绝缘子多数是瓷质的，由瓷土加入石英砂和长石烧制而成，表面涂有一层光滑的釉，以防止水份渗入瓷内。钢件与瓷件用不低于 42.5 MPa 的硅酸盐水泥胶合剂浇注在一起。

1. 绝缘子类型

接触网常用的绝缘子按结构分类有：悬式绝缘子、棒式绝缘子、针式绝缘子。

1）悬式绝缘子（图 7-1）

悬式绝缘子由钢帽、杵头/耳环、瓷体三部分组成，主要用于导线下锚、软横跨、水平拉杆、锚段关节及附加悬挂等处。根据连接件的状态又可分为杵头式和耳环式两种，按其抗污能力可分为普通型和防污型。另外，还有钢化玻璃悬式绝缘子，其与瓷质悬式绝缘子外形尺寸相同。

（1）杵头式绝缘子。

普通型：XP-70，XP 表示悬式绝缘子，70 表示为机械破坏负荷（kN）。

防污型：XWP_2-70，XWP_2 表示防污型悬式绝缘子。

（2）耳环悬式绝缘子。

普通型：XP-70T，T 表示耳环悬式绝缘子。

防污型：XWP_2-70T。

（3）钢化玻璃悬式绝缘子。

LXP-70：LXP 表示钢化玻璃。

图 7-1　悬式绝缘子外形及安装位置示意图

2）棒式绝缘子（图 7-2）

棒式绝缘子用于承受压力或弯矩的部位。棒式绝缘子按其用途分为：隧道定位用和腕臂用两种类型；按其适用环境可分为轻污型、重污型。腕臂用棒式绝缘子按其孔径分为 5.08 cm（2 in）和 3.81 cm（1.5 in）（指与其配合的腕臂型号）。在采用架空地线区段，使用双重绝缘棒式绝缘子，除对接触网的电气绝缘外，还增加了泄漏保护绝缘，在其尾部第一个裙缘上边卡固架空接地线。棒式绝缘子型号及性能见表 7-1。

图 7-2　棒式绝缘子及其安装位置示意图

表 7-1 棒式绝缘子型号及性能表

产品型号	额定电压单相/kV	主要尺寸/mm			爬电距离/mm	全波中击耐受电压/kV	工频湿耐受电压/kV	耐污特性		抗弯破坏负荷/kV	质量/kg	使用范围
		总长 H	外径 D	连接孔径 d				盐密/(mg/cm²)	耐受电压/kV			
QXN₁-25A / QXN₁-25	25	600	145	—	1000	205	105	0.1	32	拉伸 40	11.00	轻污区
QXN₂-25A / QXN₂-25	25	690	145	—	1200	270	130	0.3	32	拉伸 40	14.00	中污区
QBN₁-25D / QBN₁-25	25	660	165	62 / 50	1000	205	105	0.1	32	4	17.50	轻污区
QBN₂-25D / QBN₂-25	25	760	185	62 / 50	1200	270	130	0.3	32	4	21.00	中污区
QBZ₁-25D / QBZ₁-25	25/3	740	170	62 / 50	1000/120	205	105	0.1	32	4	19.00	轻污区
QBZ₂-25D / QBZ₂-25	25/3	850	185	50	2100/140	270	130	0.3	32	4	24.00	中污区

表中字母符号的意义：

Q——电气化；

X——隧道悬挂用；

B——腕臂用；

N——耐污型；

Z——双重绝缘型；

1——轻污型；

2——重污型；

25——额定电压（kV）；

A——隧道用棒式绝缘子（A 型）；

D——腕臂用棒式绝缘子。

如：QBZ1-25D 为双重绝缘轻污型棒式绝缘子，耐压 25 kV。

3）针式绝缘子（图 7-3）

P-10T 型针式绝缘子多用于回流线、保护线、接地跳线等线索支撑处。它承受线索不同方向的负荷，将线索支撑固定，并对地进行电气绝缘。

按材料分类有瓷绝缘子、钢化玻璃绝缘子、复合绝缘子。

4）瓷绝缘子（图 7-4）

优点：生产成本低，价格便宜，有良好的绝缘性能，耐热性能好，运行经验丰富。

图 7-3 针式绝缘子及安装示意图

缺点：重量过重，缺乏弹性，防污和可靠性方面有待提高，运营维护费用较大。

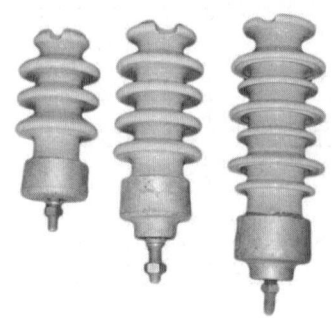

图 7-4 瓷绝缘子

5）钢化玻璃绝缘子（图 7-5）

优点：零值自破，耐电弧和耐振动性能好，不易老化，成串电压分布均匀。

缺点：存在自爆率 0.02%~0.04%。

图 7-5 钢化玻璃绝缘子

6）复合绝缘子（图 7-6）

用于：隧道内净空条件受限场合；粉尘污染严重地区；减少接触悬挂集中性负载（如：分段绝缘器承力索的绝缘、锚段关节处）；易受击打破坏场合替代瓷、钢化玻璃绝缘子使用。

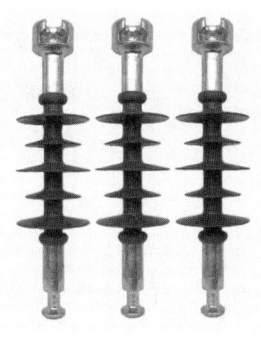 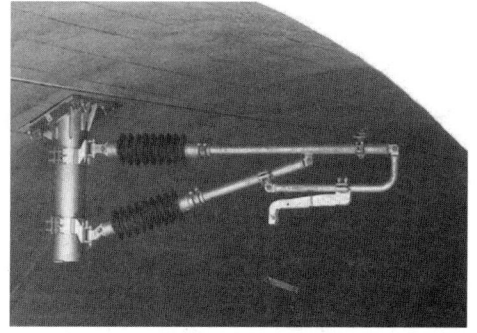

图 7-6　复合绝缘子及隧道安装位置示意图

三类绝缘子优缺点比较：

① 瓷绝缘子价格便宜，但有零值检测问题，防污性能欠佳。

② 玻璃绝缘子不用检零，运行维护方便，但初期自破率高。

③ 复合绝缘子强度高、重量轻、易安装、耐污性能好、不检零等优点，但价格高，存在老化以及芯棒脆断等问题。

2. 绝缘子的性能

1）绝缘子的电气性能

（1）绝缘子干闪络电压：指绝缘子在干燥、清洁的状态时，施加电压使其表面达到闪络时的最低电压。

（2）绝缘子的湿闪络电压：指雨水在降落方向与绝缘子表面呈 45°淋在绝缘子表面时，使其闪络的最低电压。

绝缘子发生闪络时，只是瓷体表面放电，而瓷体本身未受损害，闪络消失后绝缘性能即可恢复。发生闪络后，其绝缘性能有所下降，容易再次发生闪络。

（3）击穿电压。指绝缘子瓷体被击穿而失去绝缘作用的最低电压。绝缘子击穿后不能继续使用，必须更换。

（4）绝缘子的冲击闪络电压则表示了绝缘子满足一定防雷要求的电气性能指标。

绝缘子的电气性能不是一成不变的，随着时间的增长，其绝缘强度会逐渐下降，这种现象称为老化。

（5）泄漏距离（又称爬电距离）是指沿绝缘子表面的曲线展开长度。轻污区泄漏距离规定为 920 mm，重污区规定为 1200 mm。

2）绝缘子的机械性能

绝缘子不但要能承受一定的机械负荷，还应有一定的安全系数，一般为 2.5～3 倍。

3. 绝缘子使用注意事项

（1）绝缘子连接部件不允许机械加工或进行热处理（如切削、电焊等），不应锤击与绝缘子直接连接的部件。

（2）绝缘子在安装前应严格检查，铁件应完好无松动。当发现绝缘子瓷体与连接件之间的水泥浇筑有辐射状裂纹时，不得使用。

（3）绝缘子瓷体表面破损超过 300 mm² 时，不得使用。

二、绝缘子检修作业方法

1. 作业目的

通过检修，使绝缘子无脏污、烧伤、放电闪络痕迹，无破损和裂纹，附属零部件状态良好，泄露距离符合规定。

2. 作业准备

（1）人员：14～15人。

（2）工具：单滑轮、大绳、钢丝套、抹布、清洗溶液、安全用具、防护用具、通信工具，更换时还须携带手扳葫芦、羊角（模形）紧线器、滑轮组、杉木杆。

（3）材料：弹簧销、开口销、销钉、清洗剂，更换时还须携带棒式绝缘子、悬式绝缘子。

3. 作业程序

（1）检查绝缘子是否脏污、烧伤，有无放电闪络痕迹，若有则进行更换，进行清扫。

（2）检查绝缘子是否破损、裂纹，铁帽及其他铁件是否锈蚀；有机绝缘还须检查是否有老化、闪络腐蚀等现象，若有则进行更换。

（3）检查绝缘子附属零部件状态是否良好，有无短缺，若有问题则更换。

（4）检查绝缘子泄漏距离是否符合规定，机械强度是否符合规定，若有问题则更换。

（5）更换单根支柱悬式绝缘子：利用滑轮组连接支柱和腕臂端部（或调节板）使水平拉杆卸载后，拆除需更换的绝缘子，用大绳吊下，吊上新绝缘子，安装牢固后拆除作业工具。

（6）更换软横跨悬式绝缘子：利用（模形）羊角紧线器、手扳葫芦将软横跨卸载后，拆除需要更换的绝缘子，用大绳吊下，吊上新绝缘子，安装牢固后拆除工具。

（7）更换下锚悬式绝缘子：用手扳葫芦将需要更换的绝缘子卸载后，拆除，用大绳吊下，吊上新绝缘子，安装牢固后拆除工具。

（8）更换棒式绝缘子：利用杉木杆将腕臂端部顶起使其卸载，再使定位器卸载后，拆除需要更换的棒式绝缘子，用大绳吊下，吊上新棒式绝缘子，安装好后，慢松杉木杆使腕臂入绝缘子套筒后，安装紧固各部零件，拆除工具。

4. 检修标准

（1）接触网绝缘部件的泄漏距离应符合下列规定：

一般地区（附盐密度<0.1 mg/cm^2，下同）不少于 960 mm；污秽地区（附盐密度≥0.1 mg/cm^2，下同）不少于 1200 mm。

实行"V"形天窗的双线区段，上、下行间隔断绝缘子串的泄漏距离一般地区不少于 1200 mm；污秽地区不少于 1600 mm。在海拔超过 1000 m 的地区，上述泄漏距离应按规定增大。

（2）绝缘部件不得有裂纹和破损，瓷绝缘子的瓷釉剥落面积不大于 300 mm^2，连接件不松动。

（3）绝缘子裙边距接地体的距离应不小于表 7-1 的数值。

（4）绝缘部件机械强度的安全系数应不小于以下值：

① 瓷及钢化玻璃悬式绝缘子（受机电联合负载时抗拉）：2。

② 瓷棒式绝缘子（抗弯）：2.5。

③ 针式绝缘子（抗弯）：2.5。

④ 其他材料绝缘部件，无阳光照射处（抗拉和抗弯）：2.5；有阳光射处，应视材质的抗老化性能酌情增加。

5. 注意事项

（1）在运输装卸和安装绝缘子时应避免发生冲撞，不得锤击与瓷体连接的铁帽和金属件，同时也不得对其进行机械加工和热处理，铁帽和金具无锈蚀。

（2）杵座式悬式绝缘子安装时要使弹簧销状态良好。

（3）耳环式悬式绝缘子安装时要将销钉的开口销掰开，棒式绝缘子安装时要注意受力及铁锚压板螺栓紧固。

（4）有机绝缘子严格按照说明书进行清洗，严禁使用有机溶剂清洗。

表 7-1 绝缘子裙边距接地体的距离

绝缘子类型	距接地体距离	
	正常值/mm	困难值/mm
瓷及钢化玻璃绝缘子	≥100	≥75
棒式及有机合成材料绝缘子	≥50	

注：采用正常值确有困难时方可采用困难值。

复习与思考题

1. 绝缘子的类型有哪些，各有什么特点？
2. 试比较三类绝缘子的优缺点。
3. 绝缘子的电气性能有哪些？
4. 试描述绝缘子的检修作业程序。

绝缘子检修实训考核标准及评分表

内容	考核要求	配分	评分标准	扣分	得分
准备工作	准备安装用零部件 准备安装图纸 准备安装用工器具	15	没按规定准备扣5分，检查方法不当扣5分		
绝缘子的检修	绝缘子外观检查 绝缘子的电气性能检查 绝缘子的清扫	30	每错或落一步扣5分		
绝缘子的更换	悬式绝缘子串的更换 棒式绝缘子的更换	30	每错或落一步扣5分		
检修记录	正确填写检修记录	10	每错1处扣5分		
文明操作	工器具、零部件摆放整齐	10	凡违反有关规定，扣2~4分，但对发生严重事故者，则取消资格		
时间	30分钟内按时完成	5	每超时2分钟酌扣3~5分		

项目八　吊弦的检修

 项目描述

吊弦是链形接触悬挂的核心组成部分，其学习目标和典型工作任务是接触网维护与检修的重要组成部分。本项目学习中需要掌握吊弦的类型及布置方式，掌握吊弦的调整方法，能够计算吊弦长度和偏移值，掌握吊弦更换及制作方法。

【知识目标】
- 掌握吊弦的类型、布置方式。
- 掌握吊弦的调整方法。

【技能目标】
- 会计算吊弦长度和偏移值。
- 能够制作吊弦、更换吊弦。

【素养目标】
- 培养团结协作精神，可以既有分工又有协助，互相帮助，共同达成目标。
- 培养吃苦耐劳、爱岗敬业、勇于开拓、积极进取的精神。
- 培养工匠精神，养成"怀匠心、铸匠魂、守匠情、践匠行"意识。
- 具有高度的职业责任心和安全意识，遵章守纪、操作规范。

一、吊弦的检调

图 8-1 是目前得到广泛使用的整体吊弦，根据实训基地实物进行承力索检调，并将检调结果填入接触网全面检查记录表中。

二、知识准备

吊弦是接触悬挂的重要部件，由承力索吊弦线夹、吊弦线、接触线吊弦线夹等零部件组成。吊弦将接触线吊挂在承力索上，调节接触线的弛度和高度，改善接触悬挂弹性，提高接触网的集流质量，载流吊弦是载流承力索和接触线的电气并联线，但允许通过电流有限。

用镀锌铁线制作的环节吊弦，存在安装精度差，接触线高度需经常调整，容易发生烧断吊弦事故等缺陷。高速电气化铁路接触悬挂结构，对导线高度要求十分严格，即各悬挂点导线高度必须等高，其相对误差越小越好，吊弦要有较高的可靠性。采用载流承力索后,横行电流会造成环节吊弦各环节连接处明显的烧蚀,整根由耐腐蚀铜合金软铜绞线制成的整体吊弦逐步替代了传统的环节吊弦,越来越多地在我国电气化铁路中应用。

整体吊弦主要有两种形式,即压接式整体吊弦和可调式整体吊弦。连接零件主要由接触线吊弦线夹、承力索吊弦线夹、心形环、压接管、连接线夹及吊弦线、调整螺栓等组成。其最大拉伸工作荷重不小于 1 kN,与承力索、接触线间的滑动荷重不小于 1.0 kN,吊弦综合拉断力不小于 4.0 kN。整体吊弦施工精度、工艺要求较高,必须准备充分、测量准确、精确计算、严格控制安装精度和工艺。

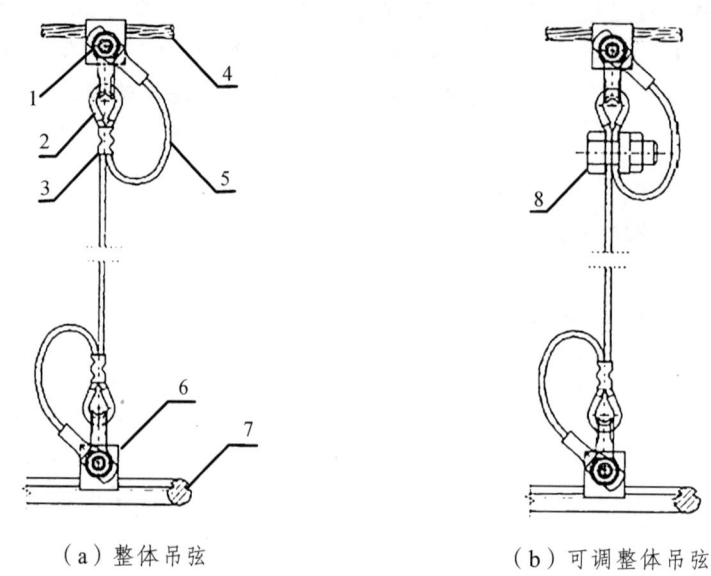

(a) 整体吊弦　　　　　　(b) 可调整体吊弦

1—承力索吊弦线夹;2—心形环;3—压接管;4—承力索;5—导流尾线;
6—接触线吊弦线夹;7—接触线;8—可调螺栓。

图 8-1　整体吊弦

整体吊弦具有如下特点:

(1) 采用整体导流式吊弦结构由于吊弦与线夹间为压接连接工艺,接续可靠、工艺简单、机械强度高,避免了环节吊弦产生的磨损和电火花烧蚀等情况。

(2) 耐腐蚀、寿命长,适于机械化加工制作,有利于批量生产。

(3) 经过精确计算后,一次性安装不需调整,减轻了维修工作量。

高速铁路接触网中主要采用整体吊弦,如图 8-2 所示。整体吊弦由接触线吊弦线夹、承力索吊弦线夹、心形环、压接管、吊弦绞线组成,吊弦绞线一般采用 10 mm²、12 mm²、16 mm²、25 mm² 和 35 mm² 铜合金软绞线或不锈钢软绞线。高速铁路接触网对接触线的弛度、高度和坡度要求严格,吊弦长度是由专门的计算软件计算确定的,不允许随意调整,其误差应控制在 ±2 mm 以内。

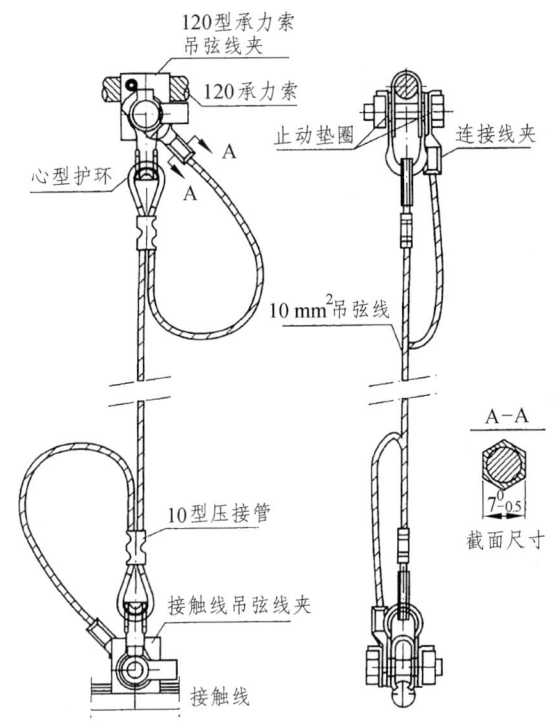

图 8-2 整体吊弦示意图

平均温度时，吊弦应垂直于承力索和接触线；极限温度条件下，吊弦顺线路方向的倾斜度不得大于 18°，相邻吊弦点的导线高度之差应小于 10 mm。

在弹性链型悬挂中，定位点处采用如图 8-3 所示的悬挂结构，弹性吊索一般采用横截面为 35 m² 的铜合金绞线，两端以 3~4 kN 的张力与承力索相连，如图 8-3 所示。

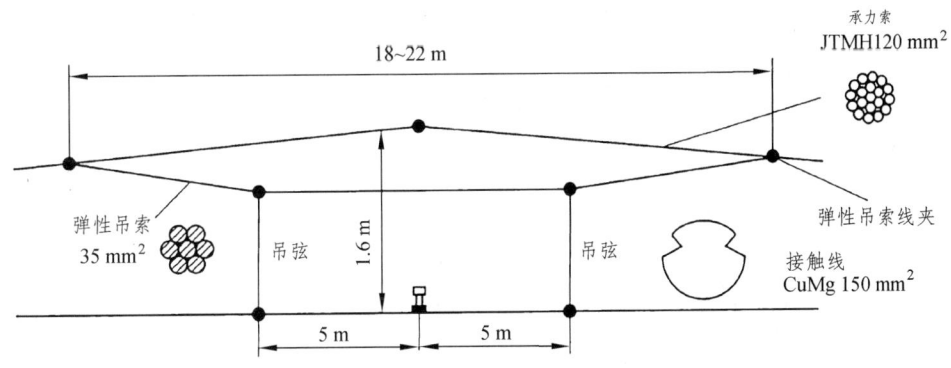

图 8-3 弹性吊索和弹性吊弦示意图

弹性吊索、弹性吊弦、承力索组成的网络结构可增加定位处的弹性，增加悬挂弹性的均匀性。

在绝缘锚段关节内，当弹性吊索造成两组接触悬挂的空气绝缘距离不足时，应取消弹性吊索，并相应增加吊弦的数量。

为增加定位装置的安全性和风稳定性,可在定位器前端与定位管之间安装防风拉线。安装防风拉线的目的在于防止定位管在逆负载作用下的偏转。

三、工作任务流程

(一)任务组织

吊弦检修人员配置见表8-1。

表8-1 吊弦检修维护人员配置表

序号	项目	单位	数量	备注
1	工作领导人	人	1	
2	驻站联络员	人	1	
3	行车防护兼地线监护人	人	2	
4	地线操作人员	人	2	
5	高空作业人员	人	3(2)	作业车(车梯)
6	辅助人员	人	2(4)	作业车(车梯)
7	作业车司机	人	2	司机、学习司机各1人

(二)检修程序和方法

1. 流程图

吊弦检修流程如图8-4所示。

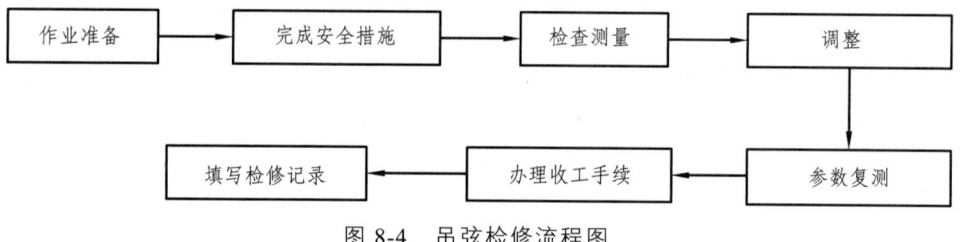

图8-4 吊弦检修流程图

2. 方法

1)作业准备

按规程要求填写工作票并交付工作领导人,工作领导人向作业组全体成员宣读工作票、分工并进行安全预想,检查工具、材料。

2)完成安全措施

做好安全措施,工作领导人确认完成安全措施后,通知各作业组开工。

3)检查测量

(1)测量吊弦偏移:把线坠挂在承力索吊弦线夹处,记下线坠在地面的投影;把线坠挂在接触线吊弦线夹处,记下线坠在地面的投影;用钢卷尺量出两投影间的距离 H;用钢卷尺量出吊弦的长度 L;计算出吊弦的偏移 $E=H/L$;利用安装曲线图查出当时温度的吊弦偏移值,比较计算的 E 值是否符合标准。

(2)检查吊弦状态：是否过松或过紧。

(3)检查吊弦线本体：吊弦线有无断股、散股、烧伤。

(4)检查接触线吊弦线夹：是否倾斜。

(5)检查承力索吊弦线夹：是否倾斜。

(6)检查线鼻子：是否倾斜。

(7)检查载流环：检查吊弦载流环与接触线夹角是否过小。

(8)检查调节螺栓：是否损坏，紧固情况，是否可以进行调节。

(9)螺栓力矩紧固：用力矩扳手检查各部螺栓紧固是否符合标准。

4）调整

(1)吊弦偏移超标：用小绳固定承力索与接触线间距；松开接触线或承力索吊弦线夹；根据吊弦偏移值 E 调整吊弦到符合要求的位置；复测接触线高度；紧固后涂电力复合脂；拆除小绳。调整好的整体吊弦如图 8-5 所示。

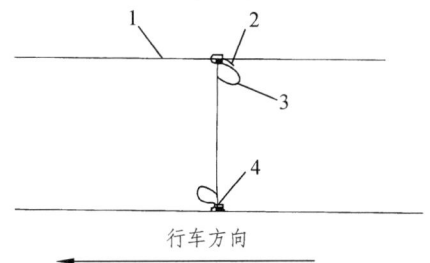

1—承力索；2—线卡子；3—载流环；4—吊弦线夹。

图 8-5　调整好的整体吊弦

(2)吊弦过松或过紧：松开调节螺栓，调整吊弦到合适长度。

(3)吊弦线出现断股、散股、烧伤等本身缺陷：更换吊弦。

整体吊弦更换方法如下：

① 拆除原吊弦，用 $\phi 2.0$ mm 铁丝模拟测出长度。

② 制作吊弦：根据预制计算单和吊弦部件图（图 8-6）、整体吊弦类型（图 8-7）领取材料；将吊弦线穿过压接套环，在线的终端形成一个环后，再将线头穿回压接套环，并拉出；测量压接套环外的直线长度（200 mm），做上标记；在这个位置上，轻压压接套环的回头侧，将压接套环固定在该位置（图 8-8）；取一个心形环固定在载流环弯曲处，将线和压接套环置于压接槽内，压接套环紧靠导向板，并处于压模相对中心的位置（图 8-9）；拉紧线尾，使线套按顺时针方向紧固在心形环上，在此过程中，导向板起着终点挡板的作用，压接套环两端应对称；检查两线在压接套环中是否互相密贴，确认后，启动冲压（在液压操动阀门单元的控制阀门；在手动压接钳，用控制杆关闭压模）；使用液压设备时，通过启动控制阀门（打开手动压接钳）打开压接槽，取出心形环；压接完一个心形环后，测量吊弦线切割的长度，在切割处两边缠捆胶带，以防吊弦线散股，再用断线钳切断吊弦线；按上述第一个心形环制作程序制作第二个心形

环；复核吊弦长度；在载流环线头上安装线鼻子，心形环和线鼻子的排列方向如图 8-10 所示；固定线鼻子在压接钳口位置，压接第一个压痕和第二个压痕；重复上述程序固定压接另一头的线鼻子，并注意线鼻子的相对位置。

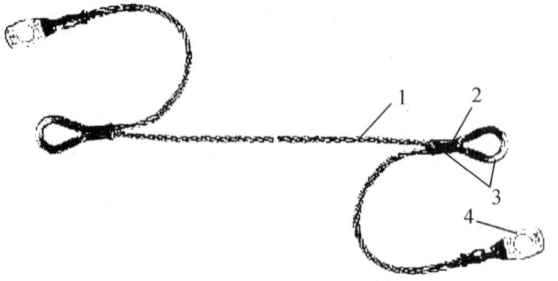

1—吊弦线；2—压接环；3—心形环；4—线鼻子。

图 8-6　吊弦部件

图 8-7　整体吊弦

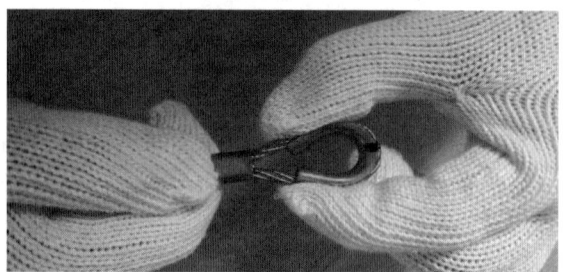

图 8-8　固定压接套环图

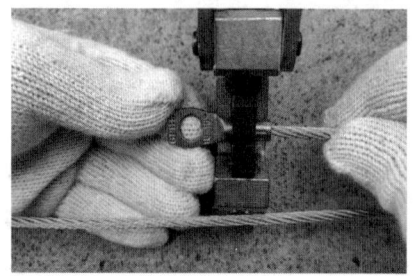 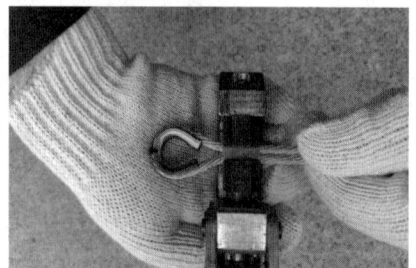

图 8-9　压接套环在压钳模内图

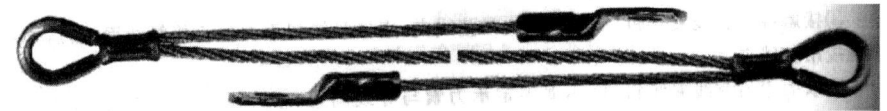

图 8-10　心形环和线鼻子排列及方向图

③安装吊弦：在承力索处涂抹适量导电膏，将承力索吊弦线夹线安装在承力索上，并在承力索和线夹中间安装线卡子，用扭矩扳手拧螺母至设计力矩，同时按要求安装防松垫片；将接触线吊弦线夹与接触线接触部位涂抹适量导电膏，并将其卡住接触线沟槽，用扭矩扳手拧螺母至设计力矩，同时按要求安装防松垫片；拆除铁线。

（4）接触线吊弦线夹倾斜：松开接触线吊弦线夹，用接触线扭面器扭正接触线面，然后紧固接触线吊弦线夹。

（5）承力索吊弦线夹倾斜：用小绳固定承力索与导线间距，松开承力索吊弦线夹，调正后紧固。

（6）线鼻子倾斜可能引起打弓：松开接触线吊弦线夹调整至顺线路方向45°以上。

（7）吊弦载流环与接触线夹角过小：松开接触线吊弦线夹紧固螺母，调整载流环与接触线角度。

（8）调节螺栓损坏、不能进行调节：更换调节螺栓。

（9）各部螺栓紧固力矩：按螺栓紧固力矩标准紧固各部螺栓。

5）参数复测

复测各部技术参数，符合技术标准。

6）办理收工手续

工作领导人确认各作业组工作结束，人员机具均已撤至安全地带后，通知监护人员撤除地线及其他安全措施。

工作领导人确认安全措施撤除后，通知驻站联络员申请消除停电作业命令和线路封锁命令。

工作领导人召开收工会，办理收工手续。

7）填写检修记录

按照当天检修情况填写检修记录。

(三) 技术标准

1. 吊弦偏移

（1）标准值：在无偏移温度时处于铅垂状态。

（2）安全值：在极限温度时，顺线路方向的偏移值不得大于吊弦长度的1/3。

（3）限界值：同安全运行值。接触线与承力索同材质时，吊弦在任何情况下均处于铅垂状态。

2. 吊弦状态

（1）吊弦的长度要能适应在极限温度范围内接触线的伸缩和弛度的变化，否则应采用滑动吊弦。

（2）整体吊弦：吊弦预制长度应与计算长度相等，误差应不大于±2 mm。吊弦截面损耗不得超过20%。

3. 吊弦线夹状态

吊弦线夹在直线处应保持铅垂状态，曲线处应与接触线的倾斜度一致。

4. 载流环

吊弦载流环与接触线夹角不得小于30°。

5. 吊弦间距

① 标准值：设计值。

② 安全值：160 km/h 及以下区段≤12 m；160 km/h 以上区段≤10 m。

③ 限界值：160 km/h 及以下区段≤15 m；160 km/h 以上区段≤12 m。

6. 相邻吊弦高差

① 标准值：相邻吊弦高差≤10 mm。

② 安全值：v≤120 km/h 时，相邻吊弦高差≤50 mm；120 km/h<v≤160 km/h 时，相邻吊弦高差≤20 mm；160 km/h<v≤250 km/h 时，相邻吊弦高差≤10 mm。

③ 限界值：同安全运行值。

7. 螺栓紧固力矩

各部位螺栓紧固按标准执行。

四、分析与思考

该任务主要是吊弦检调。填写接触网全面检查记录表，看似简单的一项任务，却关系到接触网的结构和技术标准要求，因此，如何保证数据的准确至关重要。而在实际工作中需注意以下事项：

（1）作业人员不宜位于线索受力方向的反侧，并应采取防止线索滑脱的措施。

（2）严禁踩踏接触线。

复习与思考题

1. 整体吊弦组成形式及特点是什么？
2. 如何测量吊弦偏移？
3. 整体吊弦的更换方法是什么？
4. 吊弦检调的技术标准有哪些？

吊弦检修实训考核标准及评分表

内容	考核要求	配分	评分标准	扣分	得分
准备工作	准备安全用具	15	没按规定准备扣5分，检查方法不当扣5分		
	准备检修工具				
	安全防护用品穿戴情况				
吊弦技术状态	吊弦的布置	20	每落1处扣5分		
	吊弦的长度				
	吊弦偏移				
环节吊弦制作	吊弦节数	20	每错1处扣5分		
	吊弦环直径				
	吊弦回头				
吊弦安装	吊弦布置	20	每错1处扣5分		
	吊弦安装固定				
检修记录	正确填写检修记录	10	每错1处扣5分		
文明操作	工器具摆放整齐	10	凡违反有关规定，扣2~4分，但对发生严重事故者，则取消资格		
时间	30分钟内按时完成	5	每超时2分钟酌扣3~5分		

项目九　中心锚结的检修

 项目描述

中心锚节是接触网的核心设备，其学习目标和典型工作任务是接触网维护与检修的重要组成部分。本项目学习中需要掌握中心锚结的定义、作用和结构，掌握中心锚结的检修标准并能够安装与检修中心锚结。

【知识目标】
- 掌握中心锚结的定义、作用和结构。
- 掌握中心锚结的检修标准。

【技能目标】
- 能够安装与检修中心锚结。

【素养目标】
- 培养团结协作精神，可以既有分工又有协助，互相帮助，共同达成目标。
- 培养吃苦耐劳、爱岗敬业、勇于开拓、积极进取的精神。
- 培养工匠精神，养成"怀匠心、铸匠魂、守匠情、践匠行"意识。

一、中心锚结的检调

图 9-1 是中心锚结结构示意图，根据实训基地实物进行中心锚结检调，并将检调结果填入表 9-1 中。

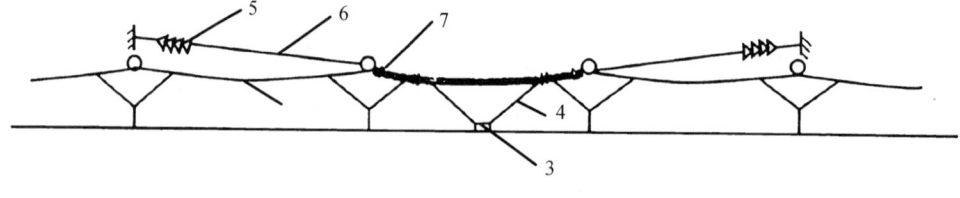

（a）立面图

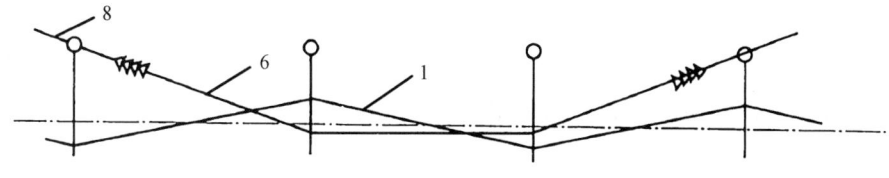

（b）平面图

1—接触线；2—承力索；3—中心销结线夹；4—辅助绳；5—绝缘子串；
6—承力索辅助绳；7—钢线卡子；8—拉线。

图 9-1　全补偿悬挂中心锚结

表 9-1　中心锚结维修记录

检修日期	位置	中心锚结处导高	中心锚结线夹			备注
			螺栓紧固力矩	是否打磨	是否涂电力复合脂	

二、知识准备

1. 中心锚结的作用和安设

1）中心锚结的作用

在链型悬挂的中部，将接触线和承力索（半补偿时将接触线固定在承力索上）在支柱上进行可靠固定，称为中心锚结。线索在中心锚结处的固定点在任何情况下都不会出现偏移，因此当温度变化时，锚段内线索的热胀冷缩便发生在中心锚结与两端的补偿器间，有效缩短了线索的伸缩范围。

中心锚结具有以下作用：

① 缩短了补偿器补偿范围，使锚段线索张力比较均匀，保证接触悬挂处于良好工作状态。

② 设立中心锚结后可以缩小事故范围，即当中心锚结一侧发生断线事故时不至影响另一侧悬挂线路，有利于抢修事故和缩短事故抢修时间。

③ 可防止线索在外力作用下向一侧串动，如风力、受电弓摩擦力、因坡道和自身重力引起的串动力。

2）中心锚结的安设

在两端装设补偿器的接触网锚段中，必须加设中心锚结。每个锚段中心锚结安设位置应根据线路情况和线索的张力增量计算确定。一般布置原则是使中心锚结固定点两侧线索的张力尽量相等，并尽可能靠近锚段中部。

当锚段全部在直线区段或整个锚段布置在曲线半径相同的曲线区段时，该锚段中心锚结应设在锚段的中间位置。

当锚段布置在既有直线又有曲线且曲线半径不等时，该锚段的中心锚结应设在偏离锚段中间位置靠近曲线、曲线半径小的一侧。在特殊情况下，锚段长度较短时（一般定为锚段长度 800 m 以下），可不设中心锚结，将锚段一端硬锚，另一端线索安装补偿器，此时的硬锚就相当于中心锚结。

2. 中心锚结的结构及要求

中心锚结的形式和结构，根据接触网的悬挂类型和安装地点而有所不同。

1）半补偿链形悬挂中心锚结

半补偿链形悬挂中心锚结的结构如图 9-2 所示。

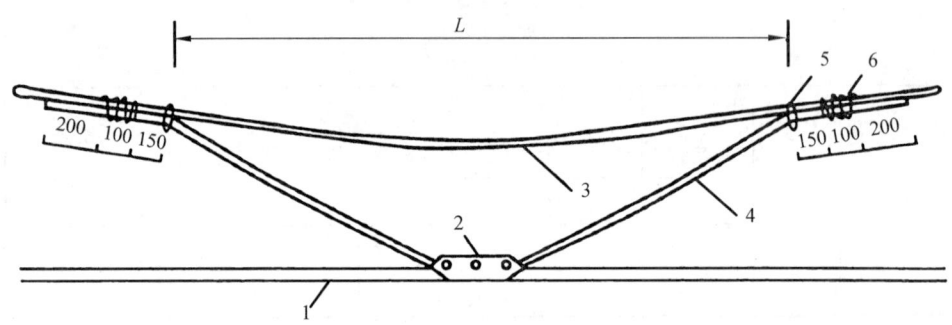

1—接触线；2—中心锚结线夹；3—承力索；4—中心锚结辅助绳；
5—钢线卡子；6—绑扎段。

图 9-2 半补偿链形悬挂中心锚结

由于接触线安设补偿器，因此应装设中心锚结，其中心锚结辅助绳采用 GJ-50 镀锌钢绞线（19 股）制成，在线索张力大时（如 3T 系接触悬挂），锚结绳根据需要选择 GJ-70 等线索。辅助绳中间用中心锚结线夹与接触线固定，辅助绳两端分别用两个相互倒置的钢线卡子紧固在承力索上。当一侧接触线断线后，另一侧接触线在中心锚结辅助绳的拉力下，不发生松动现象，起到了缩小事故范围的作用。

中心锚结绳的长度为所在跨距中心处接触线与承力索间距的 20 倍，但不应小于 15 m。若太短，当两侧张力不均匀时，接触线会向张力较大的一侧偏移，导致中心锚结线夹处接触线被抬高，出现较大的负弛度，使受电弓取流情况变坏，造成该处接触线磨耗严重。

2）全补偿链形悬挂的中心锚结

全补偿链形悬挂的承力索和接触线两端都是补偿下锚，均可能因两端张力不平衡而产生移动，所以承力索和接触线都要设置中心锚结并进行固定，其固定形式相当于由半补偿链形悬挂中心锚结与承力索中心锚结两部分组成。接触线的中心锚结绳在跨距中间与承力索固定，而承力索的中心锚结是在接触线中心锚结所在的跨距内增加一根承力索中心锚结辅助绳，在该跨距两端的腕臂上固定后，再延长一个跨距拉向另一支柱锚固，使该跨距的承力索不产生位移，因此承力索中心锚结由三个跨距组成。

全补偿链型悬挂中心锚结也可以采用两跨式中心锚结，如图9-3所示。承力索中心锚结由两个跨距组成，接触线中心锚结绳分别在两个跨距中，呈人字形布置。在采用弹性链型悬挂时，接触线中心锚结绳在跨中布置，称为Z形固定绳（简称Z索）。

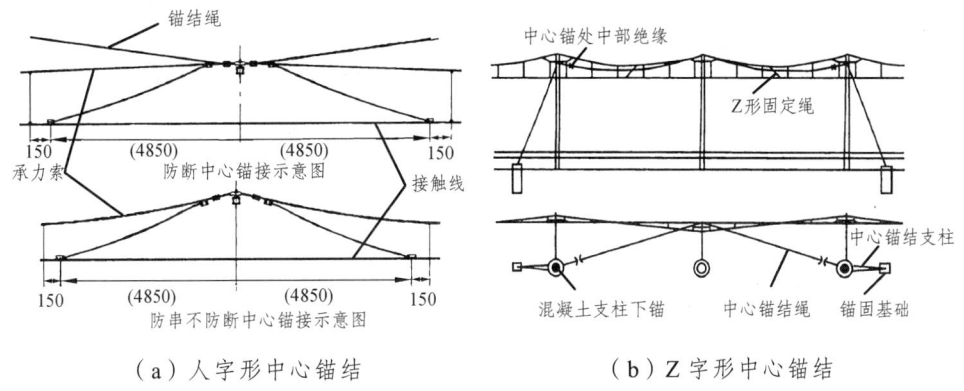

（a）人字形中心锚结　　　　　（b）Z字形中心锚结

图9-3　两跨式中心锚结

3）接触网防串中心锚结

前面介绍的两种中心锚结，在接触悬挂线索出现断线时，可以保证锚处的可靠固定，因此也称为防断中心锚结。在站场上的接触网均为全补偿链形悬挂时，如承力索全部设中心锚结是不可能的，早期电气化铁路是在站场上设立能够安装中心锚结的硬横梁，但它不利于施工和维修。电气化铁路的运行实践表明，站场上承力索断线事故较少。为了避免设计结构复杂的承力索中心锚结结构，设计了防止接触悬挂串动的全补偿中心锚结。其优点是结构简单，安装方便；缺点是不防断线事故，故称为防串不防断中心锚结，简称防串中心锚结。

3. 高铁中心锚结介绍

高速铁路接触网一般采用两跨式全补偿链型悬挂中心锚结，如图9-4所示。

中心锚结所在跨距内，接触线、承力索、中心锚结绳均不得有接头。中心锚结绳及辅助绳一般采用不锈钢绞线或镀锌钢绞线，型号规格取决于补偿张力的大小，应确保在承力索或接触线断线的情况下，中心锚结辅助绳能承受接触悬挂上的全部负载而不发生松动或断股。为使锚固中心锚结绳的支柱保持受力平衡，锚固中心锚结绳的支柱应打斜拉线，斜拉线与水平面的角度在45°～60°，斜拉线与中心锚结辅助绳应在一个垂直面内。

中心锚结辅助绳的长度应根据中心锚结形式、悬挂结构高度、中心锚结所在跨距的大小，承力索弛度进行计算确定，应确保中心锚结绳处于合理的受力状态。特别是接触线中心锚结绳，既不能处于松弛状态，又不能承受过大拉力。处于松弛状态的中心锚结绳有可能低于被受电弓抬起的接触线而发生打弓；处于过度受拉状态的中心锚结绳则会使接触线中心锚结线夹处接触线出现负弛度，增大该处磨耗。

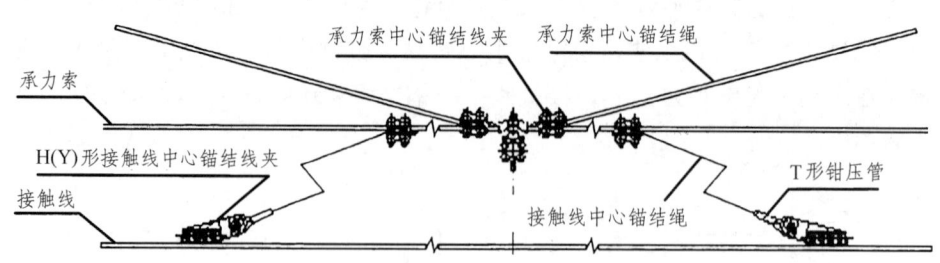

（a）防断（FD）型中心锚结装置安装示意图

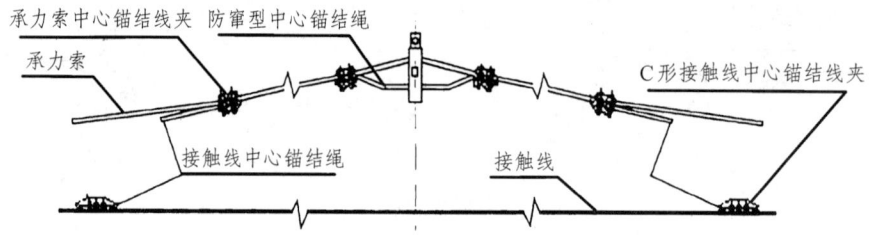

（b）防窜（FC）型中心锚结装置安装示意图

图 9-4　防断和防窜型两跨式中心锚结

安装调整好的中心锚结应符合以下技术要求：

① 中心锚结线夹两侧，辅助绳长度相同，受力相等，不出现松弛或过度受力现象。

② 线索连接处，通过倒置的钢线卡子紧固，钢线卡子间距为 100 mm，绑扎长度 100 mm，最外端留出 100~150 mm 的绳头。绳头应用直径 1.6~2.0 mm 的镀锌铁丝缠绕绑牢。

③ 为避免中心锚结处出现质量集中点，接触线中心锚结线夹处的导线高度应与邻点吊弦处导高相等，允许抬高 0~10 mm，补偿张力越大，所需抬升量越小。

④ 中心锚结线夹应紧贴接触线，中间不应有可见缝隙或杂质，安装姿态与轨面平行，不影响受电弓高速通过。

⑤ 接触线侧锚结绳压接后回头外露长度不小于 30 mm，承力索侧辅助绳头外露不小于 50 mm。

⑥ 中心锚结绳范围内不得安装吊弦和电连接，中锚绳两端距相邻吊弦或电连接的距离不得小于 2000 mm。

中心锚结的具体位置取决于线路条件，原则上是使中心锚结两侧半锚段产生的张力差相等。一般而言，当锚段全部位于直线区段或圆曲线区段时，中心锚结应设置在锚段中部；当锚段跨越直缓点、缓圆点、缓和曲线，中心锚结应设置在曲线半径较小的一侧。

三、工作任务流程

（一）任务组织

中心锚结检修人员配置见表 9-2。

表 9-2　中心锚结检修维护人员配置表

序号	项目	单位	数量	备注
1	检修负责人	人	1	
2	驻站联络员	人	1	
3	行车防护兼地线监护人	人	2	
4	地线操作人员	人	2	
5	高空作业人员	人	3（2）	作业车（车梯）
6	辅助人员	人	2（4）	作业车（车梯）
7	作业车司机	人	2	司机、学习司机各 1 人

（二）检修程序和方法

1. 流程图

中心锚结检修流程如图 9-5 所示。

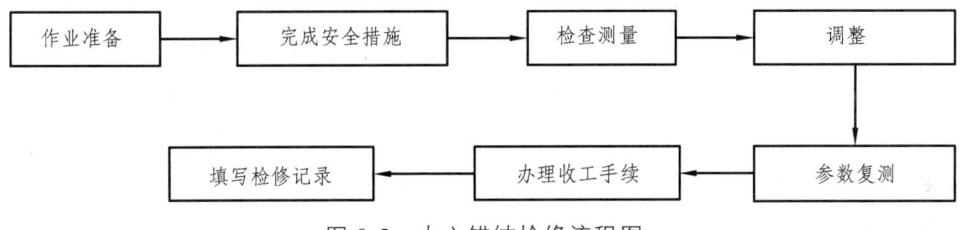

图 9-5　中心锚结检修流程图

2. 方法

1）作业准备

按规程要求填写工作票并交付工作领导人，工作领导人向作业组全体成员宣读工作票、分工并进行安全预想，检查工具、材料。

2）完成安全措施

做好安全措施，工作领导人确认完成安全措施后，通知各作业组开工。

3）检查测量

（1）测量中心锚结线夹处的接触线弛度：测量中心锚结线夹处接触线高度 H_1；测量中心锚结线夹处两侧吊弦的高度 H_2，H_3；弛度为 ΔH。$\Delta H = H_2 - H_1$，$\Delta H = H_3 - H_1$，该弛度应为负值。

（2）检查接触线中心锚结绳：受力是否均匀；接触线中心锚结绳、承力索中锚绳有无补强、接头情况。

（3）检查接触线中锚线夹：有无偏斜；线夹内线索有无烧伤。

（4）检查钢线卡子：相互安装间距是否符合要求。

（5）测量隧道内线索距地安全距离。

（6）检查螺栓紧固力矩：用力矩扳手对线夹螺栓进行复核检查。

4）调整

（1）中心锚结绳状态。

① 中心锚结接触线辅助绳两侧弛度不均：首先测量该中心锚结接触线线夹处的接触线高度是否符合技术标准。根据测量值，确定调整的位置。需调整时，将辅助绳松弛的中心锚结线夹打开，一人抽拉辅助绳头，当两侧辅助绳弛度达到一致时停止抽拉，另一人用扭矩扳手将承力索中心锚结线夹扭至设计要求力矩即可。对该处中心锚结接触线线夹处高度进行复测。

② 接触线中心锚结绳存在断股或散股现象时，更换接触线中心锚强绳。具体更换步骤如下：在要更换的中心锚绳处，在承力索及接触线中锚线夹附近打上紧线器，并通过手扳葫芦将导链拉紧受上力，使接触线中锚绳松弛；两边锚结绳充分松弛后，拆除中心锚结绳，并在承力索上与接触线中心锚结线夹相对位置做好标记；将预制好的中心锚结绳在相应做好标记的地方进行安装，并保证该处接触线的高度高于两侧吊弦 0~20 mm。

（2）中心锚结线夹处接触线高度超标。

① 中心锚结线夹处接触线高度低于标准：用 $\phi 4.0$ mm 铁线将距接触线中心锚结线夹外侧 300 mm 的接触线吊起，使接触线中心锚结绳充分松弛，然后松开接触线中心锚结线夹；根据接触线中心锚结线夹处原导线高度值和悬挂点导线高度的差值向外移动接触线中心锚结线夹并紧固螺栓；测量接触线中心锚结线夹处导线高度，不符合要求时按以上步骤重新调整直至符合标准；最后拆除铁线。

② 中心锚结线夹处接触线高度高于标准：准备工作同上，根据接触线中心锚结线夹处原导线高度值和悬挂点导线高度的差值向内移动接触线中心锚结线夹并紧固螺栓。

（3）接触线中心锚结线夹状态。

中心锚结线夹偏斜：用一个扭面器先卡在接触线偏磨起始位置；用另一个扭面器卡在偏磨接触线的偏磨面上距第一个扭面器 200~300 mm 处；将第一个扭面器固定不动，根据接触线偏磨方向和偏磨程度旋转另一个扭面器 180°左右；松开两个扭面器使接触线处于无外力状态，观察接触线线面情况（如果一次调整不到位，重复上一步动作直至接触线面符合要求为止）；对接触线偏磨的另一端采取同样方法进行校正。

（4）螺栓紧固力矩：各部位螺栓紧固按标准执行。

5）参数复测

复测各部位参数，确保符合技术标准。

6）办理收工手续

工作领导人确认各作业组工作结束，人员机具均已撤至安全地带后，通知监护人员撤除地线及其他安全措施。

工作领导人确认安全措施撤除后，通知驻站联络员申请消除停电作业命令和线路封锁命令。

工作领导人召开收工会，办理收工手续。

7）填写检修记录

按照当天检修情况填写检修记录。

（三）技术标准

（1）中心锚结绳受力状态：中心锚结线夹辅助绳两边张力相等，不得松弛或高度低于接触线。

（2）中心锚结线夹处的接触线高度：中心锚结线夹处的接触线高度比两侧吊弦点高出 0~20 mm。

（3）接触线中心锚结线夹状态：接触线中锚线夹安装应牢固、端正、不打弓。在直线上应保持铅垂状态，在曲线上应与接触线的倾斜度一致。

（4）钢丝卡子状态：

① 接触线辅助绳中锚线夹侧安装 2 个钢线卡子，穿向为相互倒置，钢线卡子间距 100 mm，与承力索连接侧各安装 3 个钢线卡子，相互倒置安装，间距为 100 mm。

② 软横跨防窜型中锚，在悬吊滑轮两侧各安装 2 个钢线卡子，相互倒置安装，间距为 100 mm，钢线卡子距悬吊滑轮均为 200 mm。

（5）中心锚结绳的弛度：中心锚结绳的弛度应等于或略高于该处承力索的弛度，承力索中心锚结辅助绳在其垂直投影与线路钢轨交叉处，应高于接触线 300 mm 以上。

（6）中心锚结绳范围内接头情况：

① 承力索中锚跨距范围内不得有承力索接头或补强；接触线中锚跨距范围内不得有接触线接头或补强。

② 中心锚结绳范围内不得安装吊弦和电连接器；接触线中心锚结绳不得侵入吊弦和电连接范围内；当中锚绳两端距相邻的吊弦或电连接距离小于 2 m 时，应拆除。

（7）螺栓紧固力矩：紧固力矩应按标准值进行紧固。

（8）防窜式中心锚结的技术状态应符合下列要求：

① 防窜绳两端固定线夹的设置和间距符合设计要求。

② 接触线中心锚结绳检修标准同防窜防断式中心锚结。

③ 双线隧道内中心锚结检修应注意检查示意图中所标示空气绝缘距离，二者距离都必须大于 300 mm。

④ 其他检修标准同隧道外防窜防断式中心锚结。

四、分析与思考

该任务主要是中心锚结检调，看似简单的一项任务，但关系到接触网的结构和技术标准要求，因此，如何保证设备各项参数的合格至关重要。而在实际工作中需注意以下事项：

（1）作业人员不宜位于线索受力方向的反侧，并采取防止线索滑脱的措施。

（2）中心锚结偏移较大的情况下，检查中心锚结处吊柱支持装置底座、定位管定位钩有无变形现象。

（3）承力索与承力索吊弦线夹接触部位涂抹适量电力复合脂。

复习与思考题

1. 中心锚结的作用有哪些？
2. 简述中心锚结的结构及要求。
3. 简述高铁中心锚结结构形式及其特点。
4. 中心锚结的技术要求有哪些？

接触网中心锚结检调实训考核标准及评分表

内容	考核要求	配分	评分标准	扣分	得分
准备工作	按规程要求填写工作票并交付工作领导人	10	每落1处扣2分		
	工作领导人向作业组全体成员宣读工作票				
	分工并进行安全预想				
	检查工具、材料				
完成安全措施	确认线路已停电、验电、封锁防护到位	10	每落1处扣3分		
检查测量	测量中心锚结线夹处的接触线弛度	20	每落1处扣5分		
	检查接触线中心锚结绳				
	检查接触线中锚线夹				
	检查钢线卡子				
	测量隧道内线索距地安全距离				
	检查螺栓紧固力矩				
调整	中心锚结接触线辅助绳两侧弛度不均中心锚结绳状态	20	每落1处扣2分		
	中心锚结线夹处接触线高度超标中心锚结绳状态				
	中心锚结线夹处接触线高度低于标准				
	中心锚结线夹处接触线高度高于标准				
	接触线中心锚结线夹状态				
	螺栓紧固力矩				
参数复测	复测各部位参数，符合技术标准	10	每落1处扣5分		
办理收工手续	工作领导人确认各作业组工作结束，人员机具均已撤至安全地带后，通知监护人员撤除地线及其它安全措施	15	每错1处扣5分		
	工作领导人确认安全措施撤除后，通知驻站联络员申请消除停电作业命令和线路封锁命令				
	工作领导人召开收工会，办理收工手续				
填写检修记录	按照当天检修情况填写检修记录	10	凡违反有关规定，扣2~4分，但对发生严重事故者，则取消资格		
时间	30分钟内按时完成	5	每超时2分钟酌扣3~5分		

项目十 锚段关节的检修

 项目描述

锚段关节是接触网的核心设备,其学习目标和典型工作任务是接触网维护与检修的重要组成部分。本项目学习中需要掌握跨距的定义、作用、结构,掌握跨距调整标准,掌握锚段关节的检修方法并能够确定锚段的划分及长度,会检调锚段关节。

【学习目标】
- 掌握跨距的定义、作用、结构。
- 掌握接触网跨距的调整标准。
- 掌握接触网锚段关节的检修。

【技能目标】
- 能够确定锚段的划分及长度。
- 能够检调锚段关节。

【素养目标】
- 培养吃苦耐劳、勇于开拓、积极进取的精神。
- 培养工匠精神,养成"怀匠心、铸匠魂、守匠情、践匠行"精神,促进学生生成"匠意、匠思、匠智"。

一、知识准备

1. 锚段和锚段长度确定

为了实现接触网的机械分段和电气分段,安装张力补偿装置或其他辅助电气设备,提高接触网供电灵活性,缩小事故范围,保证吊弦及定位器的偏移不超出规定值,必须按一定规律将接触悬挂分成若干一定长度的独立段落,这种段落称作锚段。

1)锚段的作用

锚段是接触网的基本单元,设立锚段可以限制事故范围。当发生断线或支柱折断等事故时,由于各锚段间在机械受力上是独立的,不影响其他线段的接触悬挂,则使事故限制在一个锚段内,缩小了事故范围。

设立锚段便于在接触线和承力索两端设置补偿装置，以调整线索的弛度与张力。

设立锚段有利于供电分段，配合开关设备，满足供电方式的需要。可实现一定范围内的停电检修作业。

一个锚段包括若干个跨距、一个中心锚结、两端下锚装置以及与相邻锚段衔接的锚段关节，如图10-1所示。

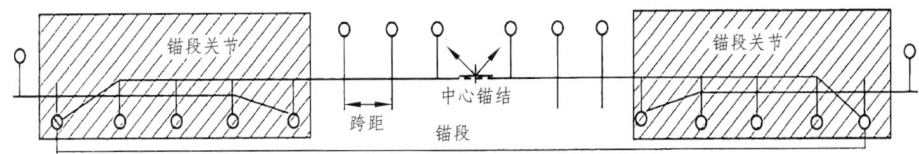

图 10-1　接触网纵向结构示意图

由图 10-1 可知，跨距是接触网的基本长度单元。在接触网中，有技术跨距、经济跨距、当量跨距、临界跨距、最大许可跨距等跨距概念。从投资角度确定的跨距称为经济跨距，显然越大越好。从保证弓网安全角度确定的跨距称为技术跨距，显然，技术跨距永远小于经济跨距，平衡二者的是最大许可跨距。最大许可跨距是指考虑预期车辆运行需求和给定最大风偏及悬挂最大弹性后能确保接触线不离开受电弓滑板工作范围的最大跨距值，其大小取决于：接触悬挂类型，线材材料及形状，承力索和接触线张力及拉出值大小，基本运行风速，受电弓弓头尺寸和列车横向位移，线路状况（横断面、纵断面），支柱型号与材质，接触悬挂跨中弹性及相邻跨距的弹性差异，列车运行速度和运行方式等多种因素。在环境条件许可和满足运输要求的情况下应尽量采用最大许可跨距。

当量跨距和临界跨距是接触网设计计算中的两个理论跨距，利用当量跨距可减少张力温度曲线的数量和设计计算工作量，该概念只能用于未补偿和半补偿的接触悬挂，而不能用于附加导线的张力温度曲线计算。临界跨距只能用于判定简单悬挂状态方程的起始状态，而不能用于链型悬挂状态方程的起始状态的判定。

跨距大小与接触网动态特性、工程投资和运行安全密切相关，是接触网最为重要的基本参数之一，合理选择接触网跨距的大小是接触网设计计算的重要内容之一。

锚段长度取决于接触网的实际工作环境（如最高温度、最低温度、最大风速、线路状况）和接触网的机械特性（如线索张力差、补偿装置的形式及有效工作范围、锚段关节内两组悬挂间的绝缘间隙允许偏差）。

从理论上讲，加大锚段长度可减少锚段关节、降低工程造价，但会使线索张力差偏大，增加支柱和腕臂等承力设备的额外负荷，悬挂弹性差异增大；补偿装置可能失去补偿作用；事故范围大；不利于施工、维护；不利于提高接触网供电的灵活性和安全性。反之，锚段长度过小则会使锚段关节增多，投资增加。合理选择锚段长度是接触网设计内容之一，也是接触网理论计算的重要内容之一。

2）锚段长度确定

接触网每个锚段包括若干个跨距。在确定锚段长度时，要考虑发生事故的影响范围；当温度变化时，因线索伸缩引起吊弦、定位器及腕臂的偏斜不超过允许值；补偿形式和补偿坠砣应有足够的上下移动空间（即补偿范围）；要保证在极限温度下中心锚结处和补偿器端线索张力差不超过规定值。

温度变化时，线索因热胀冷缩而伸长或缩短，使每一吊弦、定位器和腕臂固定点处产生偏斜，导致线索在中心锚结和补偿器间线索出现张力差，补偿器处为零，中心锚结处最大。另外，接触线承力索的弹性变形也会引起张力变化。对于半补偿链形悬挂设计规定其张力差不超过接触线额定张力的±15%；全补偿链形悬挂，除满足接触线张力差外，要求承力索张力差不超过承力索额定张力的±10%。

锚段长度一般采用两种方法确定：经验取值法和计算法。经验取值可根据中国国家铁路集团有限公司颁发的《铁路电力牵引供电设计规范》中经验取值表确定，计算法则通过对线索张力差的计算，确定锚段长度。

正线双边补偿时的最大锚段长度，一般情况下不大于 2×800 m，困难情况下不宜大于 2×900 m。单边补偿的锚段长度，应为上述值的50%。

站场最大锚段长度一般不宜大于 2×850 m，困难时不宜大于 2×950 m。

隧道内一般不分锚段，但隧道长度超过2000 m时，应划分锚段，锚段长度确定原则与上述方法相同。对新建隧道，当预留锚段关节断面及下锚洞时，锚段长度不宜大于2000 m；对既有线隧道，当未预留锚段关节断面及下锚洞，宜改建困难时，锚段长度不宜大于3000 m。

2. 锚段关节

锚段关节是指锚段与锚段之间的衔接部分，如图10-1中的阴影部分所示。

根据锚段与锚段之间的电气关系，锚段关节可分为绝缘锚段关节和非绝缘锚段关节。非绝缘锚段关节仅起机械分段的作用，组成锚段关节的两组悬挂彼此间通过电连接直接从电气上连通，空气间隙较小；绝缘锚段关节既起机械分段的作用，也起电气分段的作用，组成锚段关节的两组悬挂彼此间通过隔离开关实现电气通断，空气绝缘间隙应满足 27.5 kV（按 35 kV 电压等级控制）的绝缘要求。

锚段关节结构复杂，其工作状态的好坏直接影响接触网供电质量和电力机车取流。电力机车通过锚段关节时，受电弓应能平滑、安全地由一个锚段过渡到另一个锚段，且弓线接触良好，取流正常。

按锚段关节的所含跨距数可分为二跨、三跨、四跨、五跨锚段关节等几种不同形式。目前，常用的是四跨和五跨锚段关节。

1）非绝缘锚段关节

非绝缘锚段关节仅用作接触悬挂在机械方面的分段，电气方面仍然相连接，即两个锚段在电气上不绝缘，又称电不分段锚段关节。非绝缘锚段关节一般由 3 个或者 4 个跨距组成，三跨非绝缘锚段关节如图 10-2 所示。四跨绝缘锚段关节如图 10-3 所示。

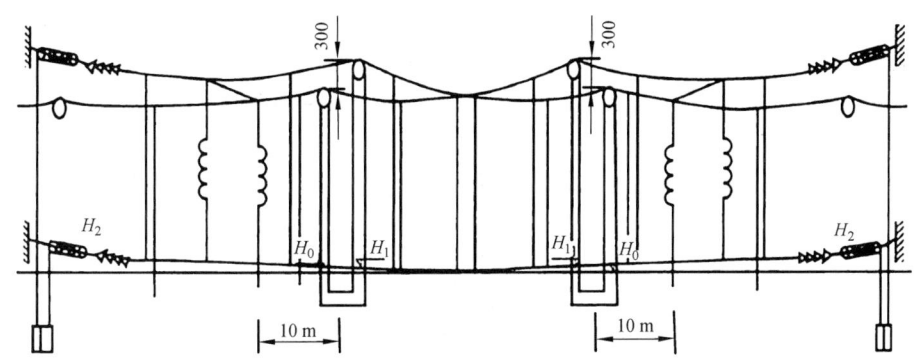

（a）立面图

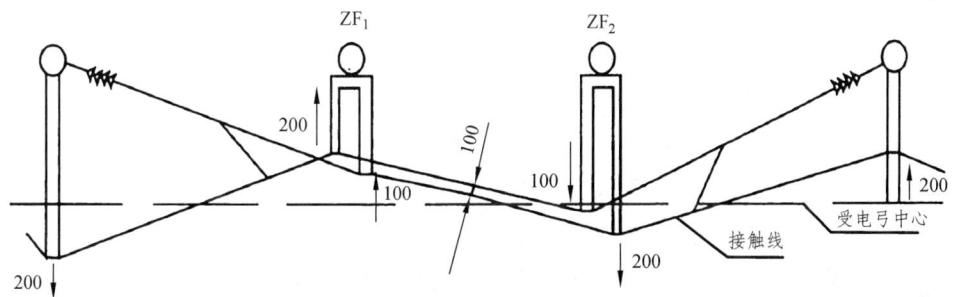

（b）平面图（直线）

图 10-2 三跨非绝缘锚段关节结构

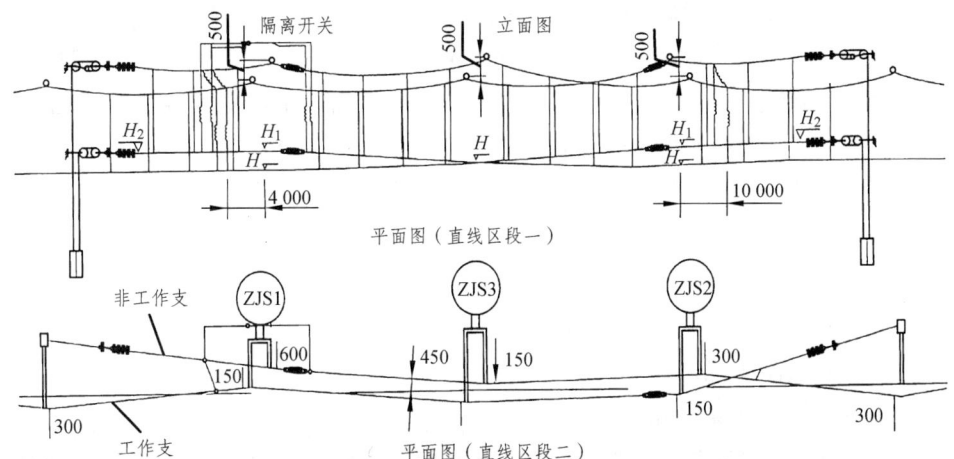

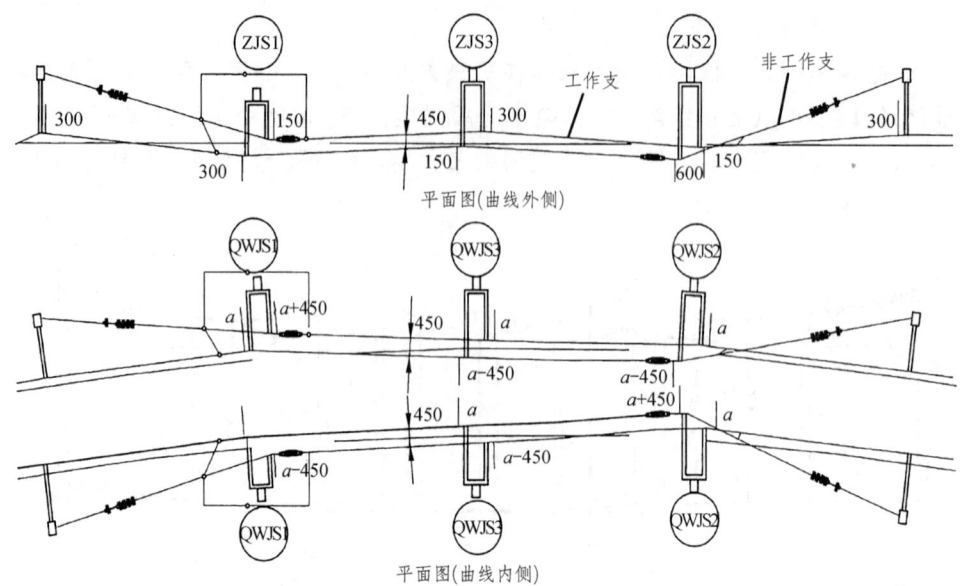

图 10-3 四跨绝缘锚段关节结构示意图

在锚段关节内,同时存在两个锚段的两组接触悬挂。其中接触线与受电弓接触实现受流的称为工作支;另一组接触悬挂的接触线通过抬高脱离受电弓接触后下锚,称为非工作支(简称"非支")。

转换柱命名为 QF、ZF,其中 Z 表示直线区段;Q 表示曲线区段;F 表示非绝缘锚段关节;下标 1、2 表示转换支柱装配的形式。

2) 绝缘锚段关节

绝缘锚段关节除机械分段外,可以实现同相电分段,多用于站场和区间的衔接处。电分段锚段关节,一般由 4 个或者 5 个跨距配合 1 台隔离开关组成,其接触线、承力索在垂直方向和水平方向都彼此相距 500 mm,以保持其电气绝缘。

在四跨绝缘锚段关节中,位于两转换柱之间的接触线在水平面内的投影平行,线间距 450 mm;转换柱处,两组悬挂的垂直距离应保持在 400～500 mm(悬式绝缘子分段时)或 350～400 mm(直径不大于 150 mm 的绝缘杆件分段时)。非工作支接触线的分段绝缘子或绝缘杆的下裙边应高于工作支接触线 200 mm;中心柱两定位点的连线与轨平面平行处,导高比标准导高约高 40～80 mm,允许误差±20 mm;在曲线区段,中心柱定位点两导线对于水平面的相对高差:

$$A = \frac{h \cdot X}{L} \tag{10-1}$$

式中　X——中心柱处两支导线间的水平距离(mm);

　　　L——轨距(mm);

　　　h——外轨超高(mm)。

下锚柱处,绝缘子串距定位滑轮中心的距离不得小于 800 mm;在两转换柱内侧靠近转换柱处,非支承力索和接触线各加设一串悬式绝缘子(一般为 4 片);

在锚柱与转换柱间距转换柱 10 m 处安装电连接，将锚段最后一跨的线索相互连接；在锚段关节开口方向的转换柱上安装隔离开关，严禁带负荷操作隔离开关（负荷隔离开关除外）；下锚支线索偏离原走向时，正线偏角不大于 4°，困难时不大于 6°；站线下锚支偏角不大于 6°，困难时不大于 8°。

高速铁路接触网中大量采用四跨非绝缘锚段关节，如图 10-4 所示。在四跨非绝缘锚段关节中，位于两转换柱间的接触线在水平面内的投影平行，线间距 200 mm，施工允许误差±20 mm；在转换柱和锚柱间，距转换柱 10 m 处，各用一组电连接将两锚段连接；锚段关节的开口方向和闭口方向均不安装隔离开关；其他技术条件与四跨绝缘锚段关节相似。

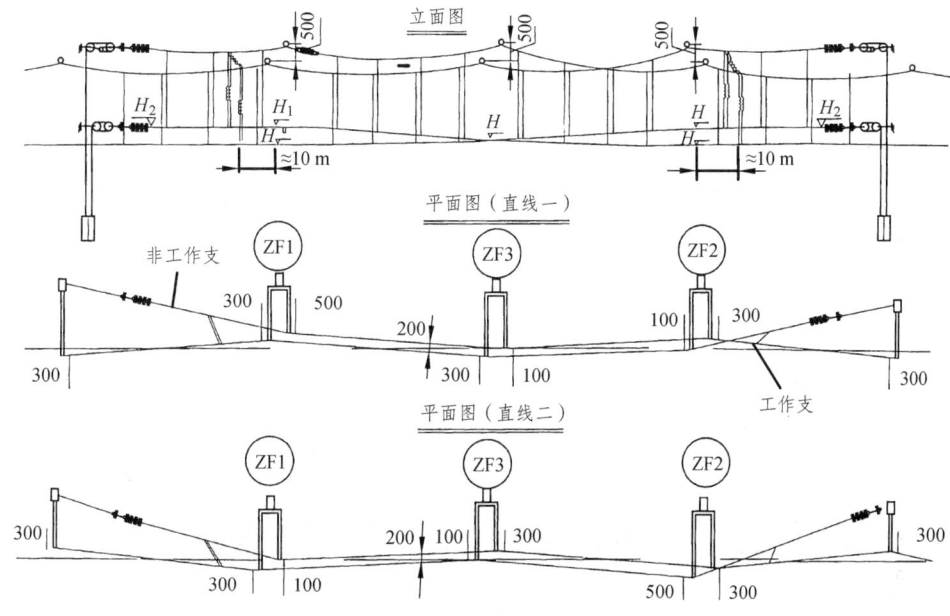

图 10-4 四跨非绝缘锚段关节结构示意图

五跨绝缘锚段关节如图 10-5 所示。位于转换柱间的接触线在水平面内的投影平行，线间距为 450 mm；在 ZJS1 和 ZJS2 处，两组悬挂的垂直距离为 500 mm，下锚支接触线的绝缘子（或绝缘杆）的下裙边高于工作支接触线 200 mm 以上；在 ZJS3 和 ZJS4 处，非支接触线比工作支接触线高 150 mm，非支承力索比工作支承力索高 500 mm；两接触线的等高点位于中心跨中点，此处导高比标准导高高 0~40 mm；下锚柱处，绝缘子串距定位滑轮中心的距离不得小于 800 mm；下锚支接触线应高于工作支接触线 500 mm 以上；在 ZJS1 和 ZJS2 内侧，下锚支承力索和接触线各加设一硅橡胶棒式绝缘子；下锚柱处加装一组悬式绝缘子串；在锚段关节的开口端，ZJS1 上安装隔离开关，其内外侧 4 m 处加装两组电连接；在锚段关节闭口端，ZJS2 外侧 10 m 处加装一组电连接；正线下锚支偏角不大于 4°，困难时不大于 6°；站线下锚支偏角不大于 6°，困难时不大于 8°；直线区段，工作支拉出值为 300 mm；下锚支的拉出值分别为 150 mm 和 750 mm；曲线区段拉出值应经计算确定。值得注意的是 ZJS3 和 ZJS4 处的定位器的受力状态。

五跨非绝缘锚段关节的技术要求除线间距为 200 mm、无隔离开关外,其他技术条件与绝缘锚段关节基本相同。

一般而言,在车站或大型站场两端、大型桥隧两端均应设置绝缘锚段关节。

锚段关节是接触网的薄弱环,是接触悬挂机电分段和受电弓转换过渡的主要结构形式,无论是在设计、施工还是运营过程中都应高度重视其机电性能。

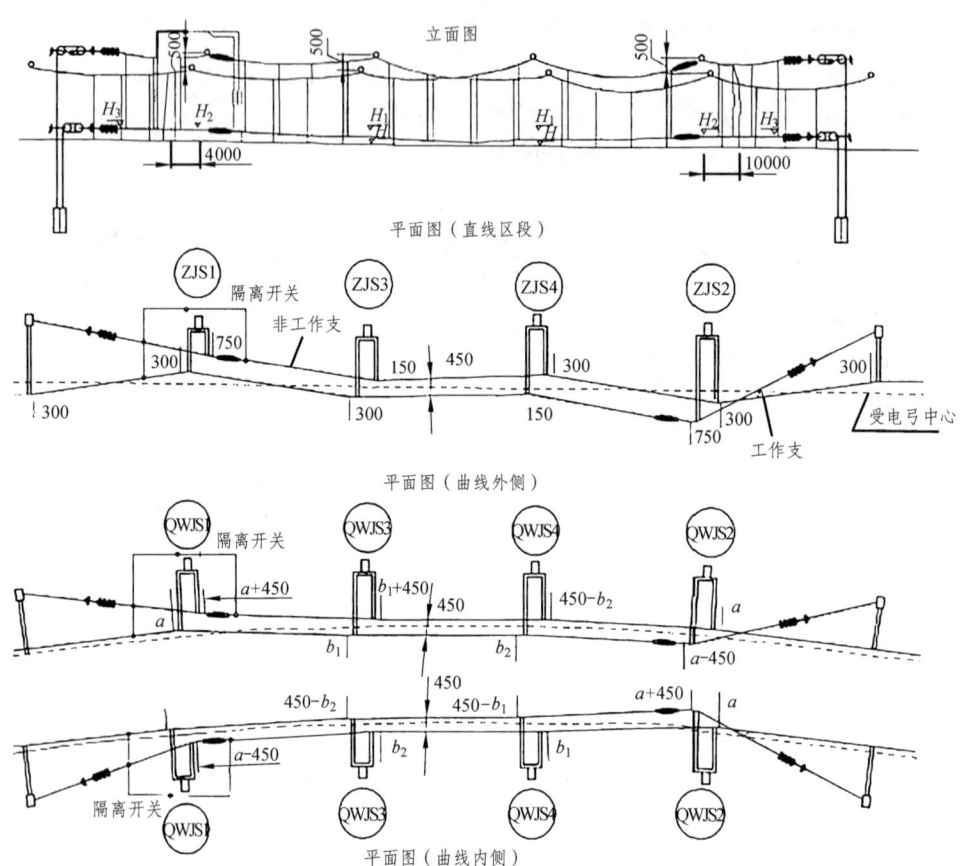

图 10-5 五跨绝缘锚段关节平面布置示意图

二、工作任务流程

(一)任务组织

锚段关节检修人员配置见表 10-1。

表 10-1 定位装置检修人员配置表

序号	项目	单位	数量	备注
1	检修负责人	人	1	全面负责
2	驻站联络员	人	1	
3	行车防护兼地线监护人	人	2	
4	地线操作人员	人	2	

续表

序号	项目	单位	数量	备注
5	高空作业人员	人	3（2）	作业车（车梯）
6	辅助人员	人	2（4）	作业车（车梯）
7	作业车司机	人	2	司机、学习司机各1人

（二）检修程序和方法

1. 流程图

定位装置检修流程如图 10-6 所示。

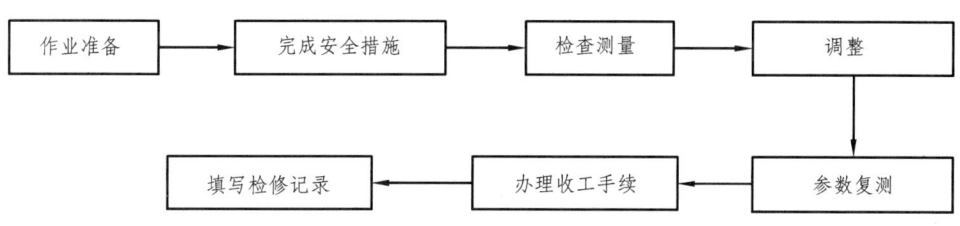

图 10-6　定位装置检修流程图

2. 方法

1）作业准备

按规程要求填写工作票并交付工作领导人，工作领导人向作业组全体成员宣读工作票、分工并进行安全预想，检查工具、材料。

2）完成安全措施

做好安全措施，工作领导人确认完成安全措施后，通知各作业组开工。

3）检查测量

（1）两转换柱处承力索的垂直、水平间距：

① 用接触网多功能检测仪，测量转换柱非工作支承力索高度 H_1 和工作支承力索高度 H_2，计算出非工作支承力索抬高量 $\Delta H = H_1 - H_2$。

② 用接触网多功能检测仪，测量转换柱非工作支承力索拉出值 a_1 和工作支承力索拉出值 a_2，计算出两支承力索的水平间距 $\Delta a = a_1 - a_2$。

（2）两转换柱处接触线的垂直、水平间距：

① 用接触网多功能检测仪，测量转换柱非工作支接触线高度 H_1 和工作支接触线高度 H_2，计算出非工作支接触线抬高量 $\Delta H = H_1 - H_2$。

② 用接触网多功能检测仪，测量转换柱非工作支接触线拉出值 a_1 和工作支接触线拉出值 a_2，计算出两支接触线的水平间距 $\Delta a = a_1 - a_2$。

（3）中心柱处承力索的垂直、水平间距：

① 用接触网多功能检测仪，测量中心柱高支承力索高度 H_1 和低支承力索高度 H_2 计算出两支承力索抬高量 $\Delta H = H_1 - H_2$。

② 用接触网多功能检测仪，测量中心柱高支承力索拉出值 a_1 和低支承力索

拉出值 a_2，计算出两支承力索的水平间距 $\Delta a = a_1 - a_2$。

（4）中心柱处接触线等高值、拉出值：

① 用接触网多功能检测仪，测量中心柱高支接触线高度 H_1 和低支接触线高度 H_2，计算出两支接触线抬高量 $\Delta H = H_1 - H_2$。

② 用接触网多功能检测仪，测量中心柱高支接触线拉出值 a_1 和低支接触线拉出值 a_2，计算出两支接触线的水平间距 $\Delta a = a_1 - a_2$。

（5）定位器坡度。

① 用水平尺测量定位器坡度：将水平尺放在定位器上方，调平，同时用钢卷尺测量出高度差，计算出定位器坡度（mm/m）=两点高度差/水平尺长度。

② 用接触网激光测量仪测量定位器坡度：在曲线区段时，调平接触网激光测量仪；用激光测量仪分别测量出定位器下方两点对轨平面的高度；计算出两点高度差；在激光测量仪的轨道尺上计算出两点的距离差；计算定位器坡度，坡度（mm/m）=两点高度差/两点距离差。

（6）锚段关节电连接状态：检查电连接线有无烧伤、断股、散股、截面不符合载流要求等问题；打开电连接线夹，检查线夹内壁是否氧化、接触面是否光洁、有无麻点和烧伤痕迹；预留量能否满足温度变化时承力索、接触线的伸缩要求。

（7）各零部件安装、紧固情况：各部件有无裂纹、损伤、短缺，螺栓有无脱扣、锈蚀，各部位连接是否正确，两悬挂各部分（包括零部件）之间的距离是否符合标准值，交叉侧的吊弦是否相磨。

4）调整

（1）两转换柱处承力索的垂直、水平间距不符合标准。

① 根据测量数据，确定非工作支承力索的调整方向和调整量。

② 两支承力索水平间距不符合标准：

先确认工作支承力索位置符合标准。如工作支承力索位置不符合标准，将手扳葫芦一端固定在工作支腕臂顶端（曲线区段根据线索受力方向固定手扳葫芦），另一端与工作支承力索连接，摇动手扳葫芦将工作支承力索卸载，按调整方向和数据，松开工作支承力索座（拉杆式腕臂可调整调节板），将工作支承力索位置调整到标准位置。

再将手扳葫芦一端固定在非工作支腕臂顶端（曲线区段根据线索受力方向固定手扳葫芦），另一端与非工作支承力索连接，摇动手扳葫芦将非工作支承力索卸载，以工作支承力索为基准，松开非工作支承力索座（拉杆式腕臂可调整调节板），按调整方向和数据，将非工作支承力索调整至符合标准。

③ 两支承力索垂直间距（高差）不符合标准：

先确认工作支承力索高度符合标准。当工作支承力索高度不符合标准时，将手扳葫芦一端固定在工作支腕臂顶端（曲线区段根据线索受力方向固定手扳葫芦），另一端与工作支承力索连接，摇动手扳葫芦将工作支承力索卸载。按调整方向和数据，松开工作支组合承力索线夹（拉杆式腕臂可调整调节板位置和孔距），将工作支承力索位置调整到标准位置。

再将手扳葫芦一端固定在非工作支腕臂顶端（曲线区段根据线索受力方向固定手扳葫芦），另一端与非工作支承力索连接，摇动手扳葫芦将非工作支承力索卸载。以工作支承力索为基准，松开非组合承力索线夹（拉杆式腕臂可调整调节板），按调整方向和数据，将非工作支承力索调整至符合标准。

④ 测量各数据符合规定后，按标准紧固各部螺栓，拆除手扳葫芦。

（2）两转换柱处接触线的垂直、水平间距不符合标准。

① 根据测量数据，确定调整方向和调整量。

② 两支接触线水平间距不符合标准：

先确认工作支接触线位置符合标准。当工作支接触线位置不符合标准时，将手扳葫芦一端固定在工作支定位管顶端（曲线区段或正定位可根据线索受力方向固定手扳葫芦），另一端与工作支接触线连接，摇动手扳葫芦将工作支接触线卸载，松开工作支定位支座（或定位环），按调整方向和调整数据，将拉出值调整到标准值。

再将手扳葫芦一端固定在非工作支定位管顶端（曲线区段或正定位根据线索受力方向固定手扳葫芦），另一端与非工作支接触线连接，将非工作支接触线卸载，以工作支接触线为基准，松开非工作支接触线锚支卡子，按调整方向和调整数据，将非工作支接触线调整到标准位置，使两支接触线水平间距调整至符合标准。

③ 两支接触线间垂直间距（高差）不符合标准：

先确认工作支接触线高度符合标准。当工作支接触线位置不符合标准时，调整或更换工作支定位点两侧吊弦，将工作支接触线高度调整至标准值。

以工作支接触线为基准，按调整数据，调整或更换非工作支定位点两侧第一根吊弦，使高差符合标准；再依次调整或更换其他吊弦。

④ 测量各数据符合规定后，按标准紧固各部螺栓。

（3）中心柱处承力索的垂直、水平间距不符合标准。

（4）中心柱处等高值、拉出值不符合标准。

① 两支接触线等高值不符合标准：适当调整或更换中心柱两侧吊弦。

先确认工作支接触线高度符合标准。当工作支接触线位置不符合标准时，调整或更换工作支定位点两侧吊弦，将工作支接触线高度调整至标准值。

以工作支接触线为基准，按调整数据，调整或更换非工作支定位点两侧第一根吊弦，使高差符合标准；再依次调整或更换其他吊弦。

② 如拉出值不符合标准：

先确认工作支接触线位置符合标准。当工作支接触线位置不符合标准时，将手扳葫芦一端固定在工作支定位管顶端（曲线区段或正定位可根据线索受力方向固定手扳葫芦），另一端与工作支接触线连接，摇动手扳葫芦将工作支接触线卸载，松开工作支定位支座（或定位环），按调整方向和调整数据，将拉出值调整到标准值。

再将手扳葫芦一端固定在另一支定位管顶端（曲线区段或正定位根据线索受力方向固定手扳葫芦），另一端与接触线连接，摇动手板葫芦将接触线卸载，以工作支接触线为基准，然后根据调整量，对另一支接触线的拉出值进行调整，使其符合设计要求。

（5）定位器坡度不符合标准：用水平尺或接触网多功能检测仪测量定位器坡度，确定调整量，具体方法见定位装置检修工艺。

（6）检查锚段关节电连接状态：按检查项目对电连接进行检查，根据发现缺陷确定补强或更换电连接，具体方法见电连接检修工艺。

（7）检查各零部件安装、紧固情况。

① 各部件有脱扣、锈蚀、裂纹、损伤、短缺：更换、补齐。

② 各部螺栓紧固、连接不正确：按标准力矩进行紧固，按标准安装。

③ 两悬挂各部分（包括零部件）之间的距离在设计极限温度下应保持 50 mm 以上，不能满足时，须重新调整。

④ 关节内工作支与非工作支交叉侧的吊弦相磨时：移动非工作支吊弦位置，保证距离在设计极限温度下应保持 50 mm 以上。

5）参数复测

复测各部位技术参数，符合技术标准。

6）办理收工手续

工作领导人确认各作业组工作结束，人员机具均已撤至安全地带后，通知监护人员撤除地线及其他安全措施。

工作领导人确认安全措施撤除后，通知驻站联络员申请消除停电作业命令和线路封锁命令。

工作领导人召开收工会，办理收工手续。

7）填写检修记录

按照当天检修情况填写检修记录。

（三）技术标准

（1）机械分段锚段关节的技术状态应符合下列要求：

① 两悬挂各部分（包括零部件）之间的距离在设计极限温度下应保持 50 mm 以上。

② 转换柱处两接触线的水平距离参数：

a. 标准值：设计值。

b. 安全值：50～250 mm。

c. 限界值：50～300 mm。

③ 转换柱处两接触线的垂直距离参数：

a. 标准值：设计值。

b. 安全值：设计值±30 mm。

c. 限界值：同安全值。

④ 中心柱处两接触线水平距离为设计值，误差不超过 30 mm；两接触线距轨面等高，误差不大于 20 mm。

⑤ 两接触悬挂接触线工作支过渡处接触线调整符合运行要求。

（2）锚支接触线在其垂直投影与线路钢轨交叉处，应高于工作支接触线 300 mm 以上。

（3）定位器、定位管应无弯曲、永久性变形和严重锈蚀。

（4）定位器、定位管在平均温度时应垂直于线路中心线，温度变化时应沿接触线纵向偏移与接触线在该点的伸缩量保持一致，与腕臂是否在同一铅垂面内。

（5）定位器处于受拉状态，定位点处接触线工作面平行于轨面，定位点处接触线能否上下、左右自由移动。

三、分析与思考

该任务主要是四跨非绝缘锚段关节检调，填写锚段关节维修记录表（表10-2），看似简单的一项任务，但关系到接触网的结构和技术标准要求，因此，如何保证设备各项参数的合格至关重要。而在实际工作中应注意以下事项：

表 10-2 锚段关节维修记录

_____区间（站场）

锚段号	支柱号	维修日期/(年/月/日)	两锚段接触悬挂间的水平距离（承力索/接触线）/mm			两锚段接触悬挂间的垂直距离（承力索/接触线）/mm			分段绝缘子至定滑轮之间的距离/mm	下锚支的水平偏角/(°)	电联接器及其他零部件	设备缺陷处理情况
			转换柱	中心柱	转换柱	转换柱	中心柱	转换柱				

维修人_____　　互检人_____　　设备负责人_____　　工长_____

（1）作业车移动或作业平台升降、转向时，严禁人员上、下作业平台；禁止从未封锁线路侧上、下作业车。

（2）作业人员在作业平台防护栅外作业时，必须将安全带系在牢固可靠部位。

（3）作业平台严禁向未封锁的线路侧旋转；当邻线有列车通过时，作业人员应提前停止作业,并在平台远离邻线侧避让,列车通过后方可继续作业。

(4)作业平台上的作业人员在车辆移动中应注意防止接触网设备伤人。

(5)冰、雪、霜、雨等天气条件下,应有防滑措施。

(6)当结构高度较大,台上作业人员够不着时,作业人员可站在特制的作业凳上,将安全带系在不动的那支承力索上,进行操作。

复习与思考题

1. 锚段的作用是什么?
2. 锚段的组成结构如何?
3. 锚段长度的确定方法是什么?
4. 锚段关节的类型有哪些?各有什么特点?

接触网锚段关节检修实训考核标准及评分表

内容	考核要求	配分	评分标准	扣分	得分
准备工作	着装整齐,安全劳保用品齐全	20	着装、安全劳保用品一项不合格扣2分;工具、材料却、错、无检查一项扣2~5分		
	工具、仪器、材料摆放整齐,并逐项进行检查。				
作业程序	确认线路已停电、封锁、防护到位。	5	每错一项,扣5分		
	激光测量仪、水平尺参数测量:转换柱、中心柱工支、非支拉出值、水平距离、垂直距离、等高点导高与相邻吊弦点导高等	15			
	绝缘间隙测量:关节内的定位支撑、吊弦载流环、斜拉线等带电体各部分应满足空气绝缘间隙要求。	15			
	转换柱处绝缘子串距悬挂点的距离符合要求:锚支接触线在其垂直投影与线路钢轨交叉处,应高于工作支接触线300 mm以上	15			
	检查关节内承力索、接触线是否有断股、烧损痕迹,断股处需要处理	10			
	检查关节内(含隔离开关、电连接等)各零部件,发现有松、脱、断问题的立刻采取相应措施处理	10			
	所有调整过的参数、部件,是否有复核	5			
时间	30分钟内按时完成	5	每超时2分钟酌扣3~5分		

项目十一　线岔的检修

 项目描述

通过本项目的学习掌握线岔定义、作用及结构,掌握接触网线岔的调整标准,了解线岔调整的注意事项及调整步骤,能够利用激光测量仪进行线岔参数的测量。

【学习目标】
- 掌握线岔的定义、作用、结构。
- 掌握接触网线岔的调整标准。
- 了解线岔调整的注意事项及调整步骤。

【技能目标】
- 能够使用激光测量仪进行线岔参数测量。
- 能够按照标准检修调整线岔。

【素养目标】
- 培养团结协作精神,可以既有分工又有协助,互相帮助、共同达成目标。
- 培养吃苦耐劳、爱岗敬业、勇于开拓、积极进取的精神。
- 培养工匠精神,养成"怀匠心、铸匠魂、守匠情、践匠行"意识。

一、知识准备

接触网线岔有有交叉和无交叉两种结构形式,无交叉线岔又有"两组悬挂无交分"和"三组悬挂无交分"两种结构形式。

接触网线岔的具体结构形式和技术参数取决于道岔型号、受电弓弓头形状和几何尺寸、列车正线和侧线最大通过速度等因素。

弓网始触区和接触线无线夹区是涉及接触网线岔的两个重要技术概念。

始触区是指受电弓弓头圆弧部开始接触另一支接触线的区域,中国高铁受电弓始触区如图 11-1 中阴影部分所示。由该图可知,弓网始触区是指距受电弓中心 600~1050 mm,高为 360 mm 加受电弓动态抬升量的一个空间区域。

对于接触线,在始触区内滑板往往不从接触线正下方接触,而是从侧下方进入,如果在始触区内安装定位线夹、电连接线夹,有可能造成碰弓和打弓,为此规定在始触区内的接触线不能安装除吊弦线夹以外的任何零件,这就是接触线无线夹区。

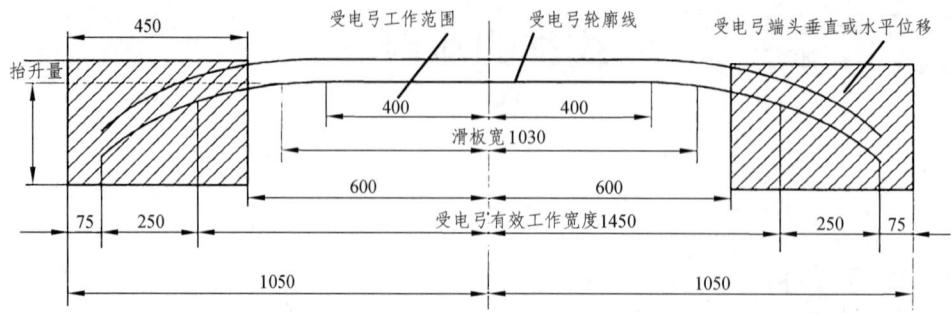

图 11-1　中国高铁受电弓始触区示意图

当在始触区内安装吊弦线夹时一定要注意安装方式和螺栓的安装方向。

受电弓安全平滑通过交叉线岔的必备条件是:始触区的空间位置合理;在始触区内,两接触线等高;在始触区及其附近,处于受电弓动态包络线以内的接触线不能安装除吊弦线夹以外的任何零件;受电弓弓头及其动态轮廓符合设计要求。

为消除线岔处两组悬挂间可能存在的电位差,在线岔开口方向距线岔交叉点 1.0 m 左右安装一组电连接。

（一）交叉线岔

交叉线岔由两根交叉接触线、一根限制导杆及定位线夹等零件组成。限制导杆是一根长 1700～2500 mm 的 6082 铝合金管（YG 型）或 T2 纯铜管（T 型），两端通过定位线夹（YG 型）或固定线夹（T 型）安装在下位接触线上,将两支独立的接触线约束在一起,使两接触线在受电弓抬升力作用下能同步升降,保证受电弓从不同线路方向顺利通过线岔,如图 11-2 所示。

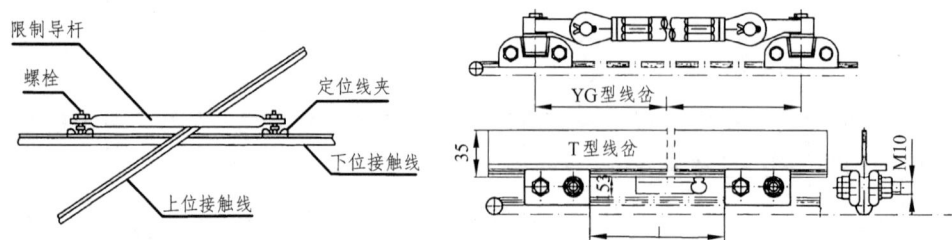

图 11-2　交叉线岔结构示意图

限制导杆的长度取决于道岔号的大小和线岔距中心锚结的距离,道岔号越大,两接触线的夹角越小,限位管的长度越长;线岔越远离中心锚结,接触线的移动范围越大,限位管的长度越长。

限制导杆与上位接触线间应有 1～3 mm 间隙,以便上位接触线能随温度变化而自由移动;平均温度时,两接触线交叉点应处于限位管中心;温度高于平均温度时,两接触线交叉点偏向下锚端;温度低于平均温度时,两接触线交叉点偏向中心锚结端;限制导杆中心处最大垂直工作荷重为 0.18 kN,允许挠度不大于 1.5%L(L 为导杆长度);在 YG 型线岔中,定位线夹与接触线之间的滑动荷重不小于 1.5 kN;T 型线岔中,固定线夹与接触线及 T 形截面型限制导杆之间的滑动荷重不小于 1.5 kN;螺栓紧固力矩为 25~32 N·m。

两支接触线的上下位置是依据线路情况和线岔距中心锚结的远近确定的。当正线接触悬挂与侧线接触悬挂相交时,正线接触线在下位,侧线接触线在上位;当两侧线接触悬挂相交时,距下锚装置近的一组悬挂在上方,距下锚装置远的一组悬挂位于下方。

交叉线岔的平面布置与道岔型号、受电弓滑板的有效工作宽度、受电弓的最大抬升量和最大摆动量有关。平面布置的主要内容是确定线岔交叉点位置、确定道岔定位柱的位置、确定接触线无线夹区位置、确定两支接触线的抬升量。

1. 交叉点位置的确定

两接触线交叉点位置可按式(11-1)计算取值:

$$y_K = a_{KC} + a_{KZ} = \frac{2}{3}a_C + \frac{1}{2}a_Z \tag{11-1}$$

式中 y_K——两支接触线交叉点处两线路中心线间的宽度(mm);

a_C——定位支柱 I 处侧线接触线拉出值(mm);

a_Z——定位支柱 I 处正线接触线拉出值(mm);

a_{KZ}——接触线交叉点到正线垂直中心线的距离(mm);

a_{KC}——接触线交叉点到侧线垂直中心线的距离(mm)。

以上各参数的物理意义如图 11-3 所示。

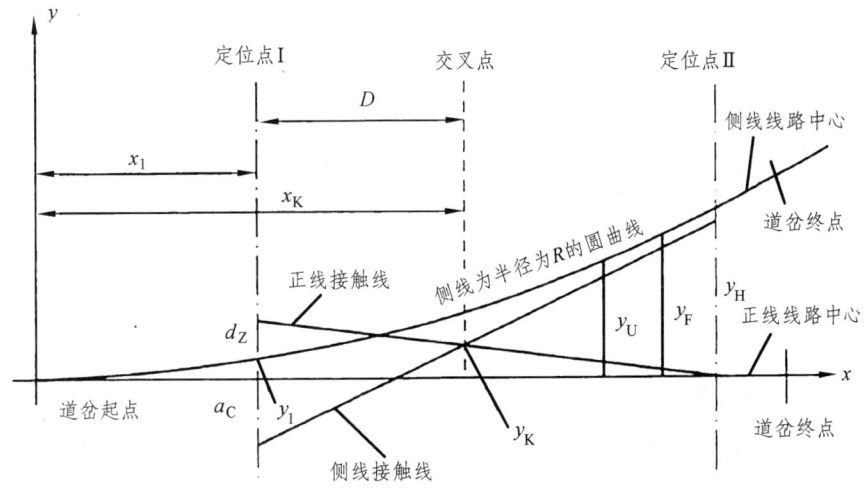

图 11-3 交叉点位置确定示意图

2. 道岔定位柱位置的确定

（1）将道岔平面布置图放大 5 倍或 10 倍，画出正、侧线的线路中心线，并标明道岔的起点和终点。

（2）在平面图上标出无线夹区、受电弓外形轮廓（含摆动量）、始触区（始触区从两线间距为受电弓两肩部圆弧点距离的一半至该值加上摆动量的范围内）。

（3）确定支柱定位点Ⅰ处两支悬挂的拉出值，并按式（11-1）确定接触线交点的位置。

（4）在线间距 200～400 mm 确定定位柱Ⅰ的位置。

（5）按定位柱Ⅰ处正线支接触线拉出值要求，从该点画一条经过交叉点的直线至道岔终点，该线即为正线接触线的走向；同时按侧线接触线拉出值要求经交叉点画另一条直线，该直线即为侧线接触线的走向。

（6）定位柱Ⅱ的位置确定需考虑在设计温度范围内，接触线长度变化引起的交叉点位移、最大允许跨距、线岔距中心锚结的距离，同时，必须保证两接触线在受电弓同一侧。

（7）对于大号道岔，因其道岔很长，定位柱Ⅰ到道岔起点的距离较大（有的大于一个跨距），因此还要确定道岔起点处的支柱定位，该支柱没有特殊要求，主要考虑跨距和拉出值以及下锚支的下锚过渡。

3. 接触线无线夹区的确定

在始触区范围内，受电弓端头部会与逐渐接近受电弓的接触线接触，如果在这一区域安装线夹等零件，存在滑板与倾斜安装的线夹发生冲撞的可能（这是线岔区域和锚段关节区域发生弓网事故的主要诱因之一）。因此，在受电弓始触区经过的范围内，不能安装线夹等零件，无线夹区长度取决于受电弓的始触区和动态包络线。无线夹区也是一立体空间区域。

4. 道岔区接触网的立面布置

道岔上空接触网布置时，接触线需要一定的抬升量，其计算公式如式（11-2）：

$$\Delta h = \frac{q \cdot x^2}{2T_J} \quad (11\text{-}2)$$

式中　Δh ——定位点Ⅰ处，抬升支接触线的高度增加值（m）；
　　　q ——抬升支接触悬挂的单位负载（kN/m）；
　　　x ——交叉点至定位支持装置Ⅰ的水平距离（m）；
　　　T_J ——抬升支接触线张力（kN）。

5. 高速铁路交叉线岔标准定位布置原则

1）交叉线岔的布置应考虑的因素

（1）受电弓、线路中心线、接触线的相互关系。

（2）线岔处为"集中负载"区时，线岔与跨距的关系。

(3)线岔随温度变化的活动区,线岔与中心锚结和补偿装置的位置关系。

2)布置原则

(1)从始触点(始触区)至交叉点的一定区域内,两支接触线必须位于受电弓的同侧的有效工作区内,防止刮弓或钻弓。

(2)为了减少因定位和增加一支悬挂对受流的影响,在定位点处,受电弓只能与正线接触线接触,且接触线应适当抬高,其抬高量与悬挂类型和列车最大运行速度有关。

(3)接触线交叉点应适当远离定位点。

(4)在交叉点,正线接触线的拉出值应小于侧线支拉出值。

(5)必须保证无线夹区内无任何零件。

3)交叉点位置的确定

根据德国仿真分析:两支接触线的交叉点可按下式取值

$$y_K = \frac{2}{3}a_C + \frac{1}{2}a_Z \tag{11-3}$$

y_K——两支接触线交点处两线间距宽度(mm);
a_C——定位支柱 I 处侧线接触线拉出值(mm);
a_Z——定位支柱 I 处正线接触线拉出值(mm)。

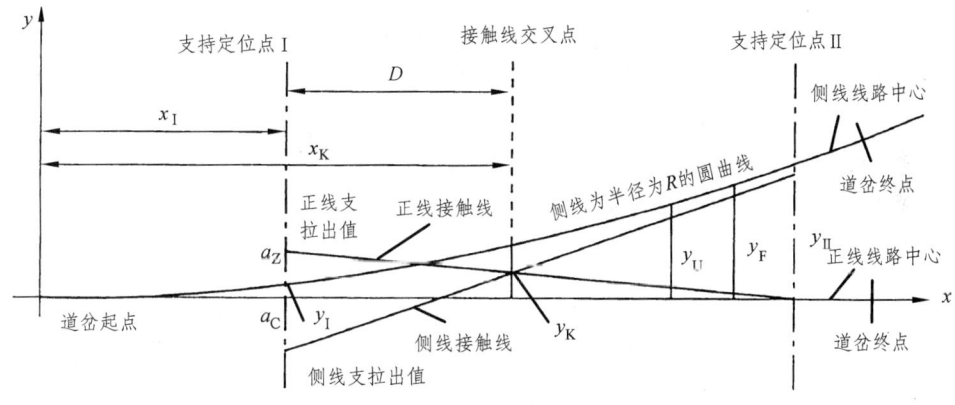

图 11-4 接触线交叉点位置示意图

仿真研究发现:这种布置将使受电弓过岔时产生的接触压力变化最小,只产生较小的压力峰值。

4)道岔定位柱位置的确定

(1)将道岔平面布置图放大 5 倍或 10 倍,画出正、侧线的线路中心线,并标明道岔的起点、终点。

(2)在平面图上标出无线夹区、受电弓外形轮廓(含摆动量)、始触区(始触区从两线间距为受电弓两肩部圆弧点距离的一半至该值加上摆动量的范围内)。

(3)确定支柱定位点 I 处两支悬挂的拉出值,并按交叉点位置确定原则,确定两支接触线交点的位置。

（4）在线间距 200~400 mm 确定支持定位 I 的位置。

（5）按定位 I 处正线支接触线拉出值要求，从该点画一条经过交叉点的直线至道岔终点，该线即为正线接触线的走向；同时按侧线接触线拉出值要求经交叉点画一条直线，该直线即为侧线接触线的走向。

（6）定位柱 II 的位置确定需考虑在设计温度范围内，接触线长度变化引起的交叉点位移和风偏移对跨距的影响（这与线岔距中心锚结的距离有关），同时要依据两接触线必须在受电弓同侧的布置原则（图 11-5）。

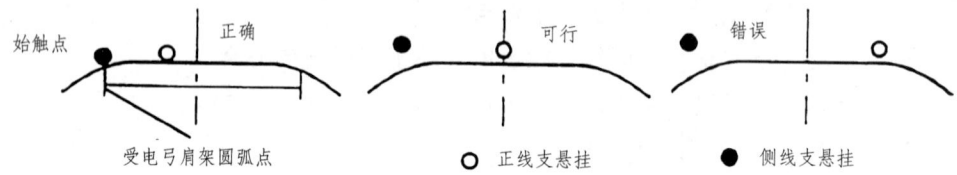

图 11-5 交叉线岔正、侧线定位布置示意图

（7）对于号数较大（38 号以上）的道岔，由于定位柱 I 到道岔起点的距离较大（有的大于一个跨距），因此还要确定道岔起点处的支柱定位，该支柱没有特殊要求，主要考虑跨距和拉出值以及下锚支的下锚过渡。

《新建时速 200~250 km 客运专线铁路设计暂行规定》检修标准：

道岔定位柱：没有指明。

交叉点位置：735~1085 mm 的横向中间位置。

接触线相距 500 mm 的高差：两支工作支 10~30 mm；一工一非：50~100 mm；延长一跨并抬高 350~500 mm。

5）定位柱位置

定位柱的位置如图 11-6 所示。

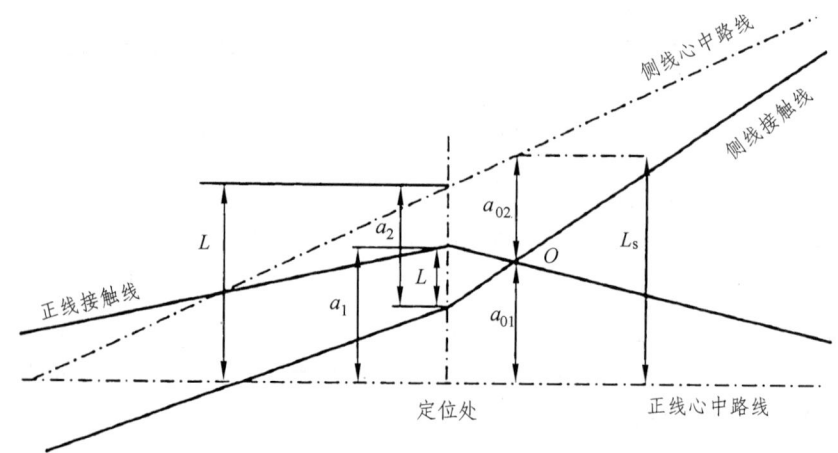

O—两接触线交叉点；L_S—交叉点两线路中心线间距；
L_0—定位点两接触线的间距；L—支柱定位处两线中心线的间距。

图 11-6 定位柱位置示意图

设定位处正线拉出值为 a_1，侧线拉出值为 a_2，交点 O 对正线和侧线的拉出值分别为 a_{o1} 和 a_{o2}，可以看出，交点的拉出值必定小于定位处的拉出值，即 $a_{o1} < a_1$，$a_{o2} < a_2$ 满足关系式

$$(L-a_1)+(L-a_2)+L_0 = L \quad (11\text{-}4)$$

即 $\qquad L + L_0 = a_1 + a_2 \quad L = a_1 + a_2 - L_0$

由此可以得出：定位柱的位置是一个可变的，主要取决于拉出值和两线在定位点的间距。

若拉出值取 375 mm，两接触线间距为 150 mm，则定位柱位于线间距 600 mm 处，即所谓标准定位。若加大接触线间距为 300 mm，则定位柱位于线间距 400 mm 处。

6）单开道岔标准定位的描述

定位支柱位于道岔导曲线外侧两线间中心距 600 mm 处，交叉点位于道岔导曲线两内轨轨距 630~760 mm 的横向中间位置处，即两线路中心间距为 810~680 mm 的横向中间位置处。

两接触线相交于道岔导曲线两内轨轨距 630~760 mm 的横向中间位置处，施工偏差为 ±50 mm。

单开道岔标准定位如图 11-7 所示。

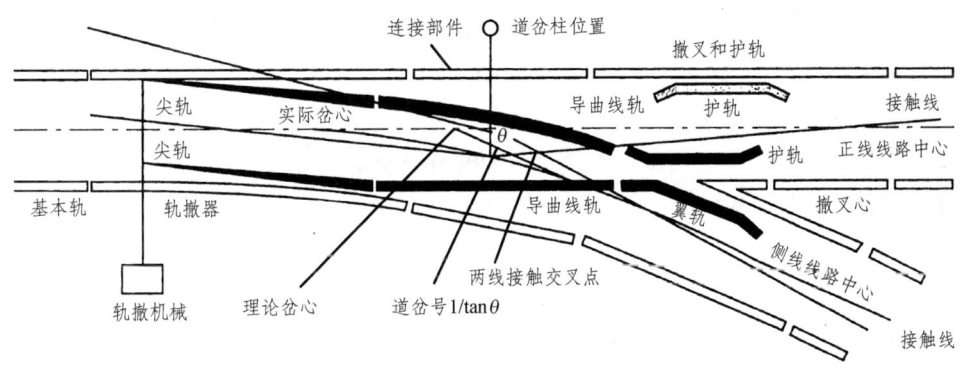

图 11-7　单开道岔标准定位

7）单开道岔标准定位的不足

单开道岔标准定位的不足之处就在于支柱纵向位置缺乏变通余地，不利于施工和检修。实际上纵向位置稍做调整也可以满足交点的要求。规定道岔定位柱的位置正是为了定位两支接触线的交点，使受电弓安全可靠地通过道岔，如果通过其他方法调整道岔定位柱的位置也能达到这个目的，应该也是可行的。

大多数的站场尤其是与正线衔接的道岔处要求专门设道岔柱或定位软横跨，造成车站两端咽喉区支柱林立，结构复杂，施工难度加大，投资增加等问题。

在道岔导曲线外侧两线路中心间距为 300~700 mm，对应于不同道岔定位的纵向位置的取值范围 6~8 m，见图 11-8，图中 X、Y 分别为支柱及接触线交

点的变化范围。这么大的取值范围，显然对施工非常有利。经过实践证明，调整时定位点处拉出值的变化对两接触线的交点位置影响不大，能保证受电弓顺利过渡。因此，定测时遇到各类干扰在有效避让的同时，也满足了设计对道岔定位及交点的要求。

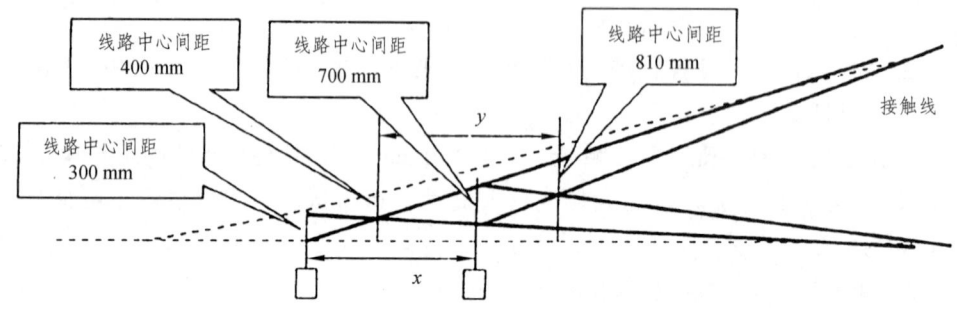

图 11-8　单开道岔支柱定位及接触导线交点示意图

8）国外对高速铁路交叉线岔的研究

（1）日本的道岔定位方式。

两工作支导线平行于各自的线路中心线，相距均为 200 mm（无论直线还是曲线，拉出值均取 200 mm），两接触线交叉点一般位于线间距 550 mm 处，渡线接触线对正线线路中心间距 300~1200 mm 不允许安装定位器、电连接线等设备。对定位柱的位置无具体的规定，考虑到线岔重量的问题而不宜设在跨中，一般情况下道岔定位柱距线岔约为 7~10 m。

（2）德国道岔定位方式。

一般情况下，道岔柱设在两线间距 200 mm 处，拉出值为 250 m，在靠近线岔处设交叉吊弦，其最大的特点是线岔可以位于跨中至道岔定位点的任何位置。

9）结论

根据以上分析，对交叉线岔定位可得出如下意见：

（1）柱纵向位置可根据现场情况在位于道岔导曲线外侧两线间中心距 300~700 mm 处确定，最好放置在两线间中心距较小处。

（2）线岔两接触线交叉点的投影可在道岔导曲线两内轨轨距为 630~1040 mm，即两线路中心线间距 400~810 mm 的横向中间位置上，最好位于道岔导曲线两内轨轨距为 630~760 mm 横向中间位置处。

（二）无交叉线岔

为改善受电弓高速通过线岔时的集流环境，使侧线接触悬挂不影响正线受电弓高速过岔，可采用无交叉线岔。

无交叉线岔由正线进侧线始触区、受电弓转换区、侧线进正线始触区三个区域组成，三区的具体技术参数与受电弓型号、道岔型号、受电弓动态包络线、道岔区接触线高度、无交分线岔的空间布局和具体结构有关，可通过相应的理论计算得到。

设计无交分线岔的基本原则：

（1）正线受电弓能在最大抬升及最大摆动的情况下高速、安全滑过正线接触线，而不碰触侧线接触线。

（2）正线接触悬挂宜靠向侧线，使受电弓能在正线接触线与侧线接触线间安全平稳转换。

（3）侧线接触悬挂立面按一定坡度布置。站线非工作支接触线应尽量抬高，工作支接触线（特别是始触区至过渡点）应适当降低，以保证正线受电弓顺利通过及侧线受电弓在正线、侧线间顺利过渡转换。

中国最早应用无交分线岔是在广深线上，该组无交分线岔的平面布置如图 11-9 所示。

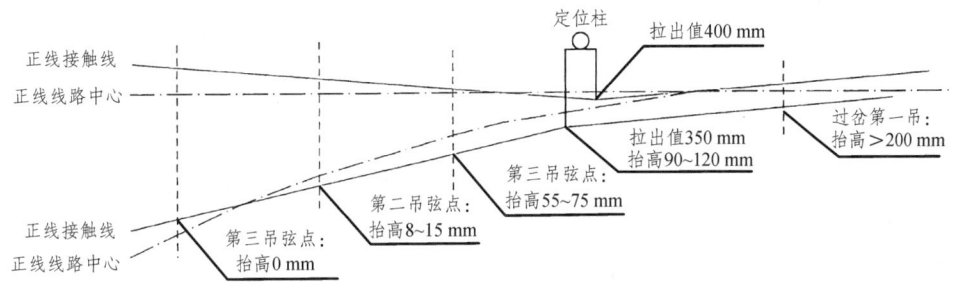

图 11-9　深线 12 号道岔上空的无交分线岔

当列车从正线高速通过时，受电弓沿正线接触悬挂高速平滑地通过线岔区域，与侧线接触悬挂不发生任何联系。

当列车从侧线进正线时，线间距为 806～1306 mm，如图 11-10 所示。受电弓端头开始碰触并抬升正线接触线，正线接触线从受电弓滑板导角处滑向受电弓工作面，侧线接触线逐渐向外、向上脱离受电弓，受电弓完成从侧线接触线到正线接触线的过渡。

当列车由正线进侧线时，线间距为 126～526 mm，受电弓端头部开始碰触侧线接触线，侧线接触线从受电弓滑板导角处滑向受电弓工作面，正线接触线逐渐向外脱离受电弓，受电弓完成从正线接触线到侧线接触线的过渡。

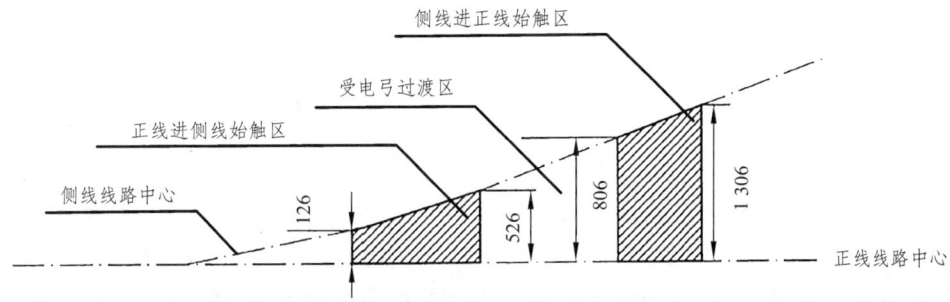

图 11-10　无交分线岔弓网始触区与轨道中心线间距关系示意图

合宁高速铁路中采用了如图 11-11 所示的新型无交分线岔。

该组无交分线岔的最大特点是将受电弓过渡区设置在跨距中部，通过两组悬挂的空间位置配合，不管是正线进侧线或是侧线进正线，两接触线均是从受电弓的正上方进入受电弓滑板的有效工作范围，从而能适应更高速度要求。具体布置如下：

道岔定位柱 A 位于道岔导曲线两外轨间距为 150 mm 处；道岔定位柱 B 位于道岔导曲线两外轨间距为 1400 mm 处；A 柱侧线接触线的拉出值设为+900 mm，侧线定位点距正线线路中心大于 1050 mm；B 柱侧线接触线的拉出值设为 -300 mm，侧线接触线距正线线路中心为 1100 mm；A 柱正线拉出值为-400 mm，正线接触线距侧线线路中心 250 mm；B 柱正线拉出值为-150 mm，正线接触线距侧线线路中心 1250 mm；当列车从正线进入侧线时，A 柱正线为工作支；当列车从侧线进入正线时，B 柱侧线为工作支；受电弓在 A、B 两支柱中间（跨中）实现过渡转换；在 AB 跨中心点（过渡点），垂直面内，两接触线等高，水平面内，两接触线分别位于侧线受电弓中心两侧，距受电弓中心距离均小于 450 mm，且尽量相等；正线接触线高度恒定，不设坡度变化。A 柱处，侧线高出正线 130 mm；B 柱处，侧线低于正线 30 mm。在受电弓过渡区的起点和终点，侧线接触线分别高于和低于正线接触线 10～30 mm。该组无交分线岔的不足是对施工要求较高，正线接触线的拉出值偏大。

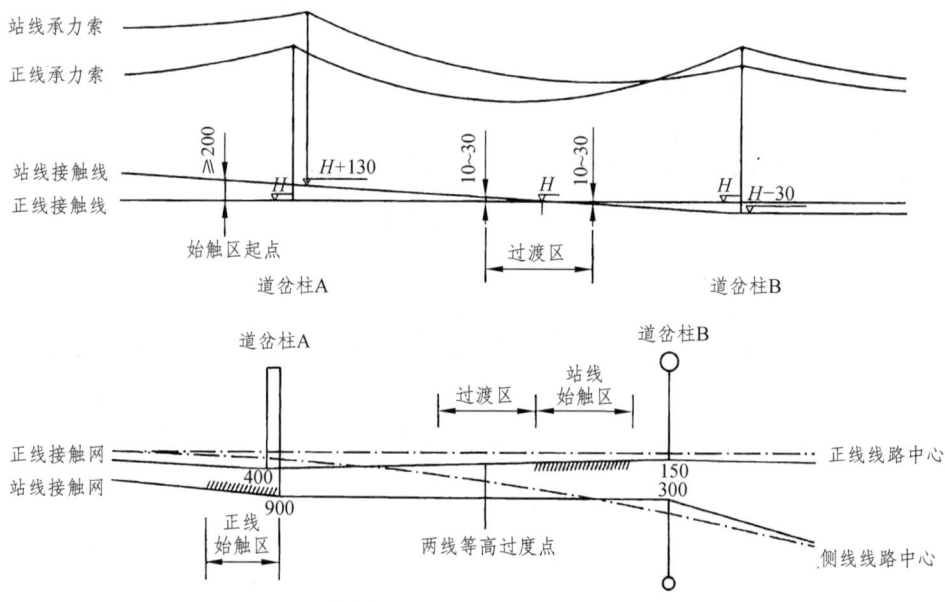

图 11-11 合宁线 18 号无交分线岔布置示意图

在京沪线提速改造工程中开发了另一组无交分线岔，如图 11-12 所示。

岔前定位柱 B（E）距理论岔心 10～15 m，岔后定位柱 C（F）距理论岔心 25～30 m，BC 跨和 EF 跨的跨距均不大于 45 m。A（D）支柱位于道岔区之外，该处侧线比正线高 250 mm，腕臂装配按非绝缘转换柱处理；B（E）支柱位于正、侧线外轨间距 150 mm 处，该处正线比侧线高 250 mm，计算远轨腕臂时，侧面限界按邻轨限界加 150 mm 处理；C（F）支柱位于正、侧线外轨间距 1380 mm 处，该处正线比侧线高 250 mm，计算远轨腕臂时，侧面限界按邻轨限界加 1380 mm 处理。

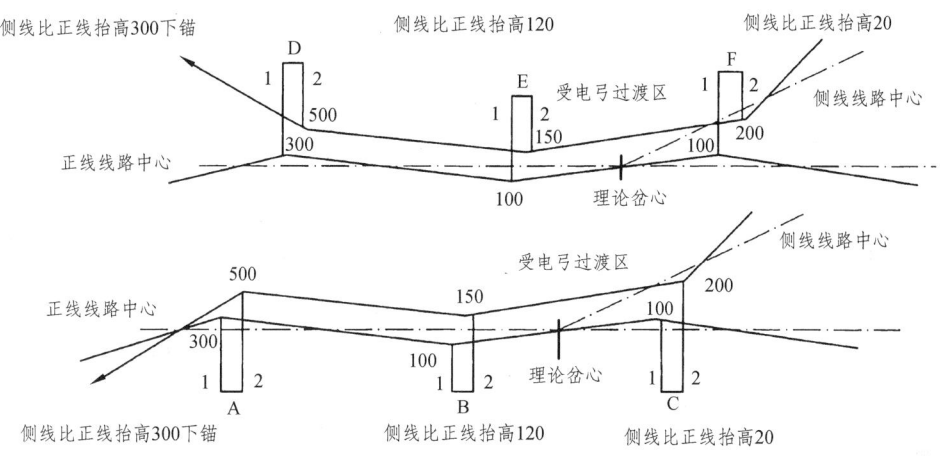

图 11-12 既有京沪线改造中采用的无交岔线岔

定位器坡度按定位器最佳工作状态的 8°调整，困难情况下不允许超过 13°，定位器限位间隙满足接触线动态抬升 300 mm 的限位要求；在 C（F）点，侧线接触线距正线线路中心线的距离不小于 1350 mm（受电弓标准宽度 1950 mm，左右最大摆动量 250 mm，考虑 100 mm 的裕度，1950/2+250+100=1325 mm，故取为 1350）；从 B2（E2）点开始，侧线接触线以-0.25‰的坡度降至 C2（F2）点的高度；在股道间距 600 mm 处安装交叉吊弦，交叉吊弦间距为 150 mm；道岔柱腕臂应垂直线路中心，施工允许偏差为±20 mm。吊弦安装位值应符合设计要求，施工允许偏差±50 mm，吊弦应垂直安装，施工允许偏差为±20 mm。

京沪高铁 18 号道岔区上空无交分线岔如图 11-13 所示。

道岔定位支柱设于岔后 5.8 m，C（G）柱设置在两线间距 600 mm 处。正线接触线拉出值 350 mm，侧线接触线相对于正线线路中心 1000 mm 处；侧线在 B 柱处抬高 500 mm 延长一跨下锚；岔区等电位两支悬挂，如果间距较小（小于 300 mm），应在承力索上并接一段等电位连接线，以避免动态放电；定位管、支撑、吊弦和悬挂相互之间间隙不应小于 50 mm；拉出值、导高应符合设计要求，拉出值施工允许偏差为±20 mm，导高施工允许偏差为 5 mm；从岔区往外数第三根吊弦处，接触线开始抬高，到 C 柱定位点抬高 60~80 mm；在始触区 1050 mm 处，侧线比正线高不得大于 40 mm。

正线 42 号道岔采用三支无交分布置型式，道岔定位支柱设在岔前 14.5 m（线间距 220 mm 左右）和岔后 28 m（26~30 m，线间距 800 mm 左右）处，过渡支位于三支中间，线材类型及张力按正线处理。站线道岔均采用交叉布置形式。

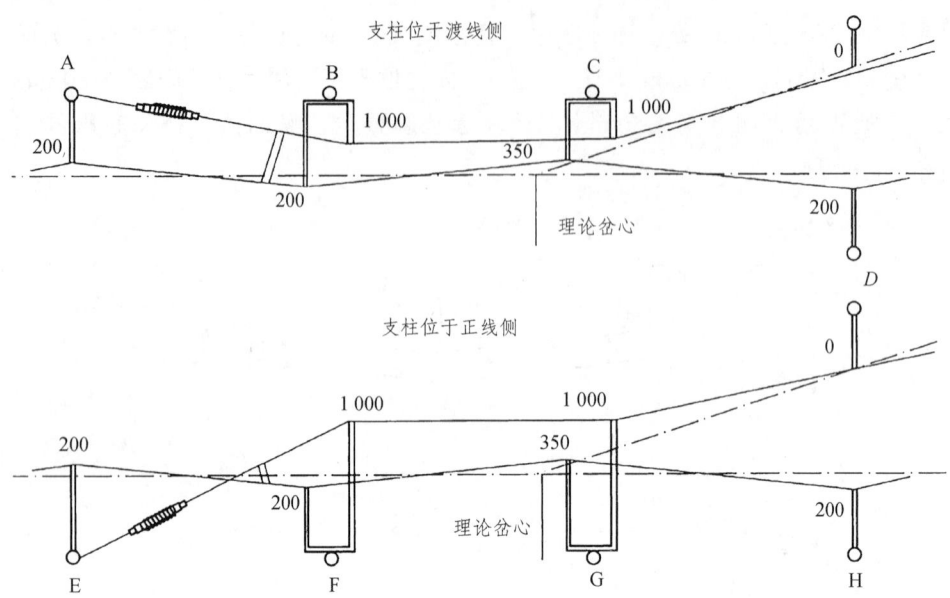

图 11-13 京沪高铁正线 18 号道岔上空的无交岔线岔平面布置示意图

为满足列车以更高的速度从侧线通过,法国开发了一种由三组悬挂组成的锚段关节式无交分线岔,中国高速铁路接触网中也有此种结构的无交分线岔,如图 11-14 所示。

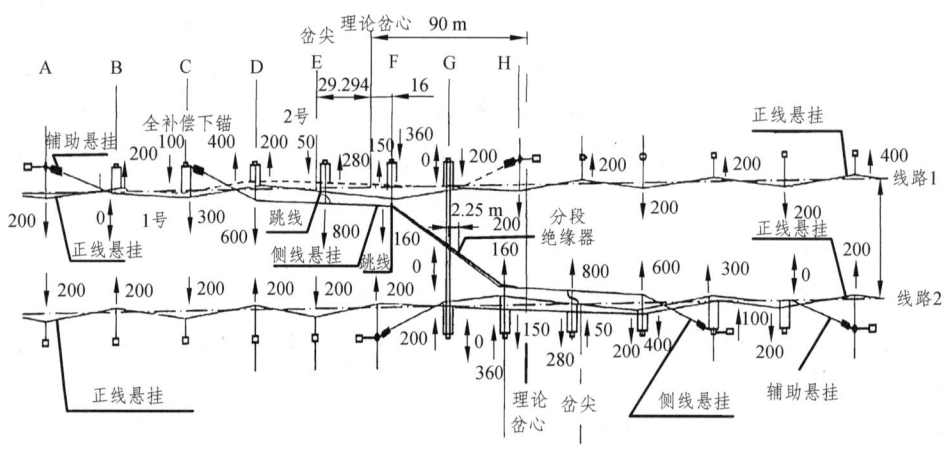

图 11-14 带辅助悬挂的无交分线岔平面布置图(石太客专、18 号道岔)

从图 11-14 可知,上下行渡线采用分段绝缘器进行电分段。1 号和 4 号关节为四跨非绝缘锚段关节,2 号和 3 号关节为五跨非绝缘锚段关节。A 为正线接触悬挂,B 为辅助悬挂(相对于另一正线而言又为侧线接触悬挂),C 为侧线接触悬挂(相对于另一正线而言又为辅助悬挂),从 E 柱到 F 柱的区域为正线和侧线之间的转换区域。辅助悬挂经过 F 柱,并在 G 柱过渡后下锚。

当列车在正线上运行时,受电弓不与侧线支接触线接触,但在 1 号和 2 号关节处与辅助接触线存在转换过渡关系。当列车由正线驶入侧线时,受电弓首先在 1 号关节处由正线接触线过渡到辅助接触线，在 2 号关节处（E 柱到 F 柱之间）由辅助支接触线过渡到侧线支接触线，经过 F 柱以后完全驶离道岔进入侧线运行；当列车由侧线驶入正线时，受电弓首先在 2 号关节处（F 柱到 E 柱之间）由侧线支接触线过渡到辅助支接触线，经过 D 柱以后在 1 号关节处再由辅助支接触线过渡到正线接触线，进而完全转入正线运行。

辅助三线关节式线岔实质是采用锚段关节的过渡原理，实际运营效果令人满意，但其缺点也是明显的：其一是需在两个道岔间布置多个锚段关节，至少需要 500 m（在两道岔间需 100～150 mm）的空间，必须对应于大号道岔，应用场合较为有限；其二，该种线岔需在一个支柱上完成三组支持与定位装置的安装和调整，接触网结构过于复杂，不便于设计、施工与运营。法国开发此种线岔是为了适应法国受电弓（总宽度为 1450 mm，滑板有效工作宽度 800 mm）需要。

一般而言，18 号以下道岔宜采用交叉线岔，18 号及以上道岔宜采用无交分线岔，因为小号道岔采用无交分线岔容易使侧线接触线发生侧偏；大号道岔采用交叉线岔会导致限位管过长，增大线岔处的集中质量。

布置该无交分线岔时，应注意以下事项：

（1）侧线锚段宜单独设置，以降低气温变化对无交分线岔的影响。
（2）侧线接触悬挂宜与正线一致，以减少过渡转换时接触线的抬升量。
（3）应严格控制定位柱处的拉出值误差，一般不超过±5 mm。
（4）应严格控制支柱 B 处的正线接触线的抬升量，不应大于 120 mm。
（5）在始触区范围内，不得安装任何线夹，如吊弦线夹、电连接线夹等。

二、线岔检修工作过程

1. 作业目的

通过检修，使线岔处接触线位置符合规定，交叉点位置正确，始触区符合要求。

2. 作业准备

（1）人员：14～15 人。
（2）工具：车梯、接触网激光测试仪（或测杆、线坠、道尺、钢卷尺）、水平尺、滑轮组、校正扳手、整弯器、单滑轮、大绳、安全用具、通信工具。
（3）材料：定位线夹、吊弦线夹、平头螺栓、平垫片、防松垫片、$\phi 4.0$ mm 镀锌铁线、黄油等，更换零件时带限制管、电连接线及电连接线夹。

3. 作业程序

（1）检查线岔处两接触线位置是否符合要求，否则进行调整。
（2）检查道岔定位支柱的位置是否符合要求，否则进行调整。
（3）检查交叉点位置是否符合要求，否则进行调整。

（4）检查两接触线相距 500 mm 处的高差交叉点位置是否符合要求，否则进行调整。

（5）检查限制管长度是否符合设计要求、安装牢固、无锈蚀，否则进行紧固、除锈刷漆；两线活动间隙是否符合要求，否则进行调整。

（6）检查始触区位置是否符合要求，否则进行调整。

（7）检查道岔定位器支座是否符合要求，否则使定位器加长，并采用特殊弯形定位器。

（8）检查线岔定位拉出值是否符合要求，否则进行调整。

（9）160 km/h 以上区段检查交叉吊弦安装是否符合要求，在始触区范围内，两支接触线是否位于受电弓中心同一侧，否则进行调整。

（10）检查岔开口方向上道岔定位后的第一个悬挂点设置位置是否符合要求，否则进行调整。

（11）检查两支承力索间隙是否符合要求，否则进行调整。

（12）单开道岔标准定位的线岔调整。

两导线交叉点投影位置。不合格情况可分为三种：

① 导线交叉点的垂直投影在两内轨相距 630~800 mm 内，但不在两内轨夹角的角平分线上，可将定位点拉出值向同一方向调整直至符合要求，注意定位点拉出值不得超出规定。

② 两导线交叉点垂直投影超出 630~800 mm，但处在角平分线上，可将定位拉出值反向等距调整，注意拉出值不得超出规定。如大于 800 mm，可增大两线夹角，如小于 630 mm 可减小两线夹角。

③ 两导线交叉垂直投影既不在 630~800 mm 内又不在角平分线上，将限制管松开，将线坠拉在下方接触线并位于 630~800 mm 内，调整拉出值，直至符合要求，将限制管在合适位置安装牢固。

（13）单开道岔非标准定位的线岔调整可以参照标准定位的线岔调整方法步骤。

（14）交叉渡线道岔（菱形道岔）（图 11-15）的线岔调整：

① 找出各单开岔子接触线交叉点范围。

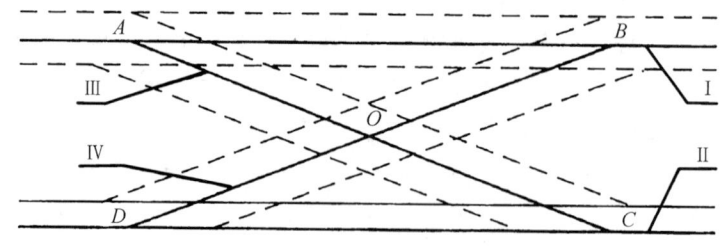

图 11-15　交叉渡线道岔

② 调整正线（Ⅰ、Ⅱ）接触线拉出值，使接触线通过 A、B、C、D 点处并于标准位置。

③ 调整渡线（Ⅲ、Ⅳ）接触线拉出值，使接触线通过 A，B，C，D 点，从而满足四组单开道岔的线岔接触线交叉投影点的要求。

④ 调整拉出值时，同时应兼顾两渡线交叉点 O 位于菱形交叉中心上方。

（15）复式交分道岔处线岔的调整可参照以上程序调整。

（16）对无交分线岔的调整：

无交分线岔要做到机车受电弓沿正线高速行驶通过线岔时，不与渡线接触线接触，而不受渡线接触悬挂的影响。机车从正线驶入渡线时（或从渡线驶入正线），要使受电弓平稳过渡，不出现钻弓和打弓现象，且接触良好。为调整定位器限位装置保证定位器的抬升量在 100 mm 以内，可调整 T 型螺栓的长度，具体如下：

松开 T 型螺栓的螺母，调节 T 型螺栓长度，使抬升量满足要求，调节时注意保证 T 型螺栓的方向要求与定位器管投影垂直，紧固 T 型螺栓上螺母并涂油。

弹型支撑的调整：为使定位处避免产生硬点，保证机车平滑过渡，当高度变化时，支撑应伸长或缩短，松开支撑中部上、下固定夹环螺栓，根据需要伸长或缩短，紧固螺栓并涂油。

4. 检修标准

（1）由正线与侧线组成的交叉线岔，正线接触线位于侧线接触线的下方；由侧线和侧线组成的线岔，距中心锚结较近的接触线位于下方。

（2）对单开和对称（双开）道岔的交叉线岔，其技术状态应符合以下要求：

① 道岔定位支柱的位置：160 km/h 及以下区段，道岔定位支柱应位于道岔起点轨缝至线间距 700 mm 的范围内；160 km/h 以上区段，道岔定位支柱应按设计的定位支柱布置，定位支柱间跨距误差±1 m。

② 交叉点位置。

标准值：横向距两线路任一线路中心不大于 350 mm，纵向距道岔定位大于 2.5 m。

安全值：160 km/h 及以下区段，交叉点位于道岔导曲线两内轨距 630～1085 mm 范围内的横向中间位置；160 km/h 以上区段的线岔交叉点位于道岔导曲线两内轨距 735～1085 mm 范围内的横向中间位置。横向位置允许偏差 50 mm。

限界值：同安全值。

③ 两接触线相距 500 mm 处的高差。

标准值：当两支均为工作支时，正线线岔的侧线接触线比正线接触线高 20 mm，侧线线岔两接触线等高；当一支为非工作支时，160 km/h 及以下区段的非工作支接触线比工作支接触线抬高 80 mm。160 km/h 以上区段非工作支接触线按设计要求延长一跨并适当抬高后下锚。

安全值：当两支均为工作支时，正线线岔侧线接触线比正线接触线高 10～30 mm；侧线线岔两接触线高差不大于 30 mm。当一支为非工作支时，160 km/h

及以下区段的非工作支接触线比工作支接触线抬高 50~100 mm。160 km/h 以上区段延长一跨并抬高 350~500 mm 后下锚。

限界值：同安全值。

④ 限制管长度符合设计要求，应安装牢固，并使两接触线有一定的活动间隙，保证接触线自由伸缩。

⑤ 始触区。

160 km/h 及以下区段的线岔两工作支中任一工作支的垂直投影距另一股道线路中心 550~800 mm 的范围内，不得安装任何线夹。

160 km/h 以上区段，对于宽 1950 mm 的受电弓，在距受电弓中心 600~1050 mm 的平面和受电弓仿真最大动态抬升高度（最大 200 mm）构成的立体空间区域为始触区范围，该区域内不得安装除吊弦线夹（必需时）外的其他线夹或零件。

⑥ 其他。

a. 道岔定位器支座不得侵入受电弓动态包络线。否则应使定位器加长，并采用特殊弯形定位器，并保证定位器的端部不侵入其他线的受电弓限界。受电弓动态包络线如图 11-16 所示。

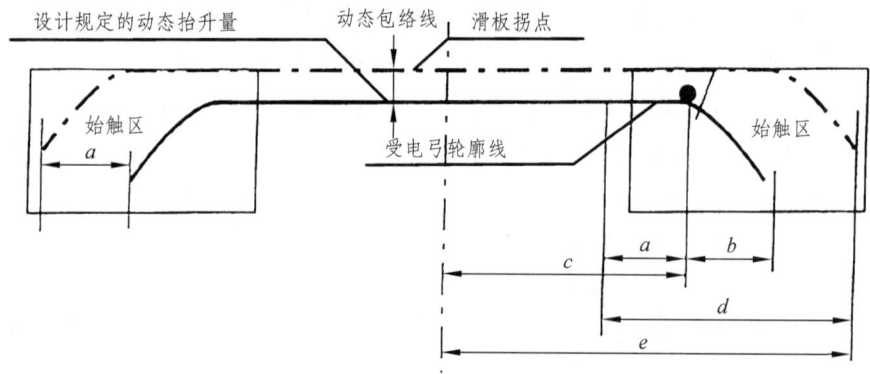

a—设计规定的受电弓横向摆动量；b—滑板拐点至受电弓诱导角端点的距离；
c—滑板拐点至受电弓中心线的距离；$d=2a+b$；$e=a+b+c$。

图 11-16 受电弓动态包络线示意图

b. 160 km/h 及以下区段的线岔定位拉出值不大于 450 mm。160 km/h 以上区段的线岔定位拉出值不大于 400 mm。

c. 160 km/h 以上区段的正线线岔在两工作支接触导线间如 500~600 mm 处宜设一组交叉吊弦，使两支接触导线等高。

d. 160 km/h 以上区段在始触区范围内，两支接触线位于受电弓中心同一侧。

e. 道岔开口方向上道岔定位后的第一个悬挂点设在线间距大于等于 1220 mm 处，并应保证两线接触悬挂的任一接触线分别与相邻线路中心的距离不小于 1220 mm。

f. 两支承力索间隙不应小于 60 mm。

（3）对复式交分和交叉渡线道岔的线岔，其技术状态应符合下列要求。

① 交叉点位置。

标准值：复式交分道岔两接触线相交于中轴支距的中点；交叉渡线道岔两接触线相交于两渡线中心线的交点处。

安全值：交叉点的横向和纵向允许偏差为 50 mm。

限界值：同安全值。

② 两接触线相距 500 mm 处的高差、限制管和始触区等，同单开道岔的线岔要求。

（4）线岔的编号应以其所在的道岔编号命名。

（5）无交叉线岔标准由各局按设计要求，根据设计文件、道岔型号及运行速度自行制定。

5. 注意事项

（1）使用车梯作业时应注意道岔开合位置，防止掉道，搬运车梯时不得短接轨道电路。

（2）车梯上作业人员不得站在导线受力方向，防止滑脱伤人。

（3）注意检调时兼顾相关线岔技术参数及跨中偏移值。

（4）加强对车辆的防护工作。

（5）各部线夹不得存在偏斜导致打碰弓现象。

复习与思考题

1. 接触网线岔的结构形式有哪些？各有什么特点？
2. 如何确定交叉点位置？
3. 如何确定道岔定位柱位置？
4. 设置无交分线岔的基本原则是什么？
5. 试描述线岔检修的工作过程。

接触网线岔检修工作过程实训考核标准及评分表

内容	考核要求	配分	评分标准	扣分	得分
准备工作	作业人员	15	作业人数未按规定人数进行准备扣5分,作业工具不全扣五分,作业材料不全扣五分		
	准备作业工具,工器具摆放整齐				
	准备作业材料				
作业程序	检查线岔处两接触线位置	40	每错一项,扣5分		
	检查道岔定位支柱的位置				
	检查交叉点位置				
	检查两接触线相距500 mm处的高差交叉点位置				
	检查限制管长度				
	检查始触区位置				
	检查道岔定位器支座				
	检查线岔定位拉出值				
	160 km/h以上区段检查交叉吊弦安装,在始触区范围内,两支接触线是否位于受电弓中心同一侧				
	检查岔开口方向上道岔定位后的第一个悬挂点设置位置				
	检查两支承力索间隙				
检查两支承力索间隙	导线交叉点的垂直投影在两内轨相距630~800 mm内,但不在两内轨夹角的角平分线上	25	每错一项,扣五分		
	两导线交叉点垂直投影超出630~800 mm,但处在角平分线上				
	两导线交叉垂直投影既不在630~800 mm范围内又不在角平分线上				
交叉渡线道岔(菱形道岔)的线岔调整	找出各单开岔子接触线交叉点范围	15	每落1处扣2分		
	调整正线(Ⅰ、Ⅱ)接触线拉出值				
	调整渡线(Ⅲ、Ⅳ)接触线拉出值				
	调整拉出值时				
时间	30分钟内按时完成	5	每超时2分钟酌扣3~5分		

项目十二　分段分相绝缘装置的检修

项目描述

在交流电气化铁路区段同相电之间,是靠绝缘锚段关节或分段绝缘器实现电分段的;不同相间采用分相绝缘装置。它们都是接触网上的重要电气设备。在本项目学习中需要理解分段绝缘装置与分相绝缘装置的作用和结构类型,掌握相关检修标准,能够更换分段绝缘器。

任务一　分段绝缘装置的检调

【知识目标】
- 掌握分段绝缘装置的作用、结构和类型。
- 熟悉分段绝缘装置的检修作业标准。

【技能目标】
- 能够熟练进行分段绝缘装置的检调。
- 能够按规定填写检修记录单。

【素养目标】
- 培养团结协作精神,可以既有分工又有协助,互相帮助、共同达成目标。
- 培养吃苦耐劳、爱岗敬业、勇于开拓、积极进取的精神。

分段绝缘装置是接触网的核心组成部分,其学习目标和典型工作任务是接触网维护与检修的重要组成部分,和其他模块共同组成接触网的日常维护与检修工作。

一、消弧分段绝缘器的检调

图 12-1 为消弧分段绝缘器结构示意图,根据实训基地实物进行消弧分段绝缘器检调,并将检调结果填入表 12-1 中。

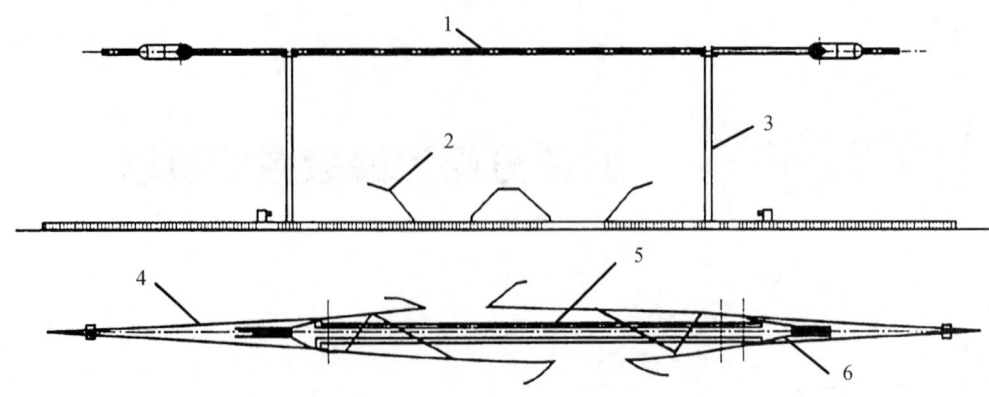

1—承力索绝缘子；2—消弧角；3—吊弦；4—铜导流板；
5—主绝缘滑道；6—接头线夹。

图 12-1　消弧分段绝缘器

表 12-1　分段、分相绝缘器维修记录

____站场　　　　　　　　　　　　　　　　　　　　　　　　____年

绝缘器编号	维修日期 日/月	项别	主绝缘	分段绝缘子	空气间隙	绝缘间隙	主绝缘磨耗/mm	辅助滑道	过渡是否平滑	与线路中心线的偏移	与轨面连线是否平行	电连接及其他零件标志等	检修人/互检人
		修前											
		修后											
		修前											
		修后											
		修前											
		修后											
		修前											
		修后											
		修前											
		修后											
		修前											
		修后											

设备负责人：_____　　工长：_____

二、知识准备

接触网是一种特殊形式的供电线路，为了保证供电的可靠性和灵活性，并缩小停电事故发生的范围，要进行电气分段。被分段的接触网在电气方面是独立的，并用隔离开关连接。当某区段发生事故或停电进行检修时，可以打开相应段的隔离开关使该区段无电，而不致影响其他各段接触网的运行。

接触网分段有横向分段和纵向分段两种形式。

1. 横向分段

接触网线路（或线群）之间所进行的分段称为横向分段，如站场内因各股道的作用不同进行的分段。横向分段采用分段绝缘器的方法进行分段。

2. 纵向分段

接触网沿线路方向所进行的分段称为纵向分段，如在站场和区间衔接处所进行的分段。站场和区间的接触网应是各自独立的，因此在它们的连接处必须进行分段。区间接触网一般不进行电分段，但遇有大型人工建筑物（长大隧道及长大下承桥）时，应将这些建筑物的接触网单独分段。

在交流电气化铁路区段同相电之间，是靠绝缘锚段关节或分段绝缘器实现电分段的，而不同相电是采用分相绝缘器，它们都是接触网上的重要电气设备。

分段绝缘器又称分区绝缘器，是接触网电气分段的常用设备。它安装在各车站装卸线、机车整备线、电力机车库线、专用线等处。在正常情况下，机车受电弓带电滑行通过。当某一侧接触网发生故障或因检修需要停电时，可打开分段绝缘器处的隔离开关，将该部分接触网断电，而其他部分接触网仍能正常供电，从而提高了接触网运行的可靠性和灵活性。利用分段绝缘器进行分段的处所主要有：货物线及有货物装卸作业的站线，机车整备线，同一车站内不同车场之间及复线区段车站内上、下行之间。这些处所由于受线路条件等因素的制约，难以布置绝缘锚段关节，因而设置分段绝缘器。分段绝缘器由于材质及结构上均存在一定的问题，虽经不断改进，但仍为薄弱环节，应合理使用，尽量少设。

为增加接触网供电灵活性和安全性，缩小停电事故范围，满足供电、检修以及其他特殊需要，需对同相接触网进行电气绝缘分段，简称接触网电分段。

3. 电分段的设置原则

接触网电分段的形式有空气式（绝缘锚段关节）和器件式（分段绝缘器、绝缘子）。器件式电分段一般用于空间有限或不便设绝缘关节的地点，如机车检修库、站场货物装卸线。

电分段的类型有纵向和横向之分，顺线路方向进行的电分段为纵向电分段，如区间接触网和站场接触网之间的电分段；站场各股道接触悬挂间进行的电分段为横向电分段，如站场上下行接触网之间的电分段。

电分段的设置涉及变电所（分区所）馈线分布、接触网运营检修的安全性和灵活性、站内及相应地段的作业安全，应根据车站或站场的分布、变电所（分区所）馈线的分布、接触网检修作业需求、上下行线路行车供电方式、机车行车进路等有关信息进行反复推敲，得出最优方案。在地形环境和线路复杂，车站场较多，电分段复杂区域，应特别注意接触网电分段的独立性和可操作性。

一般而言，接触网电分段的设置应遵循以下原则：

（1）多个电化车场的接触网之间应设横向电分段；

（2）枢纽站内，上下行正线间，外包线与其他线路间应设横向电分段；

（3）铁路枢纽地区各站间及编组站各分场间应根据行车组织及检修需要设横向电分段；

（4）大型客运站应根据客运需要按不同方向的列车进路或站台划分设横向电分段；

（5）站内货物装卸线、旅客列车整备线、机车整备线及路外专用线均应单独电分段；

（6）电力机务段、折返段，动车组维修基地内，各检查坑所在线路及需上车顶作业的线路均应根据检修需要单独电分段；

（7）单线电气化区段，在车站两端的电源侧应设绝缘锚段关节式纵向电分段；

（8）双线电气化区段，应按满足上下行正线分别停电、检修安全的要求设置绝缘锚段关节式纵向电分段，安装负荷开关或消弧电动开关，并纳入 SCADA 远动系统；

（9）区间一定长度的接触网之间应设绝缘锚段关节式纵向电分段；

（10）大型桥梁或隧道的接触网应单独电分段。

4. 分段绝缘器

1）概述

分段绝缘器主要用于车站货物线及有装卸作业的站线、机车整备线、车库线、专用线、同一车站不同车场之间的横向电气分段。分段绝缘器是接触网最为常用电气分段设备，结构形式有多种，图 12-2 是双绝缘杆分段绝缘器。

正常工作情况下，分段绝缘器两端通过高压隔离开关和电连接处于等电位。检修作业情况下，分段绝缘器处的隔离处于断开状态，分段绝缘器一端的接触网处于 25 kV 高压状态，另一端接触网处于无电状态且接地，对地电位为零，为检修或其他作业提供一个无电区，分段绝缘器两导流板间的空气间隙和绝缘元件承受接触网对地电压。

分段绝缘器安装处是接触网的薄弱点之一，主要问题有：抬高量不合理；工作面与轨面不平行；绝缘元件老化；连接螺栓松动；接触线与分段绝缘器连接头之间的连接不平贴。

2）高速铁路接触网对分段绝缘器的主要技术要求

分段绝缘器主绝缘本体宜采用与受电弓滑板非接触式，应具备耐弧能力和滑道自洁性能，具有引弧功能，受电弓滑动接触通过时，不允许存在断电间隙。抗拉破坏荷载不小于 82.5～94.05 kN。耐磨性能不低于 100 万弓架次。

在设计工作条件下，设备可持续工作。在分段绝缘器两端工作电压差 800 V 和允许通过机车额定工作电流的工作条件下，分段绝缘器能承受 25 kV 空载电压、不小于 5 kA 短路电流（0.1 s）。

分段绝缘器本体由具有高强度机械特性的轻型合金材料以及高强度聚合材料和耐腐蚀材料制成，成品重量轻。

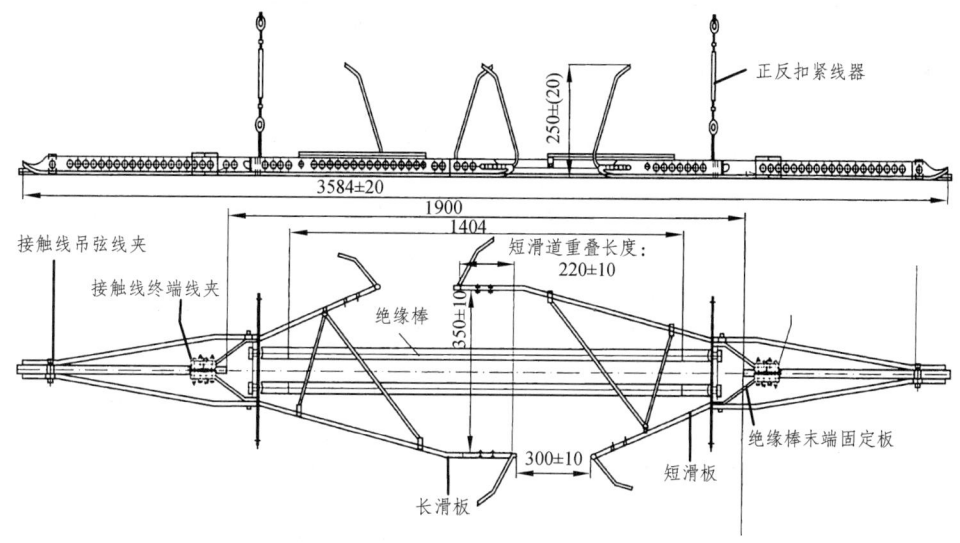

图 12-2 双绝缘杆分段绝缘器

金属连接件及各种附件、紧固件等由耐腐蚀材料制成，有可靠的防松脱措施，能可靠地承受工作张力并有足够的安全系数。

分段绝缘器的绝缘元件（包括绝缘滑道）和承力索的绝缘元件须具有良好的自洁性和憎水性。在动车段、动车所等整备、检修作业的处所使用时，分段绝缘器应保证一端长时间接地时不会绝缘击穿短路。

在位于超高≤60 mm、最大跨距为 65 m 的线路区段间的任何位置都能允许受电弓顺利通过，并允许列车以规定的最高行驶速度双弓、双向行驶，而不会击伤受电弓滑板或其他部件和出现打弓现象。

分段绝缘器与接触线或承力索、吊索连接线夹在线材标称拉断力的 95%范围内不发生线材与线夹间的滑动。

3）分段绝缘器性能及技术条件

在使用寿命期限内，绝缘件的电气及物理性能应满足表 12-2 的要求。分段绝缘器整体机电性能应满足表 12-3 的要求。

表 12-2 分段绝缘器绝缘件的性能要求

序号	内容	单件绝缘体技术数值	试验方法标准
1	工频干耐受电压	≥190 kV	IEC 383
2	工频湿耐受电压	≥150 kV	IEC 383
3	全波冲击耐受电	≥310 kV	IEC 383
4	人工污耐受电压（盐密为 0.35 mg/cm²）	≥40 kV	

续表

序号	内容	单件绝缘体技术数值	试验方法标准
5	泄漏距离	≥1600 mm	
6	绝缘电阻	≥10 000 MΩ	
7	泄漏电流	≤5 μA（直流 40 kV）	
8	5 min 耐压	≥190 kV	IEC 383
9	耐弧性能	≥180 s	
10	表层材质耐漏电起痕性和耐电蚀损性	1A3.0 级	IEC 60587
11	抗漏电性	3.0 级	IEC 60587
12	吸水率	<0.005%	
13	虹吸性能	15 min/10 mm	IEC 61109
14	芯棒水扩散试验	100 h	GB/T 19519—2004
15	芯棒渗透试验	15 min	GB/T 19519—2004

表 12-3　分段绝缘器整体机电性能

序号	内容	技术数值	备注
1	抗拉破坏荷载	≥82.5/94.05 kN	不小于最大工作荷载的 3 倍
2	连接零部件与接触线间的滑动荷载	在接触线标称拉断力的 95%范围内：接触线不应从连接零部件中滑脱及在连接零部件的端口内断线	
3	例行拉伸试验负荷不小于	35/40 kN	
4	最大挠度	6 mm	
5	耐振动性能	额定工作张力 25/28.5 kN、振幅 35 mm、频率 3~5 Hz、振动次数 2×10^6	振动试验后紧固力矩较振动前下降≤5%。分段绝缘器应无裂纹、滑动、变形和损坏等
6	耐疲劳性能	疲劳荷载（25±7.7）/（28.5±8.55）kN，频率 1~3 Hz，疲劳次数 5×10^6	疲劳试验后拉伸破坏荷载较振动前下降≤5%。分段绝缘器应无裂纹、滑动、变形和损坏等
7	耐磨性能	≥100 万弓架次	
8	雷电冲击耐受电压	≥160 kV	
9	工频湿闪电压	≥87 kV	

续表

序号	内容	技术数值	备注
10	最小空气间隙	≥300 mm	
11	灭弧时间/耐弧时间	<1 s/≥310 s	
12	分段绝缘器两端可持续工作电压差	≤3000 V	
13	持续工作电流	≤670 A	
14	短时最大工作电流	≤1200 A	
15	短路峰值电流	25 kA，0.02 s	
16	绝缘件的热机循环、水煮及耐压试验	施加 20 kN 的力，温度-35～+50 ℃ 循环四次共 96 h 不破坏，再在 0.1% NaCl 溶液中水煮 42 h 无破坏无开裂，最后施加工频电压 60 kV 耐受 5 min 温升小于 20K	

三、工作任务流程

（一）任务组织

分段绝缘装置检修人员配置见表 12-4。

表 12-4 分段绝缘装置检修人员配置表

序号	项目	单位	数量	备注
1	工作领导人	人	1	
2	驻站联络员	人	1	
3	行车防护兼地线监护人	人	2	
4	地线操作人员	人	2	
5	高空作业人员	人	3（2）	作业车（车梯）
6	辅助人员	人	2（4）	作业车（车梯）
7	作业车司机	人	2	司机、学习司机各1人

（二）检修程序和方法

1. 流程图

分段绝缘装置检修流程如图 12-3 所示。

2. 方法

1）作业准备

按规程要求填写工作票并交付工作领导人，工作领导人向作业组全体成员宣读工作票、分工并进行安全预想，检查工具、材料。

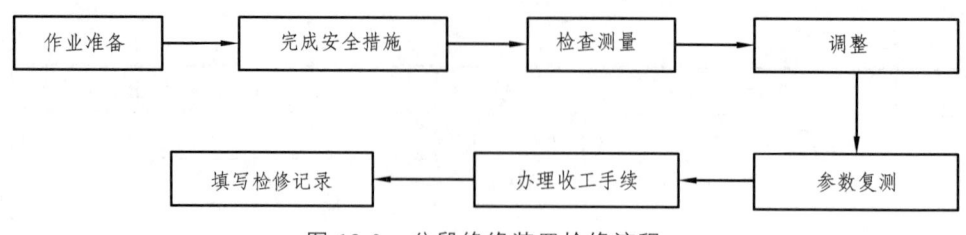

图 12-3 分段绝缘装置检修流程

2）完成安全措施

做好安全措施，工作领导人确认完成安全措施后，通知各作业组开工。

3）检查测量

（1）检查主绝缘滑道：检查主绝缘及绝缘子支装座有无裂纹、烧伤、破损和老化，并清扫绝缘部件。

（2）检查导流板：导流板的下部球状部分磨损高度。

（3）检查绝缘滑道底面：分段绝缘器的绝缘滑道底面是否形成一条炭化通道。

（4）检查承力索分段绝缘子：分段绝缘子伞裙有无破损、撕裂、气泡、老化；接缝有无开胶等缺陷；电镀层有无剥落现象等。

（5）测量工作高度、与轨面是否平行，对线路中心的偏移量。

① 使用接触网多功能检测仪测量分段绝缘器两侧接头线夹处接触线高度（H_1、H_2）与两侧吊弦测量数据（取平均值 H_3）比较，查看分段绝缘器顺线路方向是否平行（$\Delta H = H_1 - H_2$）和相对于两侧吊弦是否存在一定的负弛度（$\Delta P = H_3 - H$）。

② 使用接触网多功能检测仪测量分段绝缘器长、短滑板工作面与轨面连线的高度（H_4、H_5），检查垂直线路方向是否平行（$\Delta H = H_4 - H_5$）。

③ 使用接触网多功能检测仪测量分段绝缘器两侧接头线夹处接触线对线路中心的偏移量，确定绝缘器中心（顺线路方向）与受电弓中心偏移是否超过标准。

（6）检查绝缘器接触线接头：连接是否牢固、过渡是否平滑，各接头线夹有无裂纹和烧伤、腐蚀现象；若有则视情况处理。

（7）检查消弧角是否变形、损坏；是否有放电痕迹；测量消弧角间距。

（8）调节吊弦：检查调节吊弦有无断股、受力不均现象；检查调节螺栓是否锈蚀、损坏；各连接部位工作状态是否符合要求。

（9）检查 L 形支架：有无断裂、变形。

（10）检查各部件：有无裂纹、损伤、短缺；螺栓有无脱扣、锈蚀；各部位连接是否正确。

4）调整

（1）主绝缘滑道有裂纹、烧伤、破损、老化或严重磨损时，更换。

在需要更换的分段绝缘器元件两侧接触线适当位置分别安装多功能紧线器，挂上手扳葫芦。通过手扳葫芦紧线，直至安装分相绝缘器位置的线索充分卸载。做好标记，拆下旧分段绝缘器。将分段绝缘器骑跨在安装点的接触线上，端头需锉平顺接头线夹沟槽插入，使接头线夹的齿形角嵌入接触线的凹槽内，与主绝缘滑道密贴，对齐，不留缝隙，接触线底面与主绝缘滑道底面在一条直线上，否则，用木锤敲击调直整正。接头线夹 3 只螺栓，用扭力扳手由内向外，按顺序进行至少 3 次紧固。紧固时，应用力均匀，不许过急过猛，紧固力距为 50 N·m，主绝缘元件与接头线夹连接螺栓紧固件要安装牢固，不许松动。松开手扳葫芦，使分段绝缘器充分受力，检查各部件受力情况，确认分相绝缘器受力状态良好，安全可靠后，拆卸手扳葫芦及其他紧线工具。安装两条可调整式整体吊弦，通过调整，使分相绝缘器底面对轨面连线平行，不许存在偏斜、不平现象，必要时，整理线面，或用平锉整修。用作业车检测弓或水平尺模拟受电弓，沿分相绝缘器滑行，检查各零件衔接处是否存在不平整、硬点，接触是否可靠。依次安装其他两组元件。

（2）导流板的下部球状部分磨损至余下 1~2 mm 厚度时，更换导流板。

在需要更换的分段绝缘器元件两侧接触线适当位置分别安装多功能紧线器，挂上手扳葫芦。通过手扳葫芦紧线，直至安装分段绝缘器位置的线索充分卸载。做好标记，拆下旧分段绝缘器。将分段绝缘器骑跨在安装点的葫芦链上，端头需锉平顺接头线夹沟槽插入，使接头线夹的齿形角嵌入接触线的凹槽内，与主绝缘滑道密贴，对齐，不留缝隙，接触线底面与主绝缘滑道底面在一条直线上，否则，用木锤敲击调直整正。接头线夹 3 只螺栓，用扭力扳手由内向外，按顺序进行至少 3 次紧固。紧固时，应用力均匀，不许过急过猛，紧固力距为 50 N·m，主绝缘元件与接头线夹连接螺栓紧固件要安装牢固，不许松动。松开手扳葫芦，使分段绝缘器充分受力，检查各部件受力情况，确认分相绝缘器受力状态良好，安全可靠后，拆卸手扳葫芦及其他紧装工具。安装两条可调整式整体吊弦，通过调整，使分段绝缘器底面对轨面连线平行，不许存在偏斜、不平现象，必要时，整理线面，或用平锉整修。用作业车检测弓或水平尺模拟受电弓，沿分段绝缘器接头部位滑行，检查各零件衔接处是否存在不平整、硬点，接触是否可靠。依次安装其他两组元件。

（3）主绝缘滑道底面有炭化通道。

当分段绝缘器的绝缘滑道底面形成一条炭化通道时，如果分段一侧停电，将会在分段绝缘器的绝缘滑道底面发生爬电闪络现象，严重时可能烧毁绝缘滑道。如有炭化通道，应使用酒精将主绝缘滑道或绝缘杆底平面擦干净，待酒精完全挥发后即可使用。主绝缘子单面允许的磨损深度为 2 mm，可将绝缘棒旋转 72°后继续使用，旋转时可先拧松一根绝缘子两端的内六角螺栓，再用扳手转动绝缘滑道的两端，到位后（绝缘滑道两端金属件上有刻痕标记拧紧螺栓），再按上述步骤旋转另一根绝缘滑道。总共可使用 5 个磨损面，如图 12-4 所示。

主绝缘严重磨损，超出允许值，应及时更换。具体方法参见更换导流板。

（4）承力索分段绝缘子裂纹、烧伤、破损和老化时，更换。

在分段绝缘子两侧用紧线器连接手扳葫芦，适当紧起手扳葫芦，使分段绝缘子卸载，拔出销钉，拆下旧绝缘子，更换新绝缘子，松动手扳葫芦，检查受力情况。

（5）工作高度不符合标准，与轨面不平行，对线路中心的偏移量不符合标准。

① 绝缘器高度不符合标准：根据测量数据，确定调整方向和调整量，调整吊弦调节螺栓，使分段绝缘器适当抬高 5~15 mm。

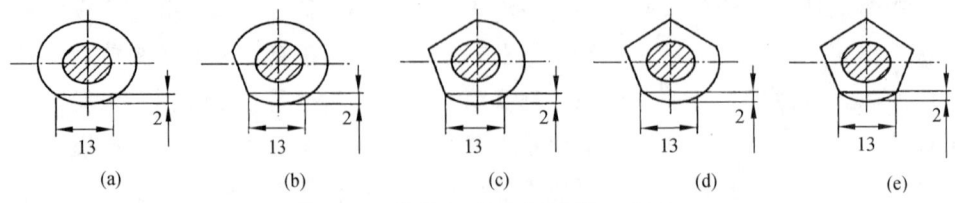

图 12-4　绝缘子的磨损周期示意图

② 绝缘器与轨面连线不平行。

顺线路方向。根据测量数据，确定调整方向和调整量，调整或更换分段绝缘器两侧吊弦，使分段绝缘器顺线路两端等高，最大误差不超过 10 mm。

垂直线路方向。根据测量数据，确定调整方向和调整量，调整一侧直吊弦调节螺栓，再调节另一侧直吊弦的调节螺栓，使分段绝缘器平面与其正下方的两轨顶连线平行。

③ 绝缘器中心（顺线路方向）与受电弓中心偏移超过规定：用接触网激光测量仪测量分段绝缘器两侧接头线夹处相对于线路中心的偏移值，确定调整量，适当增大或减小相邻定位点拉出值，具体方法见定位装置检修工艺。

（6）绝缘器导线接头处过渡不平滑：用平锉锉平，用水平尺模拟受电弓，沿分段绝缘器底面滑行，检查过渡是否平滑。严重磨损时应及时更换。

在需更换的主绝缘杆两侧用紧线器连接手扳葫芦，适当紧起手扳葫芦，使主绝缘杆卸载，拆下旧接头线夹。将接触线与线夹加紧部位仔细清理干净，不得有锈蚀、油渍、杂物等。将接触线接头约 120 mm 处弯成 25°将接触线接头插入接头线夹，把垫板、楔子与接触线的位置定好，并将垫板、楔子与接触线同时送入接头线夹，并敲紧。确认另外一边已经连接牢固后缓慢松开紧线器，确认垫板和楔子与接触线一起滑入模腔后即达到了安装要求，否则重新安装。调整接触线与接头线夹的平面后，安装副片，锁紧螺栓。

（7）消弧角变形，损坏时更换。

在需更换消弧角的分段绝缘器两侧用紧线器连接手扳葫芦，适当紧起手扳葫芦，使分段绝缘器卸载，拨出消弧角连接销钉，拆下旧消弧角，更换新消弧角，松动手扳葫芦，检查受力情况。如有放电痕迹，用砂纸进行打磨。

（8）调节吊弦。

① 调节吊弦有断股、调节螺栓锈蚀、损坏。

更换后重新调整负弛度、顺线路方向水平、垂直线路方向水平。

② 调节吊弦受力不均：在分段绝缘器的安装处，用弹簧秤提起接触线，并记下弹簧秤指示 120~150 N 时接触线到作业平台的高度 H，此高度为安装分段

绝缘器的最佳高度，按此高度调整两调节吊弦到受力状态，如图12-5所示。

（9）L形支架断裂、变形时，更换。

在分段绝缘器两侧安装手扳葫芦，紧动手扳葫芦卸载分段绝缘器。拆下旧L形支架。安装新L形支架，暂不拧紧专用螺母和单孔线夹，通过调节吊弦调节分段绝缘器高度。测量分段绝缘器底面与轨平面平行后，拧紧专用螺母和单孔线夹。均匀拆除手扳葫芦，使分段绝缘器受力。复测检查各部参数。

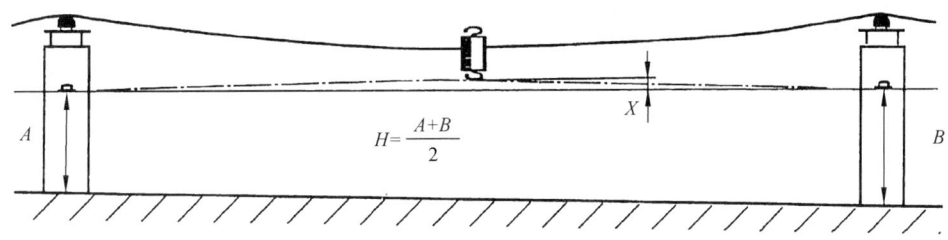

图12-5 调节吊弦受力不均示意图

（10）各部件连接、紧固情况：检查绝缘器与接触线连接是否牢固、过渡是否平滑，各接头线夹有无裂纹和烧伤、腐蚀现象。若有则视情况处理。

5）复测

复测各部位技术参数，符合技术标准。

6）办理收工手续

工作领导人确认各作业组工作结束，人员机具均已撤至安全地带后，通知监护人员撤除地线及其他安全措施。

工作领导人确认安全措施撤除后，通知驻站联络员申请消除停电作业命令和线路封锁命令。

工作领导人召开收工会，办理收工手续。

7）填写检修记录

按照当天检修情况填写检修记录。

（三）技术标准

（1）绝缘器的主绝缘应完好，其表面放电痕迹应不超过有效绝缘长度的20%。主绝缘严重磨损应及时更换。

（2）绝缘器应位于受电弓中心，一般情况下误差不超过100 mm。

（3）滑道应平行于轨面，最大误差不超过10 mm。

（4）绝缘器相对于两侧的吊弦点具有5~15 mm的负弛度。

（5）绝缘器导线接头处过渡平滑。

（6）分段主绝缘子与铜滑道间，应保持2~5 mm高差。

（7）不应长时间处于对地耐压状态，尤其在雾、雨、雪等恶劣天气时，应尽量缩短其对地的耐压时间，即当作业结束后应尽快合上隔离开关，恢复正常运行。

四、分析与思考

该任务主要是消弧分段绝缘器检调,填写分段、分相绝缘器记录表(表12-1),看似简单的一项任务,但关系到接触网的结构和技术标准要求,因此,如何保证设备各项参数的合格至关重要。而在实际工作中需注意以下事项:

(1)检修绝缘器作业时,应用不小于$\phi25\ mm^2$的等位线先连接等位后再进行作业。

(2)检修时不得碰撞绝缘器和用脚踩踏绝缘器。

(3)硅橡胶绝缘清扫时,严禁使用带溶剂的各种清洗剂,可使用中性的清洗液(粉)。

(4)导流板不得有任何横纵向弯曲。

(5)安装过程中注意防止紧线器滑动,断线前必须检查紧线器的受力状态。

(6)调直接触线应用直弯器或用木锤敲打,严禁使用铁锤、铁管等硬物敲击。

分段绝缘装置的检调实训考核标准及评分表

项目	配分	序号	考核内容及评分标准	配分	扣分	得分	备注
准备工作	20	1	着装整齐,安全劳保用品齐全,符合要求。着装、安全劳保用品一项不合格扣2分	10			
		2	材料、工具、仪器、仪表摆放整齐,逐项检查。材料、工具、仪器、仪表缺少、选错,一项扣1~5分	10			
作业过程	70	3	确认线路已停电、封锁、防护到位。	10			
		4	作业过程中,用语规范标准,否则一项扣1~5分	5			
		5	分段绝缘器外观检查:表面是否开裂、有烧痕;各部螺栓、垫片是否齐全,有无破损、松动;接头是否平顺,滑道是否偏磨、有烧痕等。漏、错一项扣1~5分	10			
		6	绝缘清扫。未正确清扫扣5分	5			
		7	地面测量:分段绝缘器是否位于线路中心;相对于两侧吊弦点是否有5~15mm负弛度;滑道底面是否平行于轨平面;空气绝缘间隙300 mm;安装处距定位点不得小于2m。漏、错一项扣1~5分	15			
		8	作业完毕,物料归位,清理现场。物料、工具未归位扣1~5分,现场未清理扣3分	10			
安全及其他	10	9	作业人员无违规	5			
		10	作业人员未受伤	5			
合计				100			

任务二 分相绝缘装置的检调

【知识目标】
- 掌握分相绝缘装置的作用、结构和类型。
- 熟悉分相绝缘装置的检修作业标准。

【技能目标】
- 能够熟练进行分相绝缘装置的检调。
- 能够按规定填写检修记录单。

【素养目标】
- 培养团结协作精神,可以既有分工又有协助,互相帮助、共同达成目标。
- 培养吃苦耐劳、爱岗敬业、勇于开拓、积极进取的精神。

分相绝缘装置是接触网的核心组成部分,其学习目标和典型工作任务是接触网维护与检修的重要组成部分,和其他模块共同组成接触网的日常维护与检修工作。

一、器件式分相绝缘器的检调

图 12-6 是分相绝缘器结构示意图,根据实训基地实物进行器件式分相绝缘器检调,并将检调结果填入表 12-1 中。

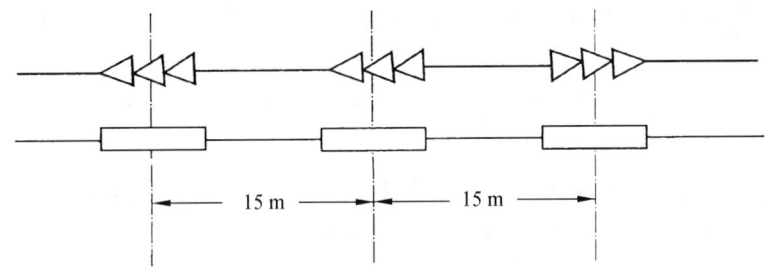

(a)分相绝缘器示意图

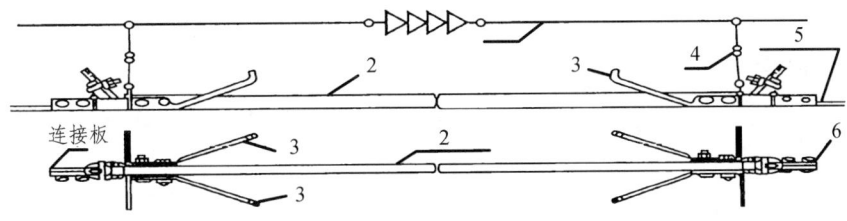

(b)分相绝缘器单元件示意图

1—承力索;2—主绝缘件;3—消弧角;4—吊弦;5—接触线;6—连接板。

图 12-6 分相绝缘器

二、知识准备

在单相交流牵引供电系统中,电力机车是由单相电供电的,为了平衡电力系统的 A、B、C 各相负荷,一般要实行 A、B 相轮流供电。所以 A、B 相之间要进行分开,这称为电分相。电分相通常由分相绝缘器实现。在变电所出口处及两牵引变电所之间(供电臂末端)必须设电分相装置。

电分相装置包括分相绝缘装置和相应的线路标志。分相绝缘装置根据其实现方法分为分相绝缘器电分相和锚段关节式电分相。

接触网电分相一般设置在牵引变电所和分区所出口处,两供电臂交界处,铁路局分界处。具体位置应充分考虑线路、列车运行方式、调车作业、供电线路分布、进站信号机位置等条件。距进站信号机 500 m 内不得设电分相,6‰ 以上的坡道区不得设电分相。因客观原因确实无法满足上述要求时,应根据线路通行的电力机车功率、牵引质量和线路坡度等条件进行技术校验,确保列车不会停滞在接触网无电区内。

为避免分区所开关设备承受线间电压,两相邻变电所之间的接触网宜采用同一相序电源供电。

电分相无电区的设置必须满足两点:一、列车因故停车时,机车受电弓不能处于电分相无电区内;二、列车因故停车启动后,应能保证列车具备足够的动能闯过无电区。

1. 分相绝缘器电分相

分相绝缘器电分相在接触悬挂中串入分相绝缘器,实现两侧接触悬挂的电气分段。电分相两侧机械上不分段。

要求接触线和绝缘件连接平滑可靠,不得形成硬点,应保持接触线原有张力,保证机车受电弓平滑通过。

两端部绝缘元件之间的不带电区段称为中性区段,电力机车通过中性区段时为断电惰行通过;电分相绝缘器两端的接触网为不同相供电,它应保证列车安全通过而不发生短接事故。

因此,中性区段不宜过长,其长度以电力机车升起双弓时不短接不同相接触线为限。电分相绝缘器上方的承力索,通过与绝缘元件相对应的 3 串悬式绝缘子(每串为 4 片)断开。分相绝缘器的设置应注意:避开线路的大坡道,以利于电力机车惰行,同时还要考虑信号显示、调车作业、供电线径路及维修管理方面等条件。

2. 锚段关节式电分相

采用分相绝缘器的电分相装置在应用中存在多种问题:分相绝缘器存在明显的硬点;绝缘器绝缘部件表面易出现烧伤(甚至烧断);停电检修困难等。对于速度大于 160 km/h 的准高速和高速电气化铁路,电分相多采用锚段关节式电分相。从广深高速准铁路开始,我国近年来逐渐在提速干线、高速电气化铁路中使用锚段关节式电分相,满足车辆在高速运行时受电弓平稳、通过。

我国电气化铁路接触网通常采用的锚段关节式电分相有七跨式、八跨式和九跨式三种,在不同线路均有采用。其基本结构由两个绝缘锚段关节和一个分相(中性)锚段组成。绝缘锚段关节可以采用四跨结构或五跨结构(四跨结构简单,但五跨结构接触线坡度较小),两绝缘锚段关节重叠区域有一跨和两跨两种情况(重叠区域的多少会影响到电分相的中性区的长短),因此形成了不同类型的锚段关节式电分相。在中性区和列车行进方向的锚段间设有隔离开关,在机车停于无电区且和来车方向锚段间满足绝缘条件时,通过闭合隔离开关,可使机车恢复供电,开出无电区。中性锚段不带电,也不接地,列车通过时起到过渡作用。

3. 电分相线路标志

为了防止受电弓通过电分相元件时,拉弧烧损绝缘元件、甚至烧断线索,要求电力机车乘务员按照操作规程规定退级,关闭辅助机组,断开主断路器,惰性通过电分相装置后恢复机车运行。在电分相两端设置线路标志以提示机车乘务员操作。在双线电气化区段,考虑组织反方向行车需要,在"合""断"标志背面,可分别加装"断""合"字标,作为反方向行车的"断""合"电标使用。

4. 自动过分相

传统的手动切换方式已无法适应我国电气化铁路的发展,尤其无法满足高速电气化铁路的需要,所以发展自动过分相技术势在必行。

目前自动过分相技术的实现方法主要分:地面自动转换电分相装置、柱上断载自动转换电分相装置和车载断电自动转换电分相装置。

5. 高速铁路接触网电分相结构

《高速铁路设计规范》规定:高速铁路接触网采用绝缘锚段关节式电分相结构。所谓绝缘锚段关节式电分相结构,即由三跨、四跨、五跨绝缘锚段关节的不同组合形成分相区。

中国高速铁路接触网常用电分相结构主要有六跨、七跨、八跨、九跨、十二跨、十六跨,如图12-7所示。根据电分相结构的断口数量,可分为两断口和三断口两种形式。

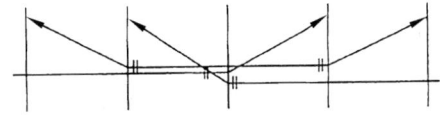

(a)两断口四跨式分相结构(哈大线)

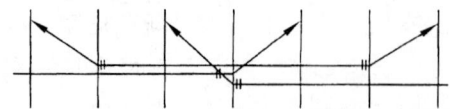

（b）两断口六跨式分相结构（多条线路）

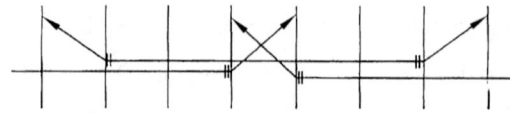

（c）两断口七跨式分相结构（多条线路）

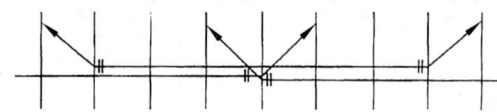

（d）两断口八跨式分相结构（多条线路）

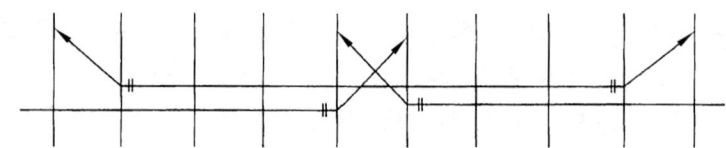

（e）两断口九跨式分相结构（京广、宁西、包西普速线线）

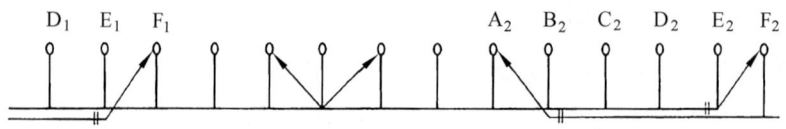

（f）两断口十六跨式分相结构（武广、郑西高铁）

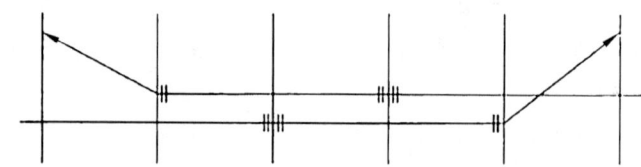

（g）三断口五跨式分相结构

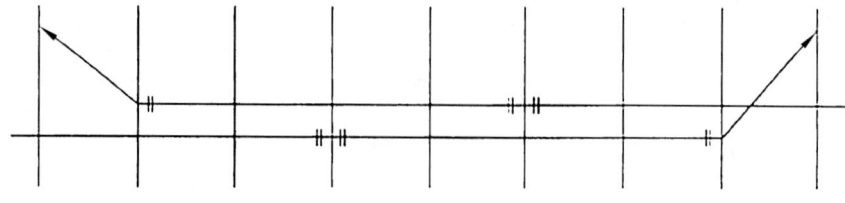

（h）三断口八跨式分相结构（石太高铁）

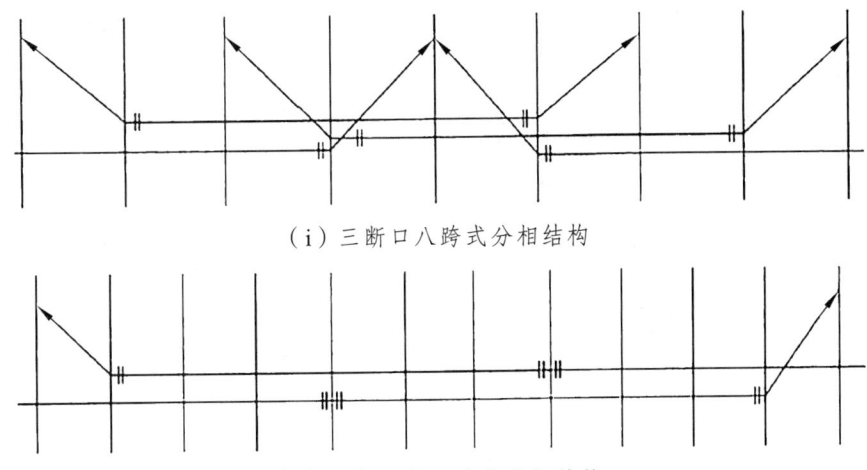

(i) 三断口八跨式分相结构

(j) 三断口十一跨式分相结构

图 12-7 中国接触网常用结构式电分相示意图

从以上介绍可知，绝缘锚段关节式电分相结构形式多样，各种结构在实际工程中均有应用，具体工程采用何种结构应经供电、行车检算确认，尽量减小对列车通过速度和运行时间的影响；尽量减小接触线坡度变化对受流的影响。

在中国高速铁路接触网工程中，应用较多的是六跨、七跨两断口和八跨三断口分相结构，它们的平面布置如图 12-8 所示。

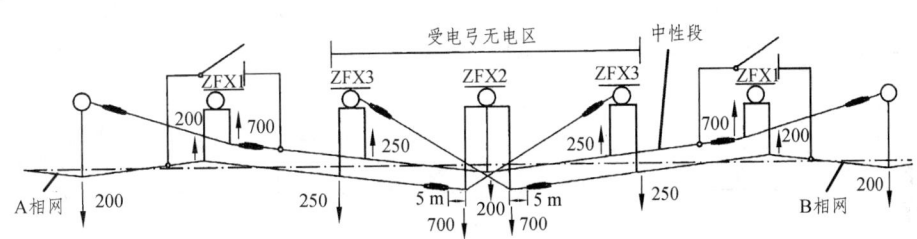

(a) 六跨式电分相平面布置

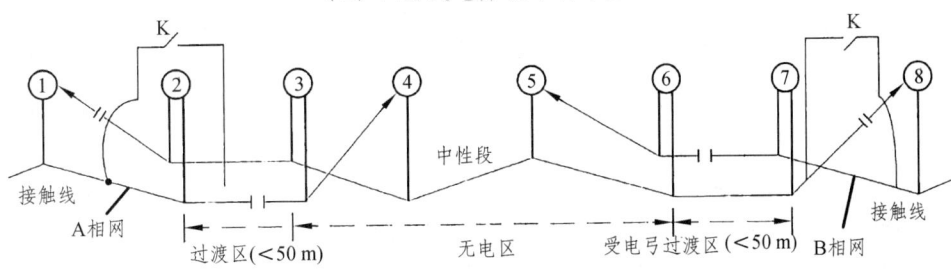

(b) 七跨式电分相平面布置

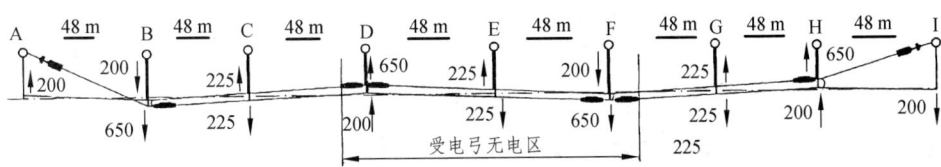

(c) 八跨式电分相平面布置

图 12-8 中国高速铁路接触网常用电分相结构平面布置图

三、工作任务流程

(一) 任务组织

分相绝缘装置检修人员配置见表 12-5。

表 12-5 分相绝缘装置检修人员配置表

序号	项目	单位	数量	备注
1	工作领导人	人	1	
2	驻站联络员	人	1	
3	行车防护兼地线监护人	人	2	
4	地线操作人员	人	2	
5	高空作业人员	人	3(2)	作业车(车梯)
6	辅助人员	人	2(4)	作业车(车梯)
7	作业车司机	人	2	司机、学习司机各1人

(二) 检修程序和方法

1. 流程图

分相绝缘装置检修流程如图 12-9 所示。

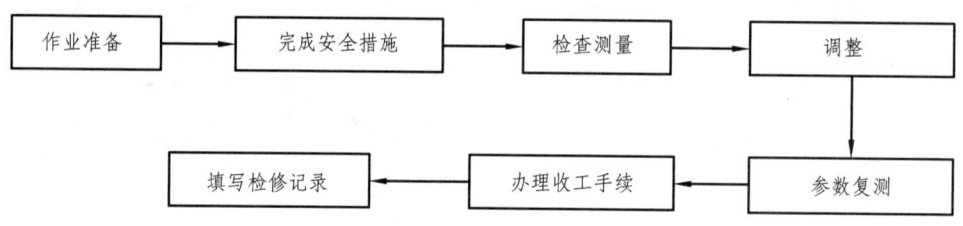

图 12-9 分相绝缘装置检修流程

2. 方法

1) 作业准备

按规程要求填写工作票并交付工作领导人,工作领导人向作业组全体成员宣读工作票、分工并进行安全预想,检查工具、材料。

2) 完成安全措施

做好安全措施,工作领导人确认完成安全措施后,通知各作业组开工。

3) 测量检查

(1) 绝缘滑道状态。

检查主绝缘及绝缘子支装座有无裂纹、烧伤、破损和老化,并清扫绝缘部件。

(2) 金属滑道。

导流板的下部球状部分磨损高度。

(3) 主绝缘滑道底面。

分相绝缘器的绝缘滑道底面是否形成一条炭化通道。

（4）承力索分段绝缘子。

检查分段绝缘子伞裙有无破损、撕裂、气泡、老化，接缝有无开胶等缺陷，电镀层有无剥落现象等。

（5）绝缘滑道的工作高度、与轨面是否平行，对线路中心的偏移量。

① 使用接触网多功能检测仪测量绝缘滑道两侧接头线夹处接触线高度（H_1、H_2）与两侧吊弦测量数据（取平均值 H_3）比较，查看顺线路方向是否平行（$\Delta H = H_1 - H_2$）和相对于两侧吊弦是否存在一定的负弛度（$\Delta P = H_3 - H$）。

② 使用接触网多功能检测仪测量分相绝缘滑道左右工作面与轨面连线的高度（H_4、H_5），检查垂直线路方向是否平行（$\Delta H = H_4 - H_5$）。

③ 使用接触网多功能检测仪测量测量定位点处接触线拉出值，确定绝缘器中心与受电弓中心偏移是否超过标准。

（6）绝缘器接触线连接部位。

检查绝缘器与接触线连接是否牢固、过渡是否平滑，各接头线夹有无裂纹和烧伤、腐蚀现象；若有则视情况处理。

（7）消弧角。

① 检查消弧角变形，损坏。

② 测量消弧角间距。

③ 检查消弧角是否有放电痕迹。

（8）调节吊弦。

① 检查调节吊弦有无断股、受力不均现象。

② 检查调节螺栓是否锈蚀、损坏。

③ 各连接部位工作状态是否符合要求。

（9）地面标志。

① 检查标志是否损坏、丢失、脏污等。

② 检查安装位置、方法是否正确。

（10）隔离开关状态。

① 检查绝缘瓷柱是否有破损、裂纹、放电痕迹，转动是否灵活。

② 用塞尺检查刀闸触头、设备线夹与隔离开关引线板接触是否密贴、良好；检查螺栓是否紧固、有油。

③ 检查主刀闸触头有无烧伤、扭曲、麻点等。

④ 开合角度是否符合标准，合闸过程中是否旁击。

⑤ 检查引线松紧是否合适，各处距离是否符合要求。

⑥ 检查操作机构转动是否灵活，操作机构和隔离开关转动部位是否有润滑剂、凡士林。

⑦ 接地线连接是否牢固，接地电阻是否符合标准。

4）调整

（1）绝缘滑道有裂纹、烧伤、破损、老化或严重磨损时，更换。

① 在需要更换的分相绝缘器元件两侧接触线适当位置分别安装多功能紧线器，挂上手扳葫芦。

② 通过手扳葫芦紧线，直至安装分相绝缘器位置的线索充分卸载。

③ 做好标记，拆下旧元件。

④ 安装分相绝缘器接头线夹，引弧棒同时组装，将接触线调整平直，端头需锉平顺接头线夹沟槽插入，使夹线部位齿尖嵌入接触线燕尾槽，与主绝缘滑道密贴，对齐，不留缝隙，接触线底面与主绝缘滑道底面在一条直线上，否则，用木锤敲击调直整正。

⑤ 接头线夹三只螺栓，用扭力扳手由内向外，按顺序进行 2~3 次紧固。紧固时，应用力均匀，不许过急过猛，紧固力距为 50 N·m，主绝缘元件与接头线夹连接螺栓紧固件要安装牢固，不许松动。

⑥ 松开手扳葫芦，使分相绝缘器充分受力，检查各部件受力情况，确认分相绝缘器受力状态良好，安全可靠后，拆卸手扳葫芦及其他紧线工具。

⑦ 安装两条可调整式整体吊弦，通过调整，使分相绝缘器底面对轨面连线平行，不许存在偏斜，不平现象，必要时，整理线面，或用平锉整修。

⑧ 用作业车检测弓或水平尺模拟受电弓，沿分相绝缘器滑行，检查各零件衔接处是否存在不平整、硬点，接触是否可靠。

⑨ 依次安装其他两组元件。

（2）金属滑道烧伤、严重锈蚀时：更换。

① 在需要更换的分相绝缘器元件两侧接触线适当位置分别安装多功能紧线器，挂上手扳葫芦。

② 通过手扳葫芦紧线，直至安装分相绝缘器位置的线索充分卸载。

③ 做好标记，拆下旧分段绝缘器。

④ 将分相绝缘器骑跨在安装点的葫芦链上，端头需锉平顺接头线夹沟槽插入，使接头线夹的齿形角嵌入接触线的凹槽内，与主绝缘滑道密贴、对齐、不留缝隙，接触线底面与主绝缘滑道底面在一条直线上，否则，用木锤敲击调直整正。

⑤ 接头线夹三只螺栓，用扭力扳手由内向外，按顺序进行至少 3 次紧固。紧固时，应用力均匀，不许过急过猛，紧固力距为 50 N·m，主绝缘元件与接头线夹连接螺栓紧固件要安装牢固，不许松动。

⑥ 松开手扳葫芦，使分相绝缘器充分受力，检查各部件受力情况，确认分相绝缘器受力状态良好，安全可靠后，拆卸手扳葫芦及其他紧线工具。

⑦ 安装两条可调整式整体吊弦，通过调整，使分相绝缘器底面对轨面连线平行，不许存在偏斜，不平现象，必要时，整理线面，或用平锉整修。

⑧ 用作业车检测弓或水平尺模拟受电弓，沿分相绝缘器滑行，检查各零件衔接处是否存在不平整、硬点，接触是否可靠。

⑨ 依次安装其他两组元件。

（3）主绝缘滑道底面有炭化通道。

① 当分相绝缘器的绝缘滑道底面形成一条炭化通道时，如果分段一侧停电，将会在分相绝缘器的绝缘滑道底面发生爬电闪络现象，严重时可能烧毁绝缘滑道，如有炭化通道，应使用酒精将主绝缘滑道或绝缘杆底平面擦干净，待酒精完全会发后即可使用。

② 主绝缘子单面允许的磨损深度为 2 mm，可将绝缘棒旋转 72°继续使用，旋转时可先拧松一根绝缘子两端的内六角螺栓，再用扳手转动绝缘滑道的两端，到位后（绝缘滑道两端金属件上有刻痕标记）拧紧螺栓。之后，再按上述步骤旋转另一根绝缘滑道。总共可使用 5 个磨损面如图 12-10 所示。

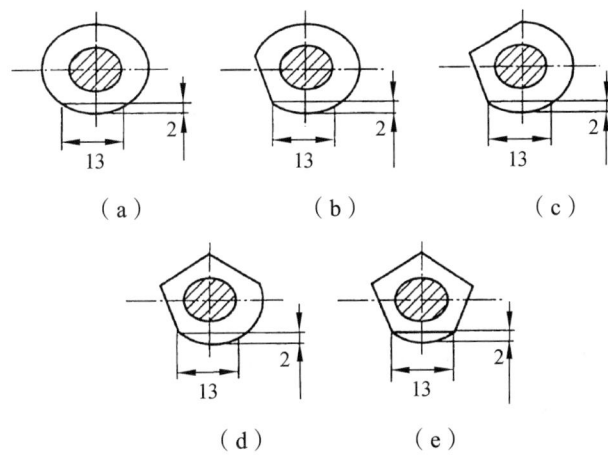

图 12-10　绝缘子的磨损周期示意图

（4）承力索分段绝缘子裂纹、烧伤、破损和老化：更换。

在分相绝缘子两侧用紧线器连接手扳葫芦，适当紧起手扳葫芦，使分段绝缘子卸载，拔出连接销钉，拆下旧绝缘子，更换新绝缘子，松动手扳葫芦，检查受力情况。

（5）绝缘滑道的工作高度、与轨面是否平行，对线路中心的偏移量不符合标准。

① 绝缘器高度不符合标准：

调整或更换绝缘器两侧吊弦，具体方法见吊弦检修工艺。

② 绝缘器与轨面连线不平行：

调节绝缘器直吊弦的调节螺栓，用用水平尺测量，直至水平。

③ 绝缘器中心（顺线路方向）与受电弓中心偏移超过规定：

适当增大或减小相邻定位点拉出值，具体方法见定位装置检修工艺。

（6）绝缘器导线接头处过渡不平滑。

① 用平锉锉平，用水平尺模拟受电弓，沿分相绝缘器底面滑行，检查过渡是否平滑。

② 严重磨损时应及时更换。

在需更换的主绝缘杆两侧用紧线器连接手扳葫芦，适当紧起手扳葫芦，使主绝缘杆卸载，拆下旧接头线夹。

将接触线与线夹加紧部位仔细清理干净，不得有锈蚀、油渍、杂物等。

将接触线接头约 120 mm 处弯成 25°角将接触线接头插入接头线夹，把垫板、棋子与接触线的位置定好，并将垫板、棋子与接触线同时送入接头线夹，并敲紧。

确认另外一边已经连接牢固后缓慢松开紧线器，确认垫板和棋子与接触线一起滑入模腔后即可认为达到了安装要求。否则重新安装。

调整接触线与接头线夹的平面后，安装副片，锁紧螺栓。

（7）消弧角。

① 消弧角变形，损坏：更换。

在需更换消弧角的主绝缘杆两侧用紧线器连接手扳葫芦，适当紧起手扳葫芦，使主绝缘杆卸载，拔出消弧角连接销钉，拆下旧消弧角，更换新消弧角，松动手扳葫芦，检查受力情况。

② 如有放电痕迹，用砂纸进行打磨。

（8）调节吊弦。

调节吊弦有断股、调节螺栓锈蚀、损坏。更换后重新调整负弛度、顺线路方向水平、垂直线路方向水平。

（9）地面标志。

① 用钢卷尺测量关节式分相中各种标志牌的相对距离（具体标准图 12-11），位置不符时，移设标志牌。

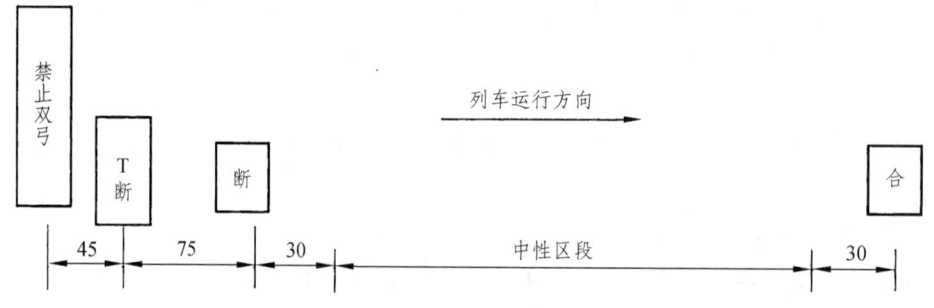

图 12-11　电分相线路标志图

② 地面感应器安装位置不符合标准时，及时通知工务部门进行调整。

a. 使用 30～50 m 的钢卷尺沿线路中心测量地面感应器安装位置，允许最大偏差：+10 m。

b. 每个分相点需安装 4 根信号轨枕，交叉安装。

c. 当磁性装置的防护罩表面清洁，有太多的铁屑、矿粉等吸附物时，应及时清扫。

d. 测量磁性装置的磁场感应强度符合技术要求，任何情况下不小于 40 Gs。具体测量方法见特斯拉计操作手册。

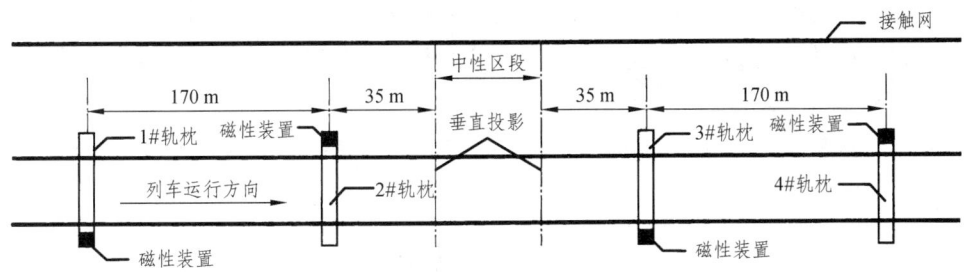

图 12-12　地面过分相磁感应装置

5）复测

复测各部位技术参数，符合技术标准。

6）办理收工手续

工作领导人确认各作业组工作结束，人员机具均已撤至安全地带后，通知监护人员撤除地线及其他安全措施。

工作领导人确认安全措施撤除后，通知驻站联络员申请消除停电作业命令和线路封锁命令。

工作领导人召开收工会，办理收工手续。

7）填写检修记录

按照当天检修情况填写检修记录。

（三）技术标准

（1）分相绝缘器主绝缘有效长度不得小于 1800 mm，中性区不少于 30 m，断合电标的位置符合《铁路技术管理规程》（以下简称《技规》）规定。

绝缘器的主绝缘应完好，其表面放电痕迹应不超过有效绝缘长度的 20%。主绝缘严重磨损应及时更换。

（2）承力索分段绝缘子应采用质量较轻的有机绝缘子。

（3）双线区段，在列车运行方向为 1‰ 的上升坡度；单线区段，为（50±10）mm 的负弛度。

（4）绝缘器应位于受电弓中心，一般情况下误差不超过 100 mm。

（5）绝缘器导线接头处过渡平滑。

（6）中性区的长度及断合电标的位置符合《技规》规定。

四、分析与思考

该任务主要是器件式分相绝缘器检调，填写分段、分相绝缘器记录表（表 12-1），看似简单的一项任务，但关系到接触网的结构和技术标准要求，因此，如何保证设备各项参数的合格至关重要。而在实际工作中需注意以下事项：

（1）检修绝缘器作业时，应用不小于 25 mm² 的等位线先连接等位后再进行作业。

（2）检修时不得碰撞绝缘器和用脚踩踏接触线。

（3）硅橡胶绝缘清扫时，严禁使用带榕剂的各种清洗剂，可使用中性的清洗液（粉）。

（4）接头线夹位置，接触线磨耗平面与分相绝缘器平面保持一致。

复习与思考题

1. 接触网电分段有哪些形式？
2. 电分段的设置原则是什么？
3. 试描述高速铁路接触网分段绝缘器的主要技术要求。
4. 电分相的设置原则是什么？
5. 试描述分段绝缘装置与分相绝缘装置的检调注意事项。

六跨关节分相参数测量实训考核标准及评分表

项目	配分	序号	考核内容及评分标准	配分	扣分	得分	备注
准备工作	20	1	着装整齐,安全劳保用品齐全,符合要求。着装、安全劳保用品一项不合格扣2分	10			
		2	材料、工具、仪器、仪表摆放整齐,逐项检查。材料、工具、仪器、仪表缺少、选错,一项扣1~5分	10			
作业过程	70	3	确认线路已停电、封锁、防护到位。	5			
		4	作业过程中,用语规范标准,否则一项扣1~5分	5			
		5	A/E柱(转换柱)测量:接触线、承力索工作支与非工作支水平距离500 mm,垂直距离500 mm;绝缘子串距悬挂点距离符合设计要求。漏、错一项扣1~5分	10			
		6	B/D柱(中心柱)测量:接触线、承力索水平距离500 mm;垂直距离登高;接触线等高点高度不应低于相邻工作支吊弦点。漏、错一项扣5分	10			
		7	C柱(转换柱)测量:工作支与相邻下锚支悬挂间距不小于450 mm,两下锚支间距50 mm;工作支承力索与两下锚支承力索垂直距离分别为250、300 mm,工作支接触线与两下锚支接触线垂直距离为500 mm。漏、错一项扣1~5分	10			
		8	两支不同悬挂。定位间任何部件的空气绝缘距离不得小于450 mm。漏、错一项扣1~5分	10			
		9	中性区和无电区长度符合设计要求。漏、错一项扣1~5分	5			
		10	工具使用正确,否则一项扣1~5分	10			
		11	作业完毕,物料归位,清理现场。物料、工具未归位扣2~5分,现场未清理扣3分	5			
安全及其他	10	12	作业人员无违规	5			
		13	作业人员未受伤	5			
合计				100			

项目十三　补偿装置的检修

 项目描述

补偿装置是接触网的重要设备，其学习目标和典型工作任务是接触网维护与检修的重要组成部分。本项目学习过程中需掌握补偿装置的定义、作用、结构、分类，掌握补偿装置的调整标准，能够绘制补偿器 a、b 值的安装曲线。

【知识目标】
- 掌握补偿装置的定义、作用、结构和分类。
- 掌握补偿装置的调整标准。

【技能目标】
- 能够绘制补偿器 a、b 值的安装曲线。
- 能够检调补偿器。

【素养目标】
- 培养团结协作精神，可以既有分工又有协助，互相帮助、共同达成目标。
- 培养吃苦耐劳、爱岗敬业、勇于开拓、积极进取的精神。

一、滑轮补偿装置的检调

图 13-1 为全补偿滑轮补偿装置结构图，根据实训基地实物进行全补偿滑轮补偿装置检调，并将检调结果填入表 13-1 中。

二、知识准备

接触网补偿装置，又称张力自动补偿器，它安装在锚段的两端，并且串接在接触线承力索内，它的作用是补偿线索内的张力变化，使张力保持恒定。因为在大气温度发生变化时，接触线或承力索会发生伸长或缩短，从而使线索内张力发生变化，这时就会影响到接触线或承力索的弛度也发生变化，因而使受流条件恶化。为改变这种情况，一般在一个锚段两端，在接触线及承力索内串接张力自动补偿装置后，再进行下锚。

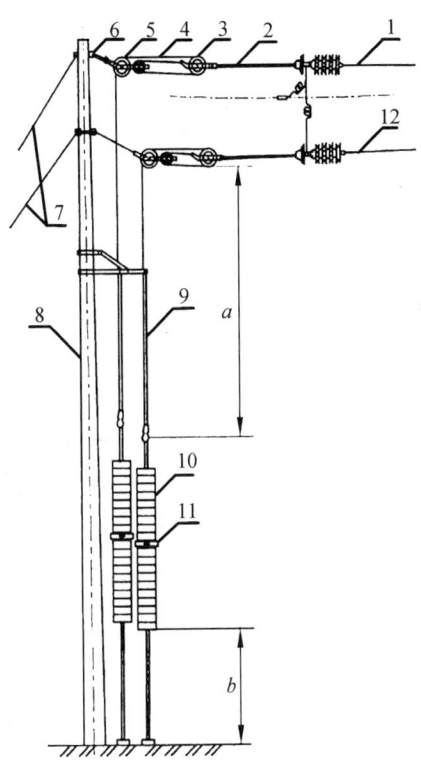

1—承力索；2—杵环杆；3—动滑轮；4—补偿绳；5—定滑轮；6—承锚角钢；7—拉线；8—锚柱；9—限制导管；10—坠砣；11—坠砣抱箍；12—接触线。

图 13-1　全补偿下锚结构图

表 13-1　补偿装置维修记录

_____站场（区间）

支柱号	检修日期 年/月/日	温度 /°C	坠砣				滑轮注油及动作情况	补偿绳断股、散股及涂油	制动器、限制器及其他零件	检查人/互检人
			a值(承力索/接触线)/mm	b值(承力索/接触线)/mm	质量(承力索/接触线)/kg	坠砣状态(承力索/接触线)				

设备负责人_____

注：a 为补偿绳回头末端至定滑轮或制动部件的距离；b 为坠砣底部距地面的距离。

补偿下锚可调节和控制因温度变化引起的线索张力和弛度变化，使张力和弛度保持在一定技术范围内，提高接触网的机械稳定性。在高速铁路接触网中，为提高接触网（主要是接触线）的波动速度，承力索和接触线均加有较大的补偿张力。

接触网补偿装置有许多种：滑轮式、棘轮式、鼓轮式、液压式及弹簧式等。为防止补偿的不平衡，同一锚段两端的张力补偿装置应尽量一致。

对张力自动补偿装置的要求有两点：

① 补偿装置应灵活，在线索内的张力发生缓慢变化时，应能及时补偿，传送效率不应小于97%。

② 具有快速制动作用，一旦发生断线事故或其他异常情况，线索内的张力迅速发生变化时，补偿装置还应有一种制动功能。一般对于全补偿的承力索内的补偿装置，如不具备这种功能时，还需专门增加断线制动装置，以防止在一旦发生断线时，坠砣串落地而造成事故扩大、恢复困难。

我国电气化铁路广泛采用滑轮式补偿装置，它由补偿滑轮（滑轮组）、补偿绳、杵环杆、坠砣杆、坠砣、连接零件组成。补偿滑轮分为定滑轮和动滑轮（构造相同），定滑轮改变受力方向，动滑轮除改变受力方向外还可省力和移动位置。滑轮一般都装有轴承，其结构如图13-1所示。

坠砣块一般采用混凝土或灰口铸铁制成，呈中间开口的圆饼状，每块质量约为25 kg，质量误差不大于3%。

坠砣杆的型号规格，根据其放置坠砣块数量的不同分为三种：17型、20型和30型。

补偿装置质量允许偏差为额定质量的±2%，坠砣串质量应包括坠砣杆、坠砣抱箍及连接的楔型线夹质量。运行速度在160～200 km/h时，对补偿坠砣质量提出了更严格的要求，补偿坠砣串的质量允许偏差为±1%。同一锚段两坠砣串质量的相对偏差不大于1%。

1. 补偿器的安设与要求

补偿器串接在锚段内线索两端与支柱固定处，根据接触悬挂类型的不同有不同的补偿器结构。

半补偿时，接触线带补偿器，多采用两滑轮组结构，滑轮组的传动比为1:2，即坠砣块的重力为接触线标称张力的一半。

全补偿时，接触线与承力索两端均带补偿器，接触线补偿器的安设与半补偿相同。承力索补偿器则采用三滑轮组式，传动比为1:3。采用传动比比较大的滑轮组时坠砣串的块数减少了，这是有利的一面，但坠砣串上升和下降的距离也会按倍数增大，减小了补偿器的补偿范围，不利于施工和维修。

在运营线路上，当接触线因磨耗其截面逐渐减小时，坠砣串块数也相应地减少，使接触线维持一定的张力防止出现断线事故。线索的张力是根据线索的抗拉断力除以安全系数决定的。铜或铜合金接触线在最大允许磨耗面积20%的情况下，其强度安全系数不应小于2.0。承力索的强度安全系数，铜或铜合金绞线不应小于2.0；钢绞线不应小于3.0；钢芯铝绞线、铝包钢和铜包钢系列绞线不应小于2.5。

不同材质、不同截面积线索，选用张力不同时，坠砣的质量（片数）和传动比会有所不同。

补偿装置的安装趋于使用同侧下锚，即接触线、承力索在支柱同侧下锚。同侧下锚时，补偿滑轮在补偿绳的拉力作用下，和补偿绳在一条直线上，可以减少偏磨。同侧下锚时，要注意防止承力索补偿绳和接触线补偿滑轮上的双环杆相磨。

为了防止在外力作用下（比如：风力），坠砣串摆动侵入行车限界，补偿装置装设有限界架。提速以后，对限界架进行了改进，在坠砣上加装坠砣抱箍，使坠砣只能沿着坠砣限制导管方向上下移动。

为了平衡锚柱承受的线索顺线路方向张力，锚柱要设置下锚拉线。拉线的固定有两种方法：一种是埋设锚板固定，另一种是棍凝土现浇地锚。

2. 补偿器的 a、b 值

1）a，b 值

补偿器靠坠砣串的重力使线索的张力保持平衡。当温度变化时，线索的伸缩使坠砣串上升和下降，当坠砣串升降超出允许范围时（如下降过多使坠砣串底面接触地面或上升过多使坠砣杆耳环孔卡在定滑轮槽中），都会使补偿器失去补偿作用。因此用补偿器的 a，b 值来限定坠砣串的升降范围。

坠砣杆耳环孔中心至补偿（定）滑轮下沿的距离为 a 值。坠砣串最下一块坠砣的底面至地面（或基础面）的距离称为补偿器的 b 值。补偿器 a，b 值随温度变化而发生变化，接触线和承力索补偿器的 a，b 值不相等。

为了使补偿器不失去补偿作用，对补偿器 a、b 值提出以下要求：

在最低温度时，$a>0$，最高温度时 $b>0$。原铁道部颁发的《接触网运行检修规程》中规定，补偿器 a、b 值的最小值不小于 200 mm；在进行接触网设计时，a、b 值不小于 300 mm。

2）a，b 值的计算及坠砣安装曲线

在不同温度时，补偿器 a，b 值不同，其计算方法如下：

$$\begin{cases} a = a_{min} + nL\alpha(t_x - t_{min}) \\ b = b_{min} + nL\alpha(t_{max} - t_x) \end{cases} \quad (13\text{-}1)$$

式中　a_{min} ——设计时规定的最小 a 值，mm；

　　　b_{min} ——设计时规定的最小 b 值，mm；

　　　t_{min} ——设计时采用的最低气温，℃；

t_x——安装或调整作业时的温度，℃；
t_{max}——设计时采用的最高气温，℃；
n——补偿滑轮传动系数（即传动比的倒数）；
L——锚段内中心锚结至补偿器间距离，mm；
α——线索的线胀系数，℃$^{-1}$。

为了施工和维修的方便，利用公式 13-1，根据不同的温度和中心锚结至补偿器间距离，可以计算出多组 a、b 值，如图 13-2 所示的安装曲线。将计算结果标注在图中，通过描点作图绘制出补偿器安装曲线，供施工和维修人员参照调整，准确控制坠砣串的高度。

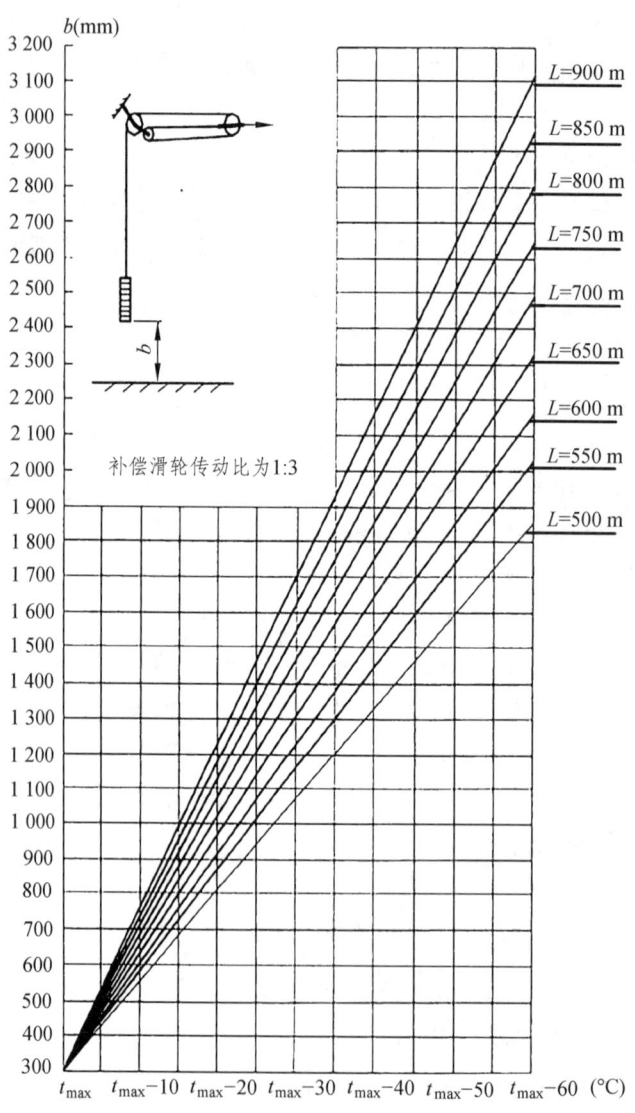

图 13-2　CHTA-120 型银铜合金接触线补偿器安装曲线

3. 滑轮补偿装置

滑轮补偿装置如图 13-3 所示，由补偿滑轮组、不锈钢补偿绳、补偿坠砣串、坠砣杆及其连接零件组成。

大轮径滑轮补偿装置是目前成熟的补偿装置，造价低、安装简单、易于维护和维修，如果不考虑断线止动功能，滑轮组补偿装置是 250 km/h 线路上隧道外补偿装置最经济可靠的选择。

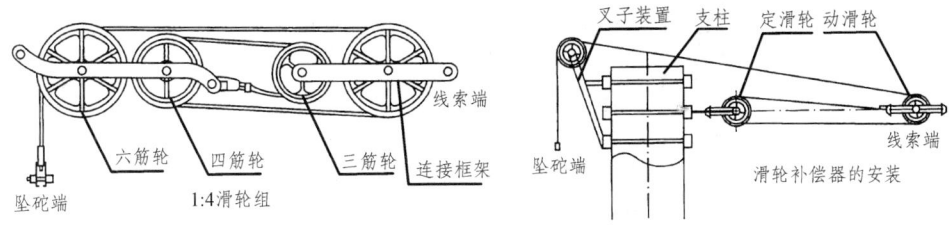

图 13-3　接触网滑轮补偿装置示意图

在隧道内安装的滑轮组补偿装置由于受净空等条件限制，从滑轮组到坠砣限制架经过多级转换，如果在转换过程中调整不到位或误差偏大的话，很容易造成卡滞而降低或影响传动效率。

4. 棘轮式补偿装置

棘轮补偿装置由棘轮（如图 13-4 和图 13-5 所示）、棘轮底座、棘轮连接架、补偿绳、平衡轮及双耳楔形线夹等组成，如图 13-6 所示。

图 13-4　承力索棘轮　　　　图 13-5　接触线伞齿状棘轮

图 13-6　高速铁路接触网中的棘轮补偿装置

棘轮张力补偿装置，其规格型号如表 13-2 所示，安装结构如图 13-7 所示。

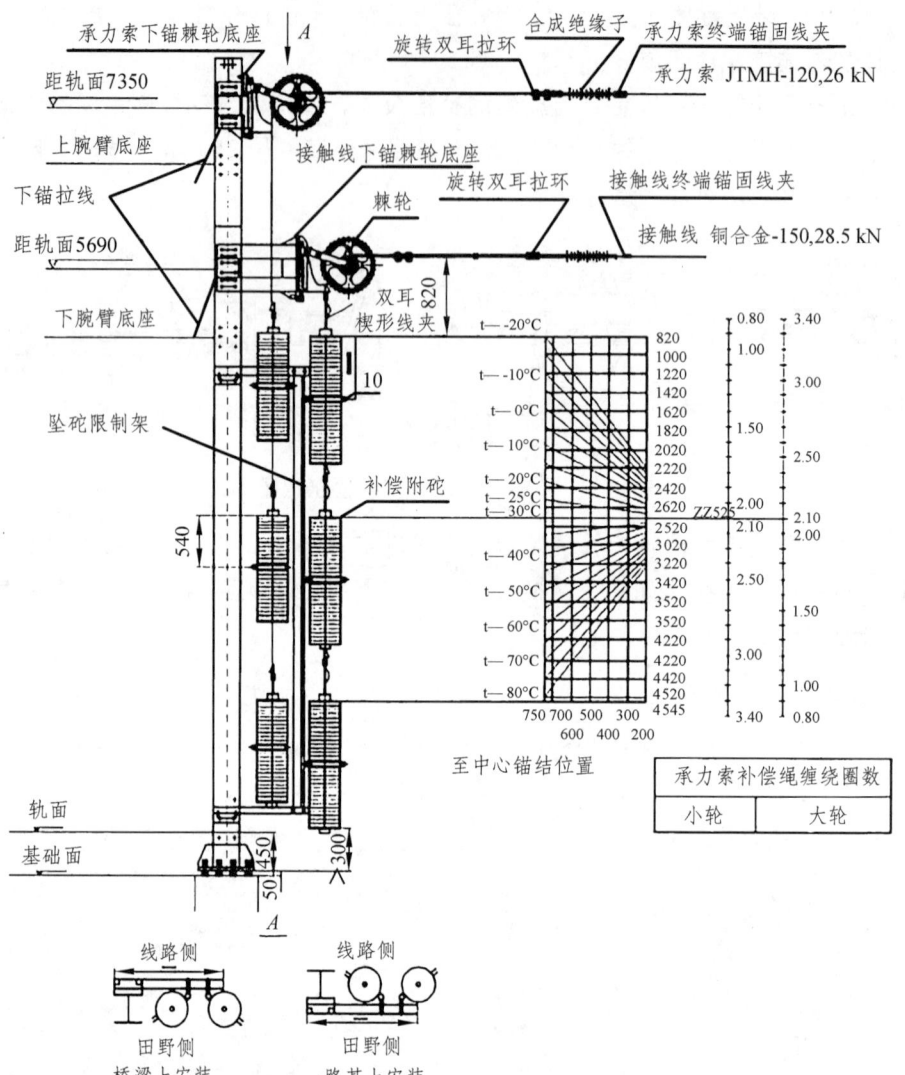

图 13-7 棘轮补偿装置及其安装曲线

表 13-2 棘轮补偿装置的规格型号表

型号	最大工作荷载/kN	最大破坏荷载/kN	本体材质	质量/kg
Z	≥25	≥75	ZL114A	58
F	≥25	≥75	ZL114A	56

棘轮本体大轮直径 566 mm，小轮直径 170 mm，传动比为 1∶3，补偿绳为柔性不锈钢丝绳，在工作状态下，棘齿与制动块之间有一定间隙，棘轮可自由转动；当接触网线索断线后，棘轮和坠砣在重力作用下下落，棘轮卡在制动卡块上，从而能有效防止坠砣下落、缩小事故范围。

棘轮补偿装置应满足接触悬挂中承力索或接触线在支柱同侧下锚的要求；

棘轮补偿装置在接触网终端张力补偿中的安装应满足各相关线路所规定的尺寸和功能要求，安装后应连接可靠，运转灵活，调整方便。在工作状态下，棘轮底座与补偿绳之间应无摩擦、偏斜、摆动等现象；在组合安装状态下上升或下降的传动效率≥97%；断线时，坠砣下落距离不大于200 mm。棘轮补偿与滑轮补偿相比，具有占用空间少、转动灵活、传动效率高、防腐性能好、使用寿命长、具有断线止动功能等优点，但棘轮本体形状复杂、轮径大、薄壁部位多、对生产设备和工艺要求较高、造价略高于滑轮补偿装置。棘轮补偿如果设计和安装不恰当，也很容易产生卡滞而影响传动效率，因此棘轮装置必须保证棘轮下锚底座具有使固定棘轮框架的螺栓销在底座上横向调节功能；平衡轮采用双联平行挂板连接其滑轮本体和球头挂环类连接件的方式，球头端与下锚绝缘子等连接件连接安装坠砣限制架须有垂直和平行线路两方向同时调节功能；隧道内坠砣串框架与坠砣限制架间采用滚动摩擦方式。

棘轮装置的棘轮与其他工作轮共为一体，没有连接复杂的滑轮组，安装空间比铝合金滑轮补偿装置小很多，可以解决空间受限时的补偿问题。棘轮本体大轮直径为566 mm，小轮直径为170 mm，传动比为1∶3，补偿绳为柔性不锈钢丝绳，比普通不锈钢丝绳性能更好，工作荷重有30 kN、36 kN两种，主要优点是具有断线制动功能。正常工作状态下，棘齿与制动卡块之间有一定间隙，棘轮可以自由转动；当线索断裂后，棘轮和坠砣在重力作用下下落，棘齿卡在制动卡块上，从而可以有效地缩小事故范围、防止坠砣下落侵入限界。

棘轮装置具有转动灵活、传动效率高（与铝合金滑轮补偿装置相当）、防腐性能好、使用寿命长等优点，但价格较高。

5. 弹簧补偿装置

弹簧补偿下锚装置取消了传统的坠砣结构，安装简洁、方便、占用空间小、景观效果好，可用于动车段、存车场、隧道和站场内空间受限的地方安装。弹簧补偿装置的造价偏高，但如果考虑工程综合投资，站场和隧道内采用弹簧补偿装置更具有经济意义，不过在200 km/h以上铁路正线应用时需谨慎。

普速铁路在隧道内下锚受断面和净空影响，一般都需要加高或加宽隧道断面，高速铁路采用双线隧道区段，隧道净空和断面尺寸较大，目前运营的或正在施工的线路上在张力补偿处一般都没有局部加宽断面，补偿坠砣采用局部占用救援通道的设计方案，占用救援通道的宽度一般控制在600 mm以内（信号机占用的宽度约600 mm，均须满足隧道专业要求的最小宽度1250 mm）。

三、工作任务流程

（一）任务组织

补偿装置检修人员配置见表13-3。

表 13-3 补偿装置检修人员配置表

序号	项目	单位	数量	备注
1	检修负责人	人	1	全面负责
2	驻站联络员	人	1	
3	行车防护兼地线监护人	人	2	
4	地线操作人员	人	2	
5	高空作业人员	人	3（2）	作业车（车梯）
6	辅助人员	人	2（4）	作业车（车梯）
7	作业车司机	人	2	司机、学习司机各 1 人

（二）检修程序和方法

1．流程图

补偿装置检修流程如图 13-8 所示。

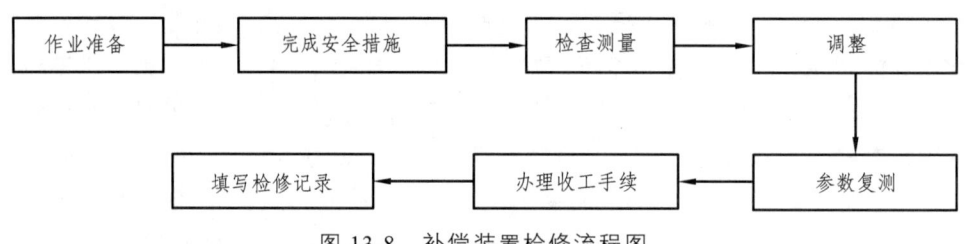

图 13-8 补偿装置检修流程图

2．方法

1）作业准备

按规程要求填写工作票并交付工作领导人，工作领导人向作业组全体成员宣读工作票、分工并进行安全预想，检查工具、材料。

2）完成安全措施

做好安全措施，工作领导人确认完成安全措施后，通知各作业组开工。

3）测量检查

（1）测量 a，b 值是否符合标准。

用钢卷尺测量 b 值和 a 值：如高处不能直接测量，用皮尺测量定滑轮至地面的距离 d 和坠砣串的高度 c，计算 $a=d-b-c$。

（2）检查补偿绳：是否存在散股、断股；是否磨双环杆；动滑轮处补偿绳是否偏磨。

（3）检查补偿滑轮：转动是否灵活；两滑轮间距是否符合标准；动滑轮角度是否符合标准。

（4）限制架、棘轮补偿制动装置各零部件：是否按规定涂油；螺栓力矩是否符合标准。

（5）坠砣：是否破损；块数、叠码是否规范；上下移动是否灵活。

4）调整

（1）调整补偿滑轮。

① 转动不灵活：调整滑轮方向；检查补偿绳是否在滑轮槽的正中；加润滑油。

② 两滑轮间距小于 500 mm：根据测量数据及温度安装曲线确定调整量。将接触线、承力索截断重新做下锚，方法参照补偿绳更换；或直接更换杵环杆。

③ 动滑轮偏斜角度大于 45°：用管钳或 45°扳手卡住终端线夹，旋转瓷瓶使动滑轮角度正常。

（2）调整补偿绳。

① 散股、断股：更换补偿绳。

更换补偿绳或调整动、定滑轮间距方法：将需要更换补偿绳的坠砣串用手扳葫芦吊起固定在支柱上；将紧线器安装在接触线上，钢丝套子安装在接触网支柱上；紧动手扳葫芦，使补偿绳卸载；拆除旧补偿绳，安装新补偿绳（或更换整套补偿滑轮组）；调整动、定滑轮间距时，可更换杵环杆或重新做终锚接头；确认补偿绳全部位于滑轮中部，两个手扳葫芦配合加载，撤除工具，检查各部数值和状态。

② 磨双环杆：重新调整。

用手扳葫芦、紧线器、钢丝套子连接补偿和支柱使补偿卸载，调节下锚角钢调节孔，使承力索或导线下锚双环杆错位，脱离摩擦。

a, b 值过大或过小：按照安装曲线重新做回头，调整。

根据调节量在补偿绳上适当位置打一紧线器，在坠砣杆上固定好钢丝套子；用手扳葫芦连接，紧线，使补偿绳括弛；将楔形线夹从坠砣杆环内取下，退出楔子，按补偿曲线的要求，重新做回头；撤除各用具，复测 b 值。

（3）调整限制架各零部件。

① 零部件未涂油：涂油。

② 螺栓不紧固：按照规定力矩紧固。

（4）调整坠砣。

① 坠砣破损：更换。用手扳葫芦、钢丝套子将承力索或导线硬锚在支柱上，卸下破损坠砣，换上新坠砣。

② 坠砣块数不足：补齐，并立即检查本锚段另一段下锚坠砣数量，使两端坠砣数量相等。

③ 坠砣叠码不规范：码整齐，其缺口互相交错 180°。

④ 坠砣上下移动不灵活：移动限制管上下部螺栓调节孔，将限制管与坠砣重心线调整至平行且距离适当。如限制管与底座固定，则重新确定底座位置，重新固定限制管。

5）办理收工手续

工作领导人确认各作业组工作结束，人员机具均已撤至安全地带后，通知监护人员撤除地线及其他安全措施。

工作领导人确认安全措施撤除后，通知驻站联络员申请消除停电作业命令和线路封锁命令。

工作领导人召开收工会，办理收工手续。

6）填写检修记录

按照当天检修情况填写检修记录。

（三）技术标准

1）补偿滑轮

（1）补偿滑轮完整无损、转动灵活（人力用手托动坠砣能上下自由移动），没有卡滞现象。

（2）对需要加注润滑油的补偿滑轮，应按产品规定的期限加注润滑，没有规定者至少3年一次。

（3）定滑轮槽应保持铅垂状态，动滑轮槽偏转角度不得大于45°。

（4）同一滑轮组的两补偿滑轮的工作间距，任何情况下不小于500 mm。

2）补偿绳

补偿绳不得有松股、断股和接头，不得与其他部件、线索相摩擦。

3）a，b 值

运行中 a，b 值应符合安装曲线的要求（±200 mm），但最低不得小于200 mm。

4）限制架、制动装置

（1）各框架安装正确，受力良好，螺栓紧固有油，铁件无锈蚀。

（2）满足坠砣升降变化要求，限制坠砣的摆动，不妨碍升降。

5）坠砣

（1）坠砣应完整，坠砣叠码整齐其缺口相互错开180°。

（2）坠砣串的质量（包括坠砣杆的质量）符合规定，允许误差不超过2%。

（3）坠砣块自上而下按块编号，并标明质量。

四、分析与思考

该任务主要是滑轮补偿装置检调，并将检调结果填入补偿装置维修记录中。看似简单的一项任务，却关系到接触网的结构和技术标准要求，因此，如何保证设备各项参数的合格至关重要。而在实际工作中需注意以下项目：

（1）需要停电作业的项目必须在停电时间内进行，开具第一种工作票。

（2）使用作业车时，平台旋转要专人盯控，严防碰伤支柱。作业车要设置相应防倾倒措施。

（3）在调整、检修过程中要时刻注意支柱的受力情况，防止支柱受力过猛而发生变形或损坏。

（4）更换补偿绳或调整滑轮间距等使补偿卸载的操作时，为防止紧线器滑脱，必须采取防脱措施，在紧线器下部加一个钢线卡子卡住。

（5）测量 b 值时，还要考虑坠砣抱箍与限制架角钢的距离；测量 a 值时，要考虑坠砣串上沿与双底座槽钢的关系。

复习与思考题

1. 试简述补偿器的 a、b 值，并根据公式简述其计算原理。
2. 试描述几种补偿装置的优缺点。
3. 如何调整补偿滑轮？
4. 接触网补偿装置检调的技术标准有哪些？

补偿装置检修实训考核标准及评分表

项目	配分	序号	考核内容及评分标准	配分	扣分	得分	备注
准备工作	20	1	着装整齐，安全劳用品齐全，符合要求。着装、安全劳保用品一项不合格扣2分	10			
		2	材料、工具、仪器、仪表摆放整齐，逐项检查。材料、工具、仪器、仪表缺少、选错，检查不当，一项扣1~5分	10			
作业过程	70	3	补偿装置结构辨识：随机指出5个补偿装置结构，要求口述回答结构名称，每错一处扣2分，3次及以上，该项不得分	10			
		4	补偿装置a、b值分辨：口述回答a、b值定义，每错一处扣2分，两次都错不得分	5			
		5	补偿装置b值测量：步骤错误、操作不规范，每错一处扣5分，3次及以上，该项不得分	20			
		6	安装曲线识图：能够按要求找出对应的安装曲线，错误扣5分	5			
		7	补偿装置检查：对坠砣、滑轮（或棘轮）、补偿绳等结构进行检查。漏、错一处扣1~3分	15			
		8	装置调整：按照安装曲线要求对装置进行调整。漏、错一处扣1~2分	5			
		9	工具使用正确，否则一项扣1~5分	5			
		10	作业完毕，物料归位，清理现场。物料、工具未归位扣1~2分，现场未清理扣3分	5			
安全及其他	10	11	作业人员无违规	5			
		12	作业人员未受伤	5			
			合计	100			

项目十四　隔离开关与电连接的检调

 项目描述

隔离开关与电连接是接触网的重要设备，其学习目标和典型工作任务是接触网维护与检修的重要组成部分。在本项目学习过程中需要掌握隔离开关与电连接的作用、结构，掌握隔离开关与电连接的检调标准，能够识别隔离开关型号，会检调隔离开关与电连接。

任务一　隔离开关的检调

【知识目标】
- 掌握隔离开关的作用、结构和分类。
- 掌握隔离开关的检调标准。

【技能目标】
- 能够识别隔离开关的型号。
- 能够检调隔离开关。

【素养目标】
- 培养团结协作精神，可以既有分工又有协助，互相帮助、共同达成目标。
- 培养吃苦耐劳、爱岗敬业、勇于开拓、积极进取的精神。

一、隔离开关的检调

图 14-1 为隔离开关结构示意图，根据实训基地实物进行隔离开关检调，并将检调结果填入表 14-1 中。

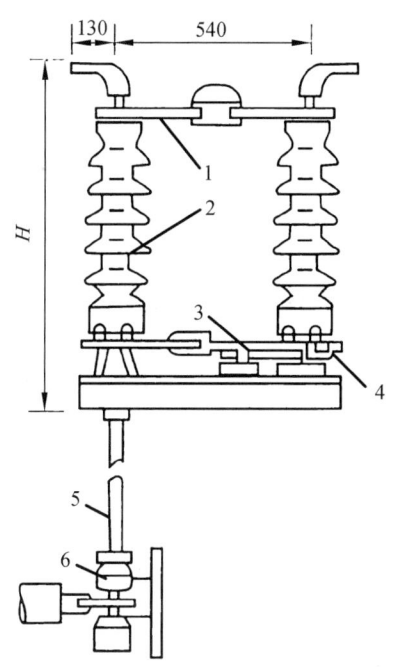

1—导电刀闸；2—瓷柱；3—交叉连杆；4—底座；5—传动杆；6—操动机构。

图 14-1　隔离开关结构（单位：mm）

表 14-1　隔离开关维修记录

_____站场（区间）　　　　　　　　　　　　　　　　　　　　　_____年

开关编号及型号	维修日期 月/日	项别	主闸刀		接地闸刀接触情况	主闸刀与接地闸刀间隙/mm	止钉间隙/mm	操作机构和联锁装置的状态	电联接器的状态	接地线的状态	绝缘电阻/MΩ	检修人/互检人
			分闸角度	接触状态								
		修前										
		修后										
		修前										
		修后										
		修前										
		修后										
		修前										
		修后										

设备负责人_____　　　　　工长_____　　　　　领工员_____

二、知识准备

隔离开关是接触网的重要开关设备，在接触网中有大量应用，主要安设在大型建筑物两端、车站装卸线、专用线、电力机车库线、机车整备线、绝缘锚段关节、分段绝缘器等电分段处或设备安装处。当供电线较长时，其上网点也应增设隔离开关。

隔离开关通常与电连接配合实现接触网各供电分段之间的断合，增加供电灵活性，满足检修和供电需要，其主要作用是隔离电源，倒换母线，分合电压互感器和避雷器，分合 35 kV、10 km 以内以及 10 kV、5 km 以内的空载线路，在接触网中形成人眼可视的电气断点。

接触网采用电力系统中的 35 kV 单级隔离开关和电气化铁路专用耐污型单级隔离开关，隔离开关结构如图 14-1 所示，隔离开关技术参数见表 14-2。

表 14-2 常用隔离开关技术特性

型号	额定电压/kV	最大工作电压/kV	额定电流/A	极限通过电流限值/kA	10 s 热稳定电流有效值/kA	破冰厚度/mm	母线最大水平拉力/N	每极质量/kg	配机操作机构
GW1-$\frac{10}{400}$	10	11.5	400	25	10			20	CS8-1
GW1-$\frac{10}{600}$	10	11.5	600	35	14			21	CS8-1
GW4-35	35	40.5	600	50	10	5	490	65	CS11
			1000	80	15				
GW4-35D	35	40.5	600	50	10	5	490	68	CS8-6D
			1000	80	15				
GW4-$\frac{35}{60}$	35/60	40.5/69.5	600	50	10	5	490		CS11
			1000	80	15				
			2000	104	30				
GW4-$\frac{35}{60D}$	35/60	40.5/69.0	600	50	10	5	490		CS8-6D CS15-D
			1000	80	15				
			2000	104	30				

注：G — 隔离开关；W — 户外型；4 — 产品序号；35、25 — 额定电压为 35 kV、25 kV；D — 带接地刀闸；T — 铁路专用；630 — 额定电流（A）

按其用途分为带接地刀闸和不带接地刀闸两种。其型号为 GW_4-35、GW_4-35D、GW_4-25/630T、GW_4-25/630TD。

按操作次数多少分为经常操作和不经常操作两种。经常操作的隔离开关安装在车站货物装卸线、机车整备线和库线等处，选用带接地刀闸的 GW_4-35D 或 GW_4-25/630TD 型开关。当开关打开的同时，接地刀闸将接通停电侧刀闸，以保证装卸货物和检修机车人员的安全。不经常操作的隔离开关，安装在绝缘锚段关节、分相电分段和馈线等处，采用不带接地刀闸的 GW_4-35、GW_4-25/630T 型开关。

上述四种开关的主体结构基本相同，只是带接地刀闸的开关多了一套接地刀闸和联动装置。它由金属底座、绝缘瓷柱、导电刀闸、接地刀闸和操动机构组成，开关的分合过程是操作手动机构，经转动杆转动主轴上的瓷柱，并带动导电刀闸水平转动90°，转动同时又通过交叉连杆使另一个瓷柱和导电刀闸转动90°。

隔离开关安装时，对于腕臂柱安装在支柱顶部，软横跨柱安装在支柱的1/2高度处，导电刀闸通过电连接线与接触网连接。

图14-2为西门子公司生产的适用于AC 25 kV的隔离开关，由底架、绝缘体、密封装置、接触器和引弧角组成，其技术参数如表14-3所示。

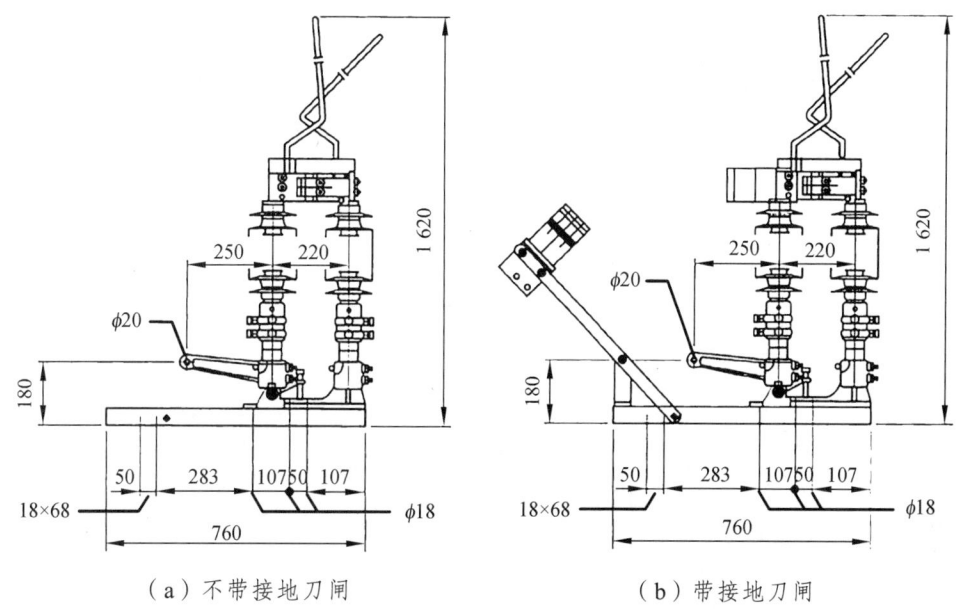

（a）不带接地刀闸　　　　（b）带接地刀闸

图14-2　西门子隔离开关外形

表14-3　AC 25 kV 隔离开关技术参数

序号	质量/kg	最小操作力/N	额定频率/Hz	最小爬电距离/mm	绝缘间隙/mm	0.5 s 额定电流/kA
8WL6127-0E	31	1000	50/60	1200	420/460	40
8WL6127-1E	36	1000	50/60	1200	420/460	40
备注	雷电冲击耐受电压：250 kV；工频湿闪电压：95 kV；环境温度-30～+40 ℃；破冰厚度：10 mm；最大工作电流1700 A					

图 14-3 安装于接触网上的双极隔离开关

表 14-4 27.5 kV 单（双）极电动隔离开关技术性能表

设备及技术性能	参数及要求	投标产品的技术性能
安装方式	户外	户外
额定定压	27.5 kV（2×27.5 kV）	27.5 kV（2×27.5 kV）
系统最高电压	31.5 kV（2×31.5 kV）	31.5 kV（2×31.5 kV）
额定频率	50 Hz	50 Hz
额定电流	2000 A	2000 A
额定短时耐受电流	20 kA	25 kA
额定短路持续时间	2 s	4 s
额定动稳定电流（峰值）	50 kA	63 kA
雷电冲击耐受电压（全波 1.2/50 μs 峰值）	对地 185 kV、断口间 215 kV	对地 185（325）kV 断口 215（375）kV
1 min 工频耐受电压	对地 85 kV、断口间 110 kV	对地 85（140）kV 断口 110（160）kV
爬距	≥1400 mm	≥1400（2772）
型式	垂直打开	垂直打开
允许开合时冰厚/mm	10	20
接线端子的水平静拉力	不大于 490 N	平纵向负荷 750 N 平横向负荷 500 N
开关触头最大温升（不超过 40 ℃ 时）	65 K	65 K

续表

设备及技术性能		参数及要求	投标产品的技术性能
可靠分、合闸次数（其间不调整）		3000 次	3000 次
机械寿命（3000 次后每 1000 次进行简单检查）		100 000 次	100 000 次
操作机构类型		电动	电动
电机参数	a.电压	AC 220 V	AC 220 V
	b.功率	200 W	200 W
辅助开关参数	a.常开接点	10 对	10 对
	b.常闭接点	10 对	10 对
	c.接点允许通过并能切断的电流值	专家提出建议	220 V，5 A
操动机构寿命		10 000 次	10 000 次
操作机构输出力矩		≥250 N·m	360 N·m
隔离开关主回路电阻		≤200 μΩ	≤200 μΩ
参数	a.抗弯破坏负荷	不小于 3922 N	≥3922 N
	b.抗扭破坏负荷	不小于 980 N·m	≥980 N·m
	c.在 0.25～0.35 mg/cm^2 盐密下污秽耐受电压	不小于 32 kV	≥32 kV
操作机构附件技术参数		厂家提出建议	详见产品说明书
最大启动电流		厂家提出建议	5 A
设计寿命		30 年	30 年

三、工作任务流程

（一）任务组织

隔离开关检修的人员配置见表 14-5。

表 14-5　隔离开关检修人员配置表

序号	项目	单位	数量	备注
1	工作领导人	人	1	
2	驻站联络员	人	1	
3	作业人员	人	9	
4	作业车司机	人	2	司机、学习司机各 1 人

（二）检修程序和方法

1. 流程

隔离开关检修流程如图 14-4 所示。

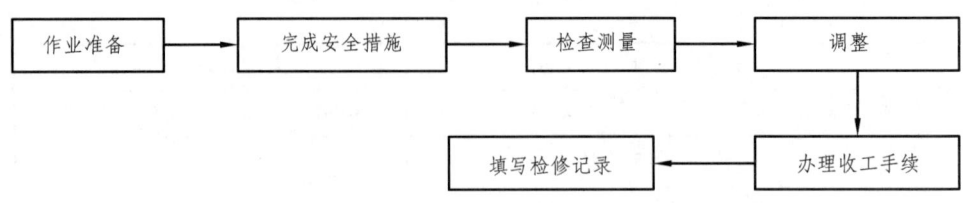

图 14-4 隔离开关检修流程

2. 方法

1）作业准备

按规程要求填写工作票并交付工作领导人，工作领导人向作业组全体成员宣读工作票、分工并进行安全预想，检查工具、材料。

2）完成安全措施

做好安全措施，工作领导人确认完成安全措施后，通知各作业组开工。

3）检查测量

（1）检查开关托架用水平尺检查托架横、纵向是否水平。

（2）检查绝缘子表面是否脏污、有无裂纹；有无放电痕迹、有无绝缘老化现象。

（3）检查接地线表面是否锈蚀；检查接地线与各部螺栓连接是否紧密；地线并沟线夹内是否有放电痕迹。

（4）检查头关开合情况：检查开关打开时、分闸时刀闸角度、止钉间隙；检查开关合闸时刀闸是否呈水平状态，两刀闸中心线是否相吻合。

（5）检查接地刀闸开合：是否到位；刀闸接触是否密贴。

（6）检查检查刀闸触头：表面有无锈蚀；弹簧片压力是否合适。

（7）检查操作机构：是否转动灵活；分合标识是否正确；传动杆连接是否牢固。

（8）检查开关引线：弛度是否过大或过小；用水平尺和钢卷尺检查引线与钢轨相交处与接触线的高度差 300 mm；用钢卷尺测量引线与接地体之间的最小绝缘距离是否小于 350 mm；引线与承力索和接触线连接处电连接线夹的状态。

（9）测试绝缘、接地电阻：

① 测试绝缘电阻。先将引线拆除，用 2500 V 兆欧表测量绝缘电阻值是否小于 10 000 MΩ 或与上次测量有无明显降低。具体操作，见绝缘电阻测量操作手册。

② 测试接地电阻。用接地电阻测试仪测量接地极接地电阻。具体操作，见接地电阻测量操作手册。

（10）检查各部螺栓紧固力矩：按标准力矩进行紧固。

4）调整

（1）开关托架不水平时将水平尺放在托架上观察，同时调整斜撑角钢与水平角钢连接处的位置，直至托架水平，然后将螺栓紧固。

（2）绝缘子状态不良时按照绝缘子检修工艺要求对开关绝缘子进行检查，脏污时按要求进行清扫维护，损坏时，按要求进行更换。

当开关绝缘子要求直立安装时，其倾斜度不得超过 2°，超过时松开绝缘子底座，添加适量垫片使其垂直。

（3）接地线平态不良时：

a. 接地线与螺栓连接处松动时，按标准紧固螺栓；

b. 接地线锈蚀时，用砂纸对其除锈，然后涂防腐漆。

（4）开关的分、合闸角度不合适时：

① 分闸角度不合适时，将开关倒至分闸位置后，先调整交叉连杆的长度，直至分闸角度符合要求，最后调分闸止钉的间隙 1~3 mm。

② 合闸不呈直线时，先将开关倒至合闸的位置，调交叉连杆，使刀片合闸呈直线，然后调合闸止钉间隙。

（5）接地刀闸开合状态超标时：

① 接地刀闸合后不到位或合后过头，可调整接地刀闸传动拐臂的角度及接地连杆的长度，使其接地符合要求。

② 刀闸接触不密贴或过紧，可调整螺头弹簧片的压力。

（6）开关触头状态不良时：

① 触头闭合时以 0.05 mm×10 mm 的塞尺检查，当接触面宽度为 50 mm 及以下时若其插入深度超过 4 mm（或接触面宽度为 60 mm 以上时超过 6 mm），则调整刀闸的顶紧螺栓，增加弹簧片的接触压力，使两者密贴，但应保证其开合灵活。

② 触头表面有锈蚀、烧损痕迹时，对其进行打磨，涂电力复合脂；出现焊着、烧损时进行更换；对触头表面有特殊镀层的按照产品说明书处理。

（7）操作机构状态不良时：

① 操作机构转动时有卡滞或冲击现象时，对转动部分注入润滑油。

② 手动操作机构分合闸与标识不一致时，调整标识，重新安装。

③ 传动杆与操作机构连接松动时，按照标准紧固法兰盘连接螺栓。

④ 传动杆安装不垂直时，调整操作机构安装位置，直至其垂直。

（8）开关引线状态不良：

① 开关引线弛度过小时，根据安装曲线，将引线与承力索和接触线的连接点向靠近开关方向移动。

② 开关引线弛度过大时，根据安装曲线，将引线与承力索和接触线的连接点向远离开关方向移动。

③ 引线距接地体的距离小于 350 mm 时，将引线与承力索和接触线的连接点向远离开关方向移动，必要时增加绑扎点。

④ 引线与设备线夹连接螺栓松动时，按标准力矩对螺栓进行紧固。

⑤ 设备线夹有裂纹时,更换。
⑥ 引线有烧伤、断股时,对其进行更换;散股时,进行绑扎处理。
⑦ 引线与承力索和接触线连接处的检修参照"电连接检修工艺"。
(9)绝缘、接地电阻不合格时:
① 对开关绝缘子进行一次绝缘电阻测试,当其测量结果比上次测量结果显著下降时,对该绝缘子进行更换。
② 若测量接地电阻超标,则应对该处添加降阻剂或增加接地极。
(10)按标准对各部位螺栓进行紧固,并检查防松措施。
5)隔离开关整体更换
(1)吊架安装。
腕臂柱开关临时吊架安装在支柱田野侧;软横跨支柱临时吊架安装型式如图 14-5 所示。在开关支架上方 2 m 处安装一条长约 2 m 的跳线槽钢,槽钢端部用 3 股 $\phi 4.0$ mm 铁线固定于支柱上。
(2)准备。
① 将单滑轮与大绳组成滑轮组挂在临时吊架上。
② 将开关绑扎好连在单滑轮上。

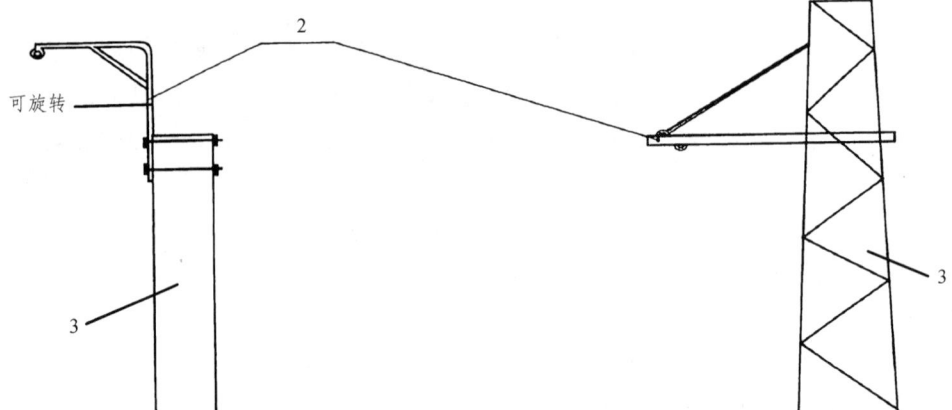

1—混凝土支柱;2—临时吊架;3—软横跨支柱。

图 14-5 软横跨支柱临时吊架安装型式

③ 将开关瓷柱用草袋包扎好;
④ 在开关底座上绑一条小绳做晃绳。
(3)拆除原有隔离开关。
① 杆上人员拆下开关与托架间的连接螺栓,然后一人扶稳吊架,地上人员慢慢起吊开关,同时一人拉住晃绳稳定开关(见图 14-6)。

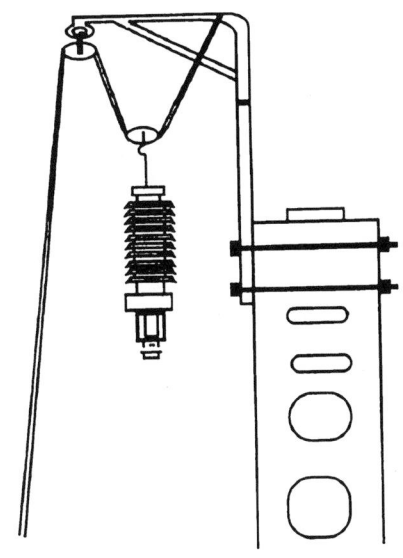
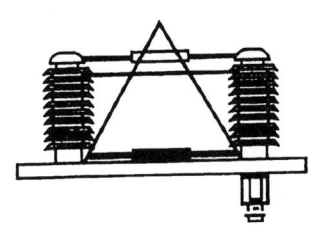

（a）吊装示意图　　　　　　　　　（b）吊装绑扎示意图

图 14-6　隔离开关示意图

② 地上人员松大绳，慢慢放下开关。

（4）吊装新开关。

（5）安装开关。

① 转动开关使开关闸刀开合方向正确。

② 慢慢松吊绳，同时杆上人员扶稳开关使开关底座螺栓孔对准托架上的安装孔，然后使开关落于托架上。

③ 穿入螺栓，使开关初步固定。

④ 调整开关瓷柱，达到竖直。

⑤ 转动部分、触头、设备端子涂抹相应润滑剂和电力复合脂。

（6）开关附件安装。

① 地面人员将操纵管竖起，操动管轴套筒套入轴内，对准顶丝位置，拧紧顶丝。

② 在支柱上与手动操作机构水平位置处安装操作机构托架，固定手动操作机构。

（7）调试。

电动隔离开关安装同上述步骤，在安装电动隔离开关操纵机构后，按照详细说明书进行手动和电动操作的配合调试。

（8）复测各部位技术参数，使之符合技术标准。

6）办理收工手续

工作领导人确认各作业组工作结束，人员机具均已撤至安全地带后，通知监护人员撤除地线及其他安全措施。

工作领导人确认安全措施撤除后，通知驻站联络员申请消除停电作业命令和线路封锁命令。

工作领导人召开收工会，办理收工手续。

7）填写检修记录

按照当天检修情况填写检修记录。

（三）技术标准

（1）隔离开关应动作可靠、转动灵活，合闸时触头接触良好，引线和连接线的截面与开关的额定电流及所连接的接触网当量截面相适应，引线不得有接头。

（2）支持绝缘子应清洁，无破损和放电痕迹，瓷釉剥落面积不超过 300 mm^2。

（3）隔离开关的分闸角度及合闸状态应符合产品的技术要求。

（4）隔离开关的触头接触面应平整、光滑无损伤，并涂以电力复合脂。

（5）隔离开关操作机构应完好无损并加锁，转动部分注润滑油，操作时平稳正确无卡阻和冲击。

（6）引线及连接线应连接牢固接触良好，无破损和烧伤，引线距接地体的距离应不小于 350 mm，引线摆动到极限位置对接地体的距离符合规定。

引线的长度应能保证当接触悬挂受温度变化偏移时有一定的活动余量并不得侵入限界，引线在其垂直投影与线路钢轨交叉处，应高于工作支接触线 300 mm 以上。

（7）新安装的隔离开关在投入运营前应进行交流耐压试验，运行中每年用 2500 V 的兆欧表测量一次绝缘电阻值，与前一次测量结果相比不应有显著下降。

（8）隔离开关的技术状态应符合产品说明书的相关要求。

四、分析与思考

该任务主要是隔离开关检调，填写隔离开关维修记录表（表 14-1）。看似简单的一项任务，却关系到接触网的结构和技术标准要求，因此，如何保证设备各项参数的合格至关重要。而在实际工作中需注意以下事项：

（1）检修电动隔离开关前，首先断开操作机构的操作电源。

（2）所有隔离开关检修作业前必须装好短接线。

（3）带接地刀闸的开关在操作过程中，任何情况下，接地刀闸与带电体保持 350 mm 以上的绝缘距离。

（4）开关检修时，要做好上下配合，防止挤伤。

（5）各种高空作业做好安全防护措施。

（6）测量接地电阻时，要将地线断开，同时做好旁路措施。

隔离开关检调实训考核标准及评分表

项目	配分	序号	考核内容及评分标准	配分	扣分	得分	备注
准备工作	20	1	着装整齐，安全劳保用品齐全，符合要求。着装、安全劳保用品一项不合格扣2分。	10			
		2	材料、工具、仪器、仪表摆放整齐，逐项检查。材料、工具、仪器、仪表缺少、选错、检查不当，一项扣1~5分。	10			
作业过程	70	3	隔离开关结构辨识：随机指出5个隔离开关结构，要求口述回答结构名称，每错一处扣2分，3次及以上，该项不得分。	10			
		4	隔离开关本地分、合闸操作：步骤错误、操作不规范，每错一处扣5分，3次及以上，该项不得分。	20			
		5	隔离开关本体检查：对绝缘子、动触头、静触头等结构检查，检查不当、漏、错一处扣1~3分。	10			
		6	隔离开关操作机构检查：对接线端子、合闸机构及回路、分闸机构及回路等检查，检查不当、漏、错一处扣1~3分。	10			
		7	装置调整：按照隔离开关安装标准对装置进行调整。漏、错一处扣1~2分。	10			
		8	工具使用正确，否则一项扣1~5分。	5			
		9	作业完毕，物料归位，清理现场。物料、工具未归位扣1~2分，现场未清理扣3分。	5			
安全及其他	10	10	作业人员无违规	5			
		11	作业人员未受伤	5			
			合计	100			

任务二　电连接的检调

【知识目标】
- 掌握电连接的作用、形式。
- 掌握电连接的检调标准。

【技能目标】
- 会安装电连接线。

【素养目标】
- 培养团结协作精神，可以既有分工又有协助，互相帮助、共同达成目标。
- 培养吃苦耐劳、爱岗敬业、勇于开拓、积极进取的精神。

一、电连接的检调

图 14-7 为横向电连接结构图，根据实训基地实物进行电连接检调，并将检调结果填入表 14-6 中。

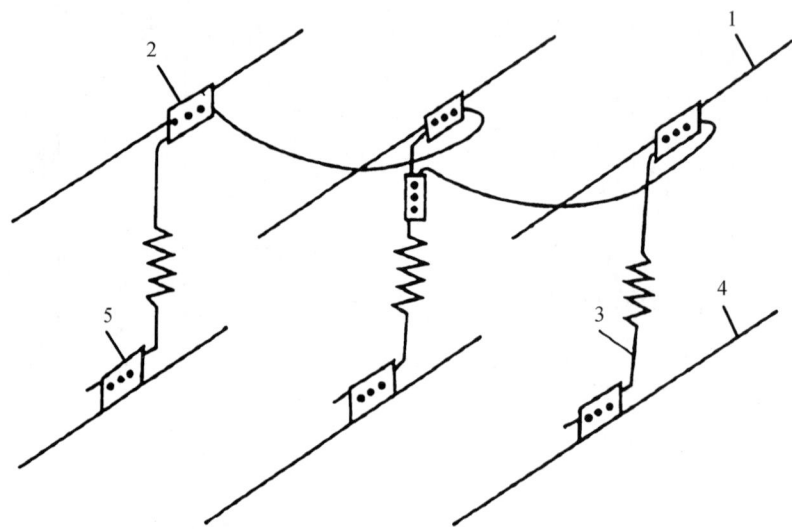

1—承力索；2—承力索电连接线夹；3—电连接线；4—接触线；5—接触线电连接线夹。

图 14-7 横向电连接结构图

表 14-6 电连接维修记录

检修日期	位置	性质	电连接状态	电连接线夹			位移长度/mm	备注
				螺栓紧固力矩	是否打磨	是否涂电力复合脂		

二、知识准备

电连接的作用是将接触悬挂各分段供电间的电路连接起来,保证电路的畅通,通过电连接可实现并联供电,减少电能损耗提高供电质量。在电气设备与接触网之间,用电连接线进行可靠的连接,使设备充分发挥作用,避免出现烧损事故,完成各种供电方式和检修的需要。

电连接线用导电性能好的材料制成,在铜接触线区段采用 TJ-95 型铜绞线。在钢铝接触线区段,采用 LJ-150 型多股铝绞线。为减少电连接线与接触线连接处的硬点,保持接触网弹性,要求电连接线做成螺旋弹簧状,当电连接线在连接处意外烧损时,还可放开几圈继续使用,以便节约材料。

电连接线一般采用 $95 \sim 150 \ mm^2$ 的软铜绞线,允许通过电流不得小于被连接接触悬挂和供电线的额定载流量,且不得有接头。

电连接线夹的材质和规格必须与被连接线索相适应,线夹与被连接线之间的连接必须贴切、牢固,线夹内无异物,并涂导电介质。

高速铁路接触网中常用的电连接形式如图 14-8 所示。

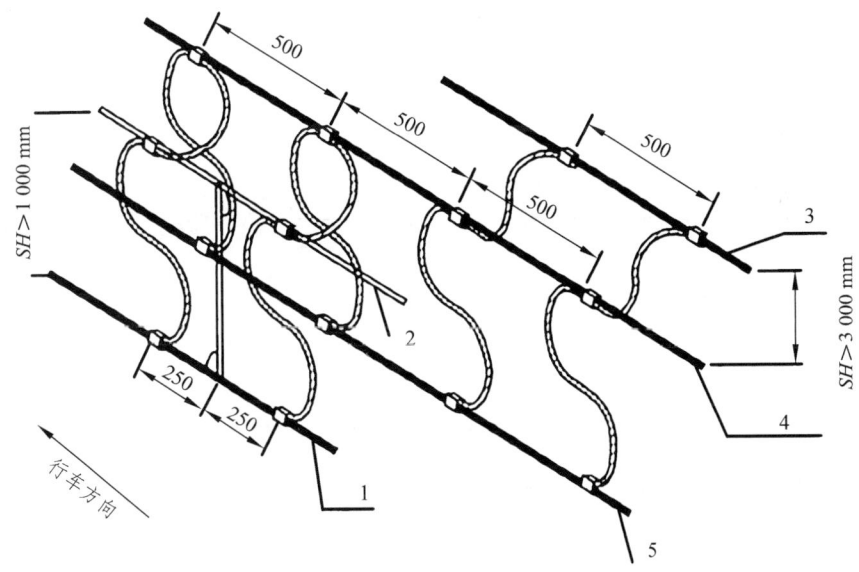

1—工作支接触线;2—工作支承力索;3—加强线;4—非工作支承力索;
5—非工作支接触线。

(a)承力索与加强线间设置的横向电连接

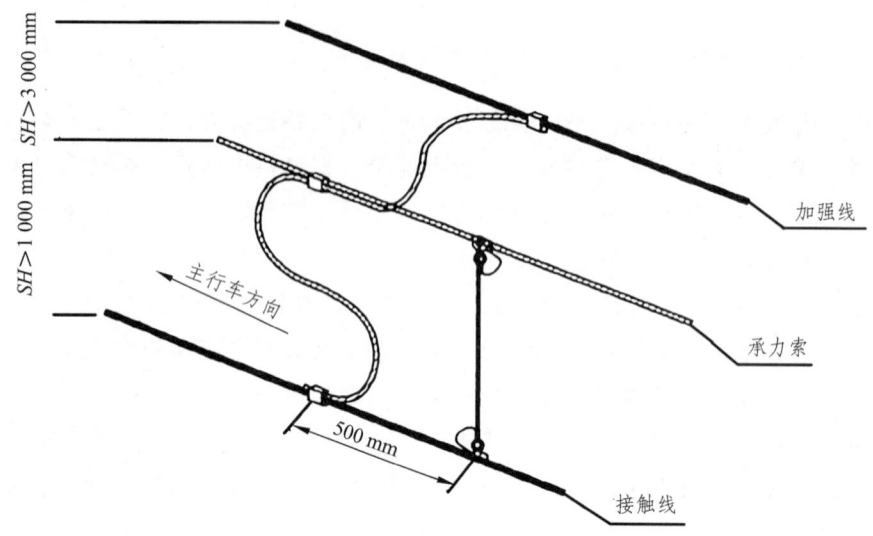

(b)加强线终端下锚处加强线与接触悬挂间的横向电连接

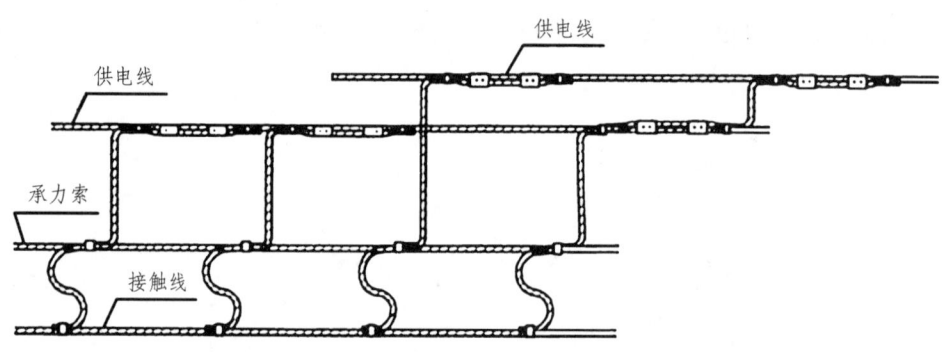

(c)变电所附近供电线与接触悬挂间的横向电连接

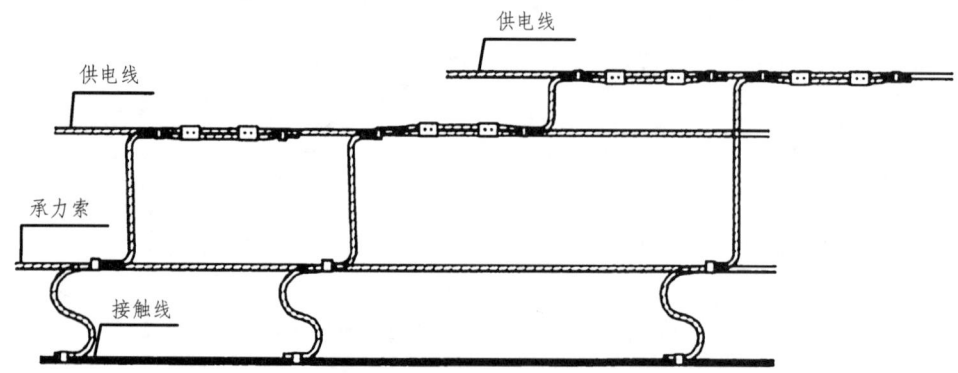

(d)分区所附近供电线(T线)与接触悬挂间的横向电连接

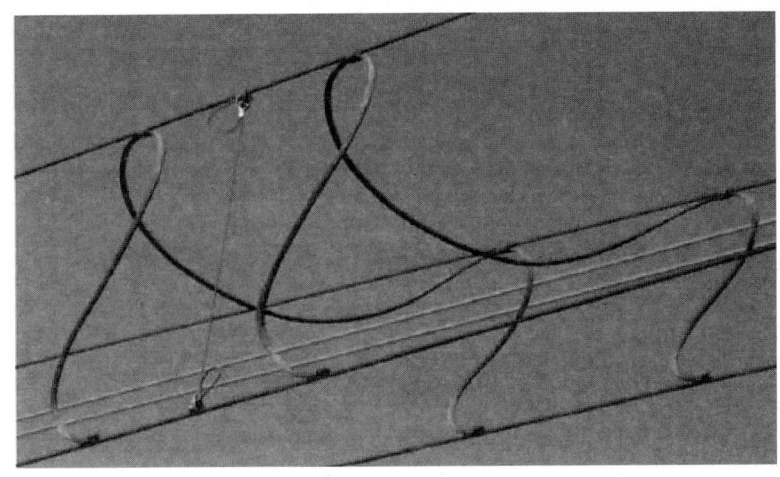

(e)无加强线区段锚段关节处电连接

图 14-8 高速铁路接触网中常用的电连接形式

1. 电连接的分类

电连接按其使用位置不同,分为横向电连接和纵向电连接。

1)横向电连接

横向电连接的主要作用是能实现并联供电,如在载流承力索区段,为使承力索上的电流通过接触线流向受电弓,需要每隔 200~250 m 在承力索与接触线间安装一组电连接线。

当隧道内为简单悬挂隧道,外为链形悬挂时,应在隧道口承力索与接触线间安装电连接线,这样可以避免承力索电流经吊弦流向接触线,防止吊弦烧损。

为满足站场上电力机车启动时所需的大电流,在各股道间安装股道电连接线,实现几股道接触网并联供电,可减少能耗并提供较大电流,股道电连接线结构如图 14-8 所示。

2)纵向电连接

纵向电连接的作用是使供电分段或机械分段处两侧接触悬挂实现电的连通。在检修和事故处理时,可通过隔离开关达到电分段的目的,如绝缘锚段关节和非绝缘锚段关节,转换柱靠锚柱侧安装的电连接线。电分段处隔离开关与接触悬挂间的电连接线,线岔处的电连接线等都称为纵向电连接。

2. 电连接检修技术标准

(1)电连接应装在设计规定的位置,施工偏差为 ±500 mm;电连接线夹与导线接触面应平整、光洁;电连接线载流截面应与被连接导线载流截面相当,并应完好,无松散、断股等现象;铜接触线与铝连接线连接时应采用铜铝过渡措施。

(2)电连接线与导线连接应符合下列规定:不同材质承力索、接触线与电连接线夹连接时,导线与线夹接触面均用细钢丝刷清除表面氧化膜,并用汽油清洗,清洗长度不应少于连接长度的 1.2 倍,导线接触面涂电力复合脂;钢铝接触线与铝电连接线夹连接时，线夹型号与接触线型号相符；接触线与电连接线夹及楔子的接触面，均用细钢丝刷清除表面氧化膜，并用汽油清洗，清洗长度不应少于连接长度的 1.2 倍，接触面涂一层电力复合脂；楔子要安紧，岔头劈开；电连接线夹螺栓受力均匀，安装时逐个拧紧，其螺栓的拧紧扭矩符合设计要求。

（3）电连接长度应根据实测或以设计要求确定，股道间的电连接应弧形，预留因温度变化而产生的位移长度。

（4）承力索和接触线间的横向电连接应做成弹簧形状，弹簧圈铝电连接线可绕 3 圈，铜电连接线可绕 2 圈，弹簧圈的内径为 80 mm，其底圈与接触线的距离为 200～300 mm。承力索与承力索间的电连接线做成弹簧形状，弹簧圈可绕 3～4 圈，弹簧圈的内径为 80 mm，弹簧圈应设置在承力索中间，预留两承力索随温度变化时不同方向产生的相对位移长度。

（5）多股道的电连接在平均温度时，应垂直于正线，如无正线时应垂直于较重要的一条线路；任意温度安装电连接时，全补偿链形悬挂承力索与接触线采用同材质应垂直安装，不同材质应按吊弦计算偏移值安装或按设计提供的吊弦安装曲线安装；半补偿链形悬挂同吊弦安装。

（6）隔离开关电连接线距瓷裙的间距，不得小于 150 mm，与地部分不得小于 400 mm。引线跨带电导线的高度不小于 400 mm。

三、工作任务流程

（一）任务组织

电连接检修人员配置见表 14-7。

表 14-7　电连接检修人员配置表

序号	项目	单位	数量	备注
1	检修负责人	人	1	全面负责
2	驻站联络员	人	1	
3	行车防护兼地线监护人	人	2	
4	地线操作人员	人	2	
5	高空作业人员	人	3（2）	作业车（车梯）
6	辅助人员	人	2（4）	作业车（车梯）
7	作业车司机	人	2	司机、学习司机各 1 人

（二）检修程序和方法

1. 流程图

电连接检修流程如图 14-9 所示。

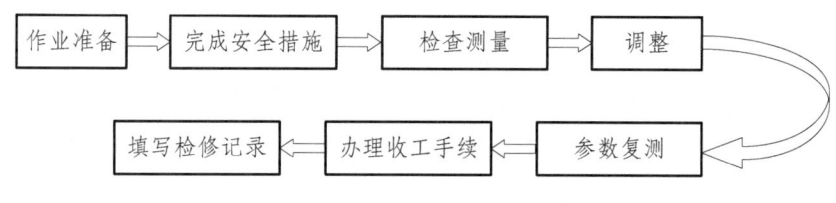

图 14-9　电连接维修流程图

2. 方法

1）作业准备

按规程要求填写工作票并交付工作领导人，工作领导人向作业组全体成员宣读工作票、分工并进行安全预想，检查工具、材料。

2）完成安全措施

做好安全措施，工作领导人确认完成安全措施后，通知各作业组开工。

3）检查测量

（1）测量电连接线夹处接触线高度：用接触网 DJJ 激光测量仪（或测杆）测量电连接处的接触线高度 h；用接触网 DJJ 激光测量仪（或测杆）测量与电连接相邻吊弦点的接触线高度 h_1、h_2；计算电连接线夹处接触线高度与相邻吊弦点的高差 $\Delta h = (h_1 + h_2)/2 - h$。

（2）检查电连接线：有无松股；伸缩圈有无松弛、变形；有无机械损伤、断股或电弧烧伤断股。

（3）检查电连接线夹：材质、规格是否与被连接线索相适应；与接触线、承力索、供电线之间的连接是否牢固，线夹内有无杂物；电连接线夹在直线处是否处于铅垂状态，在曲线处是否与接触线的倾斜度一致。

（4）测量电连接线预留量：外观检查是否过紧或过松；用温度计测量现场温度，根据安装曲线查出到极限温度下电连接偏移量，检查电连接预留量能否满足偏移量的要求；或计算出电连接在极限温度下的偏移量，比较电连接的预留量能否满足偏移量的要求。一支悬挂电连接最大偏移值：

$$E = L \times a \times (T_{\max} - T_x) \text{ 或 } E = L \times a \times (T_x - T_{\min}) \qquad (14\text{-}1)$$

式中　E——偏移值，m；

　　　L——电连接至中心锚结的距离，m；

　　　a——线胀系数，mm/°C；

　　　T_x——检修时温度，°C；

　　　$T_{\max}$——设计最高温度，°C；

　　　$T_{\min}$——设计最低温度，°C。

锚段关节、线岔或股道电连接的偏移值要将相关悬挂电连接的最大偏移值按偏移方向进行加或减。

（5）螺栓紧固力矩：按标准力矩对各部螺栓进行紧固。

4）调整

（1）电连接线夹处接触线高度超标。

① 当电连接线夹处接触线高度低于相邻吊弦点时：减小电连接线在承力索与接触线间的预留量（缩小弹簧圈间的距离或增加电连接线在承力索上的绑扎长度）。

② 当电连接线夹处接触线高度高于相邻吊弦点 10 mm 以上时：增大电连接线在承力索与接触线间的预留量（增大弹簧圈间的距离），但要保证电连接线夹不得扭斜。

（2）电连接松股、烧伤处理。

① 电连接线松股：用同材质电连接线进行适当绑扎固定。

② 电连接线伸缩圈松弛无力、变形：一人抬起接触线 100～200 mm，一人整理伸缩圈的形状使之符合标准，然后轻轻放下接触线。

③ 电连接线有机械损伤断股、电弧烧伤断股：拆下损伤的整组电连接，对原安装位置重新进行打磨清理后，安装新的整组电连接。

④ 安装新的整组电连接步骤：

步骤一：预制。

a. 下料：根据现场实际测量，增加预留长度，裁电连接线。

b. 搋圈：为防止电连接续在去制时散股，将电连接线每间隔 50 mm 用相同材质线绑扎 2 圈。

电连接在悬挂间预留弹簧圈。电连接线应盘绕 2～3 圈，内径 50 mm；

c. 将钢管水平固定，然后根据弹簧圈在电连接线上的位置，用电连接线在钢管上紧密缠绕 3 圈。

d. 再按测量的长度，将电连接摆好。

步骤二：安装（以关节、线岔电连接为例）。

a. 两人配合先把电连接线与承力索用承力索电连接线夹连接。安装时应根据温度计算两个电连接线夹安装的相对位置。

b. 两人配合用接触线电连接线夹将电连接线与接触线相连接。

c. 检查电连接安装位置是否符合设计要求；检查电连接状态是否直顺；电连接线在两支接触悬挂上的相对位置是否正确；电连接线夹安装是否紧固。

d. 若电连接线夹是螺栓型，先用砂纸打磨并涂电力复合脂，将电连接线夹按标准力矩进行紧固；若电连接线夹采用压接型，先用砂纸打磨并涂电力复合脂，然后两人配合用压接钳分别对承力索处电连接线夹、接触线处电连接线夹进行压接。

（3）电连接线夹。

① 正常检查。

螺栓连接型：打开电连接线夹，用钢丝刷清除内部氧化层（包括线夹本体和线索），并用砂纸打光；安装时要涂电力复合脂，电连接线夹要安装端正，螺栓紧固有油。

压接、无螺栓型：进行外观检查，看线夹有无烧伤痕迹。

② 电连接线夹与线索连接处有烧伤痕迹时：

卸载接触悬挂间的张力，使电连接处于不受力状态；打开电连接线夹，用钢丝刷清除内部氧化层（包括线夹本体和线索），并用砂纸打光；改变连接线的夹持位置（错开即可），新位置要进行打磨清理，安装时要涂电力复合脂，电连接线夹要安装端正，螺栓紧固有油。若为压接型电连接线夹，出现损伤时，应进行更换。

③ 电连接线夹扭斜：校正电连接线夹处接触线线面，使接触线电连接线夹在直线处处于铅垂状态，在曲线处与接触线的倾斜度一致。具体操作见《接触线检修工艺》。

（4）电连接线预留量调整。

① 过紧：移动位置或更换。若更换，步骤同（2）中安装新的整组电连接。

② 过松：移动位置或更换。若更换，步骤同（2）中安装新的整组电连接。

（5）螺栓紧固力矩：各部位螺栓紧固按标准执行。

5）参数复测

参数复测达到技术标准要求。

6）办理收工手续

工作领导人确认各作业组工作结束，人员机具均已撤至安全地带后，通知监护人员撤除地线及其他安全措施。

工作领导人确认安全措施撤除后，通知驻站联络员申请消除停电作业命令和线路封锁命令。

工作领导人召开收工会，办理收工手续。

7）填写检修记录

按照当天检修情况填写检修记录。

(三) 技术标准

1）电连接安装要求

（1）在锚段关节处装设 2 组、线岔处装设 1 组电连接器；在链形悬挂与简单悬挂的衔接处、加强线（载流承力索）的终端、车站电力机车经常起动处所的股道之间，应装设电连接器。其他横向电连接的设置位置和数量符合设计要求。

（2）极限温度条件下，交叉跨越线索间距不足 200 mm 的处所应加装等位线。等位线应与被连接线索材质相同，截面积不少于 10 mm^2。

2）电连接线

（1）电连接线均要用多股软线做成，其额定载流量不小于被连接的接触悬挂、供电线的额定载流量，且不得有接头。

（2）对于压接式的电连接线夹，电连接线不应有压伤和断股现象；对于并接式电连接线夹，电连接线应伸出线夹外 10~20 mm。

3）电连接线夹

（1）电连接线夹的材质和规格必须与被连接线索相适应。

（2）电连接线夹与接触线、承力索、供电线之间的连接必须牢固，线夹内无杂物并涂导电介质。

（3）接触线电连接线夹在直线处应处于铅垂状态，在曲线处应与接触线的倾斜度一致。

（4）电连接线夹处接触线高度不应低于相邻吊弦点，允许高于相邻吊弦点 0~10 mm。

4）电连接弛度、预留量电连接线应留有一定的裕度，适应接触线和承力索因温度变化伸缩的要求。

四、分析与思考

该任务主要是电连接检调，并将检调结果填入电连接维修记录表。看似简单的一项任务，但关系到接触网的结构和技术标准要求，因此，如何保证设备各项参数的合格至关重要。而在实际工作中需注意以下事项：

（1）作业过程中要严格复核受电弓动态包络线。

（2）电连接线夹不应装在线岔始触区内。

复习与思考题

1. 试简述隔离开关的作用。
2. 试简述隔离开关的检查步骤。
3. 试简述隔离开关调整过程中的注意事项。
4. 试简述试简述隔离开关的更换步骤。
5. 试简述电连接的作用及常用形式。
6. 简述电连接检修技术标准。

电连接制作与检调实训考核标准及评分表

项目	配分	序号	考核内容及评分标准	配分	扣分	得分	备注
准备工作	20	1	着装整齐，安全劳保用品齐全，符合要求。着装、安全劳保用品一项不合格扣2分。	10			
		2	材料、工具、仪器、仪表摆放整齐，逐项检查。材料、工具、仪器、仪表缺少、选错，检查不当，一项扣1~5分。	10			
作业过程	70	3	电连接制作：电连接长度符合要求，超出允许范围扣5分，压口无毛刺、开裂，压接到位，否则扣5分，电连接线出现松股、断股扣5分，压接面不清洁扣5分，电连接线与线夹压接松脱不得分。	50			
		4	电连接线检查：检查不当、漏、错一处扣1~2分。	5			
		5	调整：调整不到位扣5分。	5			
		6	工具使用正确，否则一项扣1~2分。	5			
		7	作业完毕，物料归位，清理现场。物料、工具未归位扣1~2分,现场未清理扣3分。	5			
安全及其他	10	8	作业人员无违规	5			
		9	作业人员未受伤	5			
合计				100			

项目十五　软横跨的检修

 项目描述

软横跨是接触网的核心组成部分，其学习目标和典型工作任务是接触网维护与检修的重要组成部分。本项目学习过程中需要掌握软横跨的作用和结构，掌握软横跨的装配方法，具备一定的软横跨检调能力。

【知识目标】
- 掌握软横跨的作用和结构。
- 掌握软横跨的装配方法。
- 掌握软横跨的检调。

【技能目标】
- 具有一定的软横跨检调能力。

【素养目标】
- 培养理论学习能力，更好地理论联系实践。
- 培养良好的身体素质和不断开拓创新的意识。
- 培养解决问题时的逆向思维能力和换位思考能力。

一、软横跨的检调

图 15-1 为软横跨结构示意图，根据实训基地实物进行软横跨检调，并将检调结果填入表 15-1 中。

二、知识准备

软横跨由站场线路两侧支柱（称为软横跨支柱）和悬挂在支柱上的横向承力索、上下部固定绳、软横跨直吊弦及支持和连接它们的零件组成。横向承力索是软横跨的主要构件，承受各股道纵向接触悬挂的全部垂直负载。由于横向承力索承重较大，因而选用 GJ-70 镀锌钢绞线，在股道数较多（大于五股道）或负载较大时，采用两根 GJ-70 钢绞线，称为双横承力索。为了减小横承力索中的张力，降低对支柱容量要求，横承力索一般有较大弛度。在横向承力索下方布置有上、下部固定绳。上部固定绳的作用是固定各股道的纵向承力索，并将纵向承力索的水平负载（如风力、曲线力等）传递给支柱；下部固定绳的作用是固定定位器，以便对接触线按技术要求定位，并将接触线水平负载传递给支柱。由于上、下部固定绳只承受水平力，负载不大，故上、下部固定绳多用GJ-50 镀锌钢绞线。

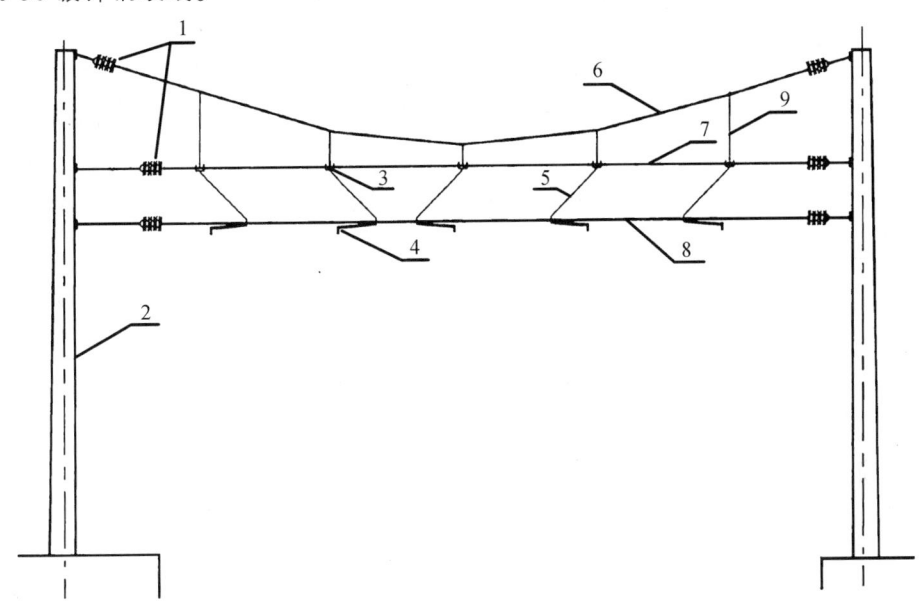

1—绝缘子；2—支柱；3—承力索；4—定位器；5—斜拉线；6—横承力索；
7—上部固定绳；8—下部固定绳；9—直吊弦。

图 15-1 软横跨结构示意图

表 15-1 软横跨静态检测记录

区间（站场）_____软横跨_____ 检测日期：

悬挂点所在股道	Ⅰ	Ⅱ	Ⅲ	Ⅳ	Ⅴ	Ⅵ
下部固定绳距接触线距离/mm						
横承力索最短吊弦长度/mm						
横承力索、上下部固定绳布置状态						
横承力索、上下部固定绳涂油、锈蚀情况						
负弛度						

测量人　　　　　互检人　　　　　设备负责人　　　　　工长

软横跨按照其横承力索和支柱间是否绝缘，分为绝缘软横跨和非绝缘软横跨两种。绝缘软横跨的横向承力索与上、下部固定绳均对地绝缘，是我国目前采用的主要形式。绝缘软横跨有很多优点，它的各条线索对地都是绝缘的，这样便于开展带电检修作业。对地绝缘的绝缘子串都装在线路两侧，故在电力和内燃、蒸汽混合牵引区段上运营，可减轻绝缘子的污损程度，从而减少了清洗绝缘子的工作量。在线路较多的站场上用绝缘软横跨可节约大量绝缘子，使软横跨结构质量减轻，并且有利于机务人员的信号瞭望，同时增加了车站的美观。

上、下行分开供电的车站，跨越上、下行股道的软横跨应用绝缘分开，软横跨上、下行股道间的横向电分段绝缘子串应位于相邻上、下行股道的中间。靠支柱的接地绝缘子串应在同一垂直平面内，允许误差为±10 mm。

由于软横跨上、下行股道间横向电分段绝缘子串起上、下行电分段作用，在实行 V 形天窗作业区段，横向电分段绝缘子串，经常起接地侧绝缘子的作用。另外，当某一方向接触网设备故障时，它还将另一方向正常接触网设备在站场隔离开来，起缩小事故范围的作用。因此，为了保证在实行 V 形天窗时作业人员的人身、设备安全和缩小事故范围，软横跨上、下行股道间横向电分段绝缘子串采用 4 片，使绝缘子泄漏距离达到 1200～1600 mm。

软横跨绝缘子，不管是接地侧绝缘子还是上、下行股道间的横向电分段绝缘子，它们一方面起绝缘作用，另一方面起连接作用。因此，软横跨绝缘子机械性能和绝缘性能要求都比较高，在安装、检修时，要严格检查软横跨两侧及中间绝缘子串，特别是绝缘子串中各绝缘子的连接情况，防止弹簧销脱落和丢失，确保安全供电。

在有中间站台的车站，为保证车站工作人员和旅客的人身和财产安全，软横跨下部固定绳在跨越中间站台时，要形成一个中性区。

三、工作任务流程

（一）任务组织

软横跨检修人员配置见表 15-2。

表 15-2 软横跨检修人员配置表

序号	项目	单位	数量	备注
1	工作领导人	人	1	
2	驻站联络员	人	1	
3	行车防护兼地线监护人	人	2	
4	地线操作人员	人	2	
5	高空作业人员	人	3（2）	作业车（车梯）
6	辅助人员	人	2（4）	作业车（车梯）
7	作业车司机	人	2	司机、学习司机各 1 人

（二）检修程序和方法

1. 流程图

软横跨检修流程如图 15-2 所示。

1）作业准备

按规程要求填写工作票并交付工作领导人，工作领导人向作业组全体成员宣读工作票、分工并进行安全预想，检查工具、材料。

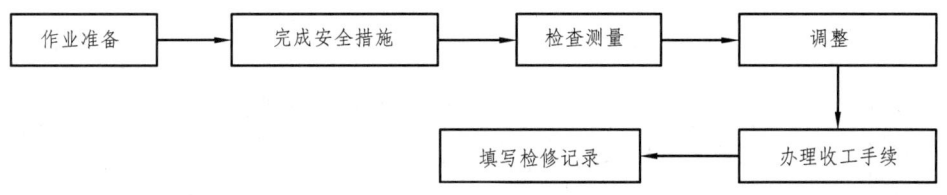

图 15-2 软横跨检修流程

2）完成安全措施

做好安全措施，工作领导人确认完成安全措施后，通知各作业组开工。

3）检查测量

（1）测量下部固定绳距接触线的距离：用接触网激光测量仪或测杆分别测量出下部固定绳、接触线的高度，两者的高差即为下部固定绳距接触线的距离，该距离不得小于 250 mm；停电作业时直接用钢卷尺进行测量两线高差。

（2）测量横向承力索距上部固定绳的最短距离：用接触网激光测量仪分别测量出上部固定绳、横向承力索最低点的高度，两者的高差即为横向承力索距上部固定绳的距离，该距离不得小于 400 mm；停电作业时直接用钢卷尺进行测量两线高差。

（3）检查横向承力索、上、下部固定绳：有无损伤、散股、断股现象；受力状态；有无补强、接头。

（4）检查直吊弦：有无锈蚀、烧伤情况；受力情况；最短垂直吊弦处的长度是否符合规定。

（5）检查弹簧补偿器：拉力是否超标；本体有无损坏。

（6）检查绝缘子：有无烧伤、破损；其他检修项目见绝缘子检修工艺。

（7）检查定位立柱：有无松动、损坏、偏斜现象。

（8）检查各部螺栓的紧固力矩：用力矩扳手对线夹螺栓进行复核检查。

4）调整

图 15-3 为软横跨示意图。

（1）横向承力索距上部固定绳的距离不符合要求。

测量横向承力索距上部固定绳的距离不足 400 mm 时，调整方法如下：在横向承力索上的绝缘子处棋形线夹两侧打上紧线器，通过手扳葫芦钢丝绳与两紧线器相连后紧线，将绝缘子卸载后，调整横承在楔形线夹内的回头长度，保证横向承力索的弛度及受力状态，并确保最短直吊弦长度；横向承力索两端，调整件头杆外露长度（如是钢柱，调整耳环杆外露长度）。

（2）下部固定绳距接触线的距离不符合要求。

下部固定绳距接触线的距离不足 250 mm 时，通过调整斜拉线来保证下部固定绳距接触线的距离大于 250 mm。调整方法如下：用滑轮组将斜拉线卸载，同时上下部固定绳子间临时用 $\phi 4.0$ mm 铁丝连接；松动定位线环线夹；调整斜拉线的长度，调整定位环线夹位置，保证下部固定绳子距接触线的安全距离；复核定位点拉出值。

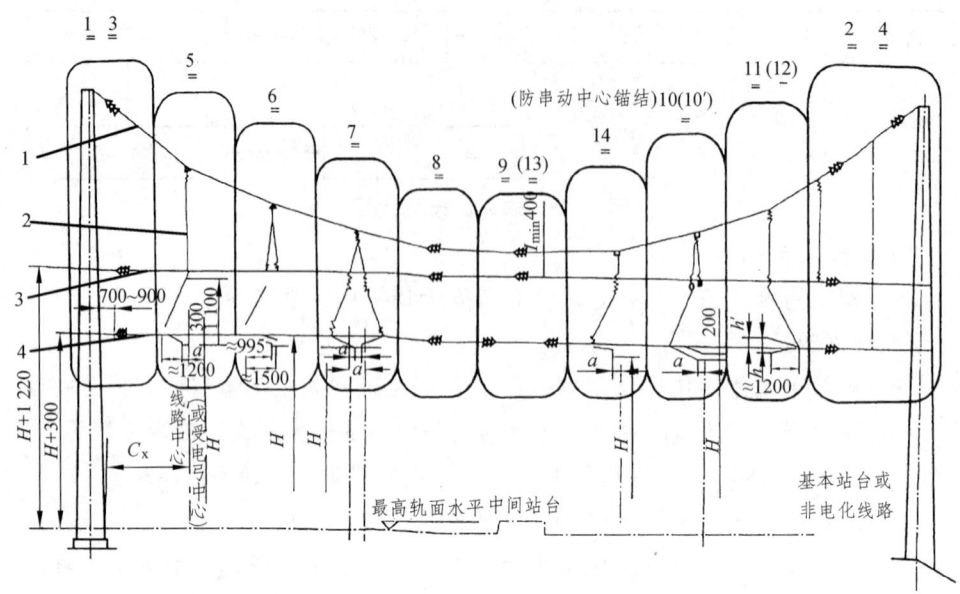

1—横向承力索；2—直吊线；3—上部固定绳；4—下部固定绳。

图 15-3 软横跨示意图（单位：mm）

（3）上、下部固定绳松弛、受力不均。

① 混凝土柱：如是上、下部固定绳两端松弛，在相应固定绳上打上紧线器，用手扳葫芦将固定绳与支柱连接零件卸载后，通过调整两端的 U 形调整螺栓即可；如是中间两悬式绝缘子间上、下部固定绳松弛，用手扳葫芦将固定绳卸载后，通过调整上下部固定绳在悬式绝缘子处的回头长度来调节固定绳松弛度。

② 钢柱：如是上下部固定绳两端松弛，在相应固定绳上打上紧线器，用手扳葫芦将固定绳与支柱连接零件卸载后，通过调整两端的调节杵头杆螺纹长度或更换杵头杆；如是中间两悬式绝缘子上下部固定绳松弛，用手扳葫芦将固定绳卸载后，通过调整上下部固定绳在悬式绝缘子处的回头长度来调节线索松紧度。

（4）横向承力索、上、下部固定绳局部出现散股、断股。

横向承力索、上、下部固定绳局部出现散股、断股应进行更换。更换下部固定绳的方法如下（图 15-4）：辅助人员根据现场情况更换下部固定绳段位置及长度，用钢绞线预制新下部固定绳，并做新下部固定绳段两回头。软横跨两支柱上 1 人（带 300 mm 活动扳手）将下部固定绳子杵头杆或开式螺旋扣松开，但不要将螺母卸下。软横跨上 1~2 人将需更换的下部固定绳段固定的斜直吊弦自下部固定绳处拆开；辅助人员穿线，即将预制的新下部固定绳段由需更换旧下部固定绳段所负载的接触线上部穿过。人员由梯车或作业车平台上将所有定位点（需更换段）用滑轮组挂在上部固定绳，从定位线支座处拆卸定位器。将梯车（或大梯子）抬到 A 处，作业车作业时将平台转至 A 处。操作人员在 A 处分段悬式绝缘子两侧上楔形紧线器，然后挂上双钩紧线器。紧双钩紧线器使悬式绝缘子串卸载并确认紧线工具受力良好、安全可靠后，拆卸旧下部固定绳并将新下部固定绳子段的 A 侧回头与分段悬式绝缘子串连接固定、插好弹簧销。在 B 处分段悬式绝缘子串的支柱侧上紧楔形紧线器，在新下部固定绳段回头处合适位置上紧紧线器。将手扳葫芦钢丝绳与两紧线器相连后紧线，紧线至一定程度后，A 处人员稍松双钩紧线器。B 处人员紧手扳葫芦至新下部固定绳子段并将新下部固定绳段回头与分段悬式绝缘子串连接固定、插好弹簧销。稍松一下手扳葫芦使 B 处连接部件受力，确认状态良好、安全可靠后完全松开。拆卸紧线工具，将旧下部固定绳段吊下网并盘起。重新紧固软横跨支柱上杵头杆螺栓或开式螺旋扣至合适程度。

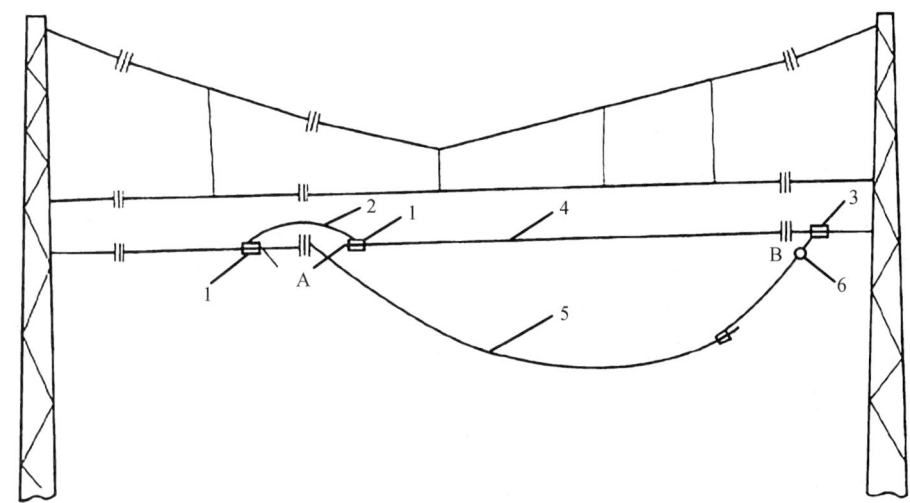

1—楔形紧线器；2—双钩紧线器；3—手扳葫芦；4—需更换下部固定绳段（即旧下部固定绳段钢绞线）；5—新下部固定绳段；6—手扳葫芦。

图 15-4　局部更换下部固定绳示意图

横向承力索、上部固定绳更换方法同下部固定绳的更换方法。

（5）直吊弦松弛、烧伤、锈蚀严重。

① 更换直直吊弦，更换步骤如下：现场测量直吊弦长度，预制的直吊弦为两股 $\phi 4.0\ mm$ 铁线制成，上端掘成 $20\sim25\ mm$ 的圆环并用本线缠绕 3 圈，缠绕要求紧密整齐；将硬挂梯放至需更换直吊弦的上方；用滑轮组（或紧线器）使直吊弦卸载；更换直吊弦。

② 调整软横跨直直吊弦布置位置的方法步骤如下：将大梯子放至需要调整的直直吊弦一侧；用滑轮组将直吊弦卸载（短直吊弦也可用紧线器）；调整横向承力索线夹或 U 形线夹要求的位置；调整直直吊弦的长度，保证上、下部固定绳呈水平状态。

（6）弹簧补偿器拉力超标或损坏。

① 弹簧补偿器拉力过大（过小）：松（紧）U 形调整螺栓或增大（减小）钢柱杵头杆螺纹长度。

② 弹簧补偿器拉力损坏：在相应固定绳上打上紧线器，用手板葫芦将弹簧补偿器卸载，进行更换。

（7）绝缘子烧伤、破损。

更换绝缘子，具体方法步骤如下：在绝缘子两侧安装紧线器，手扳葫芦钢丝绳与两紧线器相连后紧线；紧手扳葫芦使绝缘子串载并确认紧线工具受力良好、安全可靠；更换烧伤、破损的绝缘子，确保线索受力均匀，不松弛；拆卸紧线器及手扳葫芦。

（8）定位立柱松动、损坏、偏斜：通过$\phi 4.0\ mm$铁丝将接触线悬吊在下部固定绳上，再对定位立杆进行调整或更换。

（9）其他：横向承力索，上、下部固定绳及各部零件涂防腐油；各部位螺栓紧固按标准执行。

（10）复测各部件技术参数，使之符合技术标准。

5）办理收工手续

工作领导人确认各作业组工作结束，人员机具均已撤至安全地带后，通知监护人员撤除地线及其他安全措施。

工作领导人确认安全措施撤除后，通知驻站联络员申请消除停电作业命令和线路封锁命令。

工作领导人召开收工会，办理收工手续。

6）填写检修记录

按照当天检修情况填写检修记录。

（三）技术标准

1）横向承力索、上、下部固定绳

（1）软横跨横向承力索（双横承力索为其中心线）和上、下部固定绳应布置在同一个铅垂面内。

（2）双横承力索两条线的张力应相等，V形连接板应垂直于横向承力索，双横承力索线夹应垂直于横向承力索，上、下部固定绳处于拉紧状态。

（3）上、下部固定绳应水平，允许有平缓的负驰度，其数值：5股道及以下不超过100 mm；5股道以上的不超过200 mm。

2）检查直吊弦

软横跨垂直吊弦应保持铅垂状态，直吊弦呈拉紧状态，上端永久固定，无松弛，横向承力索与上部固定绳在最短直吊弦处距离为400~600 mm，误差不超过50 mm。

3）横向承力索距上部固定绳的最短距离

横向承力索距上部固定绳的最短距离为400 mm。

4）下部固定绳距接触线的距离

下部固定绳距接触线距离正线为400 mm，侧线为300 mm，允许偏差

±50 mm，最短为 250 mm。

5）螺栓等连接器件

软横跨应垂直于正线，其上的螺栓、垫片、弹簧垫圈应齐全，螺栓紧固，各杵头杆螺纹外露长度应为 20~80 mm，调整螺栓的螺杆外露长度应为 50 mm 至螺纹全长的 1/2。紧固力矩按标准值进行紧固。

6）各部位几何尺寸

（1）横向承力索和上、下部固定绳的电分段绝缘子串应在同一垂直面内。位于站台沿上方绝缘子带电裙边应尽量与站台对齐，股道间横向电分段绝缘子应位于股道中间。横向承力索两端绝缘子串外侧钢帽距支柱内缘应不小于 400 mm，上、下部固定绳两端绝缘子串的瓷裙至支柱内缘的最小距离不小于 700 mm，带电侧绝缘子裙边距线路中心线不得小于 200 mm。

（2）各部件应齐全完好，连接牢固，支柱上角钢底座应水平，各斜直吊弦完好无松驰，并留有不小于 200 mm 的余量。

四、分析与思考

该任务主要是软横跨检调，填写软横跨静态检测记录表（表 15-1）。看似简单的一项任务，却关系到接触网的结构和技术标准要求，因此，如何保证数据的准确至关重要。而在实际工作中应注意以下事项：

（1）在软横跨处作业时，当更换起分段作用的绝缘子时，用短接线等电位后再进行更换。

（2）调整完整组软横跨后，应复测该组软横跨所涉及的各定位点处拉出值。

（3）整个作业过程要设立好行车防护，及时将该组软横跨所涉及股道的列车运行情况通知作业组，以保证行车和作业组人员的安全。

（4）使用挂梯进行作业时，挂梯的下端必须固定牢靠、不得使挂梯随意摆动。

（5）软横跨更换绝缘子及横向承力索、上下部固定绳时必须在垂直天窗内进行。其他检修作业宜在垂直天窗内进行，如需在 V 形天窗内进行，必须有可靠的安全措施。

复习与思考题

1. 简述软横跨的作用。
2. 横向承力索、上、下部固定绳局部出现散股、断股应如何处理？
3. 简述软横跨检调的技术标准。

软横跨检调实训考核标准及评分表

内容	考核要求	配分	评分标准	扣分	得分
工具材料准备	准备安全用具 准备防护工具 安全防护用品穿戴情况	15	没按规定准备扣5分,检查方法不当扣5分		
检修步骤	1.检查、调整双横承力索的受力状态,若受力不均,需调整或新做双横承力索回头	5	1.金具、零配件、线材的质量和型号等应符合设计要求		
	2.在横承力索上安装紧线器,支柱上挂钢丝套子,用手扳葫芦将套子和紧线器连接起来	5	2.固定角钢高度应符合要求,允许偏差+20 mm		
	3.将手扳葫芦收紧使之受力至横向承力索楔型线夹处松弛	5	3.软横跨受力后,上下部固定绳应水平,允许有轻微的负弛度。其紧固程度应与软横跨长度、拉力、温度表匹配		
	4.打开横向承力索回头,根据测量情况重新做回头,并连接牢固,松开手扳葫芦调整调节螺栓,使之达到要求	10	4.双横承力索及上下部固定绳不得有接头,且在同一垂面内,连接螺栓紧固力矩符合要求,双横承力索应平行,受力均匀,双横承力索线夹无偏斜		
	5.检查上下部固定绳是否与横向承力索在同一个平面内,否则需调整	5	5.软横跨的直吊弦在直线区段易在线路中心,曲线段与接触线在同一垂面内		
	6.调整悬吊滑轮(或钩头鞍子)中纵向承力索的受力位置	5	6.调整螺丝外露长度应为20 mm至螺纹全长的1/2,绞线在楔型线夹内的回头长度应为300~500 mm 上下固定绳受力要均匀,钢绞线和螺纹外露部分涂油防腐		
	7.调整接触线定位,减少因定位偏移而引起的固定绳受力偏移	10	7.站台上方的绝缘子串应位于两股道中间,且上、下对齐,在同一垂面内,允许偏差+150 mm		
	8.检查调整上下部固定绳的弛度	5	8.下部固定绳与接触线间距:正线为400±50 mm,侧线为300±50 mm		

续表

内容	考核要求	配分	评分标准	扣分	得分
检修步骤	9.检查下部固定绳与接触线间距离，如不合适，则需调整	10	9.上下部固定绳上靠近支柱侧的绝缘子裙沿至支柱内缘的最小距离为 750 mm		
	10.检查直吊弦是否垂直，若不垂直，则需调整	5	10.弹性补偿器装在固定绳上受力较小的一侧，弹力刻度侧安装于支柱侧		
	11.检查各部分杆件是否受力良好	5	11.硬横梁的安装高度应符合设计要求，硬横梁各梁段结合密贴，连接牢固可靠，螺栓紧固力矩符合设计要求		
	12.检查各部分线索有无松散股，回头绑扎是否良好	5	12.硬横梁呈水平状态，梁的挠度符合设计要求		
	13.检查有无烧伤	2			
安全	1.车梯作业必须设置防护	5			
	2.无划伤、碰伤	3			

项目十六　避雷器的检修

 项目描述

避雷器是接触网的重要设备，其学习目标和典型工作任务是接触网维护与检修的重要组成部分，本项目学习过程中需要掌握避雷器的基本知识，掌握避雷器的检修标准和方法，能够识别避雷器的型号。

【知识目标】
- 掌握避雷器的基本知识。
- 掌握避雷器的检修标准。
- 掌握避雷器的检修方法。

【技能目标】
- 能够识别避雷器的型号。

【素养目标】
- 培养思考与总结问题能力。
- 培养安全意识，熟知安全常识，保障自己和他人的人身安全。
- 培养动手能力和良好的自我学习习惯。

一、作业目的

通过检修，使避雷器安装牢固、无损伤，瓷套无严重放电，动作计数器完好，接地电阻符合规定。

二、知识准备

在雷雨天气，当雷电侵袭接触网时，接触网上将产生很高的过电压，使绝缘子击穿，对设备造成危害。避雷器是保护电气设备绝缘免遭雷电侵害的设备。

依据 JB/T 8459—2016《避雷器产品型号编制方法》，金属氧化物避雷器产品型号说明如图 16-1 所示。避雷器安装示意图如图 16-2 所示。

接触网采用的避雷器有管式避雷器、阀式避雷器（普通阀和磁吹阀两种）、金属氧化物避雷器三种，其结构特点如图 16-3 所示。

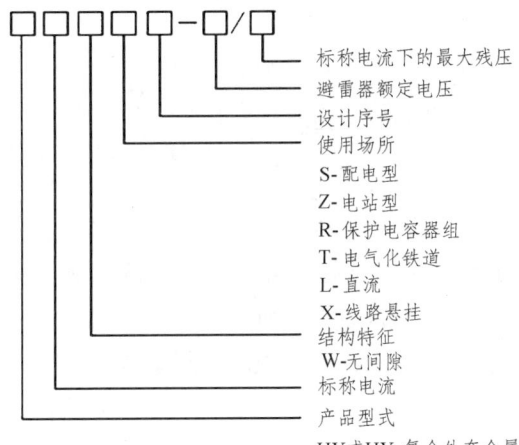

图 16-1　金属氧化物避雷器产品型号说明

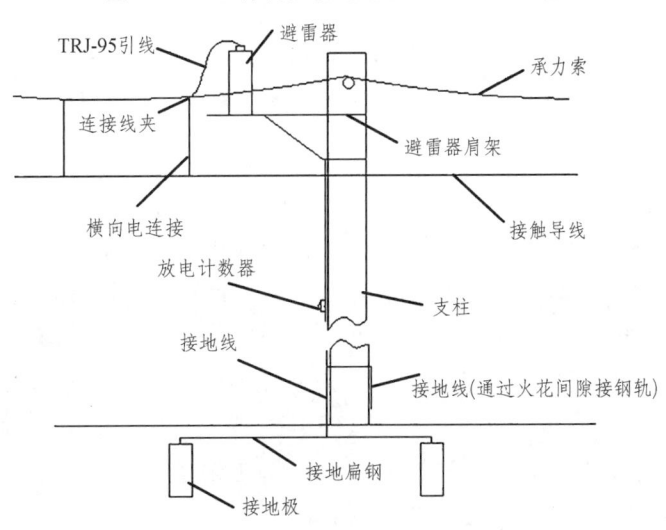

图 16-2　避雷器安装示意图

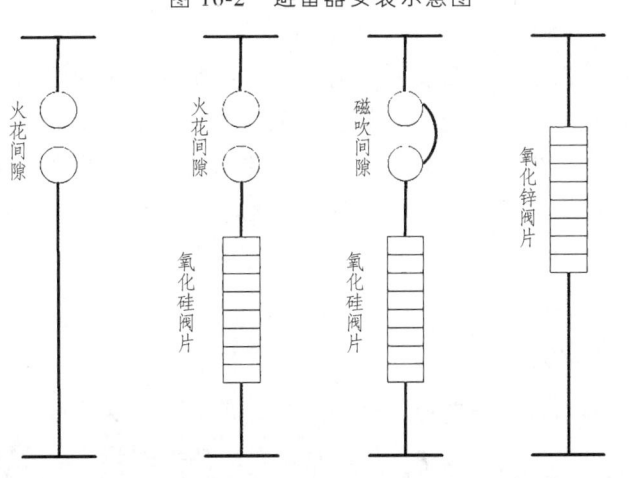

图 16-3　避雷器结构特点

(一)管式避雷器

管式避雷器一般设置在电分相、电分段锚段关节、分区亭引入线、长隧道两端、开闭所和牵引变电所馈线出口等处。

1. 管式避雷器工作原理

管式避雷器由外部间隙、内部间隙和产生气体的管子组成。

在正常工作电压下,避雷器间隙不被击穿。只有当接触网上发生过电压时,避雷器内、外间隙都被击穿,形成接触网对地短路,并通过地线装置放电,同时,由于放电电流使避雷器管内产生大量的高压气体,高压气体从管内一端喷出将电弧熄灭,这时放电终止,接触网恢复对地绝缘,从而保护了接触网设备。

2. 管式避雷器安装

管式避雷器安装主要有以下工作内容:

(1)安装支架。用绳子和滑轮配合安装。

(2)立大梯子安装管式避雷器及棒式绝缘子。

(3)安装电连接线。

3. 管式避雷器安装技术要求

(1)管式避雷器支架应呈水平状态,不得下俯,管式避雷器应竖直安装,开口端向下。避雷器与支柱净距离不得小于 1 m,为防止避雷器内腔受堵塞,可用单层纱布包扎管口。

(2)管式避雷器喷气孔正前方,不应有任何障碍物,喷气孔对地面高度应符合设计要求。

(3)管式避雷器的外部间隙为 120 mm,施工误差为±10 mm,安装后两极棒应在一条水平线上,允许施工偏差为 2 mm。

(二)阀式避雷器

阀式避雷器是用于保护吸流变压器的,它主要由火花间隙和阀式电阻盘组成。阀式电阻盘是一非线性电阻元件,在工频电压作用下阻值很大,工频电流难以通过;受到冲击电压时,电阻很小,火花间隙迅速被击穿,雷击电流对地放电,放电后,阀式电阻盘又恢复到高阻特性,保证了接触网对地绝缘。

阀式避雷器安装呈竖直状,支架要水平、牢靠,两组阀式避雷器应平行、不歪斜,铭牌位于同一侧。

(三)金属氧化物避雷器

金属氧化物避雷器是当前限制过电压最先进的一种保护电器,被广泛用于发电、输电、变电、配电系统中,使电气设备的绝缘免受过电压的损害。

有机外套金属氧化物避雷器是有机绝缘材料和传统瓷套式金属氧化物避雷器技术优点相结合的科研成果,它不仅具有瓷套式金属氧化物避雷器的优点,还具有电气绝缘性能好、介电强度高、抗漏痕、抗电蚀、耐热、耐寒、耐老化、防爆、憎水性、密封性等优点。

三、作业准备

（1）人员：8人。

（2）工具：钢卷尺、水平尺、钢丝刷、油刷、砂纸、锯条、安全用具、防护用具、通信工具。

（3）材料：避雷器零部件、监测计数器、火花间隙、棉纱、漆、黄油、酒精、清洁剂等。

四、作业程序

（1）检查避雷器各零部件有无破损、裂纹、烧伤等缺陷，否则进行更换。

（2）检查避雷器接地线及引线状态，接触不良者应用砂纸将其接触面打磨平整、清洁。

（3）检查避雷器主体（或管体）及绝缘子是否清洁、完好，否则进行清扫、更换。

（4）检查避雷器肩架、底座是否牢固、锈蚀，否则进行紧固、除锈补漆。

（5）各部螺栓是否松动、缺油，否则紧固、涂油。

（6）无防松装置应配置防松螺母或防松垫圈。

（7）检查避雷器监测（动作）计数器是否牢固、监测（动作）准确，否则进行紧固、更换。

五、检修标准

（1）避雷器安装牢固、无损伤。

（2）瓷套无严重放电。

（3）动作计数器完好。

（4）避雷器等设备应单独设接地极。

（5）避雷器接地电阻值不应大于 10Ω。

（6）避雷器主体（或管体）的检修、试验严格按照产品说明书的规定进行。

六、注意事项

（1）不得随意拆卸避雷器主体、破坏密封和损坏元件。

（2）严禁使避雷器主体（或管体）受力。

（3）避雷器引线连接不应使端子受到超过允许的外加张力。

复习与思考题

1. 试描述金属氧化物避雷器的型号编制方法。
2. 简述接触网用避雷器的类型及优缺点。
3. 简述避雷器检修作业程序。
4. 简述避雷器检修作业标准。

避雷器检修实训考核标准及评分表

内容	考核要求	配分	评分标准	扣分	得分
准备工作	准备安全用具	15	没按规定准备扣5分，检查方法不当扣5分		
	准备检修工具				
	安全防护用品穿戴情况				
作业程序	1. 检查避雷器各零部件有无破损、裂纹、烧伤等缺陷	70	每漏一项扣10分		
	2. 检查避雷器接地线及引线状态				
	3. 检查避雷器主体（或管体）及绝缘子是否清洁、完好				
	4. 检查避雷器肩架、底座是否牢固、锈蚀				
	5. 各部螺栓是否松动、缺油				
	6. 无防松装置应配置防松螺母或防松垫圈				
	7. 检查避雷器监测（动作）计数器是否牢固、监测（动作）准确				
文明操作	工器具、零部件摆放整齐	15	凡违反有关规定，扣2~4分，但对发生严重事故者，则取消资格		

项目十七　导线回头的制作

 项目描述

接触网的接触线及承力索终端制作质量，关系到接触网的运行安全和供电质量，接触网工必须熟知接触线终端锚固线夹、承力索终端锚固线夹的安装、承力索回头的制作方法及注意事项，保证牵引供电系统安全运行。

任务一　接触线终端锚固线夹安装

【知识目标】
- 了解接触线终端锚固线夹的结构、性能。

【技能目标】
- 掌握接触线终端锚固线夹的安装方法。

【素养目标】
- 培养团队意识和集体主义精神。
- 树立劳动观念，积极参加劳动，有良好的劳动习惯。

一、接触线终端锚固线夹（图 17-1）

1. 用途

BJL0805 零件适用于正线 150 型接触线的终端锚固处。

2. 材料

（1）线夹材质采用铝青铜。B 型平行沟槽槽销采用不锈钢。
（2）楔子采用不锈钢材质，表面硬度与线材表面维氏硬度之比为 1.1～1.3∶1。
（3）销钉采用不锈钢（加工后：抗拉强度≥600 MPa，屈服强度≥510 MPa）。
（4）开口销螺栓采用不锈钢。

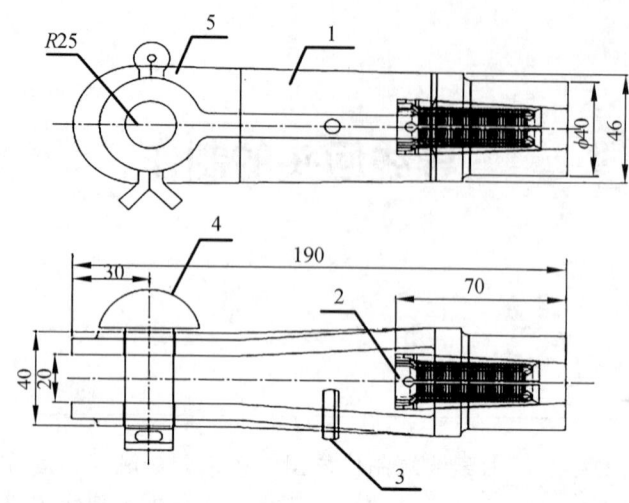

1—150型接触线终端锚固线夹本体；2—楔子；3—B型平行沟槽槽销；
4—销钉；5—开口销。

图17-1 接触线终端锚固线夹的组成

3. 性能

（1）本零件的工作荷重为31.5 kN，拉伸破坏荷重不小于94.5 kN。

（2）本零件的滑动荷重：在线索标称拉断力95%范围内，线索不应从线夹中滑脱及在线夹端口处断线。

4. 制造工艺

正线150型终端锚固线夹中的双耳本体采用精密铸造工艺制造，楔子采用精密机加工工艺制造。

二、线夹的安装

1. 安装注意事项

（1）楔子可以重复使用两次，其他部件可以多次使用。受损部件不得重复使用。

（2）接触线端头应光滑无毛刺，将接触线的最后200 mm整直，确保表面裸露并没有油脂附着。

（3）接触线的圆形截面必须保证没有变形，由此才能将锥套套在接触线上。

（4）不得将终端锚固线夹安装在受损的接触线上。

（5）接触线露头不足或过长，长度不超过1.5 cm。

（6）安装完毕后开口销掰开夹角在120°~130°。

2. 安装方法

（1）根据安装示意图或装配图材料表检查零部件是否齐全；检查零件是否有影响使用的质量缺陷或变形；检查配合是否灵活，各零部件规格是否一致。

（2）检查零件规格与所用的接触线线型是否一致。

（3）安装次序：

① 在楔子外表面稍微涂一层润滑脂。仅少量涂抹即可，新产品在出厂时已经涂过。避免使接触线及锥套内表面沾上油脂。

② 切割导线并锉光棱角。

③ 把 150 型接触线终端锚固线夹本体从接触线端头推入。B 型平行沟槽槽销的作用是阻挡楔子，接触线的端头应突出楔子 1.5 cm，见图 17-2。

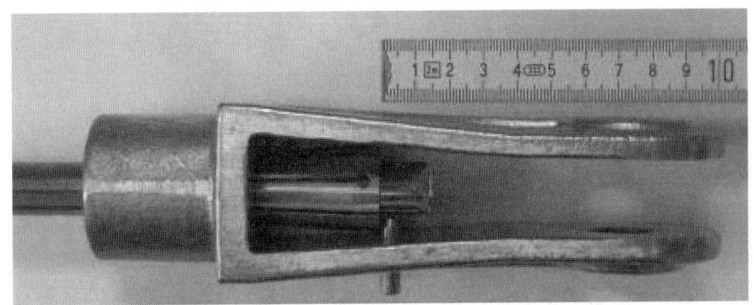

图 17-2　接触线终端锚固线夹安装示意图 a

④ 尽量往外拉导线，与此同时用拇指向下压线夹锥套，见图 17-3。

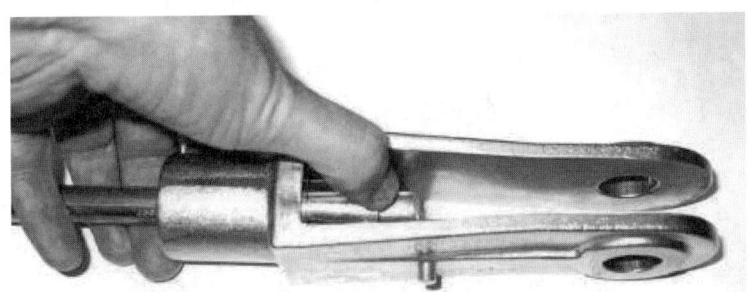

图 17-3　接触线终端锚固线夹安装示意图 b

⑤ 导线端头要控制在 1.5 cm。

如果导线端头长于 1.5 cm，可以用一个带尖的东西敲开楔子，然后向后拉导线即可，见图 17-4。

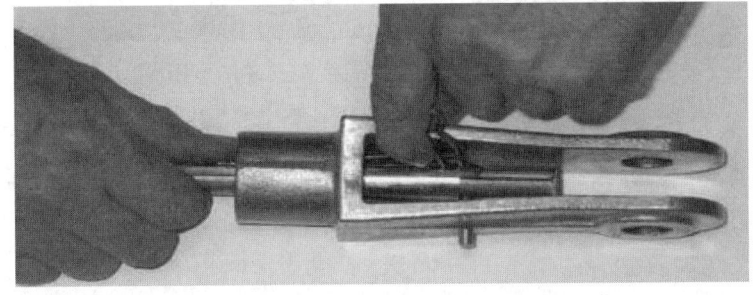

图 17-4　接触线终端锚固线夹安装示意图 c

⑥ 用榔头敲击 150 型接触线终端锚固线夹本体的尾部，以便楔子的槽卡住

导线，见图 17-5。

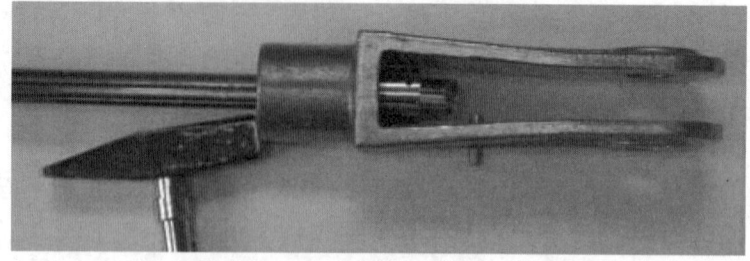

图 17-5　接触线终端锚固线夹安装示意图 d

⑦ 穿上销钉，与绝缘子连接，见图 17-6。

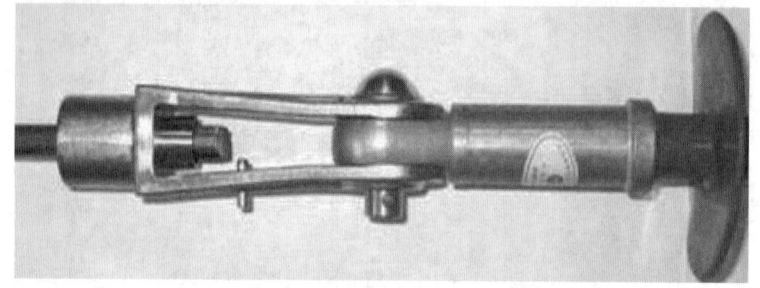

图 17-6　接触线终端锚固线夹安装示意图 e

⑧ 穿上开口销 5，将开口销两肢掰开夹角在 120°～130°。至此，接触线终端锚固线夹可以受力下锚。见图 17-7。

图 17-7　接触线终端锚固线夹安装示意图 f

3. 安装后检查

检查项目：接触线露头长度测量、接触线终端锚固线夹孔中有无杂质。

检查工具：游标卡尺、目测。

检查注意事项：

（1）零件中所有配件的型号标记应相同。

（2）零件的型号与所用线型应相符。

（3）安装过程中严禁使用铁器或手锤用力击打零件。

检查使用工具：榔头、弧形断线钳。

4. 检查维护

定期对零件的工作状况进行检查，各连接件牢固可靠。

接触线终端锚固线夹安装实训考核标准及评分表

内容	考核要求	配分	评分标准	扣分	得分
准备工作	准备安装用零部件	15	没按规定准备扣5分，检查方法不当扣5分		
	准备安装图纸				
	准备安装用工器具				
安装次序	按图进行承力索终端锚固线夹安装	56	每错或落一步扣7分		
安装后检查	按检查项目进行检查（3项）	15	每错或落一步扣5分		
文明操作	工器具、零部件摆放整齐	14	凡违反有关规定，扣2~4分，但对发生严重事故者，则取消资格		

任务二　承力索终端锚固线夹安装

【知识目标】
- 了解承力索终端锚固线夹的结构、性能。

【技能目标】
- 掌握承力索终端锚固线夹的安装方法。

【素养目标】
- 培养协同合作的精神，有良好的组织纪律性，能够有团队合作精神。
- 培养安全意识，熟知安全常识，保障自己和他人的人身安全。

一、承力索终端锚固线夹

1. 用途

本零件适用于标称截面为 70 mm^2、95 mm^2 和 120 mm^2 的承力索终端锚固处。

2. 材料

（1）承力索线夹本体、螺纹锥套、楔子采用铝青铜。

（2）销钉采用不锈钢（加工后：抗拉强度≥600 MPa，屈服强度≥510 MPa）。

（3）开口销采用不锈钢。

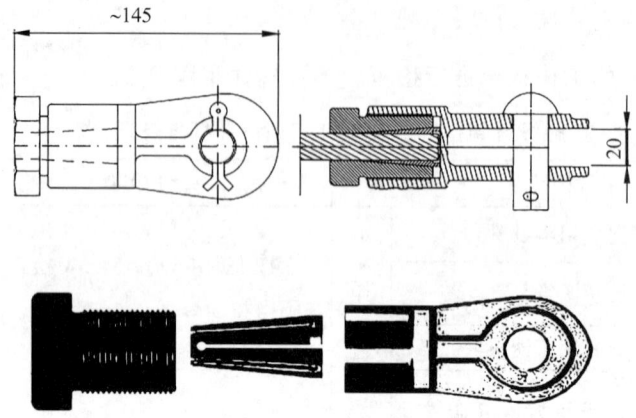

图17-8　承力索终端锚固线夹组成

3. 性能

（1）本零件的最大工作荷重：T70、T95型为16.5 kN；T120型为22.05 kN。

（2）本零件的滑动荷重：T70型为36.8 kN；T95型为43.8 kN；T120型为64.2 kN。

（3）本零件的拉伸破坏荷重不低于：T70、T95型为49.5 kN，T120型为66.2 kN。

（4）楔套与承力索线夹本体紧固力矩为80 N·m。

4. 制造工艺

终端双耳、锥筒螺栓采用金属模锻制造工艺，楔子采用精密加工工艺。

二、承力索终端锚固线夹安装

1. 安装注意事项

（1）楔子可以重复使用两次，其他部件可以多次使用。受损部件不得重复使用。

（2）承力索端头应光滑无毛刺，将承力索的最后200 mm整直，确保表面应裸露并没有油脂附着。

（3）承力索的圆形截面必须保证没有变形，由此才能将锥筒螺栓套在接触线上。

（4）不得将终端锚固线夹安装在受损的接触线上。

（5）安装完毕后开口销两肢折弯角度在120°~130°。

（6）楔子芯部绞线不能出现散股。

（7）套筒、锥套、楔子在安装时不能错扣。

2. 安装方法

（1）根据安装示意图或装配图材料表检查零部件是否齐全；检查零件是否有影响使用的质量缺陷或变形；紧固件之间的配合是否灵活；各零部件是否规

格一致。

（2）检查零件规格与所用的承力索线型是否一致。

（3）将承力索扎紧后裁剪。注意：裁线时不要使线头炸开和变形。

（4）将承力索依次穿入锥筒螺栓和楔子孔内，线头露出楔子大端面约 2～3 mm，见图 17-9。

图 17-9　承力索终端锚固线夹安装示意图 a

（5）将锥筒螺栓轴向移动并使楔子外锥面与锥筒螺栓内锥面贴合，轻轻敲击楔子大端面，以迫使楔子握紧承力索，承力索端头露出楔子大端面 2～3 mm，见图 17-10。

图 17-10　承力索终端锚固线夹安装示意图 b

注意：楔子芯部的绞线不应有散股现象；楔子开槽中不应夹有绞线或其他异物。

（6）在锥筒螺栓六方端头的承力索上做好标记。

（7）卡住锥筒螺栓六方，旋紧终端双耳，见图 17-11。

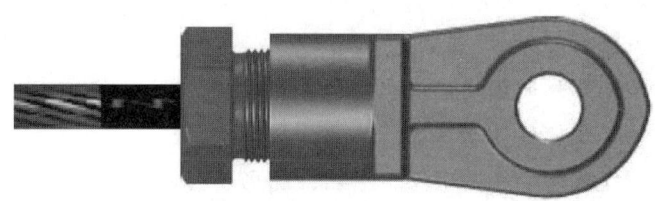

图 17-11　承力索终端锚固线夹安装示意图 c

注意事项：

① 紧固时，锥筒螺栓、楔子及承力索之间不能相对转动；标记线位置不能有明显变化。

② 当紧固力矩达到 80 N·m 时，锥筒螺栓有部分螺纹裸露在外属于正常情况。

（8）在工作张力下，再次查看标记位置，若有所变化应拆开检查，进行二次紧固，之后做好记录，见图17-12。

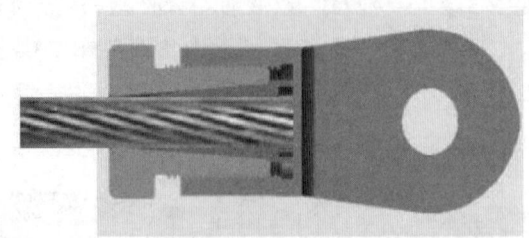

图17-12　承力索终端锚固线夹安装示意图d

（9）将与终端锚固线夹连接的耳环放入双耳螺栓的开裆中，装上销钉及开口销。

（10）对零件工作状况应进行定期检查，标记线位置应与安装记录一致，各连接件应牢固可靠，见图17-13。

图17-13　承力索终端锚固线夹安装示意图e

3．安装后检查

检查项目：承力索终端锚固线夹孔中有无杂质、楔子芯部绞线是否散股、螺纹套筒和楔子是否歪斜或有杂质在其中、开口销两肢折弯角度在120°~130°。

检查工具：游标卡尺、目测。

检查注意事项：

（1）零件中所有配件的型号标记应相同。

（2）零件的型号与所用线型应相符。

（3）安装过程中严禁使用铁器或手锤击打零件。

使用工具：大扳手、扭矩扳手、手钳、弧形断线钳。

4．检查维护

定期对零件的工作状况进行检查，各连接件牢固可靠。

承力索终端锚固线夹安装实训考核标准及评分表

内容	考核要求	配分	评分标准	扣分	得分
准备工作	准备安装用零部件	15	没按规定准备扣 5 分，检查方法不当扣 5 分		
	准备安装图纸				
	准备安装用工器具				
安装次序	按图进行承力索终端锚固线夹安装	50	每错或落一步扣 5 分		
安装后检查	按检查项目进行检查(4 项)	20	每错或落一步扣 5 分		
文明操作	工器具、零部件摆放整齐	15	凡违反有关规定，扣 2~4 分，但对发生严重事故者，则取消资格		

任务三　承力索回头制作

【技能目标】
- 掌握接触线终端锚固线夹的安装方法。

【素养目标】
- 培养独立思考的能力，具有积极进取、勇于创新的精神。
- 培养实事求是的行为习惯和意识。
- 培养劳动精神，养成积极的劳动态度和良好的劳动习惯。

承力索回头的制作方法：

（1）将镀锌钢绞线断口两端各 20 mm 处用 ϕ1.6 mm 铁线缠绕绑扎两圈，然后用断线钳剪断钢绞线。

（2）拿起钢绞线端头，用钢卷尺（现场用 300 mm 的扳手）从端头起丈量 600 mm，并做好标记。

（3）用一只脚踩住本线，用另一只手扳动端头从标记处煨圈。

（4）用一只手紧握端头在本线两侧用力上提，另一手握紧煨圈，使圈径减小到线径的 3~4 倍后缓松开端头和煨圈。

（5）拿起楔形线夹，将回头线端头穿过楔形线夹，并使楔形线夹移动到煨圈圆弧靠承力索本线侧。

（6）拿起回头端头，再从楔形线夹内穿过（注意回头断线靠近线夹凸面），同时拉动本线和回头断线，使煨圈进入线夹内。

（7）将楔形线夹楔子放入线夹煨圈内，再次用力同时拉动本线和回头端线，然后一只手提起承力索回头,另一只手紧握手锤用力敲打楔形线夹边缘,如图17-14所示。

(8) 背起回头,两腿叉开,一只手提住回头,另一只手握住手锤用力敲打线夹边缘。

(9) 反复进行(7)、(8)步骤使煨圈圆弧与楔子密贴。

(10) 在距楔形线夹边缘 50 mm、相距 150 mm 处钢绞线上安装一正一反两个钢线卡子。用 ϕ1.6mm 铁线在距回头端线头 150 mm 处绑扎钢绞线 100 mm,并将绑扎线端头扭转后塞到绑扎线下面。

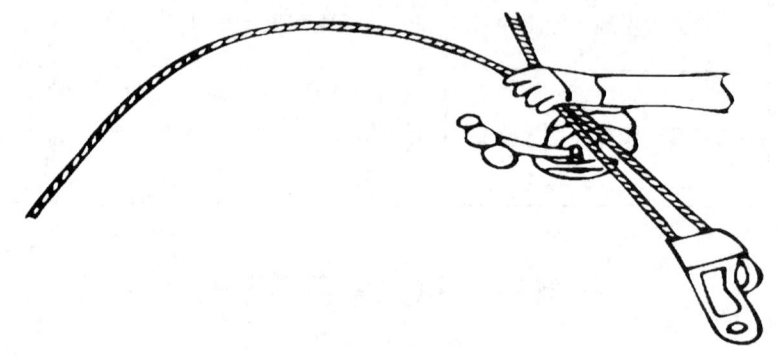

图 17-14　承力索回头制作示意图

承力索回头制作实训考核标准及评分表

内容	考核要求	配分	评分标准	扣分	得分
准备工作	准备安装用零部件	15	没按规定准备扣 5 分,检查方法不当扣 5 分		
	准备安装图纸				
	准备安装用工器具				
承力索回头制作	按步骤进行承力索回头制作	70	每错或落一步扣 7 分		
文明操作	工器具、零部件摆放整齐	15	凡违反有关规定,扣 2~4 分,但对发生严重事故者,则取消资格		

复习与思考题

1. 简述接触线终端锚固线夹的安装方法。
2. 简述接触线终端锚固线夹的安装注意事项。
3. 简述承力索终端锚固线夹的安装方法。
4. 简述承力索终端锚固线夹的安装注意事项。
5. 简述承力索回头的制作方法。

项目十八　接触网施工

 项目描述

电气化铁路建设工程属于铁路建设项目,接触网的施工组织应严格执行国家的建设标准和程序。作为接触网工作人员,必须熟知接触网的施工组织与准备、接触网基坑工程、接触网混凝土工程、立杆与整正工程、接触网架设工程、接触网悬挂调整工程的施工与作业标准。

任务一　接触网施工准备与组织

【知识目标】
- 了解铁路建设管理相关规定。
- 熟悉施工准备内容。
- 掌握施工组织计划编制要求。
- 了解工程概算编制基本要求。

【技能目标】
- 能够准确说明铁路建设程序。
- 会编制接触网施工组织计划。

【素养目标】
- 具有严谨认真、实事求是的科学态度。
- 能自主学习新知识、新技能。
- 具有较强信息搜集能力,会查找铁路施工相关国家标准。

一、铁路建设管理规定

电气化铁路建设工程属于铁路建设项目,为加强铁路建设管理,规范铁路建设行为,提高铁路建设水平,铁路建设必须贯彻执行国家有关方针政策,严格执行国家法律、法规和国务院铁路主管部门的规章及工程建设强制性标准,严格执行国家规定的建设程序。

铁路建设实行招标投标制、工程监理制、合同管理制、质量监督制。必须加强质量、安全管理，保证工程质量，保护人民生命和财产安全。从事铁路建设的项目管理、勘察设计、工程施工和监理、咨询等活动的企业和主要从业人员，必须按规定取得相应专业资质和个人执业资格，在批准的资质和资格范围内从业，接受国务院铁路主管部门依法进行的监督、检查。

1. 铁路建设程序

铁路建设程序包括立项决策、设计、工程实施和竣工验收等几个阶段。

立项决策阶段：依据铁路建设规划，对拟建项目进行预可行性研究，编制项目建议书；根据批准的铁路中长期规划或项目建议书，在初测基础上进行可行性研究，编制可行性研究报告。项目建议书和可行性研究报告按国家规定报批。工程简易的建设项目，可直接进行可行性研究，编制可行性研究报告。

设计阶段：根据批准的可行性研究报告，在定测基础上开展初步设计。初步设计经审查批准后，开展施工图设计。工程简易的建设项目，可根据批准的可行性研究报告，直接进行施工图设计。

工程实施阶段：根据工程达到的规模和标准，组织工程招标，编写开工报告，开工报告批准后，依据批准的建设规模、技术标准、建设工期和投资，按施工图和施工组织设计文件组织建设。

竣工验收阶段：铁路建设项目按批准的设计文件全部竣工或分期、分段完成后，按规定组竣工验收，办理资产移交。

2. 招标投标与合同管理

铁路建设项目工程勘察设计、施工、监理以及工程建设有关的重要物资、设备等采购，应当依法进行招标投标，工程招标投标活动应当遵循公开、公平、公正和诚实信用的原则。

铁路建设工程招标投标活动受国家法律保护，招标投标活动及其当事人应当接受国务院铁路主管部门及其委托部门的监督。建设管理单位不得要求中标企业分割标段；勘察设计、施工企业不得转包或违法分包承接的铁路建设工程业务；监理企业不得转让承接的铁路建设工程监理业务。

招标确定中标人后，建设管理单位和中标人必须在规定的时限内，按照招标投标文件约定的合同条款，签订书面合同，明确当事人双方的权利和义务。当事人应严格履行合同约定，违约方必须承担相应的经济、法律责任。铁路建设实行合同备案制度，合同签定15日内，建设管理单位应向国务院铁路主管部门或其指定单位备案。

3. 施工管理

承担铁路建设项目的工程施工承包企业必须执行国家有关质量、安全、环境保护等法律、法规，接受相关部门依法进行的监督、检查。

工程施工承包企业必须履行合同，按照合同约定，组建现场管理机构，配备相应的工程技术人员、施工力量和机械设备。必须详细核对设计文件，依据施工图和施工组织设计施工。对设计文件存在的问题以及施工中发现的勘察设计问题，必须及时以书面形式通知设计、监理和建设管理单位。工程施工的关键岗位、关键工种，必须严格执行先培训后上岗的制度。工程施工中应准确填写各种检验表格，按规定编制竣工文件。

4. 施工监理管理

施工现场应建立总监理工程师、监理工程师、监理员各负其责的工程监理体系，现场监理人员的配置必须满足监理工作需要，涉及工程结构安全的关键工序和隐蔽工程，必须实行旁站监理。

监理人员必须认真审阅、检查设计文件，依据设计文件和施工组织设计实施监理，对发现的勘察设计问题，必须及时以书面形式通知设计和建设管理单位。建筑材料、构配件和设备必须经监理工程师检查签字后方可使用或安装，涉及工程结构安全的关键工序和隐蔽工程，必须经监理工程师签字后方可进行下一道工序作业。建设管理单位拨付工程款之前，验工计价文件应经总监理工程师签认。

铁路建设工程监理实行总监理工程师负责制和监理执业人员持证上岗制，必须执行铁路建设有关规程规范，依据设计文件、工程质量检验评定标准进行监理。为保证监理工作的正常开展，监理部门应配备必要的检测设备。

5. 竣工验收管理

铁路建设项目按批准的设计文件建成后，必须按国家规定验收。未经验收或验收不合格的，不得交付使用。验收机构按国家规定设立。验收包括初验、正式验收和固定资产移交。限额以下项目和小型项目可一次验收。

建设管理单位确认建设项目达到初验条件后提出申请初验报告，验收机构认为达到初验标准后，组织对项目进行初验；初验合格后，方可交付临管运营。正式验收原则上在初验一年后进行。验收机构认为建设项目达到正式验收标准后，组织验收。验收合格后交付正式运营。正式验收合格后，按规定办理固定资产移交工作。

二、施工准备

接触网施工前应做好施工准备工作，它关系到开工日期、工程进度、工程质量和施工安全。准备工作做得越充分，考虑的越周到，工程进展就越顺利，因此施工准备是接触网工程的重要环节之一。

施工准备需要进行技术准备、物资准备、施工机具准备和施工组织计划的编制等几项主要工作。

技术准备工作包括：熟悉、复核设计文件，进行施工调查。由于我国目前已普遍推行工程招投标制,所以在建设单位(一般指铁路局集团有限公司)与施工单位签订合同后,建设单位应及时向施工单位提供线路的全部接触网施工设计文件。施工单位应及时组织各级施工负责人和主管技术人员,熟悉、复核设计文件。对管段内的接触网工程技术标准、工程概况、设计结构和技术图纸有一个比较系统的了解。在复核设计文件时,应重点了解以下几个方面:

(1)国家对该工程的建设要求、工期、投资、主要技术条件等。

(2)主要工程数量、技术标准、工程概况。

(3)设计原则、要求,采用的新技术、新结构。

(4)重点工程(长大隧道、特大站场)的位置(里程)、工程量、工期、施工方案及措施。

(5)开工前或施工中应注意解决的重大施工难题。

(6)设计中存在的问题,对一些原则性问题应及时通报上一级主管单位。

同时还要结合施工队伍现状和实际现场情况,审查施工组织方案是否合理。

施工调查应在熟悉设计文件的基础上进行,通过调查,收集沿线气象、水文、地质资料,了解各站生活用品的供给情况,了解各工务段管辖区段内近期线路的起拨道、改线、换轨等工务改造工程,并向有关部门索取相关资料,及时发现施工现场存在影响施工的障碍物,如跨越铁路的电力线、通信线及其他跨越铁路的建筑物。对已有拆迁协议的线路,可了解到拆迁工程的进展情况,还应注意搜集本区段全年列车运行时刻表及封闭点时刻表。对重点工程还应做专门的调查。如车流密度较大的客货站,调车作业十分频繁的编组站等,这些特大型站场往往是接触网工程控制工期的关键。

调查的方法,一般采用沿线徒步考察或步行与汽车、轨道车相结合方式。携带的工具为:皮尺一把(30 m)、钢卷尺(2 m)一把、塔尺一根、望远镜和手电筒等。人员不宜过多,调查结束后编写施工调查报告。施工调查报告是调查的总结性资料,是编制实施性施工组织计划的主要依据,也是上级机关制订施工方案、安排施工计划的参考。

接触网施工的物资准备工作需要施工单位的技术和材料部门互相配合,根据设计图纸和施工进度,向上一级单位提出物资申请计划、施工材料计划、低值工具易耗品计划。

工程材料计划包括:各种构件、零配件、建筑安装材料(如水泥、支柱、线夹等)。编制工程材料计划的依据是:接触网平面图、安装图、材料消耗定额。

施工材料是指安装工程所必需的消耗性材料(如模型板、炸药、铁线等),由于施工材料随接触网结构、地质条件、施工方法不同而变化,因此备料计划视具体情况而定。

低值工具易耗品均指施工中必需周转性使用的小型机具、劳保用品、常用工具(如锹、镐、扳手、梯子)等,这些工具的数量根据施工规模、性质酌情考虑。

接触网施工机械包括通用机械、专用机械和小型机具三类，见表 18-1。

表 18-1 接触网施工主要机具表

序号		名称	规格	主要用途
通用机械	1	载重汽车	载重 5 t、2.5 t	运料、运送工人等
	2	自卸汽车	载重 3.5~5 t	运送砂石等
	3	汽车吊	5 t 或 8 t	装卸料、立限界门支柱等
	4	轨道车	160 kW 以上	运送工人、牵引平板车等
	5	空气压缩机	9 m³ 以上	钻孔机动力
	6	混凝土搅拌运输车	轮胎自行式	基础灌注
专用机械	1	隧道作业车		隧道测量、钻孔、灌注、安装等
	2	工程列车	由下列车辆组成： （1）机车（内燃） （2）干板车 60 t　　5 辆 （3）卧铺车　　　　1 辆 （4）棚车　　　　　1 辆 （5）水罐车　　　　1 辆 （6）守车　　　　　2 辆	立杆、运料等 列车牵引动力　（自备或租用） 装吊车及电杆　（路用车） 宿营　　　　　（路用车） 餐车　　　　　（路用车） 装水　　　　　（路用车） （路用车）
	3	架线作业车	由架线动力车及线盘平板车组成	架设承力索及导线、支柱装配、悬挂调整等
	4	安装作业车	带动力及作业平台	支柱装配、悬挂调整、设备安装等
小型机具	1	单滑轮	0.5 t、1 t	吊装
	2	滑轮组	0.5 t、2 t	架线、吊装、超重及牵引
	3	紧线器	（1）钢铝导线紧线器 （2）双钩紧线器 （3）导线紧线器 （4）钢绞线紧线器 （5）单凸轮紧线器 （6）楔形紧线器	紧线、更换零件等 用于钢铝导线紧线调整 安装分段绝缘器、更换零件等 用于拉紧或调整各种导线 用于钢绞线紧线、调整 用于 GJ-25~50 绞线紧线、调整 用于导线的紧线、调整
	4	导线校正扳手		导线扭曲、弯曲调整
	5	支柱整杆器		混凝土腕臂柱整正
	6	多用枪		断线、冲孔等
	7	手扳葫芦	1.5 t、3 t	紧线、牵引、超重等作业
	8	断线钳	DIJ	断线

续表

序号		名称	规格	主要用途
小型机具	9	分离式手动液压钳	SYQ（F）-25	用于钢绞线、铝绞线、铜接触线、铝合金接触线的压接
			SYQ（F）-60	用于钢绞线、铝绞线、铜接触线、铝合金接触线终端线夹的压接
	10	放线架		用于供电线、回流线、正馈线施工时放置整盘导线

施工组织计划是施工单位为按期完成施工任务而制订的一项具体施工方案，编制计划时定要结合施工队伍现状，根据批准的施工设计文件、工程合同、有关规范、规程、验收和施工技术标准，按上级下达的施工计划综合考虑。编制施工组织计划的主要内容如下：

（1）列出编制依据的文件名称、编号、日期，并作必要的说明。

（2）说明工程概况（任务量和范围、劳力、工期、投资、线路状况、作业方式等）和主要工程数量。

（3）制订主要工程经济计划指标，主要工程材料的调配使用方案和供应计划。

（4）采用的新技术、新工艺和提出全面质量管理的办法。

（5）确定施工方案，包括：划分施工任务、组织劳力、设置工点、确定施工顺序和方法等。

接触网工程开工必须坚持开工报告制度，这是按照基建程序开工的重要措施之一，是保证组织均衡施工的关键一环。在开工报告前应该具备的条件有：

① 设计文件、施工图纸能满足施工需要；

② 施工复测已经完成，施工标桩完备；

③ 主要材料、设备的供应已基本落实，机具、劳动力能满足施工需要；

④ 施工组织设计安排计划已经编制；

⑤ 施工预算已经编制；

⑥ 前期工程，如线路、桥梁、隧道、站场股道等已基本完成，质量符合电气化施工要求；

⑦ 路内、外拆迁工程和工程用地已有妥善协议和安排，并能满足开工要求；

⑧ 工地布置、临时房屋、运输便道、通信设施以及施工用水、用电等都能满足开工需要；

⑨ 施工现场安全符合规程要求。

接触网工程属于电气化铁路建设项目中的重点工程，开工报告应由相当于工程处级单位于开工前 10 日报工程局或铁路局审批。开工报告形式如表 18-2 所示。开工报告未经批准不得开工。

开工报告是竣工验收文件的组成部分。

表 18-2　接触网开工报告

建设项目名称		单项工程名称			工程地点	
施工单位		申请开工日期	年　月　日	实际竣工日期	开工　　年　月　日	
					竣工　　年　月　日	
开工项目的主要工程内容						
准备工作情况						
存在问题						
审批意见						

申请开工单位：　　　　签章　　　　　审批单位：　　　　　　　签章

附注：本报告单由申请单位规定期限，在开工前填报一式两份，经审批单位审查后，批复一份，另存查。

三、接触网工程预概算

接触网工程预概算，是确定接触网造价、编制接触网工程建设计划的依据，是控制接触网投资额和办理拨款或贷款的依据，是工程投标及签订合同的基础。

根据《铁路建设管理办法》的规定，铁路建设应合理确定建设项目投资，建设项目初步设计批准概算静态投资超出批复可行性研究报告静态投资的部分不应大于批复可行性研究报告静态投资的 10%，因特殊情况而超出者，须报原可行性研究报告批准单位批准。

根据《国家铁路基本建设工程设计概算编制办法》的规定，应按设计阶段进行，一般在计划任务书或设计任务书中规定设计阶段。在初步设计阶段编制总概算，它作为基本建设项目投资和阶段编制基本建设计划及技术设计的限额。在技术设计阶段编制修正总概算，据以修订基本建设计划、控制建设投资和拨款、签订合同、编制招标项目中的标的。在施工图阶段编制投资检算，作为工程价款结算的依据。

工程概算的费用由以下几部分组成：

（1）建筑工程安装费。
（2）设备工器具购置费。
（3）其他费。
（4）预备费。
（5）工程造价增涨预留费。

1. 建筑安装工程费

建筑安装工程费，是电气化铁路建设投资的主要组成部分，它分为直接费、间接费、计划利润和税金四部分。

1）直接费

直接费是直接用于建筑安装工程上的有关费用，它包括人工费、材料费、施工机械使用费和其他直接费。

人工费是指列入预算定额、直接从事建筑安装工程施工的生产工人开支范围的各项费用，它包括：基本工资、工资性质的津贴、辅助工资和劳动保护费。

材料费是指列入预算定额的材料、构配件和半成品按相应的预算价格计算的费用。运杂费包括运输费、装卸费和其他有关费用（如铁路运输的取送车费、过轨费等）以及材料管理费等。

其他直接费是指预算定额分项定额以外发生的费用。

2）间接费

间接费是指组织和管理电气化工程建筑安装施工所发生的各项经营管理费用，因为它不是直接用于某一单项工程，而是为工程施工间接服务所发生的费用，故这类费用只能间接地分摊到各单项工程上。它由施工管理费和其他间接费组成。

3）计划利润

计划利润是指按规定的计划利润计取的费用，该项费用由两部分组成，即供企业应用新技术、新工艺、扩大企业生产能力、更新购置施工设备所需的费用。企业根据自身经营管理素质和市场供求情况，在规定的计划利润率范围内所确定的本企业的利润水平。计划利润的计费标准，按电力牵引供电工程中建筑安装工程费总额及材料差价的7%计划。

4）税金

电气化工程作为铁路基本建设的产品，其价格构成与其他商品一样也包括成本、税金和利润三部分。

税金包括营业税、城市维护建设税和教育附加税。营业税按建筑安装工程费，综合扣除属于专用基金的其他间接费如临时设施费、劳动保险基金、施工队伍转移费后的3%计算。城市维护建设税按营业税额作为计税依据，市区为7%，县城、镇为5%，不在市区、县城镇者为1%。教育附加税按营业税的2%计入。

2. 设备工器具购置费

设备工器具购置费，包括设备购置费、工器具及生产家具购置费两部分。

1）设备购置费

设备购置费指构成固定资产标准的设备购置和虽低于固定资产标准，但属于设计明确列入设备清单的设备购置费用。

2）工器具及生产家具购置费

工器具及生产家具购置费指新建、改建和扩建项目的新建车间，验交后为维持满足初期正常运营直接有关的维修生产部门，开工生产准备所必须购置的第一套不构成固定资产的设备、仪器、工卡模具、器具等的费用。

3. 其他费

其他费指根据有关规定，列入基本建设项目总概算投资中，除去建筑安装工程费、设备工器具购置费以外的有关费用，包括：建设单位管理费、征用土地补偿费、研究实验费、生产职工培训费、办公和生产家具购置费、勘察设计费、供电补贴费、施工机构调遣费和配合辅助工程费等。

4. 预备费

预备费指在初步设计（或技术设计、扩大初步设计）总概算（或修正总概算）中，难以预料的工程费用。

5. 工程造价增涨预留费

为正确反映国家铁路基本建设工程项目的概算总额，由设计概算编制年度到项目建设竣工的整个期限内，因工程造价正常变动如材料、设备价格的上涨和人工费标准的提高，以及其他各项费用标准的调整等，使原概算总额提高的费用。

根据部颁标准，铁路基本建设工程概算按不同工程费用类别划分为11章33节，电力牵引供电被划在第7章第18节，因此在编制概算时应参考该项目统计费用。

编制预概算要依据审批后的施工图纸、会议记录和有关说明书、《国家铁路基本建设工程设计概（预）算编制办法》、《铁路工程概（预）算定额、电力牵引供电工程》和有关设计规范、施工技术规范、工程质量验收标准等。

编制步骤首先要熟悉施工图纸，了解设计意图，调查施工现场情况，通过查概预算定额统计各项费用，计算技术经济指标，编制建筑工程个别概算表（见表18-3）和综合概算表（见表18-4），最后编写说明书。

表18-3 建筑工程个别概算表

建设名称				概算编号			
工程名称				工程总量			
工程地点				概算价值			
所属章节	章 节			概算指标			
单价编号	工作项目或费用名称	单位	数量	费用/元		质量/t	
				单价	合价	个质量	总质量

表 18-4　综合概算表

建设名称			编制范围				编号			
工程名称			概算总额				技术经济指标			
章别	节号	概算编号	工作及费用名称	单位	数量	概算价值/元				指标/元
						Ⅰ 建筑工程	Ⅱ 安装工程	Ⅲ 设备工器具	Ⅳ 其他费	合计

任务二　接触网基坑工程

【知识目标】
- 掌握纵向和横向施工测量方法。
- 掌握基坑开挖的质量要求。
- 了解基坑开挖的注意事项。

【技能目标】
- 能够详细说明横向和纵向测量要求。
- 能够确定基坑位置。

【素养目标】
- 具有严谨认真、实事求是的科学态度。
- 能自主学习新知识、新技能。
- 具有较强信息搜集能力，会查找铁路施工相关国家标准。
- 培养工匠精神，养成"怀匠心、铸匠魂、守匠情、践匠行"意识。

一、接触网施工测量与定位

接触网施工测量与定位的主要任务是把设计图纸上的内容和线路具体情况结合起来，将施工图纸上支柱、基础等接触网建筑物的位置落实到施工地点。为挖坑作业、隧道打孔作业提供依据，并核定接触网设计平面图与现场实际情况是否相符，初步检验设计是否合理，有无遗漏、缺陷和错误等。接触网施工测量主要是指线路的纵向测量和横向测量(即坑位测量)。

施工测量是接触网施工中的重要工序,它直接影响着以后的立杆、架线、调整等工作,甚至关系着接触网建成后运营的好坏。因此,测量前要熟悉图纸,了解设计原则和有关规程,向工务、电务关部门了解并索取线路有关资料、地下埋设情况以及铁路附近的架空线路等资料。测量过程中,做详细记录。

测量前应准备好测量工具和绘制测量记录,测量工具见表18-5。

表 18-5 测量工具及仪器表

序号	名称	规格	单位	数量	用途
1	钢卷尺	50 m	盒	1	丈量支柱跨距
2	钢卷尺	2 m	盒	1	测支柱侧限等
3	计算器		个	1	累计跨距复核里程
4	记录表格		本	2	记录有关事项
5	白油漆桶		个	1	书写标记
6	钢丝刷		把	1	钢轨除锈
7	小排笔		支	1	书写标记
8	粉笔		盒	1	书写临时标记
9	手电筒	强光	个	4	隧道照明
10	防护用旗	红黄色	副	1	行车防护
11	防护用品		个	2	行车防护
12	工具袋		个	4	
13	铅笔		支	2	记录
14	经纬仪	精度"6"级	台	1	支柱测量用
15	水平仪		台	1	支柱测量用
16	塔尺	5 m	副	1	支柱测量用
17	花杆	2 m	根	1	区间测量使用
18	花杆	3 m	根	2	区间测量使用
19	望远镜	×30	个	1	特殊干扰使用
20	照相机	带胶卷	个	1	特殊干扰使用
21	水平尺	2 1Tlm	根	1	隧道测量使用
22	聚光测镜		台	1	隧道测量使用
23	抹布		块	若干	

在接触网施工中应用仪器进行测量的主要项目有:确定支柱位置(如大站软横跨支柱定位)、软横跨测量(确定最高轨面与钢柱或钢筋混凝土柱地线孔位及股道轨面的高差,钢柱外缘顶端与钢柱底部的水平偏移值或钢筋混凝土支柱内缘顶端悬挂孔位与内缘地线孔位的水平偏移值)以及交桩测量地(线路复测)等。

1. 纵向测量

纵向测量的主要任务是将接触网平面图中有关支柱跨距的设计尺寸通过测量确定到线路上去，它决定着各个支柱之间的相互位置。

区间和站场的纵向测量均从接触网平面图中标注的测量起点出发，直线区段沿靠近支柱侧的钢轨丈量。曲线区段无论支柱在哪一侧，都应用丁字尺将测量尺过渡到曲线外轨的外侧进行丈量，测量转点宜选择在直缓点（ZH）附近，如图18-1所示。

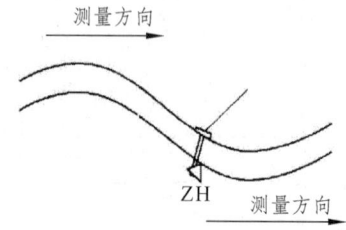

图18-1 曲线外侧钢轨转换示意图

测量顺序：首先由主管技术员根据设计图复诵跨距尺寸，拉尺人员则从测量起点根据跨距值依次丈量，并在每一杆位处的钢轨腰部作出标记。书写标记前应先用钢丝刷子对轨腰除锈，用抹布将锈迹擦干净，然后用白油漆书写，字体要端正醒目，如图18-2所示。

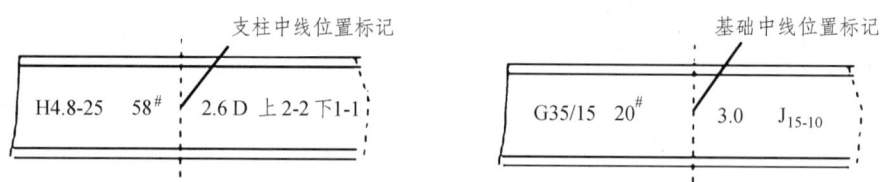

H4.8-25—支柱类型；58#—支柱号；2.6—限界；D—底板；上2-2下1-1—横卧板；G35/15—钢支柱类型；20#—支柱号；3.0—限界；J_{15-10}—基础类型。

图18-2 标记实例图

站内测量一般按正线进行，如为复线区段则按设计规定相应正线测量。道岔柱位置测量一般针对单开道岔，道岔定位柱位于道岔导曲线外侧两线间距为690 mm处线路侧，即标准定位点至道岔理论岔心的距离为4350 mm（1/9道岔）或5720 mm（1/12道岔）。此时道岔定位柱上两股道拉出值均为375 mm。线岔柱与理论岔心的距离如表18-6。

对于复式交分道岔，道岔定位柱位于两线路中心距离为167 mm（1/9道岔）、125 mm（1/12道岔）处（接触网交叉点位于线路的对称中轴上方），复式交分道岔中心与接触网线岔中心重合。

道岔柱非标准定位时，单开道岔一般取导曲线外侧两线路中心距离400~700 mm处，复式交分道岔取距道岔中心1.5~2.5 m处。支柱位置应满足以下两点：

表 18-6　线岔柱与理论岔心的距离　　　　　　　　　单位：mm

道岔型号	线间距				
	700	650	600	550	500
1/8	4960	4370	3780	3180	2500
1/9	5640	5070	4350	3670	2970
1/10	6200	5490	4690	4000	3200
1/11	6750	5980	5170	4310	3420
1/12	7500	6030	5720	4840	3870
1/18	11 270	10 050	8790	7470	6080
1/38	20 740	18 060	15 300	12 440	9480

（1）线岔交叉点和定位点均需在两条岔线的受电弓工作范围内，且不超过最大拉出值 450 mm 的区域。

（2）线岔交叉点与受电弓始触区之间的距离，必须控制在一个安全长度内，以保证不刮弓。根据经验，认为该安全长度约 7.5 m（即 12 号复式交分道岔始触区距线岔交叉点的距离）。

2. 横向测量

当支柱或基础纵向测量定位后，还必须进行横向定位测量。横向测量的主要目的是依据纵向测量的中心线标记来确定支柱或基础的基坑位置。

测量方法：区间使用丁字尺，根据支柱侧面限界，确定支柱基坑的位置，如图 18-3 所示。图中基坑内缘（$s'_内$）和外缘（$s'_外$）至线路中心线的距离可由表 18-7 查出。表中数据均考虑了支柱外形尺寸，并结合了挖坑经验。坑口宽度在不考虑安装横卧板和底板的情况下取 0.6 m，即从坑口中心线向平行于线路各量出 0.3 m。当安装横卧板或底板时，坑口和坑底的尺寸应能保证这两种板的安设，并留有充分的调整余量。

表 18-7　混凝土支柱坑坑口内缘至线路中心的距离　　　　　单位：mm

支柱型号	H38		H48-250，H78		H90～H170-250
有无横卧板	有	无	有	无	有
坑口内缘至线路中心距离 $s'_内$	C_x-150	C_x-150	C_x-150	C_x-150	C_x-200
坑外缘至线路中心距离 $s'_外$	C_x+700	C_x+700	C_x+850	C_x+700	C_x+1000

站内横向测量的主要工作是将正线上的纵向测量点过渡到站场两侧靠近软横跨柱的钢轨上，要求两侧软横跨柱中心线的连线，在直线区段垂直于正线，曲线区段垂直于纵向测量点的切线，偏离不应超过 3°。

确定了基坑横向中心线位置后，即可根据侧面限界决定坑口尺寸，如图 18-4 所示。

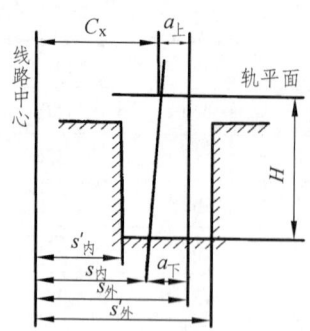 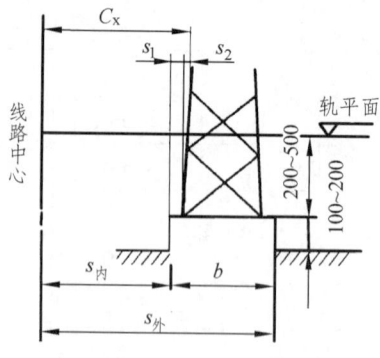

图 18-3 支柱基坑位置图　　　　图 18-4 钢柱基础测量图

应当指出钢柱的侧面限界是指轨平面处，钢柱内缘至线路中心的距离，而不是基础内缘至线路中心的距离。

根据钢柱和基础外形尺寸可知，钢柱底部边缘至基础边缘的距离 $s_1=125$ mm。

$$s_2 = \frac{a_下 - a_上}{2L}H$$

$$s = s_1 + s_2 = 125 + \frac{a_下 - a_上}{2L}H$$

式中　s——轨平面处钢柱内缘至基础内缘的水平距离（m）；

　　　s_2——轨平面处钢柱内缘至钢柱底部的水平距离（m）；

　　　L——钢柱高度（m）；

　　　H——钢柱底部至钢轨水平面的垂直距离（m）；

　　　$a_上$——钢柱顶部宽度（m）；

　　　$a_下$——钢柱底部宽度（m）。

对于基础面低于邻轨平面 200～500 mm 时的 s 值，可取 50～100 mm。采用这个数值，钢柱侧面限界可保证在 0～100 mm 的施工误差范围内，所以坑口尺寸应为

$$s_内 = C_x - s = C_x - (50～100)$$

$$s_外 = s_内 + b$$

式中　b——基础垂直于线路侧的长度（cm）。

采用这个数值钢柱坑口的宽度，在垂直于基坑中心线的两侧，各量出基础顶宽的一半，如采用就地浇注，基础每边还应加大 10～30 mm。

3. 隧道测量定位

隧道内的悬挂形式分为简单悬挂、链形悬挂两种，悬挂形式确定后，即可根据"隧道内接触网平面布置图"进行具体测量。

隧道悬挂点、定位点的定位测量有两种方法。一种是在无隧道打孔作业车时，人工测量。另一种是利用隧道打孔作业车直接测量孔位，这种方法简单准

确、效率高。

按隧道接触网平面布置图，自隧道口开始，按跨距分布依次在轨平面用钢尺测出每个悬挂点纵向位置，在轨腰上写明标记，并同时写在隧道一侧墙壁上的相对位置距轨面 1.2 m 高度处，以便今后查找。标记内容为：设计位置竖线、悬挂点编号、定位编号、白底黑字。在纵向位置处用聚光灯置于水平尺上，按设计尺寸调整位置，再用绑在长竹竿上的白油漆刷子，在聚光灯所照射到的洞顶处点上标记。悬挂点间的距离应满足隧道平面布置图的要求。

测量中按防护规则在隧道两端设行车防护人员。隧道内测量应注意悬挂点处拱顶如遇有漏水、严重渗水、石缝或断面接槎处时，应调整跨距避开。遇有不规则断面时，应将悬挂点处断面主要尺寸测出，并绘制断面简图。主要尺寸包括拱顶高度、定位点至线路中心的水平距离等，以供预制、安装配件用。当采用隧道作业车定位钻孔时，只需将作业车钻孔台架对准隧道壁测量标，通过台架风枪位置直接定位钻孔。

4. 桥梁测量

桥梁测量是测定桥钢柱地脚螺栓或桥支架锚栓在桥墩台的布置。

（1）当桥支柱直接安装在桥墩台上，其测量是用丁字尺卡在桥墩所对应的钢轨上，根据桥支柱类型不同和侧面限界算出桥支柱前排螺栓与线路中心的距离，在计算好的位置上吊下线坠，接着在框架的前排孔边线的线坠所对之处，摆正框架，各孔处即为桥支柱螺栓位置，核实无误后即可用油漆作上标记。

（2）当桥墩台上没有预留支柱位置而使用桥支架时，则应在测量前搭好作业架。测量时作业人员应系好安全带。用丁字尺卡在钢轨上，水平尺找平，按设计图中给定的尺寸，测出钢轨面至桥支架螺栓的距离，并使框架垂直线路对正桥墩中心，确认无误后，用油漆画出螺栓位置。

5. 测量记录及资料整理

1）测量记录表的绘制

在测量过程中，要详细调查、了解本区段地形、土质、线路特征、干扰处理类型等情况，初步检验接触网设计图与实际情况是否相符、是否合理，这些情况都要作详细记录。具体内容主要有以下个几个方面：

① 支柱位置处是何种土质，填方、挖方情况与设计图纸是否相符，有无侧沟、盲沟及其他障碍物，现场浇制支柱基础的砂石和水源等情况，这些都是基坑开挖和劳动力配置的依据。

② 向有关单位了解线路变化情况，作为施工时挖坑立杆的依据。

③ 校验实际里程与设计是否一致，里程是否闭合。

④ 重点建筑物附近支柱位置是否合理（如站台、地道口、平交道口、立交桥、隧道口、桥梁、信号机等）。

⑤ 道岔柱、锚段关节、分相绝缘器位置是否合理。

⑥ 其他事项。

将上述了解的情况做出详细记录，必要时可绘图说明。

2）应交资料

测量资料是改善设计、保证工程质量的基本依据，为确保后续工序的顺利开展，应提出齐全、可靠的测量资料。

① 测量日记：内容包括时间、地点、负责人、参加者、主要记事等。

② 跨距变更表及简要说明。

③ 支柱侧面限界变更表及简要说明。

④ 土质及横卧板数量变更表。

⑤ 排水沟改造及处理方案草图。

⑥ 设计部门提供的有关特殊设计项目表

⑦ 其他需要解决的问题及说明。

二、开挖基坑

支柱位置确定后，可以开展基坑开挖工作。接触网基坑分为钢筋混凝土支柱坑、基础坑和拉线坑。由于我国电气化铁路施工大部分是在运输繁忙的营业线路上，挖坑作业又具有点多、量少、分散的特点，因此接触网基坑作业仍将以人工开挖为主。

1. 开挖基坑的质量要求

（1）基坑位置由钢轨上标注的支柱号、限界、支柱类型及测量的支柱中心位置来确定。如必须移动坑位时，可按设计跨距允许误差±1 m 来进行调整，调整后的跨距不得大于设计最大跨距，调整软横跨支柱基坑位置时，同一组软横跨支柱基坑应相应位移。道岔柱基坑位置应符合设计要求。

（2）各支柱基坑坑口尺寸应满足立杆、整杆要求。钢柱基础采用就地灌注时，各部尺寸不得小于基础外形尺寸；当采用模型板灌注时，坑口尺寸应考虑支护模型板和拆除模型板的活动余地。

（3）在直线区段钢筋混凝土支柱坑深为轨平面至坑底垂直距离，在曲线区段为内轨顶面+电化后外轨高/2 至坑底的垂直距离。

坑深＝支柱规定埋深＋线路上部建筑高度（如有底板再加底板厚度）

线路上部建筑高度因线路等级不同而异，一般为 800 mm。当支柱位于站台上时，坑深为站台面至坑底的垂直距离。

坑深根据选定的基础标高和基础尺寸计算确定：

$$H = h + \Delta h + d$$

式中　h ——基础高度（mm）；

　　　Δh ——基础面至轨面距离（mm）；

　　　d ——层厚度（mm）。

位于站台上的基础坑深为基础高度。坑深的施工误差为±100 mm。

（4）拉线坑应设在下锚支的延长线上，困难地带允许有一定夹角，但不得超过15°，在任何情况下拉线各部分不得侵入建筑接近限界。锚板拉杆与地面有45°夹角，特殊困难地区不得大于60°。锚板埋深（以地面最低处算）不少于2 m。

（5）基坑坑口应垂直正线线路，基坑上下方向一致，坑底平整，夯实虚土。

2. 安全注意事项

（1）每个基坑开挖不得少于2人，坑内有人作业时，坑上必须有人防护，列车通过时，坑内不得有人。

（2）在开挖过程中，发现地下埋设物，不能自行处理时，应立即停止工作，并与有关单位联系处理。

（3）基坑大小以能保证支柱安装或基础浇制为原则，需安装横卧板、底板的支柱，基坑断面尺寸应适当加大，基坑深度应符合支柱（基础）埋深的要求。

（4）基坑开挖过程中，必须保证线路路基的稳定，保证行车安全。不准使弃土污染道砟。位于水沟中或水沟沿上的基坑，应及时立杆或浇筑基础，回填、疏通水沟。被破坏的水沟不能恢复原样时，应改移侧沟保证水沟畅通。

（5）坑边不得放置重物或工具，以免落下伤人，坑下工作人员必须戴好安全帽。

（6）为防止道砟塌落，在坑口四周用木板挡住道砟，火车通过时坑下工作人员应提前上坑，坑口堆土量不可过多，应随时移土，以免对坑壁压力过大塌落伤人。

（7）应随时检查坑形有无倾斜走形，并及时加以纠正。

（8）在土质松软、碎石和填方的基坑或有流砂产生的基坑，开挖时应设置防护板，防护板与坑壁间不应有空隙，挖坑深度超过1 m时，应随基坑的挖深将防护板打卜直至基坑底部，且防护板用木撑撑紧。

（9）对于支柱侧面限界较小的支柱基坑，坑边距线路很近，为保证开挖期间行车和施工的安全，可采用吊轨防护，即在坑侧的枕木头上放置两根小面朝上的钢轨（长度一般不小于4 m），再在两轨间倒放一根钢轨，最后用夹板和螺栓固定在枕木头上。

（10）为了保证行车安全，接触网基坑挖好后，暴露时间应尽量缩短，一般不超过一昼夜，特别是雨天更要加强对基坑的巡视检查。

基坑开挖方法应根据基坑土质不同而不同，根据经验，按路基土质类型，基坑开挖方法有以下4种：

① 硬土类：包括普通土、土夹石、硬土、砂岩、风化石等，这类土质密实，自结合力强，非雨季人工开挖，不会塌方，不需坑壁支撑防护。

② 碎石类：包括石夹土、碎石、填方土等，这类土质自结合力不均匀，稳固性较差，须采取基坑局部支撑的开挖方法。

③ 流砂、高水位土质类：宜采用钢筋混凝土防护圈进行施工，类似沉井法。采用此法可节省木材，经济、可靠，便于施工。

④ 坚石、次坚石类：这类基坑开采用控制爆破法。当采用法兰盘支柱时，只需按要求钻孔灌注锚栓。应根据具体情况采取相应的基坑防护措施。

为了统一使用防护板，一般钢筋混凝土柱常采用套板，既统一了坑形，也便于防护板的回收，如图 18-5 所示。

套板一般为 30 mm 厚、20 mm 宽，制成 1.5 m×1.2 m 的木框，每 200 mm 下一层，注意木框结合处要互相抵紧，方框的长、宽边固定方式要交替使用。

在流砂地带开挖基坑时，采用混凝土预制井圈做防护。开挖时，要注意四周均匀取土，使圈均匀下沉，沉下一层再加一层，如图 18-6 所示。

坚石地带的基坑必须用爆破法开挖，由受过专门训练的炮工操作，且必须做好防护工作。爆破后应检查铁路有无损坏或妨碍行车的物体，要保证铁路及通信线路畅通，若出现瞎炮必须由炮工处理。

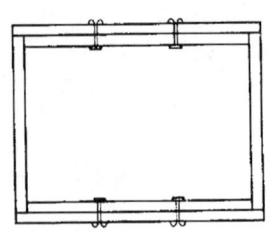

图 18-5　基坑防护套板图

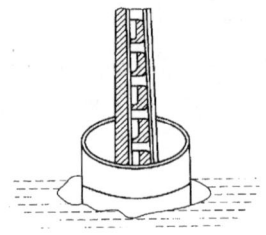

图 18-6　流砂地带基坑防护图

任务三　接触网混凝土工程

【知识目标】
- 掌握水泥强度等级和堆放要求。
- 掌握水灰比和配合比的概念。
- 掌握基础模型板的安装要求。
- 了解隧道混凝土工程要求。

【技能目标】
- 能准确说出混凝土工程中的水灰比和配合比。
- 能够较详细说出基础浇筑施工工艺。

【素养目标】
- 具有严谨认真、实事求是的科学态度。
- 能自主学习新知识、新技能。
- 具有较强信息搜集能力，会查找铁路施工相关国家标准。

一、混凝土基本常识

混凝土，一般是指用水泥作胶结材料，按一定配合比掺加砂、石子和水，搅拌均匀后经过硬化而形成的材料，又称人造石材。

1. 混凝土组成

（1）水泥：水泥的种类很多，但在接触网工程施工中，主要使用普通硅酸盐水泥（简称普通水泥）、矿渣硅酸盐水泥（矿渣水泥）、火山灰硅酸盐水泥（火山灰水泥）3 种。水泥是用强度等级来表示规格的。普通水泥有 42.5、42.5R、52.5、52.5R、62.5、62.5R 等 6 种；矿渣和火山灰水泥有 42.5、42.5R、52.5、52.5R 等 4 种。水泥的名称、强度等级、出厂日期和生产厂名均在水泥包装袋上注明。不同强度等级、不同材质的水泥不得混合使用。水泥应存放在干燥、不漏雨的库房内，堆码时，堆放高度不超过 10 层，垛宽 5 袋为限，底层应用木板垫高 30 cm。过期的水泥必须经检验确定强度等级后再使用。

（2）骨料：砂子和石子在混凝土中起着骨料的作用。

细骨料：85%以上的质量能通过 5 mm 筛子并且全部通过 10 mm 筛子为细骨料。

混凝土用的细骨料，一般选用表面坚硬、耐久的天然砂，亦可用硬质岩石砸碎制成的机制砂。天然砂是岩石风化，河海外刷形成的粒度为 0.15～5.0 mm 的颗粒材料，按产地分为河砂、山砂、海砂等，按粒径大小砂可分为粗砂、中砂、细砂等。

基础施工中选用河砂最好，粒径为 0.35～0.5 mm 的中粗砂即可。

砂在应用前要进行质量检验，对砂要求颗粒坚实、洁净，不得含有过多的黏土、泥灰、粉末、煤屑、云母、硫化物和草根等有害杂质，颗粒透明有光泽，用手紧握感觉粗糙有棱角，并有轻微的锐音，无尘土沾手的为上品，取砂少许置于玻璃杯中，注入清水，搅拌后水微黄者，即表示含土不多，较为洁净。

粗骨料：过筛时 5 mm 筛子上存留质量在 85%以上时称为粗骨料，在浇制基础上选用的粗骨料有碎石的片石两种。

碎石的来源主要是河卵石和火成岩，用人工敲打或机械碾碎而成，这种碎石因有棱角，表面粗糙，与水泥浆黏合力好，所以工程上多采用这种碎石。碎石分为四级，特细级 5～10 mm，接触网基础施工宜采用 30～50 mm 范围的碎石。施工前应对碎石进行外观质量检查，每块碎石要求石质一致，不含黏土杂质，无裂纹和风化等现象，富有棱角、表面粗糙。

片石来源于各种岩石及河卵石等天然石料，经加工而成，尺寸在 150～500 mm 范围，一般在 300～500 mm 间的片石最好。不得使用风化石。

（3）水：水（拌和及养护用水）不得含有影响水泥正常凝结硬化的有害杂质，如酸类、油脂等。一般能饮用的自来水和洁净的天然水都可使用。对有怀疑的水应进行水质化验，确认无有害杂质方可使用。

（4）外加剂：混凝土的外加剂是指混凝土的 4 种主要材料之外的原料。外加剂的种类主要有早强剂、减水剂、速凝剂、防冻剂等。外加剂的加入，可显著改善混凝土的工作性能，提高混凝土质量（强度和耐久性）及节约水泥，而且适用于不良条件下施工，如冬季或工程抢险等。

2. 水灰比

水灰比就是混凝土中水和水泥的质量比。水泥在混凝土中骨料之间起着润滑作用。水灰比决定着水泥浆稀稠及胶结骨料的质量，对混凝土的施工操作和混凝土的强度及耐久性有极大影响。水灰比小，水泥浆稠，与骨料的胶结力大，混凝土强度高，耐久性好；但水灰比过小，混凝土拌和物的流动性差，施工困难。水灰比大，水泥浆稀，和易性好，施工方便；但水灰比过大，会使混凝土黏聚性和保水性差，而且降低了混凝土的强度和耐久性。因此，在施工中，应严格控制水灰比。常用的水灰比见表 18-8。

表 18-8　混凝土常用水灰比

混凝土强度等级	70	90	110	150	170	200
水泥强度等级	水　灰　比					
42.5	0.80	0.70	0.60	0.55	—	—
42.5R	0.95	0.80	0.70	0.60	0.55	—
52.5	1.00	0.90	0.80	0.70	0.60	0.55
52.5R	—	—	0.95	0.80	0.75	0.65
62.5	—	—	—	0.90	0.85	0.75

3. 配合比

配合比是指混凝土各组成材料之间用量的质量比例。

一般以水∶水泥∶砂∶石表示，而以水泥为基数 1。

选择配合比应满足混凝土工程的四项基本要求：强度、耐久性、混凝土的工作性能、造价低。

确定配合比是一件比较复杂的工作，一般应以试验结果作为施工依据。混凝土可采用人工和机械搅拌。所用的水泥、砂、石子和水必须根据施工配合比要求量取，搅拌必须均匀。倒入模型内的混凝土必须用捣固器或捣固铲捣实，待初凝后覆盖湿草袋加以养护。养护时间：当采用普通水泥时为 10~14 d；采用火山灰和矿渣水泥时为 14~21 d。

混凝土的主要性质包括：工作性、强度和耐久性。强度和耐久性是指混凝土在硬化后，能安全地承受设计载荷并在它所处的自然环境中经久耐用。

混凝土强度是指单位面积上所能承受的最大压力，是以标准制成品（150 mm×150 mm×150 mm 或 200 mm×200 mm×200 mm）在 15~20 ℃温度下养护 28 天的抗压强度值来表示。接触网混凝土基础强度标号为 C10、C15 和 C12 号；

钢筋混凝土支柱为 C40 和 C50 号；横卧板、锚板和底板为 C20 号。

二、钢柱基础

（一）基础类型

钢柱基础按外形可分为以下几种：

（1）工字形基础：J 形基础通常采用这种外形，如图 18-7（a）。

（2）锥形基础：AK 形基础通常采用这种外形，如图 18-7（b）。

（3）单阶梯型：K 形和 R 形基础采用这种外形，如图 18-7（c）。

（4）多阶梯型：Ⅱ 形和 AⅡ 形基础采用这种外形，如图 18-7（d）。

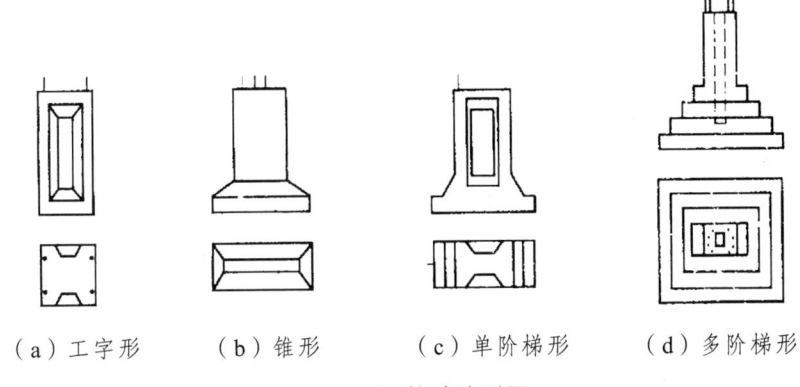

（a）工字形　　（b）锥形　　（c）单阶梯形　　（d）多阶梯形

图 18-7　基础外形图

（二）基础顶面标高

（1）田野侧基础：基础顶面应高于地面 100～200 mm，低于轨面 200～500 mm。

（2）两线间基础：基础顶面应高于地面 100～200 mm，低于邻轨轨面 200～500 mm。

（3）站台上基础：基础顶面应高于站台面 100～200 mm。

（三）允许施工误差

（1）基础横断面：允许施工误差为 -20 mm。

（2）混凝土保护层：允许施工误差为 -10 mm。

（3）螺栓位置（各层）：允许施工误差为 ±5 mm。

（4）螺栓外露长度：允许施工误差为 120 mm。

（5）基础高度：允许施工误差为 ±100 mm。

（四）基础浇筑施工工艺

基础浇筑的施工工具、机具见表 18-9。

表 18-9 基础浇筑的施工工具、机具

序号	工具名称	单位	数量	用途
1	混凝土搅拌机	台	1	搅拌混凝土
2	大方锹	把	1	铲混凝土
3	铁叉	把	1	铲石子
4	橡胶桶	个	2	装混凝土
5	抬杠	根	1	
6	插入式振捣器	台	2	振捣混凝土

(1) 应复核基坑尺寸,确认基坑尺寸是否正确;然后清理坑口周围和坑内杂物;同时,设置线路行车防护。

(2) 在浇筑混凝土之前,应在基础坑底部铺上 100 mm 厚的石砟或 C75 级混凝土,然后将搅拌好的混凝土分层灌注在基坑内,每层混凝土的厚度不宜小于 100 mm,一般以 200 mm 为准。每浇筑一层混凝土就应进行一次捣固。混凝土捣固时,应随时捣,根据"快插慢拔"的原则进行,直至将混凝土捣固密实。

(3) 在每捣固一层混凝土后,就应填充一层片石。片石填充的数量不应超过基础混凝土体积的 25%,在距基础面小于 0.5 m 范围内,片石的填充量应逐渐减少;距基础面 200 mm 时,尽量不填充片石,以保证最上层片石的表面有不少于 100 mm 的混凝土覆盖层。

(4) 当分层浇筑到一定高度后,就要进行地脚螺栓的预埋,同时将地面以上部分的模型板安装到位(即支模),以便进行上层浇筑。当上层浇筑完毕后,混凝土即进入初凝期,这时就需要进行基础养护。目前,我国对混凝土基础的养护,主要采用自然养护法,即在自然气温条件下(高于+5 ℃),用湿草帘或湿草袋将混凝土覆盖并经常浇水,保持混凝土基础湿润的养护方法。

(5) 基础养护一段时间后(根据现场经验,一般为 3 d 后),混凝土基础达到一定强度时,即可将模型板拆除。混凝土基础表面应平整,不应有蜂窝、麻面、棱角损坏或露筋现象,若混凝土基础表面出现蜂窝、麻面,要对混凝土基础表面进行缺陷处理。处理时,可用钢刷将基础表面清除干净后,以 1:2 或 1:2.5 的水泥砂浆修补。

(6) 站场软(硬)横跨基础是成对出现的,软(硬)横跨基础浇筑时,应两个基础同时进行,以达到软(硬)横跨基础中心连线的施工标准。每组软(硬)横跨基础中心连线应垂直于车站正线,偏差不应超过 3°。到软(硬)横跨基础中心连线的施工标准。每组软(硬)横跨基础中心连线应垂直于车站正线。

(五)杯形基础

杯形基础用于固定硬横跨圆形支柱,安装用钢筋焊成的底盘,底盘主要用于固定内模,将底盘三个支腿打入坑底约 150 mm,其中心孔应位于基础中心铅垂线上，且高出坑底 300～350 mm。将中心定位钎通过孔中心打入坑底 150～200 mm。

浇筑杯形基础前，先要在坑底铺垫 100 mm 石砟，基础底部要预先浇筑 200 mm 厚的混凝土。安放钢筋骨架和内模。在浇筑过程中应不断调整钢筋骨架、内模，使其铅垂中心与基础铅垂中心保持重合。要保证内模的铅垂度，否则硬横跨支柱将无法调整到位。

支柱整正后用细石混混凝土在支柱周围灌注，并用钢钎捣实。先将一侧固定，另一侧支柱整正后用木楔做临时固定，待硬横梁安装后再填充混凝土。

施工技术要求如下：

（1）杯形基础内杯底距基础面的距离为 1500 mm；基础垂直于线路方向的中心线与线路中心线垂直，偏差不大于 3°。

（2）杯形基础面应与路基面平齐，不得高于路基面，杯形基础面平整，外形尺寸及限界符合设计要求。

（3）杯形基础田野侧的土层不得小于 600 mm，否则需进行边坡培土或砌石；路堑地段的基础外侧与水沟外侧的间距不得小于 300 mm。

（4）要使用经过检测的标准混凝土配合比与水灰比，浇筑混凝土时按要求进行捣固。

（5）要始终保证基础内模铅垂中心线与支柱安装中心线相重合。

（6）基础浇筑后在支柱未设立前，要将基础杯口封堵良好，防止落入石块影响以后安装支柱。

（7）基础养护方法与软横跨基础养护过程相同。

任务四　立杆与整正

【知识目标】
- 掌握支柱的安装整正方法。

【技能目标】
- 培养学生具有支柱安装整正的能力。

【素养目标】
- 培养团结协作精神，可以既有分工又有协助，互相帮助、共同达成目标。
- 具有严谨认真、实事求是的科学态度。
- 能自主学习新知识、新技能。

一、钢筋混凝土支柱安装

（一）支柱安装前的准备工作

施工单位在支柱安装（即立杆）前，应对所有施工线路中有碍立杆作业的障碍进行检查并采取相应的措施，及时予以处理，确保立杆顺利进行。

1. 基坑检查

立杆前施工单位应先对基坑进行检查，确认基坑符合立杆条件。基坑检查的内容包括：

（1）核对基坑限界、深度及基坑大小是否符合要求。

（2）带底板的基坑，底板是否已安装好。

（3）基坑内是否落入杂物，若有，应及时进行清理才能进行立杆工作。

（4）检查基础螺栓位置是否正确，基础混凝土强度是否达到设计要求的70%。

2. 支柱外观检查

为了保证支柱的安装质量，使支柱能承受规定的负载，安装前应对支柱的外观进行检查，符合下列标准才能使用。

1）预应力钢筋混凝土横腹支柱

① 表面平整，弯曲度不得大于2‰。

② 支柱翼缘破损局部露筋1~2根的，可修补后使用；露筋3~4根的，可修补后降一级使用；露筋4根以上的，不得使用。

③ 支柱翼缘与横腹杆结合处裂纹宽度小于0.15 mm者可使用；裂纹宽度为0.15~0.3 mm者可修补后使用；裂纹宽度大于0.3 mm者需更换。

④ 腹板纵向裂纹、收缩性裂纹，其宽度小于0.15 mm者可修补使用。

⑤ 支柱翼缘不得有横向、斜向裂纹，但收缩性水纹不在所限。

⑥ 支柱腹板破损露筋的可修补后使用。

⑦ 支柱仅混凝土破损的，可用水泥砂浆修补后使用。

2）预应力钢筋混凝土等径圆支柱外观检查

① 电杆表面光洁平整，不应有混凝土剥落、露筋等缺陷，横向裂纹宽度不大于0.1 mm，长度不大于1/3圆周长，无纵向裂纹；支柱弯曲度不大于2‰。

② 法兰盘连接支柱，连接处要紧密；调直支柱时在法兰盘上加的垫片不得大于3个，总厚度不得大于5 mm。

③ 钢圈连接的支柱，钢圈要对正；焊缝无严重气孔、咬边等缺陷。

④ 支柱安装前应将支柱顶封堵严密。

（二）支柱的安装方法

支柱安装一般采用吊车吊立的方法，钢筋混凝土支柱的安装方法如下：

（1）司机操纵吊车，徐徐上升吊臂，同时，降落吊钩，车上挂钩人员按要求将欲立支柱挂好钢丝绳套。确认牢靠后，指挥吊车起吊。

（2）当吊车起吊支柱离开地面或平板车板面200 mm左右时，即可向基坑位置旋转吊臂，并在吊车工作范围内调整其仰角，使支柱对准基坑，慢慢垂直下落支柱。

（3）当支柱落至基坑坑口时，由2~3名扶杆人员将支柱方向扭正，慢慢放入坑内，并注意不使支柱碰撞坑壁。当支柱已落至坑底时，扶杆人员与吊车司机配合，将支柱外缘倾靠于基坑的田野侧。支柱向田野侧的倾斜不可太大，以免压塌基坑。当支柱位于两线间且两线间距较小时，为了不影响邻线行车，支柱可顺线路方向倾斜。

（4）当支柱立稳后，即可进行摘钩。摘钩工作完成后，吊臂随即回转降落至原位，支柱安装工作即告完成，然后移动吊车至下一个立杆点，进行下一根支柱的安装。

组立混凝土软横跨柱时，一定要注意使主筋多的一侧靠于田野侧。为了减少支柱整正时的调整量，使支柱尽可能一次拉起就能符合限界要求，应在立杆之前，由施工班组测量好支柱限界位置，在基坑底面或底板上作出标记。立杆时，支柱底尽量接近标记位置。

二、钢支柱安装

（一）钢柱安装前的准备工作

钢柱外观检查标准：

（1）钢柱的主角钢，不应有弯曲、扭转现象。

（2）焊接处应无裂缝。

（3）钢柱弯曲变形量不应超过钢柱全长的1%。

钢柱基础检查标准：

（1）基础面平整，无麻面、蜂窝和缺损。

（2）检查基础螺栓位置是否正确，基础螺栓孔距误差不得超过±2 mm。

（3）基础强度应达到设计要求的70%。

（二）钢柱组立

钢柱的组立（安装）方法：钢柱起吊时，可将钢丝绳套挂在钢柱全长3/4处（钢柱上部）的一根主角钢上。当支柱吊至基础位置时，由4名扶杆人员扭正方向，每人负责钢柱的一个角。再由1人用撬棍微微撬动钢柱底座，使各角螺孔都对准基础螺栓。然后，缓慢下落钢柱，在下落过程中，使钢柱尽量不碰撞螺栓螺纹。待每角螺栓都带上一个螺帽，确认支柱稳固后，吊车即可摘钩离开。

为有效利用线路封闭时间，立钢柱时，可以暂时先将基础对角螺栓各带上一个螺帽，旋紧30~50 mm后，即可摘钩，吊车离去。然后，留下2~3人，将剩余螺栓螺帽配齐并拧紧。

三、支柱整正

（一）钢筋混凝土腕臂支柱整正

钢筋混凝土腕臂支柱一般采用整正器整正的方法。整正工具见表18-10。

表 18-10　混凝土腕臂支柱整正工具

序号	名称	规格	单位	数量	说明
1	正反扣整杆器		套	1	整正支柱
2	圆木	直径小于 0.2 m 长度 2~2.5 m	根	1	扭正支柱方向
3	垫木	300 mm×200 mm×20 mm	块	1~2	与整杆器配合调整支柱限界
4	线队（经纬仪）	带丝线	个（台）	2（2）	测量支柱倾斜度
5	丁字尺		把	1	测量支柱限界
6	水平尺	长度 200 mm	把	1	对丁字尺进行抄平
7	棕绳	ϕ 12~14 mm	条	2~3	安装横卧板时用
8	皮尺	10 m	盒	1	测量限界及横卧板位置
9	钢钎	22~25 mm 六棱工具钢，长度 1.5~2 m	根	1~2	做撬棍用
10	扳手	300 mm	把	1~2	旋固螺母用
11	捣固锤		把	1	夯实回填土
12	铁锹	长把	把	若干	回填用具
13	防护旗	红、黄	套	1	线路行车防护
14	防护喇叭		个	1	线路行车防护

整正步骤：

（1）安装整杆器。将整杆器的固定框架固定在支柱上，固定点不超过轨平面以上 500 mm，以保证整杆器装好后不侵入车辆限界。将整杆器的两个钢轨卡子分别固定在支柱两侧的钢轨上，钢轨卡子的安装位置应在整杆器的活动范围内，一般各距离支柱 3 m 左右。根据钢轨卡子与框架间的距离，将整杆器丝杠导出，丝杠两端长度应相等。然后将丝杠与钢轨卡子和框架连接，销钉插好后，即可开始调整。

（2）调整支柱侧面限界。摇动整杆器手柄，调整丝杠长度，两整杆器同时动作，将支柱拉直立，然后将丁字尺放在钢轨上，并抄平，测量支柱侧面限界，首次检查支柱侧面限界是否符合设计要求。侧面限界如果小了，将方垫木垫在支柱内侧根部的适当位置，然后摇动手柄，则两个整杆器同时拉动支柱，由于杠杆作用，支柱根部向后移。再使支柱直立，检查支柱侧面限界，直到达到要求为止。支柱侧面限界如果大了，则调整方法与之相反。

（3）校正支柱扭斜。在调整支柱侧面限界的同时，就应对支柱面的扭斜进行校正。校正方法是：将丁字尺卡在钢轨内缘，并抄平，再将木杆插入支柱腹孔进行拨动，到支柱前后缘均贴于丁字尺为止。

（4）调整支柱倾斜度。在支柱侧面限界达到要求后，继续调整丝杠长度，使支柱在垂直线路方向、顺线路方向的倾斜度都符合整正标准。由于支柱受力后要向线路侧回倾，因此在施工时，垂直线路方向的倾斜度宜适当加大。

（5）按要求安装横卧板，填写隐蔽工程记录，准备基坑回填。

（二）钢筋混凝土软横跨支柱整正

软横跨支柱的整正工具使用手扳葫芦，通过三个手扳葫芦的协调动作进行支柱整正，如图 18-8 所示。

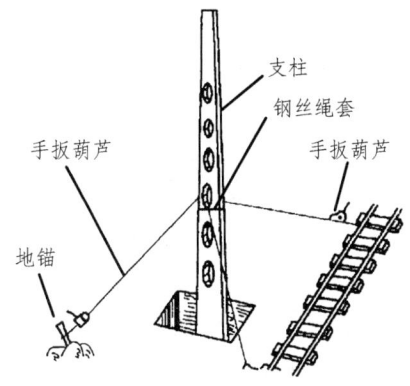

图 18-8　混凝土软横跨支柱整正示意图

（1）将三个手扳葫芦大致互呈 120°安装，其中两个通过临时地锚固定在田野侧，另一个固定在线路侧。地锚一般采用钢钎组成的三联桩或多联桩。

（2）当线路侧手扳葫芦拉紧时，田野侧手扳葫芦就放松，反之亦然。3 个手扳葫芦的操作人员要密切配合，松拉时应同时进行。支柱侧面限界的调整方法与腕臂柱类似，支柱的扭斜也采用木杠拨正。

（3）在将支柱调整到规定位置后，应按规定进行基坑回填和安装横卧板。当回填至 1/2 坑深时，即可将手扳葫芦拆除。注意：3 个手扳葫芦必须同时拆除，以防支柱变位，并及时填写隐蔽工程记录。

（三）钢柱整正

钢柱的整正一般采用撬棍法。

（1）将撬棍插入钢柱底座与基础顶面之间，将底座撬起，根据钢柱的倾斜标准，在缝隙中塞入不同厚度的钢垫片。注意：应放在钢柱的主角钢下面，直到钢柱的侧面限界的倾斜度达到标准。

（2）为了钢柱整正的安全，每块垫片面积不小于 50 mm×100 mm，每个主角钢下面钢垫片的数量不宜超过 3 片，总厚度不超过 30 mm，基础螺栓应对角循环紧固，使之受力均匀。整正过程中不得将螺帽取下，只可以拧松。

（3）钢柱整正并承载一定时间后，为了保护基础外露的地脚螺栓，防止钢柱底部螺栓、螺帽锈蚀，应在基础顶面（即钢柱底部）浇筑基础帽，将钢柱底部、螺栓和螺帽保护起来。基础帽要求用 C50 级的混凝土浇筑而成，表面光滑呈斜坡形。

四、隐蔽工程安装

隐蔽工程安装是指横卧板、底板、锚板及拉线的安装。

（一）横卧板的安装

横卧板的作用是增大支柱土内受力面与土壤的接触面积，保证支柱的稳定性，防止支柱向受力侧倾斜。

横卧板分为Ⅰ、Ⅱ、Ⅲ、Ⅳ几种型号，如图18-9所示。

横卧板的数量和种类由该处土壤安息角的大小（即土壤承压力的大小）决定。

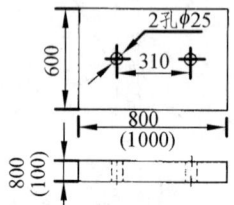

（a）腕臂柱横卧板（未加括号的为Ⅰ型，括号内为Ⅱ型）

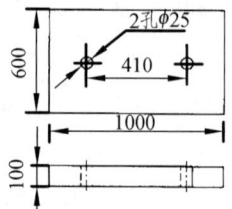

（b）软横跨钢筋混凝土支柱横卧板

图18-9　横卧板结构图

（1）土壤安息角：在散粒土壤自然堆积时，且再增加散粒而这个土堆的斜坡不再增大时，其斜坡面与水平面的夹角称为土壤安息角，常用字母ϕ表示。它反映了土壤的工作性质。

（2）土壤承压力：单位面积土壤上所受到的压力。工程上称土壤正常工作面不致发生破坏的压力为土壤允许承压力，单位是兆帕（MPa）。土壤承压力的大小与土壤的种类和土壤的物理状态有关，可经计算或是依据实验测定。

（3）选用横卧板时的注意事项：

① 土壤安息角为12°时按17°计，为27°时按30°计，为24.5°～25.5°时按22°选用。

② 土壤工程等级为5级者按岩石考虑，可不设横卧板；为4级者按大于或等于38°处理。

③ 施工时发现土壤情况与设计土壤情况不符时，其横卧板的使用应相应变更。

（4）横卧板的安装。横卧板的安装位置如图18-10所示。安装时，可用绳子将横卧板系住缓慢放入坑中，然后施工人员下坑将横卧板与支柱密贴，并将T

形螺栓上紧（圆支柱为 U 形螺栓）。下部横卧板与支柱底相齐，上部横卧板应低于地面 100~300 mm。

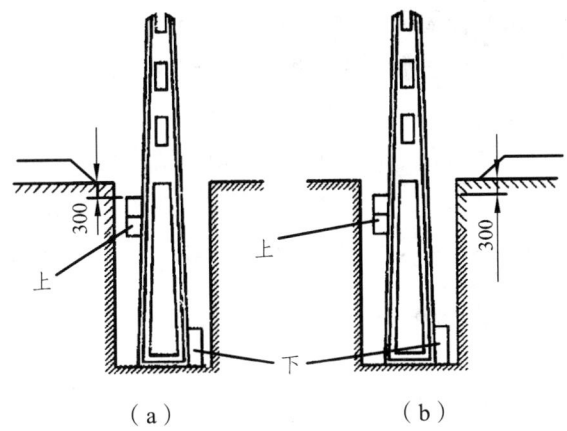

图 18-10　横卧板安装图（单位：mm）

（二）底板

1. 底板的作用

为了保证安设在软土质类基坑上的支柱不致受垂直负荷而下沉，需在支柱底部增设底板，以增大支柱底面与土壤的接触面积，减小对地的压强。

2. 底板的型号

普通锚柱的底板可用 Ⅱ 型横卧板代替，软横跨柱的底板采用 1200 mm × 800 mm 的钢筋混凝土板，上可不打孔。

3. 底板的选用

底板的选用是由该处土壤安息角（或土壤承压力）的大小决定。

4. 底板的安装

底板必须在立杆之前安装。安装前，先清除坑内杂物，并对坑底抄平夯实。然后用绳子将底板系住，缓慢放入坑中。底板中心应与支柱中心重合，并根据支柱的倾斜度使底板呈水平或有一定的倾斜，使底板与支柱充分接触。

（三）锚板及拉线

1. 锚板及拉线的作用

下锚支柱除承受垂直线路的负荷外，还要承受接触悬挂下锚的负荷，因此锚柱承载很大。为了使锚柱稳定，一般采用锚柱打拉线，用以平衡下锚悬挂张力对支柱产生的影响。

2. 锚板的型号

一般情况下，打拉线的锚柱都应安装锚板。

3. 锚板和拉线的安装

锚板在安装时应垂直于拉线,拉线锚板坑深应能保证锚板埋深设计值(以地面最低处算宜为 2 m)。拉线设在锚支的延长线上,若因地形限制应按设计要求施工。拉线(拉线锚杆)与地平面的夹角宜为 45°,特殊困难地区不应大于 60°。

拉线采用 GJ-70 钢绞线,通过 UT 型线夹与锚杆(锚板拉杆)连接,锚杆的下端用 U 形螺栓与锚板连接,拉线的另一端则固定在支柱上的承线锚角钢和线锚角钢处,如图 18-11 所示。

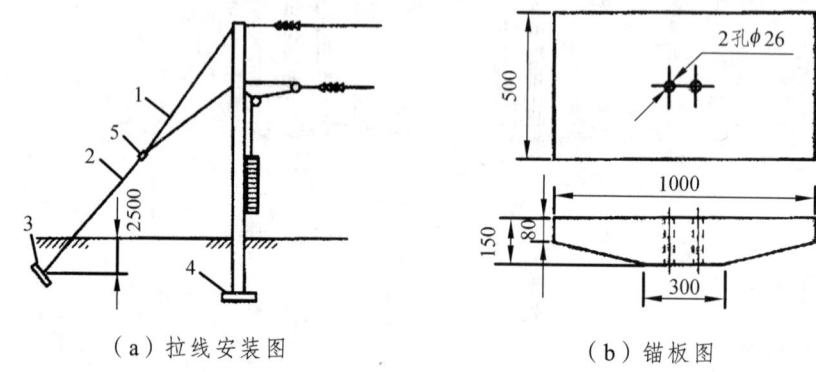

(a)拉线安装图　　　　(b)锚板图

1—拉线;2—锚板拉杆;3—锚板;4—底板;5—UT 楔形线夹。

图 18-11　拉线结构图(单位:mm)

4. 锚板和拉线的安装技术要求

接触网施工规范规定如下:

(1)锚杆与拉线应成一条直线,锚板应垂直于拉线,拉线不得有断股、松散、接头和锈蚀,UT 型线夹螺帽外露螺纹长度不得小于 20 mm,且有可调余量。

(2)拉线角钢应与支柱密贴,拉线应绷紧,两条拉线应松紧一致,拉线在楔形线夹内回头长度为 300~500 mm,端部用 ϕ1.6~ϕ2.0 mm 铁线密扎 3 圈,回头线与本线用 ϕ1.6~ϕ2.0 mm 铁线密扎 100 mm,施工偏差为 ±10 mm。

任务五　接触网架设

【知识目标】
- 熟悉接触网架设前的准备工作。
- 掌握承力索、接触线架设的程序。

【技能目标】
- 能够准确叙述出接触网架设的流程。

【素养目标】
- 培养团结协作精神,可以既有分工又有协助,互相帮助、共同达成目标。
- 具有严谨认真、实事求是的科学态度。

- 能自主学习新知识、新技能。
- 培养工匠精神,养成"怀匠心、铸匠魂、守匠情、践匠行"意识。

一、架线前的准备工作

接触网的架设工作是利用架线作业车组来完成的,需要占用站场或区间的运行线路,因此架线前必须先做好架线前的检查工作、配盘工作、工具材料的准备工作以及施工人员组织等工作,以免过多地占用线路时间。

(一)架线前的检查

架线前由施工队组织工程技术人员、安全质量检查人员和施工负责人对架线区段沿线的实际情况进行全面检查,确认架线条件成熟,方可开始架线。检查内容包括:

1. 安全距离的检查

架线前应派专人检查架线区段内有无与线路交叉的电力线、通信线。检查这些线路跨越接触网时与接触网的垂直距离是否符合《铁路技术管理规程》第145条的规定:110 kV及其以下电线路,不少于3000 mm;220 kV电线路不少于4000 mm;330 kV电线路不少于5000 mm;500 kV电线路不少于6000 mm。各种架空电线路(包括通信线路)跨越接触网时,为便于设备维修管理,10 kV及以下的电线路应尽量由地下穿过铁路。

架线车通过高压电力线下方时,应保持一定的安全距离,见表18-11所示。

表18-11 架线车通过高压电力线下方时的最小安全距离

电压/kV	10	35	44	66	110	154	220
距离/mm	2050	2500	2500	3000	3500	4000	4500

2. 支柱的检查

(1)检查架线区段支柱侧面限界、埋深和倾斜度是否符合要求。

(2)检查横卧板的安装是否符合设计及技术标准,按隐蔽工程记录进行现场抽查。

(3)检查支柱回填夯实质量是否良好。

(4)检查放线区段的支柱是否埋设完毕。

3. 钢柱基础强度的检查

检查钢柱基础强度是否达到要求。

4. 支柱的支持结构、悬挂结构的检查

检查支柱的支持结构、软横跨、隧道悬挂结构是否安装好,有无错误。

5. 锚柱拉线的检查

检查锚柱拉线是否安装好,锚板坑回填夯实质量是否良好,锚栓埋设地点石质是可靠,锚栓埋设强度是否足够,等。

6. 补偿装置的检查

检查补偿装置是否已预装好;要求补偿滑轮转动灵活,油槽内应灌注黄油。

7. 限界门的检查

检查限界门是否已安装好,暂时不能安装的应设明显标志。

8. 支柱编号的检查

检查所有支柱是否均已编写好号码牌。

（二）编制架设程序表

在股道较多的站场上架设承力索和接触线时,为了减少架线时的穿线次数,应根据设计图纸上接触网布置的情况,事先做好架设程序表,见表18-12。

表 18-12　架设程序表

_____站

序号	项目							
	锚段编号	当量跨距	起锚杆号	穿线次序	放线走向	下锚杆号	锚段长度	经过道岔及跨越股道
1	1道	50 m	10#		北→南	54#	996.5 m	1号、2号跨5道、18号跨3道
2	5道	50 m	12#		北→南	52#	980.1 m	19、17、21、22
3	6道	50 m	8#		北→南	57#	1116.4 m	
⋮	⋮	⋮	⋮	⋮	⋮	⋮	⋮	

（三）配盘

为了使每个锚段中线索的接头数目不超过规定数量,并节省线材,应合理选择不同长度的线盘,做到长锚段用大盘,短锚段用小盘。

1. 配盘目的

配盘的目的是:减少每个锚段中线索的接头数量,以节约占用线路的放线时间;有效利用线材,避免浪费;并有利于运营维修。

2. 配盘的原则

区间线索尽量不接头或少接头,宜先用整盘新线,站场小锚段尽量用零盘剩线。

3. 配盘的方法

（1）对所有线盘进行编号,根据线盘重量换算出长度,标示在线盘上。

（2）根据接触网平面图列出放线区段各锚段长度表，对已有线盘情况进行选配，编制配盘表。

（3）按放线顺序将所需线盘号吊装在架线车上。

（四）架线机具准备

1. 架线车组准备

线索架设前应将专用架线车组或自制架线车组准备好，自制架线车组是利用轨道车作动力，牵引一辆装备有架线设施的平板车（30~60 t）。架线车组包括：带升降作业平台的架线车、带制动装置的线盘车、隧道内或夜间作业用的内燃发电机及照明装置。

2. 架线材料准备

架线车组上除应按配盘要求备齐线盘外，还要准备一定数量的接头零件及备用鞍子等架线材料。

3. 架线工具准备

线索架设前应将一切工具准备好，包括起锚工具、放线工具、紧线工具、终锚工具以及巡线员工具等。

（五）施工人员组织

架线作业一般由区段施工班组完成，架线作业人员应在施工负责人组织下，明确分工，密切配合，共同完成线索的架设工作，作业组一般由20~30人组成，分工及主要职责见表18-13。

表 18-13 架线人员分工表

分工	人数	主要职责
架线负责人	1	（1）做好架线准备工作、选配好线盘；（2）全面指挥架线工作；（3）负责架线安全及质量
司机	2	（1）按指挥人员命令操作；（2）注意行车安全；（3）保持车速及运行平稳
作业平台人员	3~4	（1）负责前方瞭望；（2）负责线索定位、线索缺陷处理及接头制作；（3）指挥架线车的运行
线盘制动人员	2	（1）检查线盘，保证正常工作；（2）听从指挥，保持张力均衡；（3）线盘即将放完前，及时发出停车或减速信号，准备接头和换盘；（4）发现线索表面有缺陷，及时报告作业平台人员
发电机司机	1	（1）保证隧道内的照明及其他设备的正常用电；（2）确保用电安全可靠
起锚人员	3~4	（1）负责安装好起锚端补偿装置；（2）配合紧线，听从指挥拆除临时拉线；（3）绑扎坠砣，听从指挥拆除绑线；（4）负责附近几个跨距的防护

续表

分工	人数	主要职责
巡线人员	若干	（1）负责在曲线、道口、道岔等重要地方巡视线索的架设情况，保证放线过程中不发生行车事故和卡线剐线事故；（2）听从指挥配合起锚、终锚和紧线作业，保证线索的正常架设
终锚人员	4~5	（1）负责安装终锚补偿装置；（2）负责紧线及终锚接头制作；（3）负责附近几个跨距的防护
弛度测量人员	1	负责在指定地点测量线索弛度，并与终锚人员联络
施工防护人员	3	负责做好架线区段的坐台防护和行车防护，确保架线作业区段的施工安全
随车配合人员	1（必要时）	听从架线负责人的指挥，监护交叉跨越、接头或其他危险处所的安全

二、承力索架设

采用链形悬挂的接触网，架线顺序是先架设承力索，后架设接触线。承力索的架设程序由起锚、放线、紧线、终锚和倒鞍子五个步骤组成。

（一）起锚

起锚工作：当架线车到达起锚位置时起锚人员将承力索与锚柱上悬式绝缘子串进行连接。起锚的程序如下：

（1）架线车组运行至起锚支柱位置停车。

（2）架线作业人员人工转动线盘与绞盘，将线索端头拉到补偿装置附近。

（3）司机按程序操作，将立柱升到工作高度，同时将立柱滑轮托架落到最低位置。

（4）架线车上两名作业人员上作业平台，组装绝缘子等起锚零件，旋转平台靠近锚柱补偿装置位置处。起锚人员一人上支柱，把补偿滑轮递给架线车上人员，并检查补偿绳是否在棘轮槽内。架线车上人员应根据放线计划表看起锚是否穿线，如需穿线，则架线车停在需穿线位置然后穿线，穿线后起锚人员将承力索拉至锚柱与补偿装置连接。

（5）作业车与架线车解体，摆正作业车平台，起锚人员下支柱，起锚完成。

（二）放线

起锚工作完成后，即可进行放线工作。

（1）司机驾驶放线车开始放线。

（2）作业平台上一人观察线条的走向，一人负责指挥司机操作。架线车向前运行至下一支柱时停车。一人负责扳正腕臂并扶住，两人抬起承力索放入承力索支撑线夹处的滑轮内，完成后，架线车继续向前架线。

（3）架线车上的作业平台基本接近下锚柱时，指挥人员与起锚人员随时联系，掌握起锚处的变化状况。指挥架线车停止放线，准备进行落锚。

当采用带张力的架线车组架线时，可实行带张力放线。线盘制动人员在放线过程中，应使线盘转速与车速相适应，以保持适当的放线张力，一般为 1.5 ~ 3 kN。在线盘轴上随时加润滑油，以保证线盘转动灵活。

当采用不带张力的架线车组架线时，可将承力索用楔形紧线器临时固定于架线车尾部，由架线车带紧承力索，再用紧线装置正式紧线，以缩短时间。

当线放到最后几圈时，为防止线头弹出伤人，应及时发出停车信号，停车后人工放开最后几圈，立即与另一线盘做好接头。

（三）紧线

当放线至终锚支柱附近，应将承力索与终锚支柱上的紧线装置（一般采用手搬葫芦或链条葫芦）连接好，然后进行紧线工作。在紧线过程中，紧线人员应随时与弛度测量人员和巡线人员联系。

1. 弛度测量

由于新承力索承载后会伸长，所以实际弛度应比设计值小 10 mm。承力索弛度误差在《接触网运行维修规则》上规定：半补偿链形悬挂和简单悬挂为设计值的 15%，全补偿链形悬挂为设计值的 10%。

在紧线过程中，应随时进行弛度的测量，弛度测量人员应随时将测量情况通知下锚端紧线人员，当实际弛度满足要求后即可停止紧线。

承力索弛度的测量方法是，先根据平面图计算该锚段的当量跨距，然后查出在此跨距下的承力索无载弛度-温度曲线，得出该检测跨距和温度下的弛度设计值。一般在锚段中部附近，选择 1 ~ 2 个大跨距进行实际弛度的测量，用测杆测出每跨两悬挂点及跨距中部承力索到轨面的垂直距离。

2. 紧线方法

1）承力索有补偿下锚

当承力索有补偿下锚时，承力索紧到起、终锚处坠砣高度符合安装曲线要求，并加上初伸长值时，应停止紧线。紧线时，应先将起锚坠砣拉到规定高度，再调整下锚坠陀高度。

2）承力索无补偿下锚

当承力索无补偿下锚时，承力索紧到安装曲线规定的弛度或张力时，应停止紧线。考虑到新线延伸，还应再增加 15 ~ 20 倍额定值的张力或弛度。

当承力索的弛度或张力达到规定值时，紧线工作即可结束。

（四）终锚

紧线工作结束后，即可进行终锚作业。紧线完成后，下锚人员立好梯子，由地面人员通过滑轮、绳子将承力索尾端拉紧，梯上安装人员测量好承力索下锚回头的位置，然后将承力索放下，立即制作回头，安装好杵座楔形线夹，再次将承力索尾端拉起，与悬式绝缘子串连接。这时，再将其余的坠陀全部装上，通过略松一下滑轮组尾绳，使绝缘子串及连接零件初步受力，确认无异状后，方可全部松开，撤除所有工具。下锚完毕，通知起锚人员、巡线人员及其他放线有关人员，撤离线路，终锚工作结束。

（五）倒鞍子

承力索终锚后，应及时将承力索自放线滑轮中倒入接触网悬挂零件中，即钩头鞍子、杵座鞍子或悬吊滑轮中。倒鞍子作业，一般采用梯车或接触网作业车进行作业。其方法是：直线区段时一人卸下鞍子钩钉，二人将承力索从开口滑轮中移出，置放于鞍子中，然后装上钩钉，摘放线滑轮。当在曲线地段倒鞍子，承力索曲线张力较大时，应适当增加作业人员。承力索就位后便可安装吊弦，首先根据设计要求计算吊弦间距，在钢轨上测好吊弦位置，然后在承力索上用测杆、线坠或目测对准下面所测位置，将吊弦安装于承力索上。上述工作完成后，承力索的架设工作即已结束。

三、接触线架设

（一）架线前的检查

（1）检查架线锚段的承力索已架设，并固定。检查补偿装置是否安装正确。

（2）检查放线机械、工具及材料的质量及数量是否符合作业要求，并将工具和材料装在架线车上。

（3）起锚人员提前到达现场，检查支柱强度及拉线、坠砣及补偿装置等是否达到要求。在支柱合适位置安装固定抱箍，把坠砣提到设计位置后，固定在临时抱箍上（或用尼龙套固定在限制框架合适位置上），使坠砣串基本保持在该位置。

（4）检查线盘号与锚段号是否符合，打开线盘，注意线头方向是否正确。

（二）接触线架设程序

1. 起锚

（1）架线车组运行至起锚支柱位置停车。

（2）架线作业人员人工转动线盘与绞盘，将线索端头拉到补偿装置附近。

（3）起锚人员一人上支柱，将补偿连接件复合绝缘子递给架线车上人员，并检查补偿绳是否平顺、平衡，架线车上作业人员将接触线终端锚固线夹与复合绝缘子连接上。

（4）将架线车与平板车解体，起锚人员下支柱，起锚完成。

2. 放线

（1）作业负责人负责观察线条的走向，并负责指挥作业人员操作，一人准备工具吊弦，两人挂工具吊弦和滑轮，架线车边走边挂，每跨不少于四个，工具吊弦上部挂在承力索上，下部挂滑轮，再将接触线挂在滑轮内。为避免产生波浪弯，挂S钩时应从上向下拉，不可人为抬动接触线。

（2）放线过程中，指挥人员特别注意协调张力车的走向和速度，以及挂线作业人员的一致性，恒张力车应尽可能避免停车、启动，并避免两车间距过大。

（3）架线车上的作业平台基本接近下锚柱时，停止放线，指挥人员与起锚人员随时联系掌握起锚处的变化状况，并根据此情况指挥司机和架线人员使架线车停止前进，准备进行紧线和终锚。

3. 紧线

（1）架线到终锚地点后，将作业台转向锚柱，并操作使放线车体倾向下锚侧（田野侧）。

（2）下锚施工人员在下锚连线的适当位置安装紧线器，用链条葫芦把补偿装置与接触线连接，紧链条葫芦，当链条葫芦加力至葫芦逐渐向田野侧偏移，司机配合逐渐降低接触线的张力，待实际张力稳定后，线索基本到下锚方向。

（3）继续紧链条葫芦，起锚、终锚人员观察坠砣串及 b 值，当 b 值符合设计要求时，通知紧线作业人员停止紧线。

4. 终锚

（1）断线安装终端锚固线夹：先准确对位（在起锚、终锚坠砣高度都符合设计要求的情况下，进行对位剪线）剪线后，严格按要求安装好终端线夹。

（2）将接触线锥套式终端锚固线夹与终锚补偿装置的复合绝缘子连接牢靠，将接触线校正器螺栓松开，抬起校正器，取出接触线。

（3）紧线操作人员缓慢松链条葫芦，拆除链条葫芦和紧线器，即完成正式终锚连接。作业平台及车体回到正常位置。

5. 倒鞍子

接触线架设工作的倒鞍子是指将 S 钩、工具吊弦和滑轮中的接触线与定位器和吊弦连接。

（三）接触线架设技术要求

（1）接触线的平直度检测标准：每隔300 m，在不同悬挂点（定位点）用塞尺检查导线与检测尺之间的间隙，其间隙不得大于 0.05 mm。

（2）安装前将线夹拆开，并确认锥套式终端锚固线夹是否使用过，再次安装前事先加贴一永久标记（例如刻一凹槽，如确认不了不得使用，作出标记隔离存放）。

（3）接触线的规格、型号应符合设计要求。

（4）接触线应按设计锚段长度对号架设，不得有接头。

（5）正线接触悬挂工作支改变方向时，与原方向的水平夹角不宜大于 4°，困难情况下不宜大于6°。

（6）站场正线及重要线的接触线应在下方，侧线及次要线的接触线应在上方。

任务六　接触悬挂调整

【知识目标】
- 掌握接触悬挂调整内容。
- 掌握中心锚结安装方法。
- 掌握接触悬挂粗调和细调工作内容。
- 掌握接触悬挂调整安全注意事项。

【技能目标】
- 能够准确说出接触悬挂的粗调和细调的工作内容。
- 会安装中心锚结。

【素养目标】
- 具有严谨认真、实事求是的科学态度。
- 能自主学习新知识、新技能。
- 具有较强信息搜集能力，会查找铁路施工相关国家标准。
- 培养吃苦耐劳、爱岗敬业、勇于开拓、积极进取的精神。

接触悬挂调整内容包括：安装中心锚结，导线面整正，安装定位装置；调整导线拉出值；安装调整弹性吊弦；调整导线高度、弛度；调整锚段关节；调整坠砣高度、安装线岔、分段分相绝缘器、各种电连接等。

接触悬挂调整应从中心锚结开始向下锚端进行，一般分粗调和细调两步。

粗调主要进行中心锚结安装、导线面整正、悬挂零部件的安装、普通吊弦及弹性吊弦的安装、定位装置安装、线岔安装、电连接线安装等。

由于新线延伸，支柱受力变化等因素时，接触悬挂状态随之变化，故应经过一定时期的稳定后再进行细调。

细调主要包括：全面检查调整接触线高度、弛度、拉出值；使导线面平整及消除硬点，对接触悬挂进行分段；安装各种设备；补偿器的调整；等等。接触悬挂经过细调之后，应该达到冷滑试验的程度。

接触悬挂调整应从中心锚结开始向两端下锚方向进行。安装中心锚结时，一般使用梯车（或大梯子），每台梯车需要7人（防护人员除外），如果安装全补偿承力索中心锚结及简单悬挂中心锚结，还需增设5名左右下锚人员。使用的工具有梯车、紧线器、棕绳、镀锌铁线、安全带等。首先选好中心锚结线夹的安装位置，用钢线卡子将中心锚结绳一端与承力索固定，另一端通过紧线器固定在承力索上，其中部（即中心锚结线夹处）用铁线与接触线临时捆住，且锚结绳能来回移动。然后摇动紧线器，当中心锚结线夹处导线高度高出定位点 50 mm 左右时停止紧线，随后安装中心锚结线夹，并用钢线卡子固定另一端锚结绳。最后，检查中心锚结各部分尺寸是否满足技术要求。进行接触线高度及拉出值调整时，对于半补偿链形悬挂，应携带接触网平面布置图、安装曲线表、温度计、测杆、线坠、钢卷尺、丁字尺、梯车或大梯子，并配备行车防护人员和防护用通信器材。

由于承力索没有补偿装置，其弛度随温度变化而变化，而且必然会影响接触线的弛度，因此导线高度的调整应先根据该锚段当量跨距，确定所使用的接触线弛度曲线，再查出调整气温下所检测跨距的弛度值，按等分原则，分别求出各吊弦点处接触线的弛度变化值（f_x），由下式确定各吊弦点的导线高度：

$$H_x = H - \Delta h - f_x$$

式中　H_x——所求吊弦点处接触线的高度（mm）；

　　　H——接触线定位点处的设计高度值（mm）；

　　　Δh——定位点旁第一吊弦点高度变化值（半补偿简单链形悬挂 $\Delta h = 0$，mm）；

　　　f_x——所求吊弦点处接触线的弛度变化值（mm）。

由于全补偿链形悬挂的承力索和接触线都装设补偿装置，接触线弛度不受承力索的影响，所以跨距中每处吊弦点，导线高度均调到设计高度。

调整施工中要注意安全，主要事项包括：

施工前应做好人员的分工，施工时防护人员应到位。各组作业人员应听从本组负责人统一指挥，密切配合，各组间应加强联防联控，相互提醒监督。利用行车间隙调整时，一旦调度通知有车通过时，应立即撤出线路，清理材料，并注意施工工具及材料不能侵限。使用梯车时，每辆梯车至少不少于 4 人，梯车下最少不低于 2 人，作业时，应听从梯车上作业人员的指挥，密切配合，确保施工人员的人身安全。梯车在曲线上作业时，注意防止倾倒，作业台上应尽量不放杂物和零散材料。利用作业车作业时，作业车司机应听从作业负责人的指挥，确保作业中车辆运行平稳，施工人员人身安全。作业平台升降时，严禁上下人，连接处严禁站人。

在调整作业期间，各施工负责人应时刻关心作业人员的身体状况，身体不适者不宜再安排作业，尤其是高空作业。传递料具时，严禁抛掷任何物品。调整时，应根据线索受力方向和大小，选定自己的站位，防止线索脱出弹击伤人。安装各类线夹时，应注意螺栓的穿向，防止打弓、碰弓。雨天施工时，应采取防护措施，防止感应电伤人。邻线为电化股道时，要做好临时接地，在车梯和作业车上可以作短接地线。作业车梯应作好绝缘，防止短接轨道电路，干扰行车。如邻线有车通过时，应停止作业，并注意自身和材料的稳定。

每次施工结束，必须详细清理现场，清点人员和工具材料，将梯车搬至安全地点。

复习与思考题

1. 施工准备要开展哪几项工作？
2. 技术准备要做哪些工作？
3. 施工组织计划应如何编制？
4. 接触网工程概算费用由哪几部分组成？
5. 详细说明横向测量和纵向测量要求。
6. 开挖基坑有什么质量要求？
7. 开挖基坑有哪些注意事项？
8. 混凝土由哪些材料组成？
9. 安装混凝土基础模型板应注意哪些事项？有什么技术要求？
10. 杯形基础有哪些技术要求？
11. 支柱检查的标准是什么？
12. 说明支柱安装的注意事项。
13. 说明钢筋混凝土支柱和钢柱的安装过程。
14. 凝土支柱的整正标准是什么？
15. 如何校正支柱扭斜？
16. 说明支柱整正安全注意事项。
17. 简述基坑检查的主要内容。
18. 什么是土壤安息角和土壤承压力？
19. 横卧板、底板和锚板的作用是什么？
20. 横卧板的选择方法是什么？
21. 承力索架设的程序有哪些？
22. 承力索架设前的检查内容有哪些？
23. 配盘的方法是什么？
24. 接触线架设前的检查内容有哪些？
25. 接触线架设的技术要求有哪些？
26. 接触悬挂调整包括什么内容？
27. 接触悬挂粗调和细调各包括什么工作内容？

接触悬挂调整实训考核标准及评分表

内容	考核要求	配分	评分标准	扣分	得分
准备工作	准备安全用具	15	没按规定准备扣5分，检查方法不当扣5分		
	准备检修工具				
	安全防护用品穿戴情况				
粗调	中心锚结安装	30	每落1处扣5分		
	导线面整正				
	悬挂零部件的安装				
	吊弦的安装				
	定位装置安装				
	线岔安装				
	电连接线安装				
细调	接触线高度、弛度、拉出值	30	每落1处扣5分		
	导线面的平整及消除硬点				
	接触悬挂进行分段				
	安装各种设备				
	补偿器的调整				
检修记录	正确填写检修记录	10	每错1处扣5分		
文明操作	工器具摆放整齐	10	凡违反有关规定，扣2~4分，但对发生严重事故者，则取消资格		
时间	按时完成	5	每超时2分钟酌扣3~5分		

项目十九　接触网作业区防护

 项目描述

接触网工的工作环境具有"三高"的特点,即"高空、高压、高速"。在接触网运行和检修工作中,为确保人身、行车和设备安全,接触网工必须掌握作业区的防护方法。

任务一　坐台防护的设置

【知识目标】
- 掌握作业区防护的种类和设置方法。
- 熟悉坐台防护的过程。

【技能目标】
- 能够基本完成坐台防护的工作。

【素养目标】
- 培养安全生产意识、遵章守纪意识。
- 培养吃苦耐劳、爱岗敬业、勇于开拓、积极进取的精神。
- 培养工匠精神,养成"怀匠心、铸匠魂、守匠情、践匠行"意识。

一、坐台防护

(一)坐台防护的必要性

在线路上进行接触网检修作业可能影响列车正常运行时,除要对有关的区间、车站要办理封锁手续外,还要对作业区采取防护措施,即设立行车防护和坐台防护。

(二)坐台防护的设置方法

1. 区间坐台防护的设置

区间作业时,驻站联络员(坐台防护员)设在能控制列车运行相邻车站的运转室(或信号楼)。

2. 车站坐台防护的设置

车站作业时，驻站联络员（坐台防护员）设在该站的运转室（或信号楼）。

（三）驻站联络员的职责

（1）驻站联络员要在天窗点前 30 min 到运转室（或信号楼），与车站办理手续，填写"天窗-2"，同时填写"运统-17"（含作业起止公里标，接触网支柱号，维修天窗点内禁止与作业无关的机车、车辆经过作业地点），如需作业车、轨道车配合作业的（所用作业车占用区间作业），应在"运统-17"登记时注明，并说明是否需要区间折返等内容。

（2）向电力调度申请停电作业命令，并复诵命令内容。

（3）向车站值班员申请行车命令封闭线路命令。

（4）向工作领导人传达电调命令。

（5）在作业过程中随时向工作领导人通报列车运行情况，遇到有列车通过时要提前 15 min 通知工作领导人腾空线路。

（6）遇有特殊情况需要延长停电及封闭时间时，根据工作领导人的要求，及时向电调及车站提出申请，并将批准情况通知工作领导人。

（7）接受工作领导人的消令通知，包括停电命令及封闭线路命令。

（8）向电力调度消除停电命令，向车站值班员消除封闭命令。

（9）在停电作业命令票上填写消令时间。

（10）在车站《行车设备（接触网）检查登记簿》上登记。

（四）驻站联络员的要求

防护人员（驻站联络员）在执行任务时，要坚守岗位，思想集中，要与作业组保持联系，认真、及时、准确地进行联系和显示各种信号，一旦中断联系，须立即通知工作领导人，必要时停止作业撤离现场。

二、要令

（一）要令的定义

接触网进行"天窗"检修作业时，向电力调度申请作业命令的过程，称为要令。

（二）要令人员的要求

（1）要令人员的职责是准确无误的申请、传递和消除停电或带电作业命令。

（2）停电作业要令人安全等级不低于三级，间接带电作业要令人安全等级不低于四级。

（3）每个作业组在作业前，由工作领导人或符合安全等级的作业组成员向电力调度员申请作业命令。

（4）几个作业组同时作业时，每一个作业组必须分别设置安全措施，分别向电力调度员申请作业命令。

（5）在申请命令的同时，要向电力调度员说明作业的范围、内容、时间和安全措施等。

（三）要令人员的作业标准

（1）要令人必须明确作业范围、地点和安全措施，并提前主动与电力调度员取得联系。

（2）接受电力调度员命令时要认真复诵，确认无误后，请求给予命令编号和批准时间，并及时填写命令票。

（3）取得作业命令后，要令人员及时将作业命令传递给工作领导人。

（4）作业命令在传递过程中，必须使用标准用语，防止误传命令。

（5）作业结束，要令人接到工作领导人"所有地线已撤，人员机具已撤至安全地带，可以消除作业命令"的通知后，要令人方可向电力调度员申请消除作业命令，并填写命令票。

（6）要令人消除作业命令后，必须与电力调度员联系，确认已送电成功。通知工作领导人"送电成功"，人员可以撤离作业现场后，要令人方可离开要令岗位。

（四）要令人向电力调度申请停电作业时的明确用语

1. 要令人（申请作业命令）

×××接触网工区×××（姓名），现在在××区间向电力调度申请停电作业命令。工作票号×号，停电作业×××，作业内容×××，时间×××，接地线位置×××，接地线数量共×组，安全措施×××。

2. 电力调度（询问内容）

××××××

3. 电力调度（发布作业命令）

允许×××接触网工区在××区间××~××进行停电作业。要求完成时间×点×分，命令编号×号，批准时间×点×分，电力调度×××（姓名）。

4. 要令人（复诵）

允许×××接触网工区在××区间××~××进行停电作业。要求完成时间×点×分，命令编号×号，批准时间×点×分。发令人×××（电力调度姓名），受令人×××（要令人姓名）。

（五）要令人向工作组领导人报告停电作业命令时的明确用语

要令人向工作组领导人报告电力调度下达的停电作业命令时，双方必须明确如下用语。

1. 要令人（向工作领导人报告）

要令人×××（姓名）报告，电力调度下达停电作业命令，要求完成时间×点×分，命令编号×号，批准时间×点×分。

2. 工作领导人（接受命令人的报告）

要求完成时间×点×分，命令编号×号，批准时间×点×分，工作领导人×××（姓名）。

注意：要令人向工作领导人报告完毕电力调度下达的作业命令后，应手持电话监听电力调度电话，防止误送电。

任务二　行车防护的设置

【知识目标】
- 熟悉行车防护的过程。

【技能目标】
- 能够基本完成行车防护的工作。

【素养目标】
- 培养安全生产意识、遵章守纪意识。
- 培养吃苦耐劳、爱岗敬业、勇于开拓、积极进取的精神。
- 培养工匠精神，养成"怀匠心、铸匠魂、守匠情、践匠行"意识。

一、防护手信号

（一）防护手信号的作用

当线路上出现临时性障碍或进行施工，要求列车停车或减速时，应按照规定设置移动信号安放响墩、火炬或用手信号进行防护，以便保证行车安全。

手信号是有关行车人员用手持信号旗或信号灯作出各种规定动作来表示停车、减速、发车通过、引导等信号。

（二）防护手信号的显示

1. 列车手信号显示

向列车显示手信号时，人员应站在列车运行方向的左侧、面向列车，站于限界之外，保证足够的显示距离，面向来车方向，右臂自然下垂，左臂平伸至肩头并手展红旗进行防护，在未接到工作领导人"撤除防护"的通知前，不许离开工作岗位。

2. 作业人员手信号显示

向作业有关人员显示防护手信号时应做到：

应面向接信号的人员，使接信号的人员能够清楚地看到信号。使用手信号时，要视觉、听觉信号并用，回示确认两次以上。

（三）手信号的显示方法

1. 停车手信号的显示

（1）停车手持信号：要求列车停车。

昼间：站在列车驶来方向线路左侧安全限界外，面向来车，右臂下垂，左臂平侧伸，手持展开的红色信号旗，如图19-1所示。

图19-1　昼间停车手信号　　　　图19-2　夜间停车手信号

夜间：站在列车驶来方向线路左侧安全限界外，面向来车，右臂下垂，左臂侧举，手持红色灯光与肩平，如图19-2所示。

（2）停车手势信号：要求列车停车。

昼间无红色信号旗时，站在列车驶来方向，线路左侧安全限界外，面向来车，两臂高举头上向两侧急剧摇动，如图19-3所示。

夜间无红色灯光时，站在列车驶来方向，线路左侧安全限界外，面向来车，用白色灯光上下急剧摇动，如图19-4所示。

图19-3　昼间停车手势信号　　　　图19-4　夜间无红色灯光停车

2. 减速手信号的显示

要求列车降低到要求的速度。

昼间：站在列车驶来方向线路左侧安全限界外，面向来车，右臂下垂，左臂平侧伸，手持展开的黄色信号旗子，如图19-5所示。

夜间：站在列车驶来方向线路左侧安全限界外，面向来车，右臂下垂，左臂侧举，手持黄色灯光与肩平，如图19-6所示。

图 19-5　昼间减速手信号　　　　　图 19-6　夜间减速手信号

昼间无黄色信号旗时，用绿色信号旗下压数次，如图 19-7 所示。

夜间无黄色信号灯时，用白色或绿色灯光下压数次，如图 19-8 所示。

图 19-7　昼间无黄色信号旗时减速手信号　　　图 19-8　夜间无黄色灯光时减速手信号

3. 降弓手信号的显示

显示人员应站在故障点的列车驶来方向左侧，距故障点 50~150 m 处，面向列车站立。

昼间：左臂垂直高举，右臂前伸，并左右水平重复摇动，如图 19-9 所示。

夜间：白色灯光上下左右重复摇动，如图 19-10 所示。

4. 升弓信号的显示

显示人员应站在故障点的列车驶去方向，距故障点约 50 m 处，面向列车站立。

昼间：左臂垂直高举，右臂前伸并上下重复摇动，如图 19-11 所示。

夜间：白色灯光做圆形转动，如图 19-12 所示。

图 19-9　昼间降弓手信号　　　　　图 19-10　夜间降弓手信号

图 19-11　昼间升弓信号　　　　　图 19-12　夜间升弓手信号

（四）防护信号的设置或撤除

须由专人负责两端同时进行，并按下列规定联系：

（1）设置时，昼间使用展开的红色旗，夜间为白色灯光做横向移动"H"。

（2）撤除时，昼间使用展开的红色旗，夜间为白色灯光，做上下蛇形移动"S"。

（3）确认设置或撤除时，昼间使用展开的红色旗，夜间为白色灯光，上下移动两次。

二、行车防护

在线路上进行接触网检修作业可能影响列车正常运行时，除对有关区间、车站办理封锁手续外，还要对作业区采取行车防护措施。

（一）行车防护的设置方法

1. 区间行车防护的设置

当列车运行速度在 120 km/h 及以下时，防护人员应设置在作业区两端，距作业地点 800 m 处各设置一名防护人员，并不得侵入建筑限界。在防护瞭望困难的情况下，应增设防护人员。

当列车运行速度在 120 km/h 以上时，每个作业组在作业区段两端，必须按规定距离设置行车防护人员，并不得侵入建筑限界。

2. 站场行车防护的设置

当列车运行速度在 120 km/h 及以下，且接触网作业区在车站岔区时，在站内方向，距作业地点 50 m 处设一名防护人员；区间方向，距作业地点 800 m 处设一名防护人员。在防护瞭望困难的情况下，应增设防护人员。

当列车运行速度在 120 km/h 以上时，每个作业组在作业区段两端，必须按规定距离设置行车防护人员，并不得侵入建筑限界。

3. 防护人员的安全等级不低于三级

在复线区段进行 V 形天窗作业时，现场防护员除按规定做好本线行车防护外，还应监视邻线列车运行情况并及时报告工作领导人。在 160 km/h 及以上区段间接带电作业时，必须在车站行车室及作业现场分别设置行车防护人员。邻线有 160 km/h 及以上的列车时，现场防护人员、作业人员和机具应提前下道避让。不同作业组分别作业时，不准共用行车防护人员。在未设好行车防护前不得开始作业。在人员、机具未撤至安全地点前不准撤除行车防护。

（二）对行车防护人员的要求

（1）熟悉有关行车防护知识，驻站联络员还应熟悉运转室的有关设备显示。

（2）熟悉有关防护及通信工具的使用方法及各种防护信号的显示方法，每次出工前应检查通信工具是否良好。

（3）及时、准确、清晰地传递行车信息和信号。

（4）认真负责、坚持呼唤应答和复诵制度。

（5）不得影响其他线路上列车的正常运行。

（三）行车防护的注意事项

（1）防护人员要穿好防护服、佩戴相应标志，按工作票指定位置进行行车防护。工作时手持信号旗（线路封锁时展开红旗，线路未封锁时展开黄旗）及防护喇叭（或防护电话）。

（2）行车防护人员在执行任务时，要坚守岗位，思想集中，要与作业组保持联系，认真、及时、准确地进行联系和显示各种信号，一旦中断联系，须立即通知工作领导人，必要时停止作业撤离现场。

防护人员应站在规定地点来车方向安全限界外的左侧，面向来车方向，右臂自然下垂，左臂平伸至肩头并手展红旗进行防护，在未接到工作领导人"撤除防护"的通知前，注意瞭望，不许离开工作岗位。V 形"天窗"作业或者垂直"天窗"未封锁邻线，当邻线来车时，要通知（用防护电话或防护喇叭）作业组，并将手中红旗卷起以免造成司机误停车。如遇车列误入封锁作业区，要展示红旗将车列拦截在作业区外。

复习与思考题

1. 接触网的步行巡视工作要求有哪些？
2. 作业制度中的安全规定有哪些？
3. 高空作业、停电作业的安全规定有哪些？
4. 坐台防护的设置方法有哪些？
5. 手信号的显示方法是什么？
6. 对行车防护人员有哪些要求？
7. 行车防护的注意事项有哪些？

接触网的防护、验电接地实训考核标准及评分表

内容	考核要求	配分	评分标准	扣分	得分
准备工作	准备安全用具	15	没按规定准备扣5分，检查方法不当扣5分		
	准备防护工具				
	安全防护用品穿戴情况				
坐台防护	区间坐台防护	20	每落1处扣5分		
	车站坐台防护				
	联络员职责				
验电接地	接触网验电	30	每落1处扣5分		
	接触网挂接地线				
行车防护	停车手信号	20	每落1处扣5分		
	减速手信号				
	降弓手信号				
	升弓手信号				
文明操作	工器具摆放整齐	10	凡违反有关规定，扣2~4分，但对发生严重事故者，则取消资格		
时间	30分钟内按时完成	5	每超时2分钟酌扣3~5分		

项目二十　接触网高空作业

 项目描述

高空作业系指离地面 3 m 以上的支柱上、梯子上、桥墩台上、各种作业车的作业台上等作业。电气化铁路接触网工的作业范围一般为距地面 6~13 m，属于高空作业，为了保证接触网工的人身安全，接触网工高空作业时必须配带安全用具，能熟练运用梯子、梯车等登高工具，能够熟练掌握攀登各种杆的技巧。

任务一　高空作业安全用具的使用

【知识目标】
- 熟悉安全带的结构和作用。
- 掌握安全带的检查和使用方法。

【技能目标】
- 能够正确使用安全带。

【素养目标】
- 培养团结协作精神，可以既有分工又有协助，互相帮助、共同达成目标。
- 培养吃苦耐劳、爱岗敬业、勇于开拓、积极进取的精神。
- 培养工匠精神，养成"怀匠心、铸匠魂、守匠情、践匠行"意识。

一、安全带

安全带是高空作业者在高空与设备间的连接纽带，如图 20-1 所示。安全带能将作业者固定在作业位置，防止作业者高空坠落，保证作业者在高空作业时的安全。

安全带的使用注意事项：

（1）安全带在每次使用前须做一次外观检查，发现安全带无保护套、磨损断股、变质等情况应停止使用。

（2）安全带在使用时应将钩环挂牢，卡子扣紧，挂钩上的保险环是防止意外脱钩的装置，使用前应将其扣好，如图 20-2 所示。

图 20-1 安全带实物图

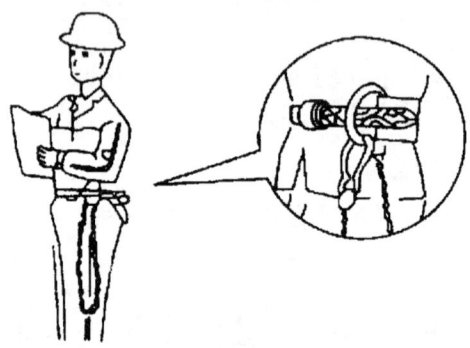

图 20-2 安全带的佩戴

（3）高空悬挂安全带时最好要高挂低用，其次是平行拴挂，切忌低挂高用，否则一旦坠落将增加其冲击力，容易发生危险，如图 20-3 所示。

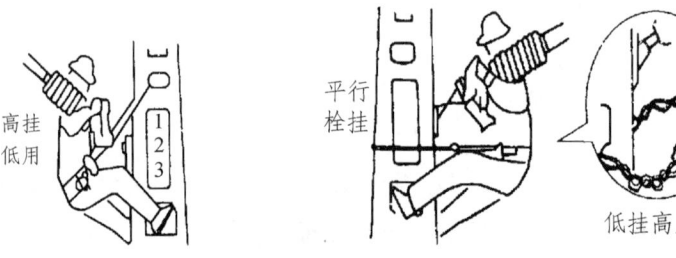

图 20-3 安全带的使用

（4）安全带的吊（带）绳应放在腿的一侧，挂钩必须在安全带的圆环上，如图 20-4 所示。

图 20-4 安全带挂钩的使用

（5）安全带在使用时应避开尖刺钉子等物，不得接触明火或酸碱化学物质，如图 20-5 所示。

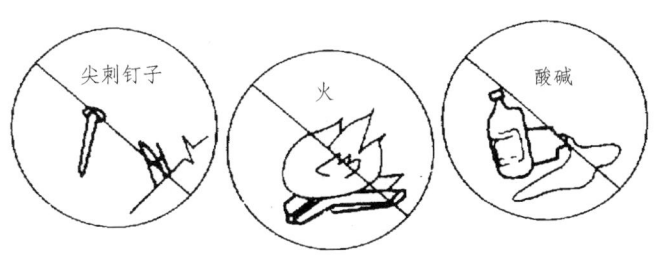

图 20-5　安全带使用注意事项

（6）凡检验不合格的安全带不得使用。

二、安全帽

安全帽对人体头部免受外力伤害起到防护的作用。安全帽由帽壳、帽衬、下颏带、后箍等组成，如图 20-6 所示。

 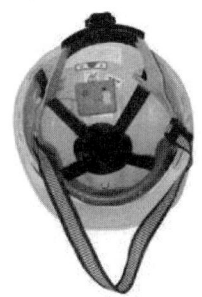

图 20-6　安全帽

安全帽在使用前应该进行外观检查，如有变形、破裂和结构不符合要求等，均不得使用。

安全帽有如下基本性能：

1. 冲击吸收性能

用三项安全帽分别在（50±2）℃（矿井下用安全帽 40 ℃）、（-10±2）℃ 及浸水三种情况下处理，然后用 5 kg 钢锤自 1 m 高度落下进行冲击试验，头模所受冲击力的最大值均不应超过 5 kN。

2. 耐穿透性能

根据安全帽的材质选用（50±2）℃（矿井下用安全帽 40 ℃）、（-10±2）℃ 及浸水三种方法中的一种进行处理，然后用 3kg 钢锥自 1m 高度落下进行试验，钢锥不应与头模接触。

3. 侧向刚性

用《安全帽测试方法》GB/T 2812—2006 规定的方法给安全帽横向加 430 N 压力，帽壳最大变形不应超过 40 mm，卸载后变形不应超过 15 mm。

4. 电绝缘性能

交流 1200 V 耐压试验 1 min，泄漏电流不应超过 1.2 mA。

任务二　高空作业登高用具的使用

【知识目标】
- 熟悉梯车、梯子的结构和用途。
- 掌握梯车、梯子的使用方法。

【技能目标】
- 能够正确使用梯车、梯子完成高空作业。

【素养目标】
- 培养团结协作精神，可以既有分工又有协助，互相帮助、共同达成目标。
- 培养吃苦耐劳、爱岗敬业、勇于开拓、积极进取的精神。
- 培养工匠精神，养成"怀匠心、铸匠魂、守匠情、践匠行"意识。

一、梯车

（一）梯车的结构和用途

梯车的结构如图 20-7 所示。梯车属于接触网专用工具，主要用于接触网检修高空作业和工程施工。

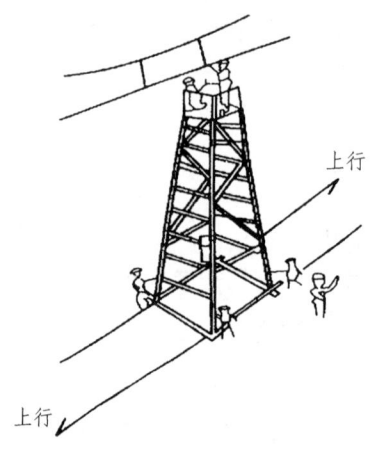

图 20-7　梯车

（二）梯车的使用方法

（1）使用梯车前，应先检查梯车是否牢固，各连接螺栓是否齐全良好，焊接是否符合标准，金属梯车轮上的绝缘是否良好，梯车搬运应避免猛烈碰撞。使用梯车作业时，推梯车人员不得少于 4 人。

（2）作业组人员必须着装整齐，正确使用防护用品。

（3）梯车四角各设置一名扶梯车人员，梯车静止不动，且平台上人员操作时，扶梯车人员各用一只脚踏住车轮防止移动，如图20-8所示。

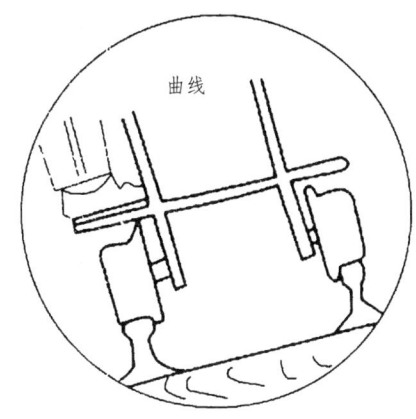

图20-8　梯车防倾倒

（4）梯车工作台上人员不得超过2名，所有零件、工具不得放置在工作台台面上。

（5）在线路上作业时，作业组必须设一台防护电话与防护人员保持联系，以保证行车及作业安全。

（6）移动梯车时，推梯车人员要服从平台上人员的指挥，注意呼唤应答。要讲标准语，不能使用自然称呼。

（7）梯车运行速度不得超过5 km/h，也不得发生冲击和急剧起停车。

（8）推梯车人员要时刻注意和保持梯车的稳定状态，当梯车在曲线上或遇到大风时，应采取可靠的防倾倒措施，推梯车人员应站在曲线外侧的梯车底座上，梯车上的作业人员应站在曲线外侧，并注意导线的受力方向。当梯车在大坡道上时要采取防止移动的措施，如图20-8所示。

（9）在站场推梯车通过道岔时，推车人员要确认道岔的反正位，以免梯车脱线倾倒。

（10）梯车下道时应注意不侵入邻线，即梯车外缘距线路中心不小于2440 mm，如图20-9所示。

（11）在任何情况下，金属梯车不得短接两钢轨，以防短路轨道电路，危及行车安全。

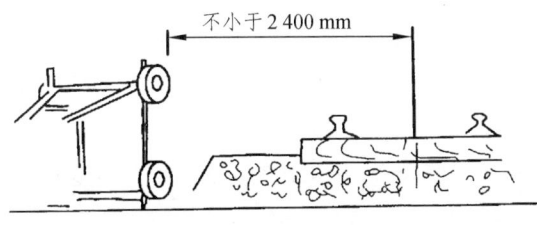

图20-9　梯车防侵限

二、梯子

（一）梯子的结构和用途

梯子主要用于接触网检修高空作业和工程施工，常用的有大梯、挂梯、人字梯等，按材料分为竹梯和铝梯。竹梯是由两根竹竿和方木用铁线绑扎制作的，梯撑间距一般为 450 mm，梯高约 9.5 m，如图 20-10（a）所示。铝梯是由两节梯子、拉绳和滑轮等组成，根据需要可以调整其高度，运输和存放均较方便，但稳定性稍差，较易变形，梯子的结构如图 20-10（b）所示。

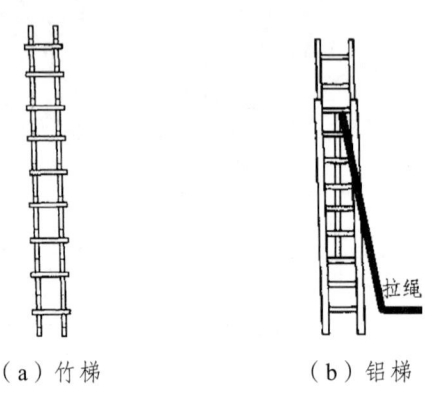

（a）竹梯　　　（b）铝梯

图 20-10　梯子的结构

（二）梯子的使用方法

（1）使用梯子作业要先检查梯子是否牢固，梯撑要稳固，梯角要有防滑胶皮。

（2）使用梯子作业时，要有专人扶梯，梯子与地面的夹角最好为 75°左右，如在接触线、供电线、承力索上作业，梯子必须比承力索高出 1m。应先将梯子上部（用梯绳）与网、线固定好后再开始作业。

（3）曲线区段，梯子应立在曲线外侧，梯子上操作时，操作人员应站稳用脚攀牢梯子方可作业。

（4）登梯时，先用手扒住梯子两侧（或横撑），两手交换上行，当左手（右手）上行时，左脚（右脚）紧跟上行，踩住横撑，上至所到位置后，先扎好安全带，方可作业。

（5）使用挂梯作业要将梯子固定好后，方可作业。

（6）使用人字梯，要有限制开度的拉链，梯子与地面的夹角最好为 75°左右。

（7）梯上只准有 1 人作业，而且要将安全带打到牢固可靠处，并不得探身过远使重心超出梯子支撑。

注意：梯车和梯子必须按表 20-1 所示常用工具机械试验标准的规定进行试验。

表 20-1　常用工具机械试验标准

序号	名称		试验周期/月	额定负荷/kg	试验负荷/kg	试验时间/min	合格标准
1	车梯	1.工作台	12	200	300	5	无裂损和永久变形
		2.工作台栏杆		100	200	5	
		3.每一级梯蹬		100	200	5	
2	梯子：每一级梯蹬		12	100	200	5	无裂损和永久变形
3	绳子（尼龙、棕、麻绳）钢丝绳		12	P_H	$2P_H$	10	无破损和断股
4	安全带		12	100	225	5	无破损
5	金属工具		12	P_H	$2.5P_H$	10	无破损和永久变形
6	非金属工具		12	P_H	$2P_H$	10	
7	起重工具		12	P_H	$1.2P_H$	10	

注：P_H 为额定负荷。

（三）登梯

1. 竹梯的竖立与攀登

（1）将梯子顺线索侧放，使梯子根部对准将要进行作业的位置。

（2）按线索的大约高度把拉绳拴在梯撑上。

（3）一人用脚踩住靠地面的梯脚，并用手压住另一梯腿；两人由梯子顶部将梯子抬起，并逐步向尾部方向举；一人顺梯子尾部方向拉绳，如图 20-11 所示。

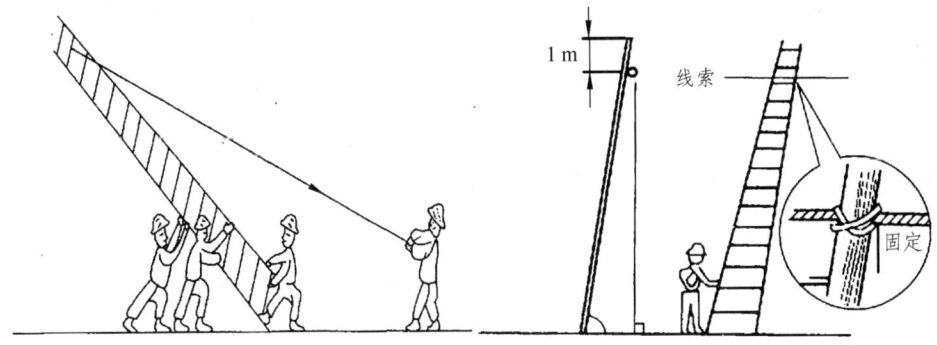

图 20-11　梯子的竖立方法示意图

（4）当梯子接近直立时，拉绳人员要迅速移到梯子对面，梯子直立靠在线索上后把绳拉紧，向上举梯子人员分别站到梯子两侧，将梯子位置调整好并扶稳。

（5）确认梯子稳固后，由一人登梯到线索高度，用一腿盘住梯撑，将线索用胳臂夹住，然后解开绳子从线索上绕下来，拴在低于线索的梯撑上。

（6）拉绳人员将绳拉紧，下面扶梯人员撒开，梯上人员进行作业。

（7）作业完毕梯上人员下来后，两人抬梯腿顺线索移动，同时缓放拉绳，当梯子接近地面时，一人上前接住放至地面，把绳子解开，整理工具。

2. 铝梯的竖立与攀登

铝梯的竖立方法可以和竹梯一样,将梯子拉伸后按竹梯的竖立方法进行;也可以先把梯子竖起来,然后再用绳子将其拉伸至所需高度。登梯倒绳的方法与竹梯相同,登梯时要将控制卡子固定好。

三、梯车、梯子作业安全规定

(1)穿戴好防护用品。

(2)按规定做好行车防护,及时下道避车。

任务三 攀杆作业

【知识目标】
- 熟悉脚扣的使用方法。
- 掌握矩形法杆、圆杆和钢柱的攀登方法。
- 掌握支柱攀登的注意事项。

【技能目标】
- 能够正确使用脚扣完成对矩形法杆、圆杆和钢柱等支柱的攀登作业。

【素养目标】
- 培养团结协作精神,可以既有分工又有协助,互相帮助、共同达成目标。
- 培养吃苦耐劳、爱岗敬业、勇于开拓、积极进取的精神。
- 培养工匠精神,养成"怀匠心、铸匠魂、守匠情、践匠行"意识。

一、登矩形杆

矩形杆在接触网中广泛被应用,攀登较为方便。上杆时可以直接利用横腹杆脚踏孔,不需准备其他协助登高工具。

(一)攀登方法

登杆时,右脚登住腹杆,右手向上伸,扒住腹杆或翼缘相应高度,脚登、手拉使身体向上。同时,左脚和左手分别登、扒比右脚和右手高一层的腹杆或翼缘,然后再依次向上攀登,如图 20-12 所示。下杆方法和上杆方法相仿。

图 20-12 矩形杆攀登示意图

(二)注意事项

(1)登杆时注意力应高度集中,动作要协调。不得穿鞋底易打滑或带钉的鞋。

(2)上、下杆手要抓牢、脚应踩稳。

(3)要注意支柱上已安装的设施,如角钢、拉线等,防止碰伤事故发生。

二、登圆杆

常用的接触网圆支柱有 ϕ400 mm、ϕ350 mm 等径杆。登杆需用与支柱相应直径的脚扣。

（一）攀登方法

（1）登杆前要将脚扣带调整适当。

（2）对脚扣进行人体荷载冲击试验，先登一步，然后用整个人体重量以冲击速度加在一只脚扣上，若没有问题再换一只脚扣作冲击试验，当两只脚扣都完好时，才可以向上攀登，如图 20-13（a）所示。

（3）右脚向上跨扣，右手同时向上扶杆，然后左脚向上跨扣，左手同时向上扶杆，左右交替，直到所需高度，如图 20-13（b）、(c）所示。

（4）下杆方法与上杆方法相仿。

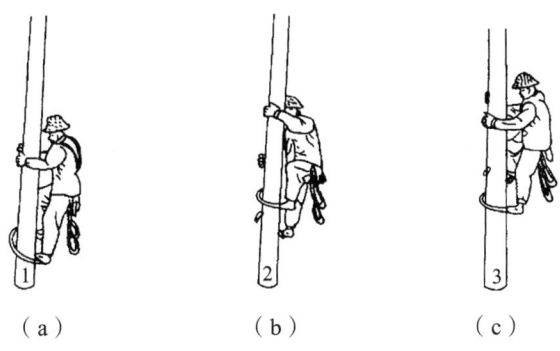

（a）　　　　（b）　　　　（c）

图 20-13　圆杆攀登示意图

（二）注意事项

（1）登杆前必须检查脚扣各部位有无裂纹、变形，脚扣皮带是否结实可靠，防滑胶套是否完好。如发现对安全有影响的问题，不得使用。

（2）上、下杆的每一步，必须使脚扣完全套入，并可靠地扣住电杆后才能移动身体，否则容易发生事故。

三、登钢柱

钢柱的攀登方法与登矩形杆基本相同。沿钢柱主角钢，左手向上抓主角钢，左脚踩斜角钢，使身体向上的同时，右手向上抓，右脚向上踩，依次交替，直到所需高度，如图 20-14 所示。

登钢柱的时候，手要尽量抓高一点，将身体向上提。下来的时候，手要抓低一点，不得出现脚踩不着，手放不开的现象。

图 20-14　钢柱攀登示意图

复习与思考题

1. 安全带的使用注意事项有哪些？
2. 安全帽有哪些基本性能？
3. 简述梯车的使用方法。
4. 简述梯子的使用方法。
5. 简述登矩形杆的方法与注意事项。
6. 简述登圆杆的方法与注意事项。
7. 简述登钢柱的方法与注意事项。

接触网高空作业实训考核标准及评分表

内容	考核要求	配分	评分标准	扣分	得分
准备工作	准备检查梯车或梯子	20	没按规定准备扣 5 分，检查方法不当扣 5 分		
	安全防护用品穿戴情况		没按规定穿戴扣安全防护用品扣 10 分		
登梯子或梯车	1 人按规定方法攀登，其它人做好安全防护	20	每错或落一步扣 5 分		
攀登支柱	做好安全防护，按要求完成项目	30	每错或落一步扣 5 分		
下梯子或梯车	方法步骤正确	15	每错或落一步扣 5 分		
文明操作	工器具摆放整齐	10	凡违反有关规定，扣 2~4 分，但对发生严重事故者，则取消资格		
时间	20 分钟内按时完成	5	每超时 2 分钟酌扣 3~5 分		

项目二十一　冷滑试验

 项目描述

本项目主要通过冷滑试验介绍接触网送电开通、竣工验收的检查内容。主要任务是以检查尺或检测车测量参数和人工进行目测；会进行送电前的检查及准备、按程序进行接触网的送电开通及联调联试的实施流程；会对接触网工程设备进行全面检查验收及竣工文件的交换。培养学生具备接触网参数测量的能力、具备送电开通和联调联试的实施能力、具备竣工验收和竣工文件的交接能力。

任务一　冷滑试验

【知识目标】
- 掌握检测尺或检测车的使用方法、要求及特点。
- 掌握人工观测方法的重点、要求。

【技能目标】
- 会用检查尺或检测车测量有关参数，具备利用检测设备进行参数测量的能力。
- 会用目测的方法观察接触网的重点关键部位，具备判断观测对象情况异常的能力。

【素养目标】
- 培养团结协作精神，可以既有分工又有协助，互相帮助、共同达成目标。
- 培养吃苦耐劳、爱岗敬业、勇于开拓、积极进取的精神。
- 培养精益求精、细致观察的能力。

一、用检查尺或检测车测量参数

（一）概述

接触网在开通前要进行滑行试验，目的是检验接触网机械、电气适应性能是否满足需要。滑行试验分两步进行，即冷滑和热滑，热滑是接触网送电后进行。冷滑时将受电弓临时接地，以随时放掉接触线上存留的静电电流，保证试验人员的安全。

(二)冷滑试验应具备的条件

(1)冷滑行试验区段的接触网工程已全面竣工。

(2)冷滑行试验区段的接触网已进行检查,检测记录完整,检查质量符合验收标准。

(3)影响冷滑行试验的绝缘包扎物等已全部拆除。

(4)电力线路跨越接触网时,垂直距离符合相关规定。

(5)跨越接触网的立交桥及构筑物防护栅网安装到位,接地良好。

(6)接触网距树木的最小距离,水平不小于 3.5 m,垂直不小于 3.0 m。

(三)冷滑试验车的组成

冷滑试验的电力机车是由其他动力机车作牵引的,牵引机车为内燃机车或蒸汽机车,如图 21-1 所示。

当采用内燃机车作牵引时,冷滑列车应如下编组:

内燃机车—电力机车—带作业平台的平板车—宿营车—守车。

当采用蒸汽机车作牵引时,冷滑列车应如下编组:

电车机车—带作业平台的平板车—蒸汽机车—宿营车—守车。

当采用专用冷滑检测车时,可编为:

牵引机车—冷滑检测车。

图 21-1　接触网检测车测量

(四)测量程序及项目

1. 测量程序:冷滑试验的顺序

冷滑试验一般分三次进行:

一般是先区间后站场,先正线后侧线,先低速后高速。

第一次为低速冷滑,运行速度区间为 10~15 km/h;站场为 5~10 km/h。

第二次为中速冷滑,运行速度为 25~30 km/h。

第三次为正常运行速度。

2. 测量项目

接触线拉出值；接触悬挂的弹性，有无不允许的硬点；吊弦线夹、定位线夹、接触线接头夹、中心锚结线夹、分段绝缘器、分相绝缘器、线岔等安装状态，有无碰弓、脱弓或刮弓的危险；接触线的质量，有无弯曲、扭转现象；受电弓与定位管之间的距离，受电弓与绝缘子之间的距离，受电弓与有关接地体之间的距离。

（五）冷滑试验组织实施

1. 准备工作

（1）冷滑试验车行车人员，包括车长、司机、乘务人员等，电力机车驾驶室设 1~2 人。

（2）冷滑试验车试验检查人员，包括观测人员、记录人员、安全监视人员等，作业台上设 2~3 人。

（3）冷滑试验工具：包络线检测尺、检测车及其他常用工具。

2. 动态包络线检测步骤

（1）测量支柱定位点处接触线的静态高度和拉出值、支柱处外轨超高值。

（2）将定位点处的接触线抬高到受电弓设计最大动态抬升量（例如广深线为 220 mm）。

（3）使包络线检测尺上拉出值刻度与该定位点处接触线实际测量拉出值位置相重合，包络线检测尺倾斜度与轨面连线的倾斜度一致。

（4）通过包络线检测尺观察检测并记录有关数据，分析判断定位管、定位器、定位环线夹和其他接触网零部件是否侵入动态包络线范围内。

（5）发现有侵入包络线范围内的接触网零部件的检测缺陷时，找出对策并及时进行处理，直到用包络线检测尺检查合格为止。

包络线检查的重点是：转换柱、中心柱、道岔柱和小侧面限界支柱处。

二、人工进行目测

（一）目测的重点

电力机车驾驶室内观测人员，重点观察接触网走向、终端线岔、锚段关节、导线接头、特殊定位、分相分段绝缘器等关键部位的异常情况。

作业台上的观测人员，主要观察导线拉出值、各种线夹安装是否正确，导线面是否正直，有无不允许的硬点或打弓现象，观察受电弓与有关绝缘子或与有关接地体之间的距离是否符合要求，如图 21-2 所示。

图 21-2　接触网冷滑人工目测

（二）安全与注意事项

（1）冷滑前每个站场和区间两端均需做好接地。受电弓也应做临时接地，以防静电伤人。

（2）冷滑区段的各种跨越电力线及其他干扰必须在冷滑前彻底处理，平行线路的安全距离应符合规定。

（3）冷滑试验的观测人员一般应在特设观测舱内工作。如需在车顶工作时应背向列车前进方向，并需戴安全帽、防风镜等防护用品，人体各部位不得超出机车限界。

（4）冷滑试验应严格按照低、高速程序进行，并不许超过规定速度，不克服前次冷滑发现的问题，不得进行下次冷滑。

（5）在带电接触网邻接区段的冷滑试验需要在停电间隔进行，该邻接区段的接触网应进行双接地，并由负责邻接区段运营的供电段派人员参加配合。

（6）列车在运行中不得上、下电力机车，非试验人员禁止上车。

（7）为防止冷滑试验过程中因刮弓事故损坏受电弓，应备有受电弓易损配件。

（8）冷滑车进行试验的每个区段施工负责人及技术人员应随车检查，以便及时掌握实际情况，尽快克服缺点。

（三）人工目测的组织实施

1. 准备工作

（1）人员：电力机车驾驶室设 1~2 人，作业台上设 2~3 人。

（2）工具：检测车及其他常用工具。

2. 目测步骤

（1）导线拉出值是否符合设计，拉出值最大不应大于 400 mm，接触线线面正确，无扭面，无弯曲、碰弓、脱弓现象。常速冷滑无不允许的硬点。

（2）受电弓在正常情况下距接地体瞬时间隙不应小于 200 mm，困难情况不应小于 160 mm。

（3）定位管、定位管坡度是否满足要求。

（4）线岔处受电弓过渡是否平稳，有无脱弓或刮弓、钻弓危险。

（5）观察导体调试变化是否平稳，有无突变和跳动，有无不符合《铁路技术管理规定》的高度。

（6）吊弦线夹、定位线夹、接触线接头线夹、中心锚结线夹、电连接线夹、分段绝缘器、分相绝缘器等无碰弓现象和不允许的硬点以及无偏磨。

3. 注意事项

1）冷滑的准备工作

接触网的冷滑必须与施工单位紧密配合，由施工单位派出调度人员和技术人员通过检测车进行检测工作。冷滑检测车由内燃机车或大马力轨道车进行牵引，共同组成检测车组。冷滑速度根据《铁路电力牵引供电工程设计规范》规定，首先从低速进行一遍，根据检测数据，施工单位进行调整后再进行常速冷滑检测。

检测车冷滑的标准根据《铁路电力牵引供电工程质量评定验收标准》（TB 10421—2018）及该线的设计标准而制定。检测车冷滑以检测车上安装的接触式检测系统为主，检测采用 WBL-85 型高速受电弓。它具有质量轻、跟随性好等特点，能够与接触线紧密接触。该系统采用传感器测量接触线的参数，通过计算机自动处理，评估接触网参数。

2）冷滑的常见问题与分析

① 接触线高度的问题：通过冷滑检测，接触线高度的问题主要存在于站场与区间，隧道内外高度不一致的转换处。这些地方易造成导高控制不严，高度过渡不平滑，表现为导高变化率较大。我国接触网在大站导高通常设计为 6450 mm，而一般区间设计皆为 6000 mm，隧道内由于隧道净空等因素一般设计为 5700 mm。当检测车从区间向站场及由隧道外向隧道内运行时接触线存在导高变化的问题。通过冷滑检测发现，在这一变化区段导高变化率常常达到了 5‰～6‰，在隧道与区间的过渡处有的锚段也达到 5‰以上，超过设计规定最大值 5‰。导高变化率过大将使受电弓不能平稳地取流，导致受流恶化并引起离线现象的发生。

在大站侧线还存在导高控制不严，施工时未严格调整的问题。由于车站正线轨道比侧线高，如果保证大站正线导高达到 6450 mm，侧线将大于 6450 mm。在西南某线的冷滑检测中，发现有的车站侧线的检测受电弓发生自动降弓现象，经过复测与手工测量证实，此处导高皆大于 6650 mm，超过检测受电弓的限高设定值 6600 mm，故发生降弓现象。通过观察分析，这些地方皆是由于在侧线跨中的调整时，施工人员仅注意了悬挂点的调整而忽略了跨中的吊弦受力，使吊弦拉抬接触线过大形成负弛度，加上侧线轨道较低，造成跨中导高偏大。

② 曲线处拉出值超限：通过多条电气化铁路的冷滑检测证明，接触线拉出值的施工调整问题主要发生在小曲线半径处。在小曲线半径上线路超高较大，

拉出值向曲线外侧拉出，由于受向心力的影响，接触线在小曲线半径处受力较大，给施工调整带来极大困难，不利于把拉出值调整到位，因此经常发生此处拉出值偏大。

③ 常见硬点的产生：从几条线的检测曲线硬点分布及实际情况分析，接触网硬点主要由分段绝缘器/分相绝缘器、吊弦线夹、电连接线夹及一些导线死弯等产生，无论是进口还是国产的分段绝缘器/分相绝缘器，本身就是硬点存在的因素，加之由于绝缘器与接触线的集中质量不同，不易使绝缘器与接触线安装水平，常使绝缘器的灭弧导角产生倾斜，形成较大硬点。

任务二　送电开通

【知识目标】
- 掌握安全注意事项，检查的项目、内容及送电开通程序。
- 掌握联调联试实施流程、运行试验的内容。

【技能目标】
- 按照《送电开通实施方案》要求实施开通工作，具备送电开通实施能力。
- 具备一定的联调联试实施能力。

【素养目标】
- 培养团结协作精神，可以既有分工又有协助，互相帮助、共同达成目标。
- 培养吃苦耐劳、爱岗敬业、勇于开拓、积极进取的精神。

在冷滑试验完毕后，对接触网送电使其投入运行状态，称为开通。送电开通，是接触网工程的最后一道工序，为下一步联调联试奠定基础。送电开通区段的接触网及相连设备均带电运行。送电前应完成相关检查及装备工作，按程序进行接触网的送电开通及联调联试的实施流程。

一、送电开通

（一）概述

接触网送电开通必须在严密的组织下实行统一领导，统一指挥，遵守各项安全规则。施工单位与运营单位应互相配合，为保证送电开通和工程的顺利移交打下良好的基础。

（二）安全与注意事项

（1）送电开通过程中，除遵守施工技术安全规则外，严格按照上级批准的"送电方案"规定的计划、要求进行工作。

（2）从第一次向接触网送电起，即认为全段接触网及相连设备均有电。此后所有接触网作业（包括事故抢修），均按带电作业要求进行。禁止无证上杆、上车作业或接近带电体。

（3）各种作业车辆上的登梯及经常攀登的部位，均应悬挂"接触网有电，禁止攀登"的醒目标志。

（4）所有参加送电人员均应明确自己的岗位职责，熟记安全操作规则。掌握通信联络办法及通信工具的使用方法。

（5）送电期间执行各种操作命令时，均需两人协同执行，一人监护，一人操作。

（6）用电话或无线对讲机传送的签证命令，为避免差错，均应复诵核对。

（三）送电前的检查

送电前，应对接触网进行全面质量检查，确认工程质量符合设计要求，已不存在影响送电安全的因素时，方可申请送电。

送电前需要检查的主要项目及内容如下：

（1）冷滑试验报告中有无存在的问题，是否处理完毕。

（2）各种带电体之间、带电体与接地体之间的距离是否符合设计要求。

① 绝缘锚段关节两悬挂点间：一般情况（适用于任何海拔高度地区）正常值为 450 mm；吸流变压器处正常值为 300 mm。

② +25 kV 带电体与 -25 kV 带电体间隙正常值为 500 mm。

③ 25 kV 带电体与接地体间隙正常值为 300 mm，困难值为 240 mm。

④ 隔离开关引线、电连接线（包括跨越另一个接触悬挂时）及供电线跳线距接地体正常值为 330 mm。

⑤ 绝缘元件接地侧裙边对接地体：瓷质及钢化玻璃绝缘子正常值为 100 mm；困难值为 75 mm；其他材质绝缘元件正常值为 50 mm。

（3）各供电臂及跨越线路、附加导线的回路及接触网与各所之间的连接线是否正确。

（4）各种绝缘件是否有破损或裂纹，超过规定要求的应及时更换。

（5）影响送电开通的交叉、平行线路干扰是否处理完毕。

架空电线路（包括通信线路）跨越接触网时，与接触网的垂直距离：

① 110 kV 及以下电线路不少于 3 m；

② 220 kV 电线路不少于 4 m；

③ 330 kV 电线路不少于 5 m；

④ 500 kV 电线路不少于 6 m。

（6）沿线侵入安全供电限界的树木、建筑物等是否砍伐或拆迁。

（7）各种标志、限界门及设备是否安装齐全，并符合设计规定。

（四）送电前的准备

1. 清洗绝缘子

一般在送电的前几天进行各种绝缘子的清洗工作，在有蒸汽机车牵引区段清洗后应做临时简易包扎。

2. 送电工具准备

（1）临时接地线和 35 kV 的绝缘杆。

（2）高压验电器（35 kV）。

（3）绝缘手套、绝缘鞋、橡胶垫。

（4）兆欧表（2500 V）。

3. 抢修机具准备

（1）各队应组织抢修小组及抢修车，负责本队管辖范围内的绝缘子、零配件的更换，导线脱落及断线事故的修复工作。应配备一定数量的抢修工具及材料、零件。

（2）段组织抢修安装列车，负责全段管辖范围的断杆、吸流变压器等重大事故抢修。

（五）送电开通程序

送电开通程序由总指挥组按送电开通方案，通过电力调度命令（以命令票方式）下达执行。

（1）向各指挥组、分指挥组宣布线路封闭时间开始，下达拆除绝缘子包扎物的命令。

（2）各分指挥组在确认拆除完毕后向指挥组汇报。

（3）由段指挥组向电力调度申请进行绝缘测试。

（4）由电力调度下达进行各供电臂绝缘测试的命令，绝缘测试前应确认接触网上已无人作业，然后拆除临时接地线，进行绝缘测试。将测试结果向电力调度汇报。

（5）由电力调度下达各供电线隔离开关合闸送电的命令。

（6）通知各指挥组坚守岗位，加强巡视，发现异常现象及时报告。

（7）送电开通 24 h 后，可命令各送电机构、巡视、抢修人员撤离，移交接管单位。

（六）送电开通安全与注意事项

（1）严禁与铁路施工或调试无关人员进入铁路防护网内，严禁在车站内和跨铁路高架桥上玩耍、放牧或停留。严禁在铁路两侧各 300 m 区域内升放风筝、气球。

（2）车辆和行人必须经公跨铁桥或人行涵洞跨越铁路，严禁翻越铁路栅栏进入铁路地界内。严禁向铁路上抛掷杂物。

（3）严禁通过任何物体如绳索、棒条、导线、水流等与接触网导线及相连部件相接触。发现接触网断落时，行人、物体要远离该线 10 m 以外。

（4）严禁攀爬接触网杆塔、箱式变电站、通信铁塔等沿线各种铁路设施。严禁偷窃铁路沿线电缆、架空线路及铁路其他设施。

（5）发现故障后及时向铁路部门报告。

二、联调联试

（一）联调联试内容

联调联试主要内容包括：轨道、接触网、供变电、通信、信号、运营调度、客运服务、防灾安全监控、综合视频监控等系统联调联试，以及综合接地、电磁兼容、振动噪声、路基状况、路基及过渡段动力性能、桥梁动力性能、隧道内气动效应、列车空气动力学性能测试等。

（二）运行试验内容

运行试验内容主要包括运行图参数测试、故障模拟、应急演练和按图行车等。

（三）联调联试实施

1. 实施原则

铁路联调联试及运行试验以速度为主线，以开通运营时一次达到设计速度和设计密度为目标，在确保安全的前提下采用逐级提速的方法进行。通过不同速度等级的全方位测试，依据测试结果对各子系统和整体系统进行评估、调整与优化，实行闭环控制，直至达到设计目标。

2. 组织机构

铁路联调联试及运行试验工作在中国国家铁路集团有限公司统一指挥和协调下，由运营单位牵头，与建设、测试、施工、设计、监理等单位共同组织实施。

中国国家铁路集团有限公司负责组织试验大纲的审查、批复，工作指导和检查，以及重大问题的协调；运营单位负责现场的实施组织，包括行车组织、施工管理、安全防护、系统和设备的调整优化等；建设单位负责施工现场安全管理和后勤保障，组织设计和施工等单位配合试验、系统和设备的调整优化、安全防护等；测试单位负责大纲的编制、具体的试验测试工作，根据试验测试结果提出试验问题和整改的要求，进行试验数据的整理分析、编写试验报告。

3. 实施流程

联调联试及运行试验实施的主要流程包括项目委托，大纲编制、审查和批复，实施方案的编制和规章制度的制定、现场实施，报告编写、报告审查等环节。

1）项目委托

根据项目建设计划，由建设单位于联调联试开始前 3 个月向测试单位进行项目委托。

2）大纲编制、审查和批复

在联调联试开始 2 个月前，由测试单位牵头，会同运营、建设等单位共同编制大纲，由中国国家铁路集团有限公司组织专家审查并批准执行。

3）实施方案的编制和规章制度的制定

在联调联试开始 1 个月前，依据大纲和线路特点，由运营单位牵头与建设、测试等单位共同编制实施方案，报中国国家铁路集团有限公司备案。

在联调联试开始半个月前，依据工程技术特点、设备配置情况、工程状态和试验要求，由运营单位牵头制定试验期间行车组织、施工管理、设备使用和维修、安全管理及应急处理等规章制度。

4）现场实施

根据试验需要，成立现场指挥组织，搭建工作环境，进行人员培训和配置，完成测试设备仪器、车辆等所有试验前的准备工作，按照实施计划和确定的工作程序组织实施。

5）测试报告编写

在试验结束后，由测试单位及时进行数据处理、分析，完成试验报告的编写。

6）报告审查

由中国国家铁路集团有限公司组织专家对试验报告进行审查。

任务三　竣工验收

【知识目标】
- 熟悉竣工文件的交接内容、程序。
- 掌握竣工验收的方法、程序。

【技能目标】
- 具备竣工文件交接的能力。
- 具备竣工验收的能力。

【素养目标】
- 培养团结协作精神，可以既有分工又有协助，互相帮助、共同达成目标。
- 培养吃苦耐劳、爱岗敬业、勇于开拓、积极进取的精神。

当接触网工程的施工工作基本完成以后，就进入接触网施工的最后阶段，施工单位就应及时办理工程有关验收交接的手续，将线路设备和文件移交给接收单位，也就是竣工验收工作。其主要任务是组织验收小组对接触网工程设备进行全面检查验收及竣工文件的交接。

一、接触网工程的竣工验收

（一）竣工验收依据

接触网工程的竣工验收依据主要有以下几项：

（1）批准的设计文件，有初步设计文件，初步设计鉴定意见，接触网平面布置图，接触网安装图，接触网Ⅰ类、Ⅱ类变更设计文件，接触网Ⅲ类变更设计文件（施工处理意见）。

（2）设计、施工时采用的规程和规范，包括《铁路技术管理规程》《铁路电力牵引供电工程设计规范》和《铁路电力牵引供电工程施工规范》。

（3）验收标准，主要是《铁路电力牵引供电工程质量评定验收标准》。

（4）省部级及以上工程领导小组下达的有关文件、决议、会议纪要，以及施工单位和建设单位签订的协议等。

（二）竣工验收组织

电气化铁路工程是由中国国家铁路集团有限公司组织验收的大中型建设项目，按规定由中国国家铁路集团有限公司组织验收交接委员会或指定建设单位（或接管单位）组织全面验收交接工作。验收委员会下设多个验收小组，接触网验收小组就是其中之一，接触网验收小组成员，由建设单位、设计单位、施工单位、运营单位（接收单位）、监理单位的代表组成。

（三）接触网工程的竣工验收实施

1. 工程检查

中国国家铁路集团有限公司或建设单位接到施工单位提出的申请验收报告后，组织一次工程检查，检查的主要内容有：接触网工程是否按设计施工并符合质量标准；与接触网相配套的有关专业工程是否配套建成；路外协作工程是否同步建成；是否具备送电开通条件；是否能保证行车安全和生产安全等。工程检查结果符合初验条件后，即可成立初验委员会或验收委员会，以及各专业验收小组（包括接触网验收小组）。

2. 现场初验

接触网工程的现场初验由接触网验收小组主持，负责对接触网工程进行全面检验，按照竣工验收的依据及施工单位提供的竣工资料逐项检验。在检验中，要对工程质量作出评价，对存在的问题提出处理意见，对争议较大的问题提出复验要求。现场初验工作完成后，即向机关提交初验报告，由初验委员会或上级机关组织审查、处理各单位的不同意见，解决存在问题，并向上一级机关提报初验报告和申请正式验收的报告。初验合格后，方可交付临时管理运营。

3. 正式验收

验收委员会接到各接触网验收小组的初验报告后,组织对接触网工程进行复验或抽查,解决初验中没有解决的问题,决定送电开通方案及日期,决定全线电气化工程总验收交接日期。正式验收原则上应在初验合格后一年进行。

4. 固定资产移交

当接触网工程的正式验收工作结束后,即可由接管单位按确定的时间正式运营,并办理固定资产移交手续,也就是施工单位将接触网工程的所有设备移交给接管单位。此后,接触网线路的运营维护工作就由接管单位负责。固定资产的清理和移交,应在接触网工程正式验收后半年内进行。

二、竣工文件整理和交接

（一）接触网平面布置图

接触网平面布置图,综合了接触网结构、接触网设计计算、接触网平面图绘制等多项内容的设计图纸,是接触网设计中最重要的工作项目,它集中反映了接触网设计上的主要原则。作为施工设计文件,它是接触网施工、接触网设备交付运营及进行管理和维修的重要依据。

（二）接触网竣工图

接触网竣工图是指接触网工程竣工验收后,为了能真实反映接触网工程的施工结果,由施工单位按照施工实际情况画出的接触网平面图。因为接触网工程在施工过程中难免有对设计图的修改（即设计变更）,为了让建设单位或接收单位能比较清晰地了解接触网设备的实际安装情况,规定在接触网工程竣工之后,施工单位必须向接收单位或建设单位提交竣工图。

（三）接触网工程总结

接触网工程竣工验交后,施工单位应对该工程做全面系统的总结,以便吸取施工中的经验教训,提高施工技术和企业管理水平。

接触网工程总结的编写,应由各级施工组织技术负责人主持,组织编写小组,并吸收施工技术人员、安全质量监督检查人员、财务人员参加。为了使工程总结全面、真实和准确,在整个施工过程中,各部门应注意积累有关资料,特别是施工中发生的问题及处理过程,变更设计项目及理由,采用的新工艺、新方法、新技术的应用总结情况。

接触网工程总结应由各级施工组织分别按工程项目、施工范围逐级汇总上报,一般应于接触网工程竣工验收交接后半年内全部完成。

（四）竣工文件整理和交接实施

接触网工程竣工前,施工单位应提前整理好竣工文件和竣工资料,绘制好全部工程竣工图，竣工图要反映实际现场的接触网结构，对已有设计变更说明的地方，应调查核实后，将图纸进行相应的修改，使之符合设计要求。竣工文件不齐全、不完整时，不能验收交接。

竣工文件主要内容：

（1）设计文件1份，由设计单位提供。

（2）接触网平面布置图4份，其中，蓝图3份交接管单位，底图1份交接管单位报送中国国家铁路集团有限公司档案馆存档。

（3）接触网供电分段示意图2份，接触网装配图2份。

（4）接触网主要工程数量表3份。

（5）工程施工记录：

① 钢柱基础隐蔽工程记录1份；

② 支柱埋设隐蔽工程记录1份；

③ 接地装置隐蔽工程记录1份；

④ 绝缘子和分段、分相绝缘器，以及隔离开关、避雷器、吸流变压器试验记录，各1份。

（6）主要器材技术证书，如钢筋混凝土支柱、钢柱、接触线、承力索、供电线、绝缘子、电分段、电分相、隔离开关、避雷器及吸流变压器等各1份。

（7）工程总结1份。

竣工文件的编写、绘制和整理，应由专人负责，并配备施工技术人员和具有一定绘图能力的专业人员进行。竣工文件应在正式验收前，由施工单位交给接管单位统一保管，并按规定送上一级档案部门归档。

复习与思考题

1. 接触网冷滑试验的前提条件是什么？
2. 接触网冷滑试验的程序是什么？
3. 接触网冷滑试验的测量项目有哪些？
4. 接触网动态包络线的检测步骤是什么？
5. 接触网送电开通的安全与注意事项有哪些？
6. 接触网送电前需要检查的主要项目及内容有哪些？
7. 简述接触网的送电开通程序。
8. 接触网送电开通安全与注意事项有哪些？
9. 简述接触网工程的竣工验收实施步骤。
10. 竣工文件主要有哪些？

项目二十二　接触网的运营管理

项目描述

铁路运输的机制须不断地更新才能适应社会的发展需要。为了保证铁路运输的畅通,铁路供电设备必须更新,特别是准高速和高速电气化铁路的建设,迫切要求加强铁路供电系统的工作,只有进一步提高科学管理水平和工作效率,才能更好地为运输生产服务。同时,电气化铁路的发展使供电设备运营管理工作所面临的"三高"危险更加严峻。为保证人身和设备安全,中国国家铁路集团有限公司及有关铁路局集团公司、处以文件形式制定颁发了铁路供用电规程和规则,从事铁路供电工作的人员必须严格执行有关规程和规则。因此应加大规程和规则的学习,强化安全意识,树立"安全第一"的思想,确保人身和设备的安全,把铁路供电事业推上一个新台阶,真正做到铁路运输四通八达,畅通无阻。

任务一　接触网的运营检修

【知识目标】
- 熟悉接触网的修程。
- 掌握接触网的巡视内容。
- 熟悉接触网的检修管理。
- 熟悉接触网的天窗管理。

【技能目标】
- 会巡视接触网设备。

【素养目标】
- 培养团结协作精神,可以既有分工又有协助,互相帮助、共同达成目标。
- 培养吃苦耐劳、爱岗敬业、勇于开拓、积极进取的精神。
- 培养精益求精、细致观察的能力。

电气化铁路接触网设备沿铁路露天布置,工作环境恶劣,使用条件苛刻,在无备用的情况下运行，某一部件损坏，就会影响整体运行。我国电气化铁路接触网设备自 20 世纪 50 年代以来，主要是进行定期维修。接触网设备周期修体制是按时间周期和项目内容，定期对接触网设备进行巡回检修。它分为小修和大修两种。小修（维持性修理）主要是对接触网设备进行检测、清扫、涂油；对磨损锈蚀到限的接触线、承力索及供电线、回流线进行整修、补强或局部更换；对损坏的零部件进行更换，以保持接触网设备的良好技术状态。大修（恢复性彻底修理）主要是成批更换磨耗损坏到限的接触线、承力索及供电线、回流线，更新零部件、定位支持装置和支柱；对接触网、供电线、回流线进行必要的改造，以改善接触网设备技术状态，提高供电能力。

一、接触网的修程

（一）日常监测

为贯彻"修养并重，预防为主"的方针，使检修更有针对性，必须按规定周期对接触网进行监测，监测分巡视、检查和检测。

（二）定期检修

接触网的定期检修分为维修与大修两种修程。

维修是维持性修理，主要是集中处理定期检测后发现的缺陷，调整接触网的张力、弛度、补偿装置等；整修、补强和局部更换磨耗到限及损伤的承力索、接触线及负馈线、供电线、回流线、加强线、保护线等附加导线；修换损坏的零部件，保持接触网的正常技术状态。维修的周期一般为一年。

大修是恢复性的彻底修理。主要是整锚段地更换接触网和附加导线。大修的周期一般为 20~25 年。

二、接触网的巡视

为确保接触网设备的运行安全，及时有效地防止接触网设备事故的发生，《接触网运行检规程》规定必须按周期对接触网设备进行例行巡视检查工作。

接触网设备的巡视分为定期设备巡视、不定期设备巡视两大类。

（一）接触网设备的定期巡视

（1）步行巡视：以徒步检查为手段，目的是及时发现接触网设备的不良处所，掌握设备运行状态。

步行巡视分为昼间（白天）巡视与夜间巡视两方面。其巡视周期与要求分别为：

① 昼间（白天）巡视周期为每 10 d 不少于 1 次。主要是巡视有无侵入限界，有无障碍受电弓运行，各种线索和零部件有无烧损、折断，补偿器动作情况是否正常，下部地线的连接状态是否正常，以及有无塌方落石、山洪水害、爆破

作业等损伤接触网、危及供电及行车安全等现象。

② 夜间巡视的巡视周期为每季不少于一次。主要是观察有无过热变色和闪络放电等现象。

（2）乘车巡视：以添乘机车或巡检车为手段，目的是观察接触网设备的动态状况。

乘车巡视的巡视周期为每月不少于1次，主要是观察接触悬挂、支撑装置、定位装置有无打弓、碰弓等不良现象。

（3）全面检查：每年1次。

（二）接触网设备的不定期巡视

① 按供电调度口令进行的巡视，如跳闸原因查找、设备故障点巡查等。

② 遇有异常现象时进行的巡视，如狂风、暴雨、大雪、大雾等恶劣气候，或遇有山洪、塌方、爆破作业等情况时进行的有针对性的巡视。

③ 上级临时要求的设备巡视，如专运设备巡视等。

三、接触网的维修

对接触网和附加导线进行全面详细的检查；对容易变化的参数要进行复测，再结合日常巡视检测发现的缺陷集中力量、系统地整修接触网。其具体内容包括：

（1）调整接触线高度、弛度、拉出值、之字值和跨中偏移。

（2）调整承力索弛度和相对线路中心的位置。

（3）清扫绝缘部件，调整分相和分段绝缘器，更换破损的绝缘子。

（4）整修、补强、局部更换损伤和磨耗到限的承力索、接触线及负馈线、供电线、回流线、加强线、保护线等附加导线。

（5）检修调整锚段关节、线岔。

（6）检修电连接器，检查电连接接触状态应采用检测的方式（如测量接触电阻），若无可靠的检测手段，应拆开线夹检查。

（7）检修调整软横跨、支持装置和定位装置，必要时更换。

（8）检修调整补偿装置，更换破损的坠砣，滑轮注油。

（9）检修支柱和接地装置，地线全面除锈涂漆，涂刷支柱号码牌和标志。

（10）检查紧固、修换各种零部件，螺栓涂油。

（11）检修附加导线的肩架及金具，更换破损的绝缘子，调整附加导线弛度和带电部分对地的距离以及线间距离。

（12）检修隔离开关。

（13）更换损坏的标志。

四、接触网天窗管理

为满足接触网安全运行的需要，确保接触网设备的正常检修，电气化铁路区段在列车运行图中专门预留了保证接触网设备停电检修的时间，称之为天窗。在列车运行图中呈现出一片没有列车的空白区域，铁路企业把这片固定的空白区域称为图定天窗时间。在日常工作中，接触网所有的网上设备检修，必须在天窗点内组织实施。

根据天窗的影响范围不同，可分为 V 形天窗、垂直天窗、同步天窗三种。

V 形天窗：列车运行图预留的、对复线运营线中的单线单方向行车设备进行维修作业的时间。

垂直天窗：同时影响上、下行正线行车设备正常使用而安排的作业时间。

同步天窗：两条及以上干线在同一车站相连时，需同时影响同一车站两条干线行车设备正常使用而安排的作业时间。

除图定天窗外当出现严重危及行车安全的设备隐患及严重线路病害等特殊情况时，也可临时申请要点封锁施工，这种天窗称为临时天窗。

（一）铁路运行图中预留的天窗时间

（1）单线电气化铁路每次不少于 60 min。

（2）复线电气化铁路每次不少于 90 min。

（3）高速铁路一般为 180 min。

（二）接触网天窗时间的使用情况

以复线区段的 90 min 为例：

（1）供电调度联系确认变电所已停电时间：一般需要 3~5 min。

具体工作为：供电调度接到行车调度允许接触网停电的通知后，需通知相关的牵引变电所（开闭所）值班员进行相应馈线的停电倒闸作业（有远动操作系统的供电调度直接进行倒闸操作，操作后通知变电所值班员确认），然后下令由变电所值班员断开已停电的开关的控制电源。全部工作完成、值班员向其消令后，供电调度才能给相应的接触网工区下达停电作业命令。

（2）接触网工区接收停电命令并实施验电接挂地线操作：一般需要 3~5 min。

具体工作为：供电调度给接触网工区检修作业组的要令人员下达停电作业命令，明确通知已停电的设备、安全注意事项及要求完成时间，接触网工区要令人员接受命令复诵无误后通知现场的作业组工作领导人，由工作领导人通知接地线人员进行验电接挂地线工作。

（3）作业组具体检修设备时间：一般需要 60~70 min。

具体工作为：按计划检修相关接触网设备。

（4）作业完毕撤除地线及相关安全措施时间：一般需要 3~5 min。

具体工作为：接地线人员撤除相关接地线及防护设施后通知作业组工作领导人，工作领导确认现场人员机具已全部撤至安全地带后通知要令人，要令人向供电调度消除停电作业命令。

（5）供电调度联系变电所恢复送电时间：一般需要 3~5 min。

具体工作为：供电调度下令，变电所值班员合上已停电的开关的控制电源，然后由供电调度下令（或远动操作）变电所值班员合上相应的馈线开关，恢复接触网供电。

（三）利用接触网天窗时间作业的要求

（1）凡是可以利用接触网停电天窗进行检修的接触网作业，必须纳入到天窗点中进行。

（2）利用接触网天窗作业时应尽可能地封锁相关线路，做到"施工不行车、行车不施工"。

（3）为确保接触网天窗时间的有效利用，接触网检修作业组必须提前做好检修作业的各项准备工作，提前 30 min 到达作业现场。

（4）利用天窗时间作业必须合理安排设备检修工作量，既要确保设备的精简细修，又要确保天窗时间的全部利用，严禁安排不周浪费天窗时间或作业延点。

（5）天窗点结束后必须保证检修后的接触网设备具备安全行车的基本条件。

任务二　接触网的管理

【知识目标】
- 了解供电段分工设置。
- 了解接触网工区的基础管理。
- 熟悉接触网日常作业管理。
- 熟悉接触网现场作业安全控制。

【技能目标】
- 会识读与填写接触网工区台账。
- 会识读与填写工作票。

【素养目标】
- 培养团结协作精神，可以既有分工又有协助，互相帮助、共同达成目标。
- 培养吃苦耐劳、爱岗敬业、勇于开拓、积极进取的精神。
- 培养精益求精、认真记录的职业素养。

一、供电段的分工设置

电气化铁路建成后，相应地要成立管理部门，负责各种电化设备的维修管理工作。接触网设备由供电段负责管理，实行供电段、车间、工区三级分级管理体制。其中供电段负责接触网的宏观管理工作，制订设备的一、二级检修计划并负责材料的购进、维修费用的保证及人员的调配；车间具体负责段定管理措施的组织实施，负责组织段定设备一、二级检修计划及维修费用的执行；工区具体负责接触网设备的日常维护、检修、管理和事故抢修恢复工作。

二、接触网工区的基础管理

接触网工区是供电段设备管理的最基层组织,管理事务较多。要想搞好班组的日常管理工作,就需要对接触网工区班组管理工作有清楚的认识。

（一）接触网工区的设备管辖与分界的标准

根据实际的运营经验,接触网工区的设备管辖范围不易过大或过小。管辖范围过大不利于设备的周期性检修与事故快速处理;管辖范围过小又造成了人力物力上的浪费。因此,一般的接触网工区管辖范围为 3 个一般的中间站加 2 个区间。对管辖范围内有较大的区段站或配有调车组的中间站时,管辖范围可适当缩小。对枢纽、编组站及大型客货站可单独设立接触网工区。

接触网工区设备分界的划分要充分考虑到各工区的分布情况,便于设备检修和事故抢修以及交通工具的使用与管理。各接触网工区间,设备分界点在区间和站场部分时,一般以区间最后一个锚柱定位线夹的 200 mm 为分界点,分界点及分界点向后部分的接触网设备属于一个工区管辖,分界点向前部分接触网设备属另一个接触网工区管辖。当分界点在站场和区间部分时,一般以站场最后一个锚柱定位线夹的 200 mm 为分界点,分界点及分界点向后部分的接触网设备、分界点向前部分接触网设备分别属于两个接触网工区管辖。分界点一般必须具体到点、线、面,做到一处不漏。对于枢纽、编组、区段站等大站需单独设置接触网工区的设备分界,一般以车站最后一个锚柱定位线夹的 200 mm 为分界点。

（二）接触网工区应具备的技术资料

接触网工区应根据设备的情况配备有关的技术资料,以便作为接触网设备检修和事故抢修时的依据。对于每一个接触网工区,一般应配备以下几种技术资料:

（1）设备安装图（装配图）、安装曲线图、接触线磨耗换算表。

（2）全段的供电分段示意图、供电分段模拟图。

（3）接触网平面图,包括接触网工区管内的接触网区间平面图和站场平面图。它是接触网工区掌握所辖设备的最本的资料。

（4）跨越接触网架设的架空电线路的有关记录。

（5）隔离开关、避雷器、绝缘器等大型设备出厂说明书。

（6）有关隐蔽工程记录。

（7）有关设备大修的竣工报告。

（8）设备和工具的机械和电气试验记录。

（9）设备小修记录和管理台账。

（10）有关轨道电路资料。

（11）管内设备台账和技术履历。

（12）故标指示对照表。

（13）导线接头位置记录。

（三）接触网工区日常使用的台账记录

接触网工区的台账记录一般分为管理台账和技术台账二类，管理台账和技术台账的设置应根据班组管理的实际情况，以及所管辖的接触网设备情况而定。

管理台账一般有三种：《接触网工区值班日志》《综合记录》《干部巡视检查指导记录》。

技术台账一般有14种（按设备小修设置）：

（1）《接触线（承力索）高度和弛度记录》。

（2）《接触线拉出值（之字值）记录》。

（3）《接触线（承力索）磨耗和损伤记录》。

（4）《绝缘子电压分布记录》。

（5）《支柱检修记录》。

（6）《锚段关节检修记录》。

（7）《线岔检修记录》。

（8）《分段（分相）绝缘器检修记录》。

（9）《补偿器检修记录》。

（10）《隔离开关检修试验记录》。

（11）《接触网巡视和取流检查记录》。

（12）《避雷器检修试验记录》。

（13）《供电线（回流线）检修记录》。

（14）《接触悬挂、支撑装置和定位装置等检修记录》。

接触网工区在设备检修、巡视完毕时要有检修组工作领导人或巡视人员认真整理检修或巡视现场记录，交工区台账记录管理人员，管理人员应按台账记录格式认真填写，填写完毕交工作领导人或巡视人员审核签字。

三、接触网日常作业管理

（一）接触网工区日常设备维修管理

接触网设备是电气化铁路的重要组成部分，与行车直接相关。因此在电气化铁路修建后为保证维修接触网工作的进行，就必须在列车运行图中为接触网设备维修开检修天窗，接网工区应该在天窗停电时间内有计划地搞好接触网设备检修工作。为了确保停电天窗时间内接触网检修作业的安全，接触网工必须严格遵守接触网检修作业制度。

供电段应根据接触网设备的检修周期、季节气候特点，有针对性地编制年度检修计划和临时检修计划，接触网工区按照供电段下达的年度检修计划、月度检修计划与临时性计划，结合实际情况每天向供电调度提报次日停电检修计划，内容包括作业地点、停电范围、检修项目、安全措施及其他有关事项。如因特殊原因次日不能使用停电"天窗"检修作业时，接触网工区值班人员应在前一天 17 点前报告给供电调度员，由供电调度员转告列车调度员。

（二）接触网作业制度

1. 工作票制度

工作票是接触网作业的书面依据，除事故抢修和遇有危机人身或设备安全的紧急情况外，接触网的所有作业都必须有工作票。工作票分为三种（见表 22-1 ~ 表 22-3），分别为：接触网第一种工作票，用于停电作业；接触网第二种工作票，用于间接带电作业；接触网第三种工作票，用于距带电部分 1m 及其以外的高空作业和较复杂的地面作业等。

工作票由工长或技术业务较强、安全等级不低于 4 级的人员签发。工作票的签发必须字迹清晰正确，不得涂改或用铅笔书写。工作票一式两份，一份交工作领导人（提前一天），一份由发票人自己保管，便于查对和分析用。作业完成后，发票人和工作领导人必须在工作票上签字，然后交给工区保管 12 个月以上。对于事故抢修，可不开工作票，但应在供电调度的命令下做好安全措施。

2. 交接班制度

每天早上上班前，工长应召集工区前日和当日的工作领导人、值班员、安全员、材料员及班长等工区负责人员开一个简短的交接班会议，讨论当日工作及安全情况，总结前日工作情况，解决存在的问题，安排布置好当日的工作，检查值班情况、设备运行情况、各项记录及各工具材料的使用和保养情况、传达上级有关文件等。

3. 要令与消令制度

接触网作业必须在开工前向供电调度申请停电作业命令，必须在作业结束后向供电调度消除停电作业命令，这就是要令和消令。要令人必须是由工作领导人指定的安全等级不低于 3 级的口齿清晰的一名作业组成员，消令人与要令人必须是同一人。

要令时，要令人应根据工作票的内容向供电调度说明作业的范围、内容、时间及安全措施，双方复读后供电调度方可发布作业命令。停电作业命令包括命令编号、命令要求、完成时间、命令批准时间和命令内容。如果线路封锁，还必须有封锁命令号。供电调度发令后受令人（即要令人）复诵确认。双方确认无误后，要令人应认真填写相应的"命令票"。作业结束后，消令人向供电调度消除作业命令（有封锁令时应同时消除），供电调度要复诵，双方确认后给出消令时间，消令人在命令票上认真填写后，将命令票与工作票连在一起交回工区保存。其他注意事项参见《接触网安全工作规程》。

表 22-1 接触网第一种工作票

_____接触网工区　　　　　　　　　　　　　第　　号

作业地点				发票人		
作业内容				发票日期		
工作票有效期	自　年　月　日　时　分　至　年　月　日　时　分					
工作领导人	姓名：　　　　　　安全等级：					
作业组成员姓名及安全等级（安全等级写在括号内）	(　)	(　)	(　)	(　)		
	(　)	(　)	(　)	(　)		
	(　)	(　)	(　)	(　)		
	(　)	(　)	(　)	(　)		
				共计　　人		
需停电的设备						
装设接地线的位置						
作业区防护措施						
其他安全措施						
变更作业组成员记录						
工作票结束时间				年　月　日　时　分		
工作领导人签字				发票人签字		

表 22-2 接触网第二种工作票

_____接触网工区　　　　　　　　　　　　　第　　号

作业地点				发票人	
作业内容				发票日期	
工作票有效期	自　年　月　日　时　分　至　年　月　日　时　分					
工作领导人	姓名：　　　　　　　　安全等级：				
作业组成员姓名及安全等级（安全等级写在括号内）	(　　)	(　　)	(　　)	(　　)	
^	(　　)	(　　)	(　　)	(　　)	
^	(　　)	(　　)	(　　)	(　　)	
^	(　　)	(　　)	(　　)	(　　)	
^				共计　　人	
绝缘工具状态					
安全距离					
作业区防护措施					
其他安全措施					
变更作业组成员记录					
工作票结束时间	年　月　日　时　分				
工作领导人签字			发票人签字		

表 22-3　接触网第三种工作票

_____接触网工区　　　　　　　　　　　　　　　　第　　号

作业地点				发票人	
作业内容				发票日期	
工作票有效期	自　年　月　日　时　分　至　　年　月　日　时　分				
工作领导人	姓名：　　　　　　　　安全等级：				
作业组成员姓名及安全等级（安全等级写在括号内）	(　)	(　)	(　)	(　)	
	(　)	(　)	(　)	(　)	
	(　)	(　)	(　)	(　)	
	(　)	(　)	(　)	(　)	
				共计　　人	
安全措施					
变更作业组成员记录					
工作票结束时间	年　月　日　时　分				
工作领导人签字				发票人签字	

4. 开工收工制度

接触网作业在开工前工作领导人应宣读工作票，分配作业任务，检查作业工具和材料。当接到供电调度命令后，工作领导人应再次检查作业准备工作和安全措施，一切就绪方可宣布开工，发出开工信号，并通知作业组所有成员。收工时，工作领导人确认作业任务全部完成，现场清理就绪，不影响行车时才能发出收工信号。收工命令要及时通知驻站联络员和行车防护人员。

5. 作业防护制度

接触网作业的防护主要有驻站防护和作业区防护。驻站防护一般设在能控制列车运行与作业组信号联系比较方便的车站运转室或信号楼，作业区的防护设在作业组工作区的两端并保持适当距离的处所。防护人员与作业组之间可以利用广播、信号旗、对讲机、区间电话等工具进行信号传递，信号传递必须准确及时，双方确认无误。防护人员要精力集中，不准擅离职守，随时与作业组保持良好的联系。

6. 验电接地制度

验电接地是接触网停电作业必须进行的一项工作。验电接地位置必须设在作业区两端可能来电的接触网设备上。当作业组接到停电作业命令后，工作领导人通知验电接地人员进行验电和接地线工作，只有当接地线挂好后才能进行网上作业。验电接地必须由两人进行，一人操作，一人监护，安全等级分别不低于 2 级和 3 级。验电时，必须将验电器先在有电设备上试验良好，再在停电的接触网上验电，当验明线路的确停电后，才能接挂地线。必须先将地线与"地"接好后再挂在经确认无电的接触网上，撤除时顺序相反。

7. 倒闸作业制度

为减少停电范围，通常要根据接触网的供电分段进行隔离开关倒闸作业。另外，出现某些危及人身或设备安全的紧急状况时需要进行隔离开关倒闸作业。

隔离开关倒闸作业必须由两人进行，一人操作一人监护，其安全等级不低于二级、三级，倒闸前必须向供电调度申请倒闸作业命令，填写倒闸作业命令票后方可进行。

8. 作业自检互检制度

在接触网设备的检修作业中，为保证设备的检修质量，工区制定了接触网作业的自检互检制度，把设备分段包干到个人或作业组的责任范围内。检修时尽量由负责人承担其检修任务，自行检查质量。然后工作领导人、工长、领工员及技术员对其质量进行检查并签字。如果作业组在非定管设备上进行作业时，应由定管该设备的作业组对其检修质量进行检查并做好记录，整个检修或施工任务完成后，应按有关规定进行检查验收。

接触网的作业制度除了以上所提到的几项外，还有许多制度有待于进一步完善和改进，提高管理水平和设备质量，减少事故发生率，更好地为铁路运输生产服务。

四、接触网现场作业安全控制

接触网检修作业是一项多人参与、群体性的、多环节步骤的作业方式，每一个人、一个环节步骤发生问题，都可能造成检修作业的失败，严重时还可能造成行车、设备或人身事故，因此必须对接触网检修作业的各个环节进行安全卡控。接触网现场作业的安全控制措施如下。

（1）接触网停电作业的要诀：

① 提前签票交好底，作业分工应仔细；

② 命令开工"四确认"，"三不伤害"要牢记；

③ 岗位联控需卡死，精检细修按工艺；

④ 消令消记严把关，填好记录方完毕。

（2）接触网停电作业"四确认"：

① 确认通信联系畅通；

② 确认"运统-46"填签；

③ 确认地线装设良好；

④ 确认行车防护设置到位。

（3）接触网停电作业"三不伤害"：

① 不伤害自己；

② 不伤害别人；

③ 不被他人伤害。

（4）接触网停电作业关键环节"十卡死"：

① 无计划检修工作票不准提报停电计划；

② 未列队宣读工作票、布置安全措施不准分工；

③ 工具、材料未经检查确认良好不准带入作业现场；

④ 未按规定登记"运统-46"并双方签认不准开工；

⑤ 未按规定验明停电不准接挂地线；

⑥ 防护不到位、联系不畅通不准进行作业；

⑦ 高空作业不扎安全带、不戴安全帽不准操作；

⑧ 设备维修后状态未确认、人员机具未撤离不准撤地线标记；

⑨ 作业组未开收工会、检修记录未登记不准结束工作票。

（5）接触网停电作业"把五关"：

① 准备作业把住安全措施审核关；

② 开始作业把住停电设备确认关；

③ 作业过程把住高空操作受力关；

④ 作业完毕把住修后设备运用关；
⑤ 再接新票把住旧票手续结束关。

任务三　铁路交通事故及接触网事故

【知识目标】
- 了解铁路交通事故应急救援和调查处理条例。
- 掌握接触网事故的分类。

【技能目标】
- 会判定事故等级。
- 会判定接触网事故分类。
- 会查阅有关电气化铁路相关规程、规则。

【素养目标】
- 培养学生遵守铁路相关法律法规、规程规则。
- 培养学生终身学习的习惯。

从事铁路供电的人员必须对铁路部门所颁布的有关电气化铁路方面的规程、规则有所了解，对于重点的规程、规则必须严格掌握，用规程、规则指导安全生产。熟悉接触网事故的应急处理。

一、铁路交通事故应急救援和调查处理条例

（一）中华人民共和国国务院令

二〇〇七年七月十一日中华人民共和国国务院令第 501 号批准了《铁路交通事故应急救援和调查处理条例》，这个条例是经 2007 年 6 月 27 日国务院第 182 次常务会议通过的，自 2007 年 9 月 1 日起施行。

（二）铁路交通事故应急救援和调查处理条例

为了加强铁路交通事故的应急救援工作，规范铁路交通事故调查处理，减少人员伤亡和财产损失，保障铁路运输安全和畅通，根据《中华人民共和国铁路法》和其他有关法律的规定，制定了铁路交通事故应急救援和调查处理条例。条例适应范围为铁路机车车辆在运行过程中与行人、机动车、非机动车、牲畜及其他障碍物相撞，或者铁路机车车辆发生冲突、脱轨、火灾、爆炸等影响铁路正常行车的铁路交通事故的应急救援和调查处理。铁路运输企业和其他有关单位、个人应当遵守铁路运输安全管理的各项规定，防止和避免事故的发生。事故发生后，铁路运输企业和其他有关单位应当及时、准确地报告事故情况，积极开展应急救援工作，减少人员伤亡和财产损失，尽快恢复铁路正常行车。

任何单位和个人不得干扰、阻碍事故应急救援、铁路线路开通、列车运行和事故调查处理。

二、事故处理规定

(一) 事故分类

根据事故造成的人员伤亡、直接经济损失、列车脱轨辆数、中断铁路行车时间等情形，事故等级分为特别重大事故、重大事故、较大事故和一般事故。

(1) 特别重大事故：

① 造成 30 人以上死亡，或者 100 人以上重伤 (包括急性工业中毒，下同)，或者 1 亿元以上直接经济损失的。

② 繁忙干线客运列车脱轨 18 辆以上并中断铁路行车 48 h 以上的。

③ 繁忙干线货运列车脱轨 60 辆以上并中断铁路行车 48 h 以上的。

(2) 重大事故：造成 10 人以上 30 人以下死亡，或者 50 人以上 100 人以下重伤，或者 5000 万元以上 1 亿元以下直接经济损失的。

(3) 较大事故：

① 造成 3 人以上 10 人以下死亡，或者 10 人以上 50 人以下重伤，或者 1000 万元以上 5000 万元以下直接经济损失的；

② 中断繁忙干线铁路行车 6 h 以上的；

③ 中断其他线路铁路行车 10 h 以上的。

(4) 一般事故：造成 3 人以下死亡，或者 10 人以下重伤，或者 1000 万元以下直接经济损失的，为一般事故。

一般事故分为：一般 A 类事故、一般 B 类事故、一般 C 类事故、一般 D 类事故。

① 有下列情形之一，未构成较大以上事故的，为一般 A 类事故：

造成 2 人死亡；

造成 5 人以上 10 人以下重伤；

造成 500 万元以上 1000 万元以下直接经济损失；

繁忙干线双线之一线或单线行车中断 3 h 以上 6 h 以下，双线行车中断 2 h 以上 6 h 以下；

其他线路双线之一线或单线行车中断 6 h 以上 10 h 以下，双线行车中断 3 h 以上 10 h 以下；

客运列车耽误本列 4 h 以上；

客运列车脱轨 1 辆。

② 有下列情形之一，未构成一般 A 类以上事故的，为一般 B 类事故：

造成 1 人死亡；

造成 5 人以下重伤；

造成 100 万元以上 500 万元以下直接经济损失。

③ 有下列情形之一，未构成一般 B 类以上事故的，为一般 C 类事故：

接触网接触线断线、倒杆或塌网；

列车运行中设备设施、装载货物（包括行包、邮件）、装载加固材料（或装置）超限（含按超限货物办理超过电报批准尺寸的）或坠落；

错误向停电区段的接触网供电；

电化区段攀爬车顶耽误列车；

无调度命令施工，超范围施工，超范围维修作业。

④ 有下列情形之一，未构成一般 C 类以上事故的，为一般 D 类事故：

施工、检修、清扫设备耽误列车；

作业人员违反劳动纪律、作业纪律耽误列车；

错误操纵、使用行车设备耽误列车；

使用轻型车辆、小车及施工机械耽误列车；

电气列车、动车组错误进入无接触网线路；

行车设备故障耽误本列客运列车 1 h 以上或耽误本列货运列车 2 h 以上，固定设备故障延时影响正常行车 2 h 以上（仅指正线）。

中国国家铁路集团有限公司可对影响行车安全的其他情形，列入一般事故。

因事故死亡、重伤人数 7 日内发生变化，导致事故等级变化的，相应改变事故等级。

除前款规定外，国务院铁路主管部门可以对一般事故的其他情形作出补充规定。

（二）事故应急救援

事故发生后，国务院铁路主管部门、铁路管理机构、事故发生地县级以上地方人民政府或者铁路运输企业应当根据事故等级启动相应的应急预案；必要时，成立现场应急救援机构。现场应急救援机构根据事故应急救援工作的实际需要，可以借用有关单位和个人的设施、设备和其他物资。借用单位使用完毕应当及时归还，并支付适当费用；造成损失的，应当赔偿。有关单位和个人应当积极支持、配合救援工作。

有关单位和个人应当妥善保护事故现场以及相关证据，并在事故调查组成立后将相关证据移交事故调查组。因事故救援、尽快恢复铁路正常行车需要改变事故现场的，应当做出标记、绘制现场示意图、制作现场视听资料，并做出书面记录。

任何单位和个人不得破坏事故现场，不得伪造、隐匿或者毁灭相关证据。事故中死亡人员的尸体经法定机构鉴定后，应当及时通知死者家属认领；无法查找死者家属的，按照国家有关规定处理。

(三) 事故调查处理

特别重大事故由国务院或者国务院授权的部门组织事故调查组进行调查。

重大事故由国务院铁路主管部门组织事故调查组进行调查。

较大事故和一般事故由事故发生的铁路管理机构组织事故调查组进行调查；国务院铁路主管部门认为必要时，可以组织事故调查组对较大事故和一般事故进行调查。事故调查组应当按照国家有关规定开展事故调查，并在下列调查期限内向组织事故调查组的机关或者铁路管理机构提交事故调查报告（事故调查期限自事故发生之日起计算）：

① 特别重大事故的调查期限为 60 日；
② 重大事故的调查期限为 30 日；
③ 较大事故的调查期限为 20 日；
④ 一般事故的调查期限为 10 日。

事故调查报告形成后，报经组织事故调查组的机关或者铁路管理机构同意，事故调查组工作即告结束。组织事故调查组的机关或者铁路管理机构应当自事故调查组工作结束之日起 15 日内，根据事故调查报告，制作事故认定书。事故认定书是事故赔偿、事故处理以及事故责任追究的依据。事故的处理情况，除依法应当保密的外，应当由组织事故调查组的机关或者铁路管理机构向社会公布。

(四) 事故赔偿

事故造成人身伤亡的，铁路运输企业应当承担赔偿责任；但是人身伤亡是不可抗力或者受害人自身原因造成的，铁路运输企业不承担赔偿责任。（违章通过平交道口或者人行过道，或者在铁路线路上行走、坐卧造成的人身伤亡，属于受害人自身的原因造成的人身伤亡，铁路运输企业不承担赔偿责任。）

事故造成铁路旅客人身伤亡和自带行李损失的，铁路运输企业对每名铁路旅客人身伤亡的赔偿责任限额为人民币 15 万元，对每名铁路旅客自带行李损失的赔偿责任限额为人民币 2000 元。铁路运输企业与铁路旅客可以书面约定高于前款规定的赔偿责任限额。

违反《铁路交通事故应急救援和调查处理条例》的规定，铁路运输企业及其职工不立即组织救援，或者迟报、漏报、瞒报、谎报事故的：对单位，由国务院铁路主管部门或者铁路管理机构处 10 万元以上 50 万元以下的罚款；对个人，由国务院铁路主管部门或者铁路管理机构处 4000 元以上 2 万元以下的罚款；属于国家工作人员的，依法给予处分；构成犯罪的，依法追究刑事责任。

违反《铁路交通事故应急救援和调查处理条例》的规定，干扰、阻碍事故救援、铁路线路开通、列车运行和事故调查处理的：对单位，由国务院铁路主管部门或者铁路管理机构处 4 万元以上 20 万元以下的罚款；对个人，由国务院铁路主管部门或者铁路管理机构处 2000 元以上 1 万元以下的罚款；情节严重的，对单位，由国务院铁路主管部门或者铁路管理机构处 20 万元以上 100 万元以下的罚款；对个人，由国务院铁路主管部门或者铁路管理机构处 1 万元以上 5 万元以下的罚款；属于国家工作人员的，依法给予处分；构成违反治安管理行为的，由公安机关依法给予治安管理处罚；构成犯罪的，依法追究刑事责任。

三、接触网事故分类

1. 按事故的性质分类

接触网事故按事故的性质分为设备事故和人身事故。设备事故是指接触网设备原因造成的供电中断的事故。人身事故是指接触网运行维护中发生的人身伤亡事故。接触网设备事故可分为供电事故和行车事故。在牵引供电系统中，凡由于工作失误、设备状态不良或自然灾害使牵引供电设备破损、中断供电，以及严重威胁供电安全者，均列为供电事故。由于同一原因同时构成行车和供电事故时，应分别上报，但供电段总事故件数仍算一件，统计为行车事故。

2. 按发生原因分类

接触网事故按发生原因分为责任事故、关系事故、自然事故。责任事故是指工作人员在生产活动中严重不负责任，违反规章制度，使公私财产遭受损失或危害人身安全的事故。关系事故是指由与接触网相关的其他设备损坏（如受电弓损坏）而造成的事故。自然事故是指自然原因而引起的事故，这种自然原因不依人们的意志为转移，非人力所能控制，因而行为人对于由于自然原因所造成的损害结果，客观上没有因果关系，主观上没有罪过，不应对其承担刑事责任。

3. 按损失的程度不同分类

接触网事故按损失的程度不同分为重大事故、大事故、一般事故和故障，划分标准如下：

（1）接触网停电时间超过 5 h 为接触网重大事故。

（2）接触网停电时间超过 4 h 为接触网大事故。

（3）接触网停电时间超过 30 min 或迫使列车降低运输能力（包括限制列车对数）为接触网一般事故。

（4）接触网停电时间超过 10 min 或迫使列车降低运行速度（包括机车降弓运行通过故障处所）均为接触网故障。

复习与思考题

1. 接触网日常检修分哪几种？分别检修哪些内容？
2. 利用接触网天窗时间作业有哪些要求？
3. 接触网作业有哪些制度？

4. 接触网现场作业的安全控制措施有哪些?
5. 事故分为哪几类?
6. 事故调查期限有何要求?
7. 接触网事故分为哪几类?

项目二十三　接触网平面图、安装图

 项目描述

接触网平面图、安装图、示意图是接触网施工、运营管理的主要技术文件，是进行接触网安装施工，接触网运营维护与管理的主要依据。作为一名接触网运行检修及施工工作人员，必须能够了解接触网平面布置原则，能够正确识读接触网的平面图、安装图及示意图。

任务一　认知接触网平面布置原则

【知识目标】
- 掌握接触网平面图设计步骤。
- 掌握站场平面图布置原则。
- 掌握区间、隧道接触网平面图布置原则。
- 掌握接触网平面图符号、识图方法。
- 掌握车站、区间接触网平面图绘制程序。

【技能目标】
- 会查阅接触网平面布置原则。

【素养目标】
- 培养团结协作精神，可以既有分工又有协助，互相帮助、共同达成目标。
- 培养学生查阅铁路相关规程规则、技术文件的能力。
- 培养学生终身学习的习惯。

接触网平面布置系指接触网平面图的设计，它是接触网设计中最重要的工作项目。接触网平面图综合了接触网结构、接触网设计计算、接触网平面图绘制等项内容。它集中反映了接触网设计上的主要技术原则，作为施工设计文件，它是接触网施工、交付运营及进行管理和维修的重要依据。

接触网平面布置工作应在掌握了可靠的线路资料，并熟悉了设计及运营管理规程、规范的基础上进行。接触网平面布置前应进行必要的设计计算，如计算接触悬挂的各种负载、跨距长度、锚段长度、各种支柱容量等，确定设计所必需的各种技术参数，如拉出值、侧面限界、悬挂类型、供电分段等。

接触网平面图的设计步骤一般分为：

（1）室内设计：根据区间与站场平面图及线路纵断面图，初步确定支柱位置、锚段长度及中心锚结和锚段关节的位置，并提出外业测量时需要特别注意的有关问题。

（2）外业测量：核对室内设计与现场情况是否相符，进行实地测量以纠正室内设计上的错误，同时注意记录和收集与原资料相差较大的特殊情况，为最后完成平面图设计收集详细的外业资料。

（3）完成正式的施工设计图：将外业资料汇总整理，对室内设计进行必要的调整，完成平面图上的全部设计内容。

在绘制接触网平面布置图时，车站与区间的接触网平面图应相互衔接。一般是先作站场后作区间，绘图比例一般大站取1：1000，小站取1：2000。

一、站场接触网平面布置原则

站场接触网平面布置的主要依据是站场平面图，此外还应包括站场范围内的桥梁、涵洞和隧道等图表，这些资料可向线路设计和工务部门索取。

站场平面布置顺序及布置原则：

1. 放图工作

首先将车站有关部分描绘制图，包括：站场全部电化股道（近、远期电化股道）；与架设接触网有关的非电化股道；股道编号及线间距；道岔编号、型号及站内最外方道岔中心里程；曲线起讫点、半径、缓和曲线长度及总长，桥梁名称、中心里程、总长、孔跨式样及结构形式；隧道名称、起讫里程及总长；涵管、平交道、地道、天桥、跨线桥、架空渡槽等中心里程及宽度；站场名称、中心里程；站台范围（长×宽×高）；线路两侧与接触网架设有关的建筑物（如站舍、雨棚、仓库、扳道房、水鹤、起重机械、煤台及上、下挡墙等）；进站信号机的位置及里程。

2. 站内支柱布置

应先从站场两端道岔集中的地段开始，向车站中心布置，最后完成两端咽喉道岔外侧的支柱布置。其设计原则及注意事项如下：

（1）道岔处支柱布置时，对于正线上的道岔均应设计标准定位柱，其余道岔应尽量满足标准定位。

（2）尽量采用已确定的设计允许最大跨距值，以减少支柱数量。除特殊情况外，相邻跨距之比不应大于1.5：1；桥梁、隧道口、站场咽喉等困难地段，不宜大于2.0：1。

山口、谷口、高路堤、桥梁等风口范围内的跨距应按设计标准值缩小5～

10 m。

绝缘锚段关节的转换跨距（即转换柱与中心柱间）和分相装置所在跨距应较正常跨距值缩减 5~10 m。

接触网支柱最大允许跨距值，不宜大于 65 m。

（3）跨距一部分在缓和曲线而另一部分在直线时，选择跨距应校验接触线的水平偏移值。跨距一半在缓和曲线而另一半在曲线时，按曲线选用或取稍大值。

（4）单线电气化区段，宜在车站的一端（以电源侧为好）设绝缘锚段关节，并装设隔离开关。

双线电气化区段，应能满足上下行分别停电、检修安全、实现 V 形天窗、方向行车的要求，按 V 形天窗的停电范围设绝缘锚段关节，并装设负荷隔离开关或消弧电动隔离开关，以纳入远动控制为宜。

隔离关节的位置可不受站场信号机位置的限制，但其转换柱位置应设在距站场最外道岔岔尖 50 m 以外，以便于机车转线。

（5）在支柱布置时，应尽量避开风雨棚、站房、仓库、跨线桥、涵洞、信号机等建筑物。站台上要少设支柱，站内重要房舍（如值班室）近旁的支柱，要注意不得正堵着门窗，要适当考虑美观，站房两边支柱应尽量布置对称。

（6）基本站台或中间站台上的支柱，其线路侧内缘至站台边不得小于 1500 mm，基本站台上的软横跨柱限界为 5.0 m，路肩上的支柱为 3.0 m，牵出线上的支柱限界为 3.1 m。

（7）位于股道中间的支柱必须保证两侧限界的要求，对于站内远期预留的电化股道，在布置支柱时支柱容量和侧面限界应考虑留有一定的余量，但单线腕臂柱的位置和容量可不考虑预留。

（8）设计锚柱的位置时，应考虑下锚拉线的安设情况，即在锚柱后 10 m 范围内不得有影响拉线安装的任何障碍物。

（9）终端柱距车挡不宜小于 10 m，因地形限制不能满足上述要求时，支柱可设于线路的一侧。

（10）在有几个电气化车场的车站上，宜将每个车场单独电分段。装卸线、旅客列车整备线及机车整备线，均应单独电分段，并在该处装设带接地刀闸的隔离开关。路外专用电气化线路应单独电分段。

封闭的水鹤、到发线、安全线、牵出线、机车走行线等不宜设接触网电分段。

（11）支柱位置应与高柱信号机相互配合，不得影响信号显示。直线区段，与进站信号机和区间信号机显示前方同侧的接触网支柱，应按适当加大接触网支柱侧面限界。曲线区段，应按信号机和支柱的不同位置进行处理。单线区段地形允许时，支柱可布置到信号机对侧。

3. 划分锚段

确定锚段长度及路径：选择并确定下锚地点和中心锚结的位置。其设计原

则是:

(1) 接触网锚段长度应根据中心锚结与补偿器处线索的张力差、补偿器形式以及补偿导线的高度等综合因素确定,接触线、承力索的张力差均不得大于其额定张力的±10%,并应符合以下要求:正线和双边补偿时的最大锚段长度,一般情况不宜大于 2×800 m,困难情况不宜大于 2×900 m,单边补偿的锚段长度为上述值的 50%。

站线最大锚段长度一般不宜大于 2×850 m,困难时不宜大于 2×950 m。

(2) 站内锚段的划分一般为一股道一个锚段,对于大站,若正线较长需设两个锚段时,则两锚段在站内衔接处设三跨非绝缘锚段关节。站内渡线应尽量合并到别的锚段中去,不得已时也可自成一个锚段。

(3) 在确定锚段经路及下锚位置时,应尽量避免在线岔处出现二次交叉,最好采用一次交叉的方式,如图 23-1 所示。

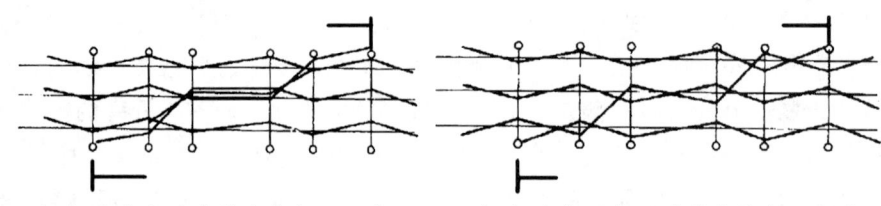

(a) 比较合理时道岔处交叉一次　　(b) 比较不合理时道岔处交叉两次

图 23-1　锚段走向示意图

在道岔定位柱一侧出现交叉(线岔侧),另一侧不出现交叉。相邻两组线岔间接触悬挂以布置成平行状为好,线岔处接触线拉出值一般不超过 450 mm。在低速道岔上允许不定位,但定位点两侧接触线应为自然直线状,如非工作支离股道中心较远时,要注意不使腕臂和定位器加得太长。

(4) 接触线工作部分改变方向时,该线与原方向的水平夹角正线不宜大于 $6°$,站线及接触线在非工作支部分改变方向时,不宜大于 $10°$。

4. 确定接触线的拉出值(或之字值)

接触线拉出值确定与支柱布置的方法相同,也从道岔集中区段开始,对于大站应在咽喉道岔处画出局部的接触网经路放大图,以明确相邻道岔接触线拉出值和线岔的分布情况。

选定拉出值时,应保证在最大风负载作用下,跨距中任一点接触线的最大风偏移值不超过技术要求。对于道岔连接曲线上的拉出值,在选定后应进行接触线风偏移校验,当超过设计要求时,在线路条件允许的情况下可增设定位柱加以解决。

5. 根据技术标准确定支柱侧面限界

直线区段,通过超限货物列车的正线或站线必须大于 2440 mm,不通行超限货物列车的站线必须大于 2150 mm。

曲线区段，上述距离按现行国家标准《标准轨距铁路建筑限界》的规定加宽。

采用大型养路机械化养护的路基路段，接触网支柱侧面限界应满足大型机械作业需要，不应小于 3000 mm。

基本站台上支柱的内缘距站台边缘应有不小于 1500 mm 的轻型车通道。

6. 确定支柱类型

根据平面布置前的计算依据，选择不同类型的腕臂柱和软横跨柱。设计原则和注意事项如下：

（1）设计规范规定：软横跨跨越股道数不宜超过 8 股，在支柱容量允许时宜优先选用钢筋混凝土支柱。

（2）在装卸圆木、矿石等作业繁忙容易发生碰毁支柱的场所，采用钢柱，并应对支柱采取必要的防护措施。

（3）在软横跨钢柱上下锚时，可将普通钢柱容量加一级，并打拉线后用作锚柱。

（4）当软横跨跨越股道数超过 8 股道时，且股道间距允许应在中间增设一根软横跨柱，该支柱类型应按较大一侧的支柱容量来确定。

7. 选择支持装置、安装图号及软横跨节点

根据支柱所在位置、侧面限界及用途，通过接触网安装图选择不同的装配结构，并将所选图中的水平拉杆、腕臂、定位管、定位器等设备的规格和软横跨节点及安装图号，一起标注在接触网平面图相应栏目内。

8. 选择钢柱基础及横卧板类型

根据地质条件（土壤承压力和安息角）选择钢柱基础及横卧板类型。

9. 设备安装

确定站内各种电气设备的安装位置，如根据供电分段的要求，确定分段、分相绝缘器、隔离开关、绝缘锚段关节、股道电连接、线岔、避雷器、接地线、限界门的安设位置。其设计原则为：

（1）在有几个电气化车场的大站，应将每个车场单独分段。装卸线、旅客列车整备线、机车整备线等均应单独分段，并在该处安装带接地刀闸的隔离开关。路外专用线应单独分段，封闭的水鹤、到发线、安全线、牵出线、机车走行线等不宜设接触网电分段。

（2）根据供电要求，接触网电分相的位置应符合下列规定：

接触网分相装置应设置在牵引变电所、分区所所在处及铁路局分界处。应满足电力机车运行方式、调车作业方便、供电线路合理及进站信号机位置和显示等要求。电分相装置距进站信号机的距离不应小于 300 m，并不宜设在大于 6‰ 的大坡道地段。当不可避免必须设在 6‰ 以上的大坡道地段时，应根据电力机车功率、牵引质量和线路坡度等条件进行校验，确保电力机车不得停滞在接触网

中性段内。

接触网分相装置宜采用带中性段的空气间隙绝缘的锚段关节形式,行车速度为 120 km/h 以下的线路以及困难区段可采用器件式分相装置。当电力机车采用自动过分相时,宜采用机车断电自动过分相方式。

(3) 隔离开关的安装位置应便于电连接跳线,并符合操作机构的操作方向(操作手柄应朝向田野侧)。绝缘锚段关节处的隔离开关应装设于非工作支在支柱侧的绝缘转换柱上(即开口侧),如图 23-2(a)所示。安装于软横跨柱上的分段绝缘器附属隔离开关,应选择图 23-2(b)中的位置 1 或 3,不宜选择 2 或 4。

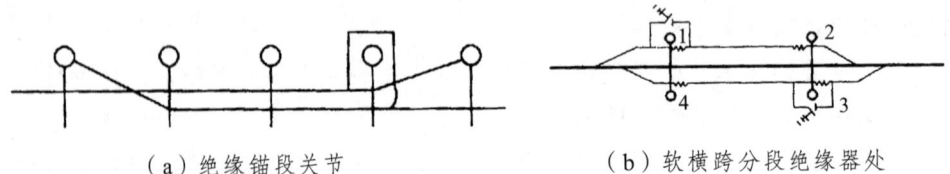

(a) 绝缘锚段关节　　　　　　(b) 软横跨分段绝缘器处

图 23-2　隔离开关安装位置图

(4) 股道电连接线,小站一般设一处位于站场中部,大站设两处位于站场两端机车起动点处(约车站长度的 1/3 处)。

(5) 凡通行机动车和兽力车的平交道口均应设限界门,其通过高度不得低于 4.5 m。靠平交道左右两侧的支柱宜对称布置,并设防护桩。对称布置确有困难时,支柱距平交道口中心不应小于 10 m,平交道口处不宜布置锚段关节,困难时也不应在其左右两侧设锚柱。

10. 编排支柱号码

一般是顺着公里标方向,从上行到下行,先左侧后右侧的顺序编。对复线区段一般下行线侧采用单数,上行线侧采用双数。

11. 编写该站场的接触网主要设备材料表

接触网设备材料表包括各种线索、横卧板、基础、隔离开关、分段、分相绝缘器、避雷器、支柱等设备的型号和数量、安装图号和软横跨节点的编号及数量。

12. 编写必要的技术说明

技术说明包括接触网平面的设计依据、悬挂点处接触线的工作高度、各股道悬挂类型、道岔定位及设计时必须明确的主要技术原则、接地线情况及一些特殊地段的设计说明等。

二、区间、隧道接触网平面布置原则

(一) 区间接触网平面布置原则

区间接触网平面布置所依据的资料主要是线路纵断面图以及区间内桥梁、

涵洞、隧道等图表。

区间平面布置图绘图比例一般为 1∶2000。其平面布置的次序及设计原则如下：

（1）划分区间接触网锚段、锚段长度和中心锚结位置，确定方法与站场相同，锚段应尽量长，以减少锚段的数量。整个区间内各锚段长度在地形差异不太大时，应尽量均匀。

（2）区间内支柱布置一般从车站两端锚段关节处开始，应根据计算尽量采用最大允许跨距，相邻跨距不等时可参照站场支柱布置情况。

（3）缓和曲线上的支柱布置应参照站场支柱布置原则执行。布置时要避开涵洞、小桥、小隧道等建筑物。

（4）在曲线区段，特别是小半径曲线（包括缓和曲线），支柱应尽量设在曲线外侧，便于施工和维修。在单线区段，为了不妨碍信号标志的显示，在远方信号机及进站信号机前的接触网支柱，应尽量设在信号机的对侧，如果是同侧支柱应适当加大侧面限界。在曲线区段，支柱应设于信号显示前方 5 m 以远的地方。

（5）在隧道口处，如接触线高度需要改变时，其坡度在 120 km/h 及以下区段≤3‰，120~160 km/h 区段≤2‰，200 km/h 区段≤2‰。

（6）尽量避免在桥上设立支柱，长大桥梁上可采取在桥墩台上设立钢柱的方法。

（7）直线区段的锚段关节，同侧下锚时的下锚跨距若小于 45 m 时，最好采用异侧下锚，避免转换柱腕臂上的水平拉杆受压。

（8）在复线电气化区段，各条正线接触悬挂在机械上和电气上应尽量独立。

（9）对于跨线桥、天桥、桁梁桥等建筑物，接触悬挂的通过方式可视具体情况而定，但任何通过方式都要保证在极限温度情况下，接触线被受电弓抬高后（抬升高度按 100 mm 考虑）对地有足够的绝缘间隙，并应考虑留有一定的安装调整余量。

（10）对于链形悬挂，当承力索在支柱与相邻建筑物悬挂点上的高差较大时，要检查两者之间是否出现上拔力。如果有上拔力出现，需要采取措施，如调整跨距长度，降低悬挂点间高差等方法。

区间平面图中其他布置原则与站场相同。

（二）隧道内接触网平面布置原则

由于隧道内不设支柱，且气象条件与区间有所不同，因此隧道内接触网平面布置比区间和站场简单，其设计原则如下：

1. 技术条件

（1）隧道内气象条件：隧道内接触网设计气温应依据隧道长度及该锚段在隧道内的长度而定。当 2/3 锚段长度及以上位于长度大于 2000 m 的隧道内时，设计气温可按比隧道外接触网设计气温最低值高 5 ℃，最高值低 10 ℃ 取值。

其余情况可与隧道外接触网设计气温取为一致。隧道内接触网的最高计算温度宜为所取最高设计气温的1.5倍；隧道内腕臂、吊弦、定位器正常位置时的温度宜按最高计算温度和最低设计气温的平均值计算。隧道内接触悬挂及附加导线悬挂不宜考虑垂直线路方向的风荷载和冰荷载。

（2）隧道内常采用的悬挂类型有简单悬挂、半补偿和全补偿简单链形悬挂，一般根据隧道净空高度来选择，不受区间悬挂类型的限制。

（3）绝缘间隙应符合表23-1中的规定。此表中的数据也适用于区间和站场平面布置。

（4）链形悬挂结构高度应保证最短吊弦长度不小于250 mm。在布置定位点时，根据悬挂的跨距，可以每个悬挂点设定位，也可隔1~2个悬挂点设定位，应满足接触线对受电弓中心的偏移不超过450 mm。

（5）长隧道内（包括隧道间无法布置锚段关节的隧道群及桥隧相连处），对新建隧道，当预留锚段关节断面及下锚洞时，锚段长度不宜大于2000 m；对既有线隧道，当未预留锚段关节及下锚洞，且改建困难时，锚段长度不宜大于3000 m。

（6）隧道内锚段关节全补偿下锚宜采用坠砣补偿下锚方式，并宜选用铁砣。未预留锚段关节及下锚洞的隧道可采用坠砣补偿以外的下锚方式。

表23-1 空气绝缘间隙值　　　　　　　　　　　　　　　　　　单位：mm

序号	有关情况		正常值	困难值
1	绝缘锚段关节两悬挂点间隙	一般情况（使用于任何海拔高度）	450	—
		吸流变压器处	300	—
2	同回路自耦变压器供电线带电体距接触悬挂或供电线带电体间隙		500	450
3	25 kV 带电体距固定接地体间隙		300	240
4	25 kV 带电体距机车车辆或装载货物间隙		350	—
5	受电弓振动至极限位置和导线被抬起的最高位置距接地体的瞬间间隙		200	160
6	隔离开关引线、电连接线（包括跨另一支接触悬挂时）及自耦变压器供电线及跳线距接地体间隙		330	—
7	在对向风吹，风速为13 m/s时，25 kV 带电体与保护线的间隙		250	—
8	绝缘元件接地侧裙边距接地体间隙（适用于任何高程）	瓷及钢化玻璃绝缘子	100	75
		有机复合绝缘元件	50	—

注：（1）污秽地区的绝缘于泄漏距离增大时，表中所列的空气绝缘间隙值可不增大。

（2）在海拔超过1000 m的地区，表中所列空气绝缘间隙应进行修正。

（3）在已建成的低净空的隧道、跨线桥等建筑物范围内，采用正常间隙确有困难时，方可采用表中困难值，并应相应采用防雷措施。但重雷区及距海岸线10 km以内的区段的空气间隙，应采用正常值。

（7）相邻两跨距之比，不宜大于 1.5∶1；隧道口地段，当隧道净空低、跨距较小时，隧道外跨距与隧道内跨距之比不宜大于 2.0∶1。

（8）双线隧道位于隧道断面中部的中间立柱，宜采用上、下行线路各自独立的立柱，并且悬挂下行线路的中间立柱应位于悬挂上行线路中间立柱的前方。

（9）在直线区段，接触线应按之字形布置，定位点处的拉出值宜为±200 mm。

（10）在曲线区段，应根据曲线半径、超高值和接触悬挂跨距选取拉出值，在允许行车速度范围内，定位点拉出值不宜大于 400 mm；电力机车受电弓宽度为 1250 mm 时，跨距中点接触线距受电弓中心的偏出值不宜大于 450 mm。

（11）接触悬挂及附加导线应避免在隧道洞门墙上下锚。当必须在隧道洞门墙上下锚时，应按《铁路隧道设计规范》(TB 10003—2016) 中第 6.0.5 条规定办理。新建电气化铁路的隧道，必须在隧道洞门墙上下锚时，接触网设计专业应向隧道设计专业提供接触网下锚位置、预留件要求及受力荷载资料。

2. 平面布置的主要内容

平面布置的主要内容包括决定跨距、悬挂点的数量及安装埋入孔的位置、定位点的配置、拉出值数值、锚段关节及中心锚结的位置等。

任务二　接触网平面图的识读

【知识目标】
- 掌握接触网平面图的图例符号。
- 掌握接触网平面图的识图方法。

【技能目标】
- 会识读接触网平面图。

【素养目标】
- 培养团结协作精神，可以既有分工又有协助，互相帮助、共同达成目标。
- 培养学生查阅铁路相关规程规则、技术文件的能力。
- 培养学生的学习习惯。

一、接触网平面图图例

接触网平面布置图是由表示接触网设备与结构的各种图例组成，要读懂接触网平面图首先必须熟悉接触网平面图图例内容，表 23-2 为接触网平面图图例表。

表 23-2　接触网平面图图例表

1. 本标准适用于一般的站场及区间接触网平面;
2. 本标准采用的线条宽度规定为以下三种:
   (1) 粗型　　　　　　　　　　宽度为 0.9 mm
   (2) 中型　　　　　　　　　　宽度为 0.6 mm
   (3) 细型　　　　　　　　　　宽度为 0.3 mm
3. 符号中所注尺寸均以 mm 计,适用于比例尺 1∶1000 及 1∶2000 的接触网平面;
4. 规定符号见下表。

序号	名　　称	符　　号
1	电化的正线(区间图中允许用中型线条)	（粗）
2	电化的站线及段管线等	（中）
3	非电化既有线路	（中）
4	预留线路	（细）
5	接触悬挂非工作支,供电线及分区亭引出线	（细）
6	加强线	（细）
7	回流线	（细）
8	正馈线(AF 线)	（细）
9	保护线(PW 线)	（细）
10	架空线(GW 线)	（细）
11	接触线硬锚,供电线及分区亭引出线下锚	
12	承力索硬锚	
13	接触线补偿下锚	
14	承力索补偿下锚	
15	链形悬挂硬锚	
16	半补偿链形悬挂下锚	
17	全补偿链形悬挂下锚	
18	加强线下锚	
19	回流线下锚	
20	正馈线(AF)下锚	
21	保护线(PW)下锚	
22	架空线(GW)下锚	
23	区间曲线及其头尾: R—曲线半径(m) L—曲线全长(m) l—缓和曲线长(m)	$R-L-l$
24	站场曲线及其头尾: R—曲线半径(m) L—曲线全长(m) l—缓和曲线长(m)	$R-L-l$

续表

序号	名　　　称	符　　号
25	拉出值 300 mm，书写位置即为拉出方向；也可不注"300"，用半箭头表示，箭头指向即为拉出方向	
26	拉出值 150 mm（除"300"允许用半箭头表示外，其余均应写出数值），书写位置即为拉出方向	
27	区间单线腕臂钢筋混凝土柱	
28	区间单线腕臂钢柱	
29	站场单线腕臂钢筋混凝土柱	
30	站场单线腕臂钢柱	
31	站场单线定位钢筋混凝土柱	
32	站场双线腕臂钢柱	
33	站场钢筋混凝土柱软横跨	
34	站场钢柱软横跨	
35	站场钢柱硬横跨	
36	非绝缘关节	
37	绝缘关节	
38	站场全补偿链形悬挂中心锚结（虚线为锚结拉线）	
39	半补偿链形悬挂中心锚结、简单悬挂中心锚结	
40	区间全补偿链形悬挂中心锚结	
41	分段绝缘子串	
42	分段绝缘器	
43	分相绝缘器（三根绝缘棒的）	
44	股道间电连接	
45	常分隔离开关	

续表

序号	名称	符号
46	常合隔离开关	
47	常分的带接地闸刀的隔离开关	
48	常合的带接地闸刀的隔离开关	
49	管形避雷器	
50	区间隧道	
51	站场隧道	
52	隧道内非绝缘关节（全补偿悬挂下锚）	
53	隧道内绝缘关节（全补偿悬挂下锚）	
54	上承式桥梁及设计电化线路在上面的立交桥、拱桥等	
55	下承式栓焊桥梁	
56	小桥、涵渠	
57	设计电化线路在下面的立交桥	
58	架空水槽、水管	
59	天桥	
60	地道	
61	渗沟	
62	雨棚	
63	仓库	

续表

序号	名称	符号
64	站房	
65	路肩挡墙	
66	托盘式路基墙	
67	有限界门的平交道	
68	区间长（短）链标记	
69	回流线跨越接触悬挂	
70	吸上线位置	
71	吸流变压器	
72	水鹤	
73	进站高柱色灯信号机	
74	通过高柱色灯信号机	
75	区间公里标	
76	机车检查坑	
77	接触网起测点	
78	接触网工区	
79	区间横向电连接	
80	扼流变压器	
81	AT 区段双极隔离开关	
82	AT 区段区间 AEPW 线在钢柱上悬挂	

续表

序号	名 称	符 号
83	AT 区段区间 AEPW 线在钢筋混凝土柱上悬挂	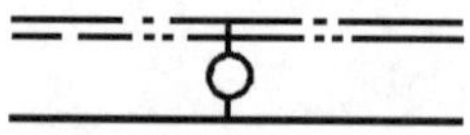
84	AT 区段站场 AEPW 线在钢筋混凝土柱上悬挂	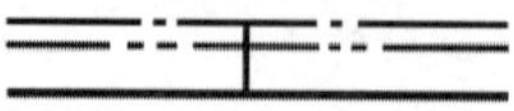
85	架空线在站场钢筋混凝土柱上悬挂	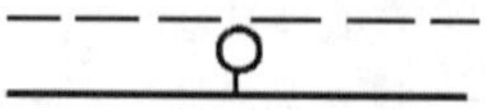
86	AT 区段 AEPW 线在钢筋混凝土柱上下锚 AF_1——2380.00：AF_1 表示馈线第一锚段；2380.00 表示锚段长度 PA_1——2380.00：PA_1 表示保护线第一锚段；2380.00 表示锚段长度	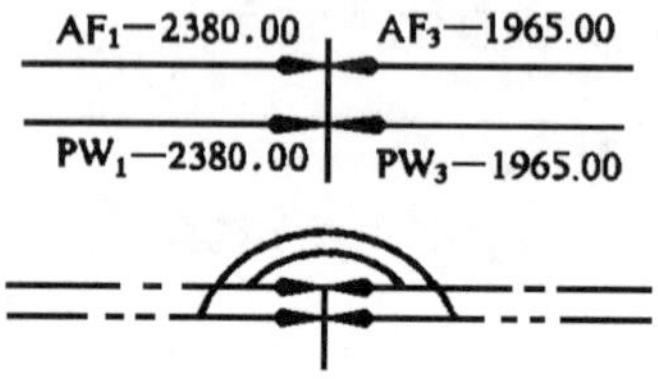 AF_1—2380.00　AF_3—1965.00 PW_1—2380.00　PW_3—1965.00
87	接触悬挂锚段下锚 4：表示锚段 4；1286.08：表示锚段长度	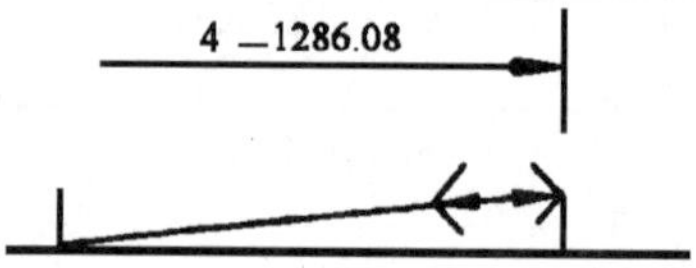 4—1286.08
88	道岔型号及编号 N5-1/38	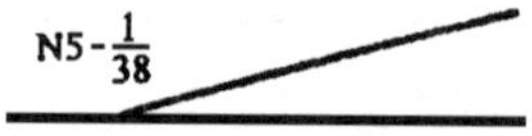 N5-$\frac{1}{38}$
89	跨距长度（m）	65
90	土壤安息角	30°
91	土壤承压力（MPa）	200
92	火花间隙	
93	放电器	
94	接地极	

二、接触网平面布置图识读

接触网平面图体现了电气化铁路的技术性能、设备安装位置、技术参数等重要内容，工程单位将依据平面图进行接触网施工，建设单位则组织施工、设计和维修部门一起，根据接触网平面图及有关验收标准进行验收、交接，对施工质量进行审查、评定及开通后的维修管理。因此从事接触网设计、施工和维修、运营部门的技术人员，都应熟悉和使用接触网平面图。

（一）接触网平面布置图内容

接触网平面布置图由接触网布置平面图（如图 23-3、23-4 所示）、表格栏（包括材料统计表、说明、图标等）组成。

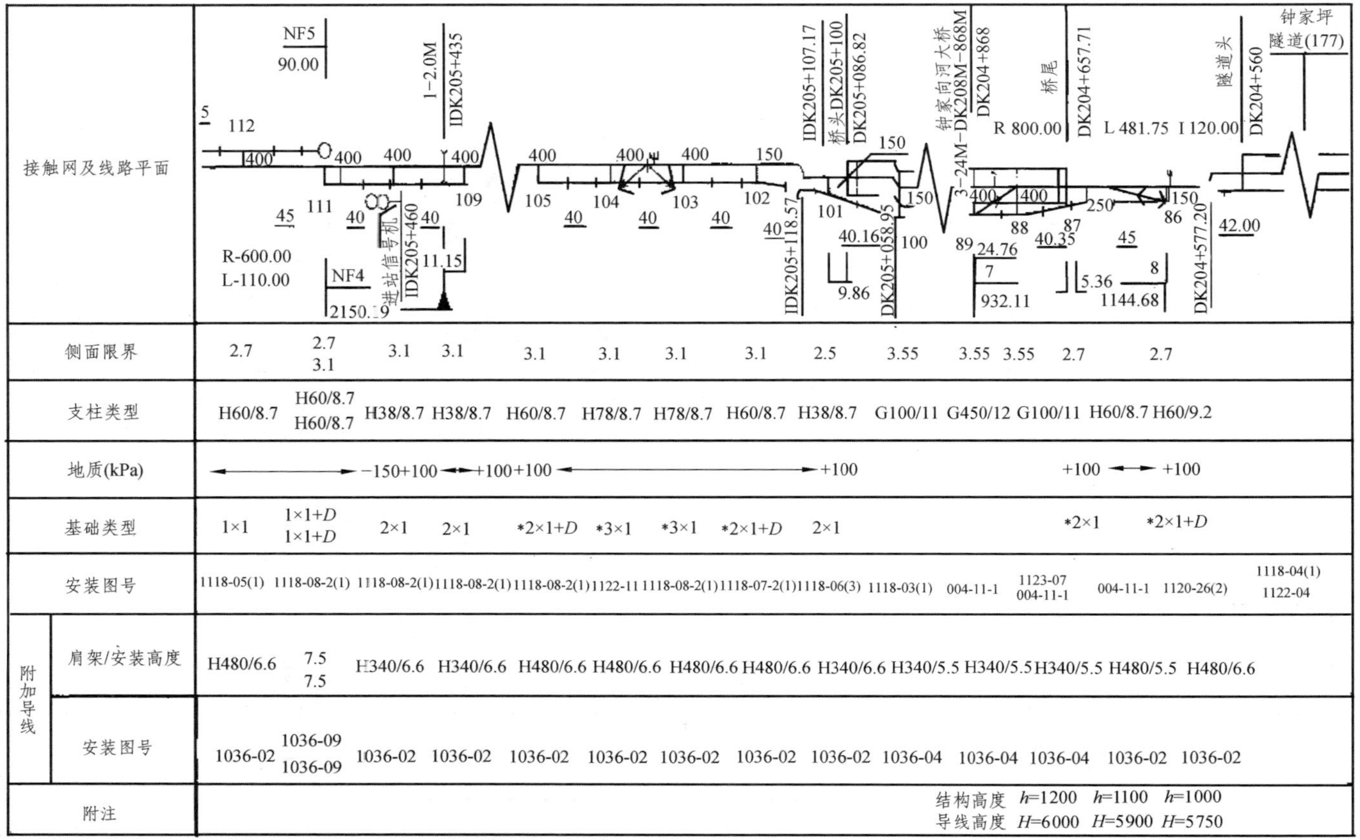

图 23-3 区间接触网平面图

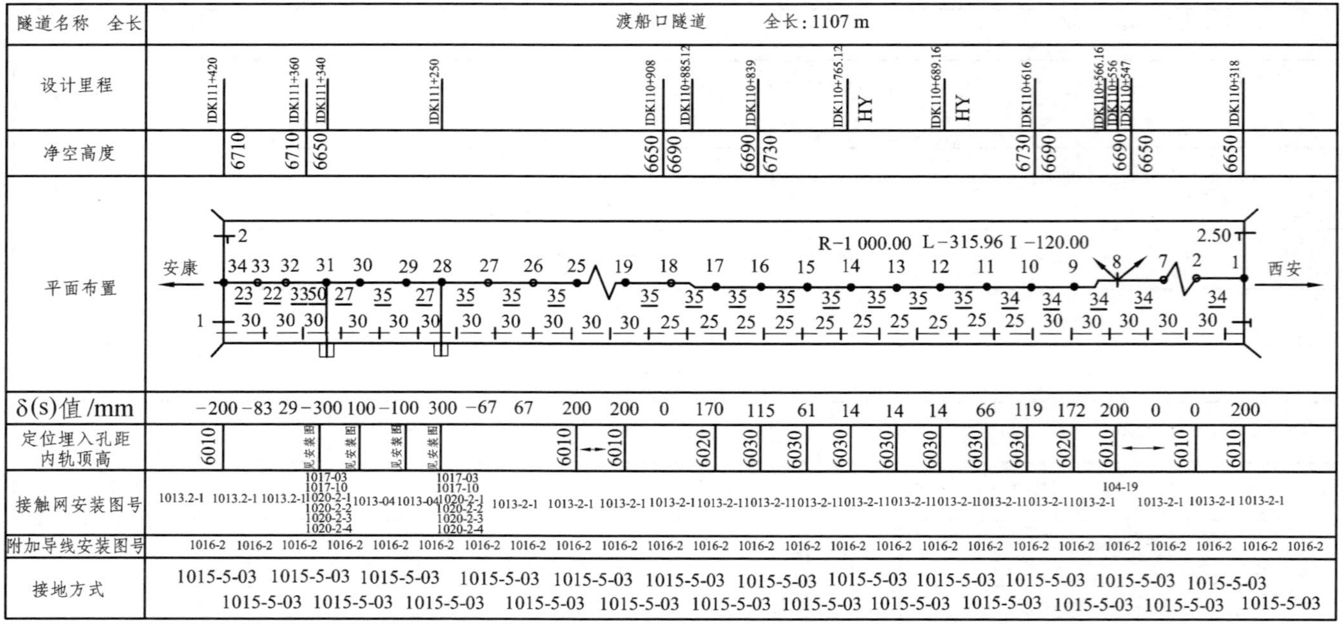

图 23-4　隧道接触网平面图

接触网平面图不仅应明确的标出支柱号码、接触网布置走向、锚段长度、跨距长度、拉出值的大小及方向、线路情况等，而且为了便利施工和交付运营后进行维修和管理，在平面布置图的下方（或上方）附有表格栏，在平面布置图的右方附有说明及材料统计表等。

接触网平面图中的说明是对设计方案、设计原则、设计依据、接触网悬挂类型、技术要求、接触线高度、接地要求、选用材料规格及性能以及其他应该特别指出和注意的问题等所进行的补充说明。对于站场，其咽喉区的布置比较复杂，为了清楚地表明接触网走向和定位，一般都应对其绘出局部放大图。接触网平面图中表格栏中包括以下各项目：

1. 支柱侧面限界

支柱侧面限界系指轨平面处支柱内缘至相邻线路中心的距离，支柱侧面限界必须符合铁路建筑接近限界的规定，其值随线路曲线半径不同而变化，任何情况下不得小于 2440 mm，其常见值如表 23-3 所示。

表 23-3 接触网支柱规定侧面限界

支柱类别	适用地点		侧面限界 C_x/m			说　明
			曲线半径/m	曲线外侧	曲线内侧	本表适用于最高行车速度 160 km/h，最大外轨超高 150 mm 的线路；当最高行车速度为 100 km/h 时，可采用括号内的数据，但 $R=600$ m 曲线内侧支柱的负误差只允许有 50 mm。
	一般地区		200～299	2.8	3.1	
			300～599	2.7	3.1	
			600～1000	2.6	2.9（2.8）	
			1001～4000	2.6	2.9（2.7）	
			∞	2.5		
腕臂柱	复线区段信号机前方	支柱信号机均位于直线区段	通过信号机	←— $S\geqslant 250$ m —→（信号机） $C_x=$　2.5　2.8　2.8　3.0　3.0　2.5		1.在 S 范围内若支柱多于 4 根，则多余支柱的侧面限界 C_x 取 2.8 m。 2.信号机处接触线对线路中心的偏移宜离开信号机（即前进方向线路中心的右侧）。
			进站信号机	←— $S\geqslant 350$ m —→（信号机） $C_x=$　2.5　2.6　2.8　2.8　3.0　3.1　3.1　2.5 $h=$　2.4　2.0　2.0　2.0　1.8　1.8　1.8　2.4		1.h 为拉杆底座与腕臂底座之间的距离。 2.在 S 范围内若支柱多于 6 根，则多余支柱的 $C_x=2.6$ m，$h=2.0$。 3.信号机处接触线对线路中心的偏移宜离开信号机。

续表

支柱类别	适用地点		侧面限界 C_x/m		说　　明
腕臂柱	复线区段信号机前方支柱位于曲线外侧	信号机前方支柱位于曲线外侧 通过信号机	$R \leqslant 1000$ $5 \leqslant S' \leqslant 10$	$1000 < R \leqslant 4000$ $5 \leqslant S' \leqslant 15$	1.信号机与前方支柱的距离 $S' \geqslant 5$ m。 2.当 $R \leqslant 1000$ m 时，$S' > 10$ m 或 $1000 < R \leqslant 4000$ m 时，$S' > 15$ m，则支柱安装同一般地区
			C_x	2.7	2.9	
			h	2.4	2.4	
		进站信号机	C_x	2.8	3.0	
			h	1.8	1.8	
	信号机位于缓和曲线，前方支柱位于直线区段		$y < 600$ mm，C_x、h 按直线区段选用 $y \leqslant 600$ mm，C_x、h 同一般地区		y——信号机处缓和曲线的支距
	信号机前方支柱位于曲线内侧时与前方支柱的距离宜大于或等于 5 m				
腕臂柱	桥墩台		3.1		1.按中国中铁二院工程集团有限责任公司《电气化铁路桥梁墩台支架基座设计图》（图号：贰桥4059）选定。 2.未采用上述图纸者按人行道尺寸选定
	道岔	单开	2.5 / 2.8		1.支柱位于直线侧时取 $C_x = 2.5$ m。 2.支柱位于导曲线内侧时取 $C_x = 2.8$ m
		对称	2.8 / 2.8		
		交分	2.8 / 2.8		
	旅客站台		支柱内缘距站台边不得小于 1500 mm		1.尽量少设腕臂柱。 2.绝缘腕臂柱上部需设防电护网
	牵出线		3.1		路基不够时可适当缩小

对于软横跨支柱，其侧面限界见表 23-4。

表 23-4　软横跨支柱侧面限界

支柱类别	适用地点	侧面限界 C_x/m	说明
软横跨柱	一般	3.0	
	基本站台	5.0	1.支柱内缘距站台边不得小于 1500 mm。 2.站台宽度不足时可适当调整
	其他旅客站台	中间站台一般位于站台中心	支柱内缘距站台边不得小于 1500 mm
	牵出线	3.1	路基不够时可适当缩小

2．接触线拉出值

曲线区段称为接触线拉出值，在直线上称为接触线之字值，两者均表示定位点处接触线距受电弓中心的距离，只不过直线区段受电弓中心与线路中心重合，故在直线区段又可表示为定位点处接触线距线路中心的距离。

3．支柱类型

支柱类型表示支柱的材质、型号、容量及数量。例如 $2\times Gl50/13$，表示两根容量为 150 kN·m，高度为 13 m 的钢柱。H48-250 表示容量为垂直线路方向 48 kN·m，顺线路方向 250 kN·m 的钢筋混凝土支柱，因为支柱为定型设计生产，为简便起见，在接触网平面图中支柱类型常简写为 H48-250（或 H38 等），不写型号中的分母部分。

4．地质情况和基础类型

地质情况表示支柱所在位置的地质状态，如土壤的种类、挖、填方等。若标注+30°，则表示填方，土壤安息角为 30°。若标注-1.5，则表示挖方，土壤允许承压力为 150 kPa。

基础类型，表示所选用的基础或横卧板类型及数量，要根据地质情况选。

5．软横跨节点的类型

软横跨节点共有 14 种，要按照从上到下的原则进行填写，填写时应注意与相应的软横跨支柱和各股道定位对齐。

6．安装图号

根据支柱所在线路位置、用途、型号等情况直接从《接触网安装图》上查出。填写时应写在该支柱和设备图例的正下方。

7．附加导线

标注接触网附加导线的安装高度和安装参考图号，如回流线、供电线、正馈线、保护线等。

8. 备注

备注栏填写平面图中出现特殊情况时的说明,如导线进入隧道前其高度的变化值,特殊设计说明等。

(二) 主要工程数量表

主要工程数量表的内容有:接触线型号和长度、承力索型号和长度、安装图号类型和数量、软横跨节点号与数量、电分段型号与数量、电分相型号与数量、电连接型号与数量、避雷器型号与数量、隔离开关型号与数量等。

(三) 设计说明

设计说明的主要内容有:接触网平面布置图的设计依据、接触悬挂类型、支柱接地线的设计原则,以及特殊设计等。

(四) 标题栏

标题栏的主要内容有:接触网线路名称、平面图名称、设计单位、设计图号、平面比例、设计者姓名、复核者姓名、设计负责人、设计日期等。

任务三　接触网安装图的识读

【知识目标】
- 熟悉接触网安装图的内容、装配型号。
- 掌握接触网安装图的识图方法。

【技能目标】
- 会识读接触网安装图。

【素养目标】
- 培养团结协作精神,可以既有分工又有协助,互相帮助、共同达成目标。
- 培养学生查阅铁路相关规程规则、技术文件的能力。
- 培养学生的学习习惯。

接触网工程设计安装图是提交施工及运营维护设计文件的重要组成部分,包括腕臂柱安装图、软横跨安装图、隧道悬挂安装图、硬横跨安装图、附加导线安装图、设备安装图等类型。

一、接触网安装图主要内容

接触网支柱装配主要指支柱上部与支持装置同接触悬挂的装配,即指接触悬挂、定位装置、腕臂和支柱组合的形式。一般各设计单位都根据支柱工作状态的要求,绘制了各类支柱装配定型图,每一张装配图都编有相应的图号。

接触网安装图主要内容有安装结构及安装尺寸图示、表格栏、材料统计表、说明、图标等。为便于施工参考及进行工程数量统计，在接触网平面布置图的表格栏中都标有相应支柱装配图的图号，对应支柱的装配图图号应与平面布置图中所示的安装图图号相对应。

二、装配类型

将支柱安装图按照导高、侧面限界、接触悬挂、气象条件等的不同分为 A、B、C、D、E 等装配类型，每种类型的适用范围如下：

A 型：接触线悬挂点高度为 5.8 m，结构高度为 1.5 m，用于区间全补偿链形悬挂，一般采用地面以上高度为 8.2 m 的支柱。

B 型：接触线悬挂点高度为 6 m，结构高度为 1.5 m，用于区间或车站最外道岔至绝缘锚段关节处的全补偿链形悬挂，一般采用地面以上高度为 8.7 m 的支柱。

C 型：接触线悬挂点高度为 6.45 m，结构高度为 1.5 m，用于车站最外道岔至绝缘锚段关节处的全补偿链形悬挂，一般采用地面以上高度为 9.2 m 的支柱。

D 型：接触线悬挂点高度为 6 m，结构高度为 1.7 m，用于车站或区间半（全）补偿链形悬挂，一般采用地面以上高度为 8.7 m 的支柱。

E 型：接触线悬挂点高度为 6.4 m，结构高度为 1.7 m，用于车站半（全）补偿链形悬挂，一般采用地面以上高度为 9.2 m 的支柱。

上述类型中，B、C、D、E 型可用于覆冰地区，A 型用于无冰地区。

接触网支柱装配的各部尺寸，要由现场支柱安装的实际情况来直接采集相关数据，再由相关计算软件进行各部安装尺寸的精确计算，所以各类支柱安装图上一般没有标示具体明确的安装尺寸。一般根据支柱用途的不同分为中间柱、转换柱、道岔定位柱、锚柱和中心柱的装配以及直线与曲线支柱的装配。

三、识图步骤方法

各种类型的安装图的识图方法基本相同，下面以某线路直线中间柱为例，如图 23-5 所示，介绍支柱安装图的一般识图步骤：

（1）根据接触网平面布置图表格栏中的腕臂柱安装图号，查找相关的安装图册。

（2）从安装图册中的"目录"栏中查找该安装图所在的页码，找到该安装图。

（3）熟悉该安装图册中"总说明"的内容，了解该图册的使用范围及设计原则等。

（4）在该安装图表格栏中，确认图号及安装图的名称是否和平面图中的一致，并了解该安装图的其他信息，如比例尺尺寸、制图者、开工日期等。

（5）熟悉安装图的"说明"内容，了解该安装图的使用范围及要求。

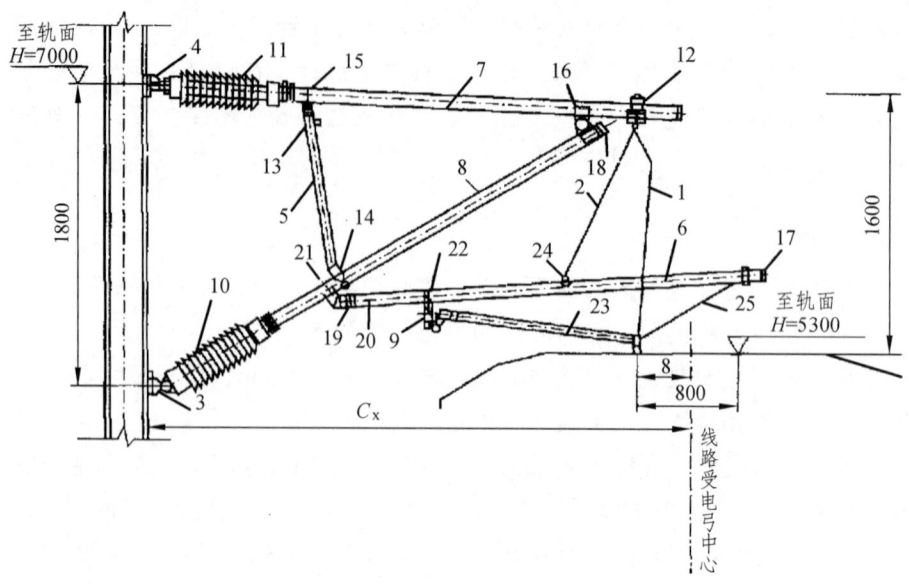

说明：1. 本图为双线隧外直线区段中间柱正定位安装图。
2. 本图外轨超高为 0 mm，适用于直线的腕臂安装。
3. 本图适用的侧面限界为 C_x=3000 mm，误差为 0 ~ +80 mm。
4. 定位器正态安装角：方形铝合金定位器安装角度一般控制在 8°~13°。
5. 定位器限位间隙：接受电弓抬升 225 mm 校验限位安全。

序号	名称	单位	数量	序号	名称	单位	数量
1	弹性吊索	套	1	14	套管单耳	套	1
2	定位管吊线	套	1	15	套管单耳	套	1
3	腕臂下底座	套	1	16	双套筒连接器	套	1
4	腕臂上底座	套	1	17	腕臂管帽	套	1
5	腕臂支撑	套	1	18	旋转接头	套	1
6	定位管	套	1	19	定位双耳	套	1
7	水平腕臂	套	1	20	垂直定位环	套	1
8	斜腕臂	套	1	21	限位定位器座	套	1
9	定位器电连接线	套		22	矩形铝合金定位器	套	1
10	棒式绝缘子	套	1	23	吊钩定位环	套	1
11	棒式绝缘子	套	1	24	防风拉线	套	1
12	承力索座	套	1	25	水平定位控环	套	1
13	终端挂环	套	1				

主管工程师	××	××集团××工程有限公司 ××铁路客运专线××段电气化公司 隧道外接触网中间支柱安装图 直线正定位安装图	图号	××地图
项目负责人	××		比例尺	1：25
总工程师	××		开工日期	2012.09
公司负责人	××		竣工日期	2013.10
监理工程师	××		制图者	××
			复核	××

图 23-5　中间柱直线正定位安装图（尺寸单位：mm）

（6）识读安装结构及安装尺寸图示，从该图示可以了解到该直线中间柱正定位的安装结构及部分安装尺寸（上底座至轨面的距离为 7000 mm，上下底座距离为 1800 mm、结构高度为 1600 mm、导高为 5300 mm、拉出值为 200 mm）。腕臂、定位管及支撑的长度要由现场直接采集相关数据，再由相关计算软件进行精确计算确定，因而图中没有标注。

（7）从安装图的材料统计表中，可以知道该安装结构图中每个编号具体采用的是什么型号的零部件。

通过上面介绍的这几个步骤，可对该支柱的安装图有基本认识，接着就可以根据材料统计表中所列的材料，按照安装结构图示进行支柱的装配工作。

为适应电气化铁路不断发展的要求，如高速铁路的建设，将有越来越多的新技术、新导线、新零件、新装备、新材料在接触网悬挂装置中应用，与此同时，接触网悬挂安装图也应能适应这类技术的更新。

任务四　接触网供电示意图的识读

【知识目标】
- 了解接触供电示意图的作用。
- 掌握接触网供电示意图识图方法。

【技能目标】
- 会识读接触网供电示意图。

【素养目标】
- 培养团结协作精神，可以既有分工又有协助，互相帮助、共同达成目标。
- 培养学生查阅铁路相关规程规则、技术文件的能力。
- 培养学生的学习习惯。

一、供电示意图的作用

接触网供电示意图是将管辖内的主要设备及其安装位置等信息记录起来，如桥梁、隧道、变电所、分区亭、开闭所、车站等的公里标，馈线情况，电分段布置情况，设备、线路编号，上下行标记等。当某个区段发生事故时，维修班组能从中快速找出事故地点及相应的设备，有助于快速了解事故的基本情况，结合竣工图纸又能快速找出事故所需备料，为抢修争取时间。而供电调度又能根据供电示意图了解正常检修作业时的现场作业地点、作业范围，正确发布调度作业命令，实施正确的跨区供电方案等。如图 23-6 所示为某车站（线路）局部供电示意图。

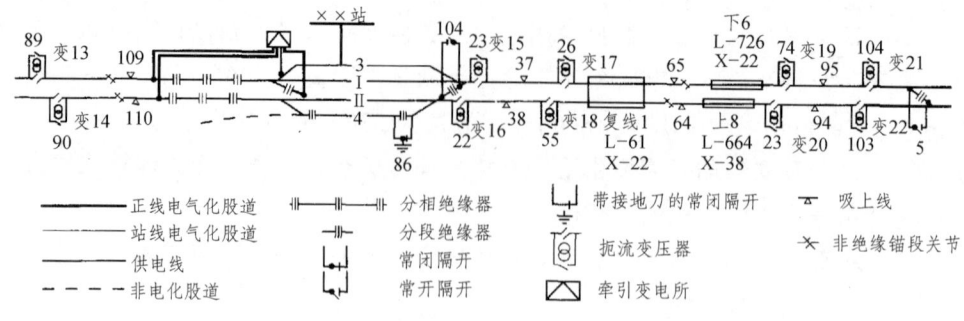

图 23-6 某车站局部供电示意图

二、供电示意图标注的内容

1. 供电示意图上的电分段

接触网是一种特殊形式的供电线路,为了保证供电的可靠性和灵活性,并缩小停电事故发生的范围,要进行分段。被分段的接触网在电气方面是独立的,通常用隔离开关连接。当某区段发生事故或停电进行检修时,可以打开相应段的隔离开关使该区段无电,而不致影响其他段接触网的运行。

接触网分段有横向分段和纵向分段两种形式。接触网线路(或线群)之间所进行的分段称为横向分段,如站场内因各股道的作用不同而进行的分段。在复线或者多线路上,其正线之间一般采用分开供电,以保证上下行线路电气方面的独立性。车站两端连接两条正线的渡线中间的分段就属于横向分段。接触网沿线路方向所进行的分段称为纵向分段,如在站场和区间衔接处所进行的分段。站场和区间的接触网应是各自独立的,因此在它们的连接处必须进行分段,如图 23-6 所示。

2. 牵引变电所

牵引变电所的作用是将由电力系统电网输送来的电能经主变压器降压,并把三相电源转换成两个单相电源,然后通过馈电线分别供电给牵引变电所两侧的接触网。接触网通常在相邻两个牵引变电所的中央是断开的,将两个牵引变电所之间的接触网分成两个不同的供电分区,每个供电分区称为一个供电臂。如图 23-6 所示,变电所通过馈电线经隔离开关分别向牵引变电所两侧的上下行接触网供电。每个供电臂只从一端的牵引变电所获得电能的方式称为单边供电;若能同时从两个牵引变电所中获得电能,则称为双边供电。

单边和双边供电都是正常的供电状态,还有一种非正常供电状态,称为越区供电。即当牵引变电所由于某种原因不能对供电臂正常供电时,该牵引变电所负担的供电臂通过分区所的有关开关设备,由两侧相邻的牵引变电所提供临时供电。越区供电只能保证客车或重要货车通过,是作为避免中断运输的临时性措施。

3. 分区所

分区所设在两个牵引变电所的供电区中间，其作用是提高接触网末端电压水平、减少能耗以及必要时实现越区供电。分区所原理如图23-7所示，利用分区所可实现并联供电以及对两相邻牵引变电所之间的接触网进行单边供电、双边供电或越区供电。在与其他开关的配合下，分区所内的开关可以通过以下方式实行不同的供电方式。

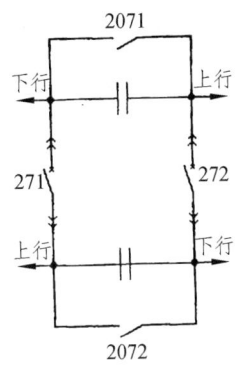

图 23-7　分区所接线图

（1）当实现并联供电时，分区所内同侧上下行接触网间的断路器271、272闭合。

（2）当采用单边供电时，分区所两侧上下行隔离开关2701、2702打开。

（3）当采用双边供电时，分区所两侧上下行隔离开关2701、2702闭合。

（4）当相邻牵引变电所发生故障而不能继续供电时，将故障变电所退出，然后闭合分区所两侧上下行隔离开关2701、2702，由非故障牵引变电所实行越区供电。

4. 开闭所

开闭所也称为辅助分区所，其作用是将长供电臂分段、在发生故障时缩小停电范围，如在复线AT牵引网中，增设在分区所与牵引变电所之间的开闭所；另一作用是扩大馈线数目，起到配电所的作用，如设置在枢纽站、编组场、电力机务段等处的开闭所。

开闭所的主要设备是断路器。电源进线一般设两回路，复线时可由上下行牵引网各引一回路，出线则按需要设置。当出线数量较多时，也可将开闭所母线实行分段。

5. AT所

自耦变压器站简称AT所，是AT牵引网的重要组成部分，其作用是改善电压水平和防干扰性能。AT所中自耦变压器的两个出线端子（电压为55 kV）分别经隔离开关（或断路器）跨接于接触网和正馈线间。其中点经中性线、电流互感器、隔离开关与钢轨、接触网保护线相连。接触网与钢轨间电压仍为

27.5 kV。

工频单相交流电气化铁路采用自耦变压器（AT）供电方式时，在沿线需每隔 10～15 km 设置一台自耦变压器。自耦变压器设于沿铁路的各站场上。同时，将分区所和开闭所合并，以利于运行管理。

6. 锚段关节式电分相

在牵引变电所出口处和分区所处，一般把两相不同的供电区分开，这称为电分相。对于速度大于 160 km/h 和高速电气化铁路，电分相多采用锚段关节式电分相，变电所出口处和分区所处的隔离开关所在的位置就是分相区。

复习与思考题

1. 应如何进行接触网放图工作？
2. 车站接触网支柱布置顺序是什么？
3. 支柱跨距应如何布置？
4. 划分锚段的原则是什么？
5. 什么是接触网线岔的二次交叉？
6. 如何划分车站接触网锚段？
7. 如何设置股道电连接和限界门？
8. 区间接触网支柱布置的要求是什么？
9. 曲线处应如何布置接触网支柱？
10. 区间应如何编制支柱号？
11. 隧道内平面布置的原则是什么？
12. 接触网平面图由哪几部分组成？
13. 表格栏中的主要内容有哪些？
14. 接触网安装图主要由哪几部分内容组成？
15. 支柱装配图是根据哪些条件划分的装配形式？
16. 供电示意图中记录了哪些信息？
17. 供电示意图对故障抢修有何作用？

接触网供电示意图的识读实训考核标准及评分表

项目	配分	序号	考核内容及评分标准	配分	扣分	得分	备注
安全文明	10	1	图纸、设备排放整齐，不乱操作设备，否则扣10分。	10			
时间要求	10	2	20分钟内按时完成，每超时1分钟扣2分，超时5分钟及以上该项不得分。	10			
识读过程	80	3	正确识别接触网供电示意图的符号及含义：随机指出接触网供电示意图中10个符号，要求口述回答名称，每错一处扣5分，4次及以上，该项不得分。	50			
		4	接触网供电示意图识读：随机回答图纸中的问题，每错一处扣5分，2次及以上，该项不得分。	30			
合计				100			

项目二十四　接触网事故抢修

项目描述

电气化铁路有着运营成本低，能合理、综合利用能源等优点。但是电气化铁路供电的核心系统——接触网的特点是"露天设备，没有备用"，所以一旦发生设备事故，无论是对设备，还是对铁路运输都将造成严重的后果。电气化铁路接触网是一种看似简单，实则复杂的特殊装置，它是由电学、力学、自然科学等多种学科所组成的庞大的科学体系。

在保证电气化铁路的安全运行中，保证接触网安全运行非常重要，因为接触网担负着向全线供电的任务，且其担负的任务越重，安全运行的意义也就越大。因为其没有备用，运行条件恶劣，一旦出现事故就会中断行车，从某种意义上讲，电气化铁路能否安全运行很大程度上决定于接触网能否安全运行。因此，接触网的安全运行具有经济的、社会的和政治的多方面意义。

任务一　接触网常见设备事故判别和查找

【知识目标】
- 熟悉接触网事故的种类。
- 掌握接触网事故类型的判定方法。
- 掌握接触网故障点的查找方法。

【技能目标】
- 能够准确判断出事故类型。
- 会查找接触网故障点。

【素养目标】
- 具有严谨认真、实事求是的科学态度。
- 能自主学习新知识、新技能。
- 具有高度的职业责任心和安全生产意识，遵章守纪、规范操作。
- 培养工匠精神，养成"怀匠心、铸匠魂、守匠情、践匠行"精神，促进学生生成"匠意、匠思、匠智"。

一、接触网常见设备事故种类

接触网常见的设备事故主要有以下几项：

（1）绝缘事故，即绝缘子闪络或击穿。

（2）分段绝缘器和分相绝缘器闪络、击穿或其他形式的损坏事故。

（3）接触线、承力索、正馈线等接触悬挂和附加悬挂中的线索断线事故。

（4）弓网故障。

（5）接触网零部件安装状态不良或损坏、折断、脱落等原因引起的其他种类事故。

（6）支柱折断事故、补偿绳断线事故。

（7）吸回装置、电连接器、隔离开关及其他引线损坏或烧损事故。

（8）隧道内悬挂点破坏事故、渗漏水结冰造成的接触网设备损坏事故。

（9）货物列车造成的接触网设备损坏事故。

（10）行车事故造成的接触网设备损坏事故。

（11）电力机车故障或误操作造成的接触网设备损坏事故。

（12）自然灾害造成的接触网设备损坏事故。

二、故障类型的判定

（1）永久接地：变电所断路器跳闸，重合闸和强送电均不成功。

此故障的发生原因可能是接触网或供电线、加强线断线接地，绝缘子击穿，隔离开关处于分闸接地状态下的分段绝缘器击穿，隔离开关引线断线脱落接地，较严重的弓网故障，机车故障（如机车瓷瓶击穿），隧道地线脱落短接接触网，隧道严重漏水，树木倒在接触网上造成接触网接地，吸流变压器短路，支柱折断造成接触网接地。

（2）断续接地：变电所断路器跳闸，重合成功，过一段时间后又跳闸。

此类故障可能是由于接触网或电力机车绝缘部件闪络，隧道地线脱落侵限，货车绑扎绳等松脱，列车装载超限，树枝与接触网放电，接触网与接地部分距离不够，接触网断线但未落地，环节吊弦在承力索端断脱低于接触线而引起瞬间弓网故障等原因造成的。

（3）短时接地：变电所断路器跳闸后，重合成功。

事故原因一般是绝缘部件（包括机车支持瓷瓶）瞬间闪络，铁丝绳索搭在网上，电击人或动物等。

（4）变电所送出电而接触网无电。

事故原因可能是馈线断线，上网点断开，四跨开关引线或纵向电连接烧断，隔离开关被路人拉开（隔离开关未上锁）等。

三、故障点的查找

（1）必须熟悉管内设备，尤其是设备运营薄弱点。

（2）根据供电调度通知及变电所提供的信息，指派工区业务骨干，分组对特定区段设备进行认真、仔细查找（例如故测仪指示公里数左右 2 km 范围），以防漏查，耽误抢修时间。

（3）尽可能询问车站值班员，沿线工务人员、巡道工、村民及电气列车司机，了解设备是否有异状。

（4）分段送电法。从供电臂始端到终端，包括若干站场，可酌情拉开任何一个车站四跨开关，然后送电，以此判断故障点。

（5）根据天气情况，分析判断故障点。大风考虑树枝触网；大雾、雨天考虑接触网、机车绝缘件闪络、击穿；冬天，山区考虑结冰与网短接；季节变换时，应考虑补偿装置、定位坡度、线岔、锚段关节几何尺寸超标等。

（6）当怀疑绝缘件闪络、击穿时，可查看连接钢轨处的火花间隙是否爆炸；无火花间隙，可查看地线连接处是否有烧伤痕迹，瓷瓶表面和瓷座有无烧痕。

任务二　接触网事故抢修应急响应

【知识目标】
- 掌握接触网事故抢修工作原则。
- 了解触网事故抢修应急机构及其职责。
- 掌握触网事故抢修应急处理及保障。

【技能目标】
- 能够有效响应接触网事故抢修的应急处理。

【素养目标】
- 培养团结协作精神，可以既有分工又有协助，互相帮助、共同达成目标。
- 培养吃苦耐劳、爱岗敬业、勇于开拓、积极进取的精神。
- 具有高度的职业责任心和安全生产意识，遵章守纪、规范操作。

一、接触网事故抢修工作原则

（1）分级负责，统一指挥。牵引供电故障抢修实行铁路局集团有限公司（简称铁路局）、供电段逐级负责制。根据故障破坏程度和影响范围的不同，由相应各级部门组织协调辖区范围内的牵引供电故障抢修应急工作。故障抢修工作必须服从各级供电调度的统一指挥，按供电调度同意的抢修方案进行。

（2）先通后复，先通一线。应本着"先通后复""先通一线"的原则，以最快的速度设法先行供电，疏通线路。必要时可采取迂回供电、越区供电、降下受电弓通过和设置无网区等措施，尽量缩短停电、中断行车时间。随后要尽快安排时间处理遗留工作，使接触网及早恢复正常技术状态。

当故障停电区段有专运、直供电旅客列车等重要列车运行时，抢修方案还应遵循"先重点后一般"的原则，首先使接触网脱离接地，尽快恢复送电，待重要列车离开故障供电单元时，再要点对故障地点进行恢复。

临时抢修方案的制订既要考虑压缩故障停时，又要考虑以后正式修复的条件。

（3）预防为主，安全第一。牵引供电各级管理部门应健全安全生产管理责任制，加强运行管理，落实保安措施，努力减少故障发生。积极开展牵引供电故障演练活动，大力压缩故障延时。在抢修工作中，要严格执行行车防护、高空作业和电气安全等有关规定，防止扩大故障范围和发生意外。

（4）团结协作，服从大局。必须牢固地树立为运输服务的思想，所有故障无论是否为供电责任，都要从全局出发，千方百计采取措施，迅速地恢复供电和保证行车。

（5）依靠科技，提高效率。牵引供电故障抢修工作要适应铁路跨越式发展的需要，积极运用先进的科技手段和装备，不断提高抢修水平。

二、应急机构及其职责

铁路局、供电段、车间均应成立故障抢修应急领导小组，组织制定本级和审查下一级制定的故障抢修预案并落实检查。故障发生时启动应急响应，组织、协调故障抢修工作，宣布应急结束，组织善后处理工作并做好总结上报。

1. 铁路局

组长：主管机务副局长。

副组长：机务、运输处长、主管供电副处长、调度所主任。

组员：机务处供电科、调度所供电调度全体成员。

铁路局牵引供电故障应急抢修领导小组下设办公室，办公室设在机务处。

机务处负责掌握全局牵引供电的安全运行状况，制定铁路局牵引供电故障抢修预案，对局供电调度和供电段故障抢修工作进行检查、指导。局供电调度负责协调跨局、段牵引供电故障抢修工作，指导供电段故障抢修工作，协调行车组织有关事宜。

2. 供电段

组长：段长、书记。

副组长：安全、生产、后勤副段长。

组员：技术、安全、生产调度、供电调度，物资和后勤部门负责人。

段领导小组下设抢修指挥组和后勤保障组，分别负责现场故障抢修的实施和后勤保障。

供电段详细掌握管内牵引供电设备运行状况，完善段管内牵引供电设备故障抢修预案报铁路局，健全、落实段、车间、班组三级抢修管理制度，定期组织人员培训和开展故障抢修演练，对抢修工作全过程控制。

段供电调度直接指挥牵引供电设备的故障处理、故障抢修，向铁路局供电调度报告信息。

3. 车间

组长：主任、支部书记。

组员：技术、安全干部、各工区（班组）工长。

贯彻上级相关规定要求，落实各项措施；对工区（班组）抢修工作的日常管理检查，定期开展故障抢修演练；故障发生时组织、指导工区（班组）故障抢修，及时、准确地反馈现场信息；工区（班组）负责抢修工作的实施。

三、应急响应及处理

（一）应急响应标准

牵引供电故障分为三级响应。

Ⅰ级响应：电气化区段列车颠覆；接触网设备大面积损坏，不能满足电气列车降弓惰行条件；专运列车运行中接触网发生故障；牵引变电所全所停电造成接触网停电时间超过 20 min；由于牵引供电设备异常迫使列车降低牵引重量或限制列车对数超过 1 h；接触网发生断线、断杆故障；影响较大的弓网故障；牵引变电所主变故障跳闸、开关越级跳闸。

Ⅱ级响应：接触网停电时间超过 10 min 或对行车造成较大影响；由于供电调度错发命令或人员误操作造成断路器跳闸或者造成接触网误停、送电；由于供电调度错发命令或人员误操作或牵引变电所保护拒动（避雷器除外），造成电力系统开关越级跳闸且重合不成功。

Ⅲ级响应：故障跳闸；由于牵引供电设备异常迫使列车降低运行速度或降弓运行通过故障处所；由于设备状态不良或供电方面准备工作不充分，使备用设备不能按要求投入运行；保护装置误动、拒动。

（二）应急响应行动

（1）发生Ⅰ级响应标准的故障，供电段和局供电调度应在第一时间内向局牵引供电故障抢修应急领导小组报告。局牵引供电故障抢修应急领导小组召集有关人员以最快速度赶赴局供电调度或故障现场指挥故障抢修，研究制订抢修方案。供电段启动相应级别的故障抢修预案，并注意做好后勤保障工作。牵引供电故障速报表见表 24-1 所示。

（2）发生Ⅱ、Ⅲ级响应标准的牵引供电故障，供电段启动相应级别的故障抢修预案。属于Ⅱ级的要在最快时间内报告机务处。属于Ⅲ级的要向局电调报告。

（3）牵引供电设备发生故障后，现场抢修组（指定专人）、段供电调度、段生产调度、局供电调度要按《牵引供电故障（故障）速报》中的内容收集故障抢修信息，及时上报有关内容，必要时附图说明。信息传递途径为：现场—段供电调度（生产调度）—局供电调度—局机务处。

（4）局机务处、供电调度应备有局牵引供电故障抢修应急领导小组有关人员和供电段副段长固定、移动电话号码。段生产调度（供电调度）应有局牵引供电故障抢修应急领导小组有关人员、段故障抢修应急领导小组及有关人员的固定、移动电话号码。

（三）应急处理

变电所馈线断路器跳闸重合失败后，供电调度员应立即组织撤除该馈线的自动重合闸装置，待故障处理完毕、恢复正常供电后再投入该自动重合闸装置。

牵引供电故障抢修可不开工作票，但必须有供电调度的命令。

1. 故障判断

故障发生后，供电调度员应立即根据故障的显示情况、种类及各方面信息、反映，判断故障性质，协调行车组织有关事宜，组织调动抢修队伍。当判定发生永久性接地故障后，供电调度员要立即通知列车调度员，对事故地段的供电臂发布接触网停电限制行车命令。

2. 故障点的查找

方法见任务一。

3. 抢修指挥

（1）接触网故障抢修工作必须服从供电调度的统一指挥，按供电调度批准的抢修方案进行。抢修组设现场指挥一人。

当故障发生在一个工区的管辖范围内，工区值班抢修组长担任现场指挥；当故障跨工区且在一个车间范围内时，由车间故障抢修领导小组或由其指定人员担任现场指挥；当故障跨车间或段抢修列车出动到达故障现场时，由段抢修领导小组成员或由其指定人员担任现场指挥；当故障范围跨段时，原则上按先期到达故障现场的抢修组负责指挥，后期赶到的抢修人员应服从指挥。当抢修告一段落时，将抢修现场指挥权移交设备管辖段。

（2）不管何种情况，当抢修现场指挥变更时，必须经供电调度同意。离任现场指挥要向新任现场指挥交清故障现场的详细情况，包括：参加故障抢修的人员、机具、材料，抢修方案，抢修进度、时间要求和已采取的安全措施等，并立即将新的故障抢修现场指挥姓名、安全等级告知供电调度及参加故障抢修工作的全体人员。

4. 抢修方案

（1）找到故障点后，查寻人员应立即报告抢修指挥人员，说明故障的位置、性质、破坏范围等情况。

（2）现场抢修指挥应立即对现场破坏范围等情况核查清楚，组织人员制订抢修建议方案，报供电调度批准后立即实施。

表 24-1　牵引供电故障（故障）速报

单位：　　　　　　　日期　年　月　日　　　　现场天气

分类	项目	内容	项目	内容
故障信息	变电所		跳闸开关	供电臂
	支柱号（公里标）			
	汇报人		联系电话	
	汇报内容			
	发现时间		通知工区时间	
	通知行调时间		通知电调时间	
	停电区段			
	影响范围			
	故障地点及天气			
机车信息	司机		机车归属	机型、车号
	机车位置		车次	
	故障现象			
故障抢修	抢修指挥		抢修车辆	
	抢修工区		工区出动人数	
	工区出动时间		要令人及联系电话	
	工区到达时间		汇报人及联系电话	
	段领导到达时间		现场领导	
	故障现场概况			
	抢修方案			
故障结束	停电时间			
	抢修时间			
	影响车次			
	恢复供电时间			
	故障原因			
	降弓地点			
	遗留问题			
设备运行信息	设备故障前检修日期及参数		检修人	
	故障零部件生产厂家		投运日期	

（3）供电调度要根据故障范围破坏范围等情况、抢修组提报的方案以该区段行车状况和领导指示意见，确定抢修方案，通知抢修组实施。确定的抢修方案一经实施，原则上不再改变。

（4）接触网故障抢修车辆迅速进入故障现场。

当故障现场有列车停留时，供电调度应命令故障点两侧的接触网工区同时出动，接近或到达故障现场实施抢修。在复线区段亦可用邻线运行到达故障现场。

当故障线路有车辆占用时，应尽量利用轨道作业车在邻线处理。当邻线也有车辆占用或邻线间距大，轨道作业车抢修条件不能满足时，列车调度应尽快安排将故障线路车辆牵引离开故障线路，为接触网抢修作业创造条件。

（5）制定抢修方案和实施抢修中需注意：

① 抢修方案应突出"先通后复，先通一线"的原则。

先通后复：为保证快速抢通，允许接触网满足最低技术条件开通运行。如直线区段可间隔定位，链形悬挂可减少吊弦安装数量，两锚段可临时并接，结构高度可适当降低，定位方式可简化为单定位、单拉手等等。在开通、疏通列车后再申请天窗停电，尽快处理使设备达到运行技术标准。

② 采取硬锚的方式临时恢复接触悬挂设备时，必须考虑到温度变化对接触网安全运行状态的影响。

③ 接触线、载流承力索（含大电流区段非载流承力索）、供电线（负馈线）、加强线等主导电回路线索断线采取临时紧起送电方案抢修时，须加装分流线，分流线截面不得小于被连接导电线索截面。

④ 需设置降弓区段时，应向供电调度报告标志位置，供电调度报列车调度同意后，现场抢修人员按供电调度的命令或通知，设置标志或按规定位置显示手信号。

⑤ 降弓距离应满足列车惰行运行要求。供电调度应加强与列车调度员的联系，使故障设备尽快恢复正常运行，降弓时间一般不宜超过 24 h。

⑥ 接触网修复过程中，对关键部位及相关设备要严格把关。尤其注意对接触网主导电回路及受电弓动态包络线检查，确认符合供电行车条件后方准申请送电，送电后要观察 1~2 趟车，确认运行正常后抢修组方准撤离故障现场。

⑦ 抢修完毕后，若接触网设备不能恢复到满足正常行车速度时，由现场抢修人员向供电调度提出申请，并在相邻车站进行登记，供电调度审核后，向列车调度员提出限速申请；由列车调度员下发限速调度命令。供电段负责按《技规》的相关规定进行防护。

四、信息传递、后期处置及保障措施

（一）信息传递

（1）牵引供电故障发生后，有关人员要及时传递信息，快速行动，最大限

度压缩故障查找和抢修时间。

（2）故障抢修全过程，抢修组必须指定专人与段供电调度不间断地联系，及时汇报现场情况，传递有关信息。段供电调度及时将故障抢修有关信息传递给局供电调度。

（3）故障抢修中的通信工具主要有：电调电话、自动电话、移动电话、区间电话和无线电话。无论使用何种通信工具，必须保证其时刻处于良好状态。

（二）后期处置

（1）临时抢通的接触网设备，供电调度应尽快联系停电点，由供电段组织人力尽早恢复到正常运行状态。

（2）注意保存故障及抢修工作的原始资料。供电调度对故障处理过程中的通话应进行录音，待故障分析后保存一个月方可消除。

接触网抢修组长要指定专人对故障及其修复的情况写实，包括必要的拍照，有条件时可进行录像，收集并妥善保管故障拉断或烧坏的线头、损坏的零部件、设备等故障残骸，以利故障分析和责任处理。

对典型故障的照片，报告，损坏的线头、零部件等故障残骸，供电段应长期保存。

（3）供电段对每件故障除按《铁路行车故障处理规则》和《牵引供电故障管理规则》的要求认真分析原因，制定防范措施，逐级上报外，同时还要总结抢修工作中的经验教训。

包括以下内容：

① 故障概况及抢修过程；

② 设备损坏情况及波及范围；

③ 原因分析；

④ 经验教训；

⑤ 改进措施；

⑥ 必要的图纸、图片资料及其他需要说明的事项。

上述资料应单独建档存放。

（4）供电段应每季度末和年末对管内各类故障进行统计分析，并结合设备运行情况，提出管内倾向性、关键性的问题，形成分析总结报机务处。

（三）保障措施

供电段、车间、工区必须根据管内设备特点及分布情况、沿线交通状况和运行环境，健全完善辖区内设备抢修预案。供电段、车间、工区应备有管内设备沿线交通图。

1. 抢修工器具和材料

（1）各供电段应按照《电气化铁路接触网故障抢修规则》规定结合管内设

备运行特点，制定充足的段、抢修列车、工区抢修工机具和材料储备定额，配齐并注意随设备变化和抢修消耗及时补充，工器具、材料储备定额不应少于《电气化铁路接触网故障抢修规则》的规定。段、各车间、工区（班组）抢修工器具和材料的储备数量、存放地点，本着必须满足使用的原则，由段根据运行实际确定，并制定使用管理办法。抢修车抢修工器具见表 24-2，接触网工区设备故障抢修储备材料见表 24-3，接触网工区设备故障抢修储备工具见表 24-4。

表 24-2　抢修车抢修工器具明细表

序号	名称	型号	单位	数量	备注
1	钢钎	各类型	根	各1	
2	齿轮断线钳		把	1	
3	吊弦压接钳		把	1	
4	扳手	250/300	把	各4	
5	手扳葫芦	1.5T/3.0T	个	6	
6	拧面器		把	2	
7	螺丝刀		把	2	
8	板锉		把	2	
9	棘轮扳手		把	6	
10	手锤	4P	把	1	
11	导线直弯器		套	1	
12	大滑轮		把	1	
13	钢卷尺		把	2	
14	脚扣		副	4	
15	手电钻		套	1	含各种钻头
16	锯弓		套	1	含锯条20根
17	放线滑轮		个	10	
18	钢丝套子		根	12	
19	紧线器		个	10	附带3股4.0铁线套子
20	升降弓标		套	1	
21	大绳		根	1	
22	小绳		根	3	

表 24-3　接触网工区设备故障抢修储备材料

顺号	材料名称	规格	单位	数量	存放地点
1	轻型支柱	G5/9.5	套	2	抢修库
2	常用的定位支撑结构		套	6	抢修库
3	软定位器		套	2	抢修库

续表

顺号	材料名称	规格	单位	数量	存放地点
4	补偿滑轮	1:3补偿,1:2补偿	套	各1	抢修库
5	坠砣		块	20	抢修库
6	锚板及拉线		套	2	抢修库
7	接触线	CTS-120/CTS-85	米	100	抢修库
8	承力索	JTMH-95/JTMH-70	米	100	抢修库
9	回流线	LBGLJ-240	米	100	抢修库
10	架空地线	LBGLJ-70	米	100	抢修库
11	电连接线	120 mm^2	米	20	抢修库
12	钢绞线	50、70 mm^2	米	各100	抢修库
13	承力索终端线夹	各种	套	各2	抢修库
14	附加导线终端线夹	各种	套	各2	抢修库
15	接触线终端线夹	各种	套	各2	抢修库
16	接触线接头线夹		套	6	抢修库
17	承力索接头线夹		套	6	抢修库
18	附加导线接头线夹	各种	套	各2	抢修库
19	横承力索线夹	单、双	套	各4	抢修库
20	定位环线夹			6	抢修库
21	球头挂环		个	6	抢修库
22	开式螺旋扣		个	2	抢修库
23	悬吊滑轮		个	2	抢修库
24	双耳楔形线夹		个	10	抢修库
25	杵座楔形线夹		个	10	抢修库
26	常用的吊柱		套	2	抢修库
27	悬式绝缘子		组	6	抢修库
28	棒式绝缘子	爬距≥1400 mm,爬距≥1600 mm	支	各6	抢修库
29	可调式整体吊弦	G5/9.5	套	20	抢修库
30	可调式整体吊弦		套	2	抢修库
31	线岔		台	1	抢修库
32	分段绝缘器		组	1	抢修库
33	分相绝缘器		组	1	抢修库
34	线岔电连接器		套	各4	抢修库
35	各种电连接线夹		台	10	抢修库

续表

顺号	材料名称	规格	单位	数量	存放地点
36	开关	各种	套	1	抢修库
37	接触线中心锚结线夹		套	各1	抢修库
38	承力索中心锚结线夹	各种	套	2	抢修库
39	常用的肩架		千克	5	抢修库
40	4.0铁线		米	10	抢修库
41	承力索		套	20	抢修库
42	钢线卡子		套	2	抢修库
43	可调式整体吊弦		套	6	抢修库
44	线岔		套	2	抢修库
45	分段绝缘器		套	各1	抢修库

表24-4 接触网工区设备故障抢修储备工具

序号	名称	规格	单位	数量	存放地点
1	梯子和挂梯	7~12米	个	各1	抢修库
2	滑轮组		套	3	抢修库
3	手搬葫芦	3.0 t	个	3	抢修库
4	手搬葫芦	1.5 t	个	3	抢修库
5	导线正弯器	五轮	个	2	抢修库
6	水平尺及道尺		个	各2	抢修库
7	兆欧表	2500 V	块	1	抢修库
8	抛线		根	2	抢修库
9	等电位杆		套	6	抢修库
10	安全带		副	4	抢修库
11	绝缘手套		副	6	抢修库
12	防护用信号旗		套	5	抢修库
13	手信号灯		个	2	抢修库
14	防护电话		个	1	抢修库
15	数码照相机		个	1	抢修库
16	望远镜	≥10倍	个	2	抢修库
17	发电机、临时照明用灯具、电缆		套	1	抢修库
18	便携式充电矿灯、安全帽		套	1	抢修库
19	射钉枪		个	1	抢修库
20	螺母粉碎机		把	1	抢修库
21	慢行标		套	2	抢修库

续表

序号	名称	规格	单位	数量	存放地点
22	钢锯架		把	2	抢修库
23	管钳		把	2	抢修库
24	割刀		把	2	抢修库
25	扁锉		把	2	抢修库
26	平锉		套	2	抢修库
27	放线滑轮		个	10	抢修库
28	正杆器		套	1	抢修库
29	干湿温度计		个	1	抢修库
30	打冰杆		套	2	抢修库
31	急救药箱		个	1	抢修库
33	绝缘靴		副	2	抢修库
34	验电器		组	2	抢修库
38	信号灯		盏	1	抢修库

(2) 各接触网工区自备的无线电话,应时刻保证其电源充足通信清晰可靠。无线电话采用可充电电池时,充电设施应完善。在仅依靠无线电话抢修作业联系时,要保证数量足够。

(3) 每个接触网工区抢修照明用具的配备应满足夜间 200 m 范围内照明充足,4 h 内连续使用。个人照明工具配备满足夜间作业需要。

(4) 为便于故障信息收集和传递,每个接触网工区应配备一台数码相机。

(5) 抢修工机具和材料应有专人保管,按规定定期检查试验,保证随时处于良好状态。各接触网工区应配备抢修箱,用于存放常用的小型工机具材料,以保证故障时迅速出动。大型材料要存放在便于拿取的地方。能够配套的部件,尽量组装成套。抢修消耗的材料,应先从维修料中补充配齐,确保材料一件不少,件件合格。

2. 交通工具

(1) 各接触网工区配备的汽车、轨道车必须保证车况良好,值班司、助人员必须在岗。车辆在检修、审验等需离开值班工区岗位时,应安排相应车辆顶岗值班。段供电调度和生产调度必须随时掌握抢修车列和各接触网工区交通工具的停放地点、整备情况。交接班时进行交接,接班后复查,以保证故障情况下及时调动和随时出动。

(2) 各供电段段部至少保证有一辆抢修指挥车,做到车况良好,司机在岗待命。

3. 抢修人员

（1）供电段：夜间和节假日应有一名段领导和一名安全或技术人员值班。

（2）车间：夜间和节假日应至少有1人值班。

（3）接触网工区：应随时保证不少于12人的抢修组，组长由工长或安全等级不低于四级的人员担任，组内人员明确分工。故障抢修出动时间要求白天10 min，夜间15 min。

抢修值班人员宿舍应有取暖、降温设施。

遇有大风、雨、雪、雾等恶劣天气，应视情况增加值班人员。特别恶劣的天气，段主要领导要亲自上岗值班。相关工机具、材料装车，人员集中待命。

（4）接触网抢修列车。接触网抢修列车由轨道车、轨道吊车、架线车、作业车、平板车、放线车组成，停放于易出动的指定地点。供电段要加强对抢修列车的管理、维护，按规定配齐操作人员、通信设备和抢修工具材料，按供电调度的通知迅速出动。供电段应制定抢修列车的管理办法并报机务处核备。

4. 人员培训与抢修演练

1）人员培训

供电段要加强对抢修队伍的日常演练，开展故障预想，使每个人都能掌握各类故障的抢修方法。发生故障时做到信息传递快、到达现场快、方案制订快、工具材料齐、恢复处理快、消点开通快。每半年组织各级抢修领导小组成员、工区抢修组组长进行一次轮训，讲解故障抢修知识，学习有关规章命令，分析典型案例，总结经验教训，研究制订改进措施，不断提高组织、指挥故障抢修的能力。

2）抢修演练

各工区应充分利用工余时间，发挥老工人传、帮、带的作用，经常进行各类故障抢修方法的训练，每季组织一次故障抢修出动演习（包括按时集合、整装出动）。

车间每半年组织管内务工区进行一次故障抢修演习。

供电段主管段长对上述规定的工作应经常督促检查。对在学习、竞赛中取得优异成绩者，要适时给予表扬和奖励。

任务三　接触网事故处理

【知识目标】
- 了解接触网抢修中一般操作过渡措施。
- 掌握接触网常见事故事故的处理。

【技能目标】
- 能够有效地处理常见的接触网事故。

【素养目标】
- 培养团结协作精神，可以既有分工又有协助，互相帮助、共同达成目标。
- 培养吃苦耐劳、爱岗敬业、勇于开拓、积极进取的精神。
- 培养自主学习新知识、新技能的习惯。
- 具有高度的职业责任心和安全生产意识，遵章守纪、规范操作。

一、接触网抢修中一般操作过渡措施

（1）吊弦间距可增大一倍，承力索上可暂不装线夹，滑动吊弦可用普通吊弦临时代替，但吊弦倾斜度应能适应过渡期间的温度变化。

（2）绝缘子闪络但未击穿，擦净后有把握送上电或绝缘子局部破损但能送电，均可暂不更换。

（3）当个别定位装置或腕臂损坏时，只要接触线布置符合行车要求，承力索可暂不固定，接触线可通过一串悬式绝缘子用 2～3 股 $\phi 4.0$ 镀锌铁线绑扎在支柱上，若承力索必须固定，也可比照接触线的做法。

（4）软横跨的横向承力索、固定绳均允许有接头，接触线和承力索的接头数量及间距可以超出规定标准。

（5）对吊弦脱落，线夹偏磨打、碰弓，螺栓松脱，电连接线松弛打、碰弓等均可设好行车防护，停电处理。

二、接触网断线事故处理

（一）接触线断线

当发现导线断线时，应查明断线两侧导线损伤情况及破坏是否波及中心锚结和补偿装置。

（1）如果断头两侧导线损伤较小（断头两侧损坏之和不超过 500 mm），可将损坏的导线锯掉，直接用手搬葫芦或双钩紧线器紧线（紧线前推掉这半锚段的下锚坠砣 5～8 块，导线可紧回 500 mm 左右），做接头恢复。

（2）断头处导线损伤严重（两头损伤 50 m 内）。

这种情况必须另接一段导线，可先在地面上做好一个接头，再在作业车（车梯）上做另一接头。（紧线时，也可用滑轮组在下锚处将坠砣拉起。）

接触线断线抢修时，在紧线之前和紧线过程中，应指定专人分别去中心锚结和断线侧的补偿器处，主要观察事故对中心锚结的影响和紧线时中心锚结的受力情况。在补偿处，根据需要可将部分坠砣卸下（也可用滑轮组将坠砣拉起），以便于紧线，待做好接头后，再补够坠砣。以上两处作业人员和作业组应协调配合，保持联系。

抢修中应注意以下几点：

① 做导线接头时，未紧好张力，不能先断线，防止新线不够长，造成返工。

②接头紧固防抽脱，接头线夹不能偏，防打弓。接头线夹底面和导线底面平滑，以防碰弓。

③检查锚段关节技术状态、定位，吊弦偏移如何，中心锚结绳是否松弛等；检查补偿装置是否良好。

（3）导线被列车拉刮损伤较严重或断几处。

这种情况一般应使接触线脱离接地体后，将两断头临时固定在承力索或临近的支柱上（接触线必须做分流线），送电降弓通过，然后组织换线。

注意事项：

①必须准确向电调汇报升、降标的公里数，安排好升降弓人员，防止降弓不及时，造成事故扩大。

②断线处两头下锚必须紧固，防止抽脱。

（二）承力索断线

承力索根据用途可分为一般承力索和载流承力索。

1. 一般承力索

当发生承力索断线事故时，首先判明事故范围和中心锚结受到波及的状况，指定专人分别到中心锚结和断线一侧补偿处观察在紧线后的技术状态，根据需要卸去部分坠砣，以利紧线。

1）承力索破坏范围小

可用8个钢线卡子，加一段承力索来固定，如图24-1所示。也可做一个接头，用两个双耳楔型线夹与双环杆连接。

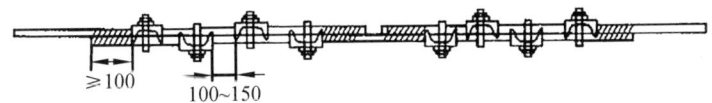

图24-1 承力索接头钢线卡子安装示意图

承力索损坏在一个跨距内，增加一段承力索，做两个接头，用手搬葫芦紧起，一次恢复。当时间紧迫、争取送电通车时，亦可利用紧线工具（手搬葫芦或双钩紧线器）将断线紧起，张力给够，先不做承力索接头。

2）破坏范围较大

如果破坏范围较大，短时间内不能恢复时，可先将承力索两个断头下硬锚送电（利用支柱或隧道边墙），以后重新再做承力索接头。对于载流承力索必须做分流线。

注意：承力索下锚支柱，必需打下锚拉线。

2. 载流承力索

处理方法同上，但必须在接头处增加同截面的电连接线。

如果区间停有列车，不利抢修时，可先将承力索紧起，保证导线高度在

5350 mm 以上，不影响送电时，可以先行开走区间停留车，然后再接一段新承力索，但在接头处，必须增加同截面的电连接线。

三、支柱折断的处理

（一）中间柱折断

1. 在直线区段

中间柱折断时，可不立支柱、不定位，只需将承力索用双钩紧线器在断杆相邻支柱定位处紧一下张力，保证导线高度在 5350 mm 以上，结构高度大于 250 mm，两定位点拉出值放在零位，送电开通，以后再重新立杆处理。在缓和曲线，应测量跨中拉出值是否符合要求。再决定是否进行临时定位。

2. 在曲线区段

（1）可以利用地形、建筑物，在高处用 3 股 $\phi 4.0$ 铁线、悬瓶、软定位，分别固定导线及承力索的方法抢修。

（2）立杉木杆。

在断杆田野侧地面上挖 500 mm 左右深的坑，将杉木杆立在坑内埋好，并用铁线绑在支柱断茬处，打好人字拉线。杉木杆可根据合适位置事先用包箍固定，这样连接导线和承力索更为有利，见图 24-2 所示。

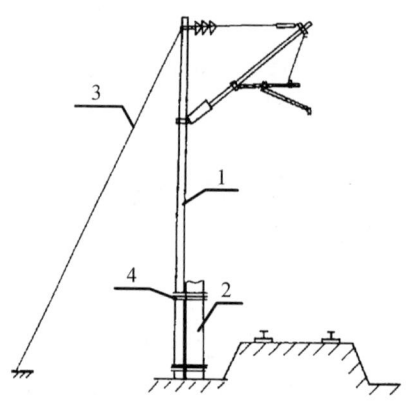

1—木杆；2—断支柱桩；3—拉线；4—$\phi 4.0$ 铁线捆绑。

图 24-2　木杆代用支柱示意图

（3）立组合式抢修铁塔。

此铁塔专为接触网事故抢修立临时支柱而研制的，它具有整体质量轻、拆装运输简便、相对稳定性好等特点，故被广泛采用，见图 24-3 所示，其安装步骤如下：

① 停电前应将两节铁塔连接起来，在适当位置安装腕臂底座和拉杆底座。

② 扒开枕木两边的道砟，将两槽钢式支柱底座插入钢轨下，勾住钢轨，紧好扣板，连接旋转式底座托架，将马脚固定在坚实的地基上，使其稳固，并调

整水平，使底座各部受力良好。

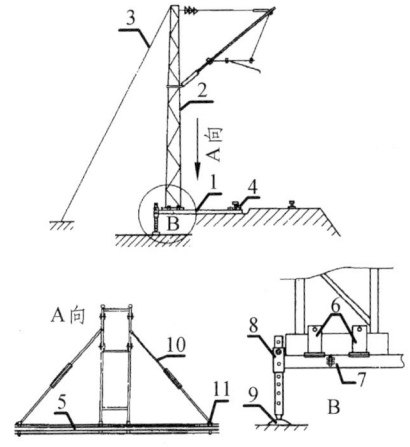

1—槽钢式支柱底座；2—小铁塔；3—拉线；4—底座扣件；5—钢轨；
6—合页式卡槽（可旋转）；7—鸭嘴式卡槽；8—套管可调式支撑；
9—旋转式底托；10—可调节支撑；11—接地线。

图 24-3 小铁塔代用支柱示意图

③ 打好地锚角钢（在支柱田野侧，布置"人"字形），在铁塔顶端固定好两根拉线和一条晃绳。同时将铁塔与底座用销栓连接。

④ 停电后，在顺线路上拉主晃绳，其余两方各派一人拉绳，使铁塔慢慢立起，再穿另一侧销栓，然后再用螺栓与底座固定。

⑤ 通过花兰紧线器，将拉线与地锚角钢连接，并使其受力。检查各部连接件是否紧固良好，再进行装配。

（4）复线区段，曲线内侧支柱折断处理方法。

当复线区段，曲线内侧支柱折断时，可利用邻线支柱，在腕臂顶部安装一定位环（或其他零件），用多股 $\phi 4.0$ 铁线串接一绝缘件，然后通过定位管卡子和软定位器将承力索和导线分别固定，见图 24-4 所示。

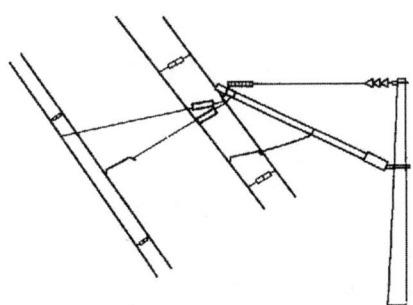

图 24-4 利用邻线支柱定位接触网悬挂示意图

注：① 作业必须采取垂直停电方式；② 注意导高、拉出值和定位坡度，以防打弓、钻弓。

（二）锚柱折断

（1）锚段关节处锚柱发生折断后首先应考虑并锚的可能性：

① 首先将断锚支的补偿装置拆除，取出在转换柱处钩头鞍子内的承力索，拆除部分吊弦。

② 将断锚支的承力索固定在与断锚柱相邻的转换柱上，多余承力索剪掉，转换柱上必须打下锚拉线；接触线固定在另一接触悬挂的承力索上。

③ 在断锚处立一临时抢修铁塔（或杉木杆），将悬挂支撑起来。

④ 拆除断锚支接触线的中心锚结，并根据情况，调整另一侧补偿装置。

⑤ 调整断锚支接触线在转换柱处拉出值及高度，保证受电弓平滑过渡。

（2）立金属支柱。

可利用金属支柱代替，但须牢记，在线索下锚方向做拉线，同时应考虑锚柱垂直线路受力。承力索可做临时硬锚，或固定在其他锚段的承力索上；导线宜用补偿下锚，利用列车运行间隙，逐步完成下锚的装配。若该锚柱有两个下锚支，其中一个下锚在临时支柱上，另一下锚支可临时固定在其他锚段的承力索上，若是土挡处的锚柱可借助附近其他支柱下锚。

（3）当线索下锚通过上、下行有电设备时，必须进行垂直停电，然后再按上述措施进行抢修，在确保行车、设备安全的情况下，恢复一线通车，然后再抢修另一线。

（三）中心支柱，转换支柱折断

可利用组合式抢修铁塔立杆（立杆同上），当两悬挂间不能保证规定绝缘距离时，可暂不做绝缘锚段关节，但应保证机车受电弓平滑过渡。立铁塔时应打"人"字拉线。

（四）软横跨支柱折断

（1）钢柱碰弯、在反方向打拉线，先行通车。

（2）直线上钢柱、水泥柱折断，可拆除软横跨，不定位，但应保证导线高度在 5 350 mm 以上，必要时，可分别紧各股道的承力索，以保证导高。拉出值也应在受电弓抓托范围内。

（3）曲线上钢柱、水泥柱折断。

这种情况下，可立组合式抢修铁塔，利用手搬葫芦固定上、下部定位绳，甩掉横向承力索，保证导高、拉出值在规定范围内（横向承力索吊起来或盘在上部固定绳上不受力，不影响送电即可），但抢修组合式铁塔必须打好"人"字拉线，如图 24-5 所示。

四、其他设备事故处理办法

（1）埋入杆件被破坏，如果发生在直线上，导线没有超过受电弓范围，只需将悬挂点或定位点拆除,虽然拆除后跨距增大,导高有所降低,但不会影响机车运行。

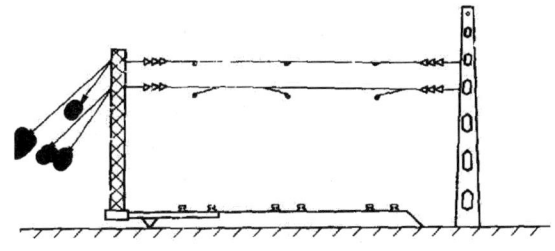

图 24-5　铁塔代用软横跨支柱示意图

（2）若必须修复悬挂、定位装置、杆件等可用铁线将绝缘子固定在原杆件上,恢复悬挂和定位;若埋入杆件整体脱出或已松脱,可用高标号的快干水泥灌注。

（3）如果在曲线上且遇有隧道较短、机车能降弓通过,可在洞口分别设置"降""升"弓标。如遇隧道较长,视列车长度可用两台机车前拉后顶的方式,分别降弓通过。

（4）根据现场环境,也可采用射钉枪或用电锤打孔,安装膨胀螺栓,将悬挂和定位加以固定的方法处理。

五、隔离开关及分段绝缘器故障抢修

（一）隔离开关故障抢修

（1）长期通过较大的牵引电流、检修未跟上,触头发生烧损,产生电弧现象。

用同等截面的电连接线将该四跨短接起来,拉开四跨开头即可,并将情况报告电调及段生产调度。

（2）开关的绝缘子击穿或爆炸。

除按上述办法加短接线外,同时应将开关引线甩开,但不得影响行车。

（二）分段绝缘器抢修

（1）装卸线、专用线、货线、机库线分段绝缘器主绝缘击穿。

分段绝缘器主绝缘击穿后,应立即将该隔离开关主刀闸合上,接地刀打开(如果有接地线也应全部拆除)。即刻通知电力调度,送电通车,然后通知车站或折返段值班人员,停止进行该线的装卸或机车检修作业,必要时将开关钥匙收回。

（2）复线区段、渡线区段分段绝缘器主绝缘击穿。

发生渡线分段绝缘器主绝缘击穿,一般在"V"停时发生,应通知作业组和电调停止"V"停作业,送电,利用天窗时间采取垂直停电进行更换。

六、事故救援配合

列车发生冲突、脱轨、翻车等事故,都可能使接触网设备遭到不同程度的破坏。如果用救援吊车起复事故列车时,接触网必须到现场配合,在配合抢修时,一般应遵守下列原则:

(1)要顾全大局,听从事故现场上级领导部门的统一指挥,主动与兄弟单位密切配合,决不能因为不是接触网的责任事故,而袖手旁观。

(2)利用吊车起复需要移动接触网时,应尽快确定方案,做到尽量少动接触网,动后又较易恢复,同时要以最短的时间移动完毕,以减少吊车等待时间。移动时一般是卸开影响起吊相关部件,以滑轮组将线索拉到适宜位置,以利于吊车作业。

一般方法:派人在涉及的这半个锚段的下锚柱处,用手扳葫芦吊起坠砣(或将坠砣卸下,留4~5个),导线和承力索失去张力,然后用滑轮组将导线和承力索同时向支柱侧拉,保证起吊。恢复时,松动滑轮组及手扳葫芦,此方法用于旋转腕臂底座。

如果不是旋转腕臂底座,需从鞍子内取出承力索,拆掉定位再拉。

(3)如果接触网遭遇破坏,那么在起复列车的同时,应交叉作业,尽可能提前做好接触网恢复的准备工作,即在不影响吊车作业范围之外,尽量多干,将接触网的恢复时间压缩到最低限度。

(4)咽喉地带、道岔群处容易发生脱轨事故,接触网设备在车站咽喉地带也较复杂,配合这类事故应根据具体情况灵活掌握、采用最佳方案。总的原则是先通正线,同时保证两个以上股道的开通。

七、事故抢修中应注意的安全事项

接触网事故抢修工作,往往是时间紧、任务重、事故现场环境复杂、人员杂乱,稍不注意就易发生人身伤亡事故,造成不应有的损失。因此,特别提出以下安全注意事项:

(1)事故抢修人员到达事故现场后,首先对事故范围设置防护人员,特别是有断线的地点,不论接地未接地,都按有电对待,任何人都不得进入断线落地点 10 m 范围以内,防止送电后跨步电压伤人。在调查、了解事故情况的时候,应将设备按有电对待。

(2)抢修工作领导人在抢修作业前应向所有参加抢修人员宣布停电范围,严格明确、划清设备停带电界限,尤其是大型站场或上下行线路地段,更应注意防止触电事故的发生。对可能来电的关键部位和抢修作业地段,要按规定设置足够的接地线。

(3)在有多个作业组参加的抢修作业中,要强调统一指挥,保证通信联络的畅通，信号传递要准确（要做到三确认：人、听觉、视觉），防止误传、误认。

（4）接触网事故抢修中，特别要强调的是作业安全。无论是攀杆、登梯和车顶上高空作业时，均应严格执行接触网安全工作规程中的有关规定，高空作业扎好安全带，全体戴好安全帽，作业中严格执行"呼唤应答制"，特别是有发生支柱倾倒的可能及需断线、拆除设备时。除加强监护外，还应采取相应的安全措施，保证作业的安全。

（5）抢修作业中，对关键部位要严格把关（如：拉出值、线岔、锚段关节等），对安装的零部件，特别是受力和导流件，要紧固牢靠、防止松脱，保证导流良好。

（6）如遇有雨、雪或大风天气进行事故抢修时，应采取相应的安全措施，防滑、防冻、防摔，保护抢修作业的安全。

（7）在有多个部门和单位在同一事故现场抢修或配合事故救援时，要加强联系，统一指挥，相互协作，防止高空掉物伤人，杜绝意外事故的发生。

（8）事故抢修时，一般都是停电进行，电气列车不能开行，但其他车辆仍可运行，如内燃机车、轨道车等。特别是本部门支援抢修的轨道车，时有碰撞抢修人员、抢修梯车的事故发生，因此事故抢修不能忽视行车防护工作。

（9）在复线区段抢修时，当上、下行不能保证有 2 m 以上的安全距离时，必须申请垂直停电。

（10）"V"停抢修时，确保和另一侧带电设备的安全距离，并在邻线来车时，不得侵入邻线限界。

（11）抢修时，遇有危及人员或设备安全的紧急情况，可以不经电力调度批准先行断开断路器或有条件断开的隔离开关，并应立即报告电力调度；但合闸时，必须经电力调度批准方可进行。

（12）事故抢修完毕后，除对抢修过的设备质量仔细检查外，还应对事故范围以外的可能波及的延伸部分进行检查，发现问题及时处理，保证设备质量。

（13）事故抢修完毕后，应向电调详细汇报设备的恢复情况，如采取临时开通措施，还应说明具体采取的什么措施等，以便各有关部门协助执行。

任务四　接触网事故案例分析

【知识目标】
- 了解接触网抢修事故的成因。
- 熟悉接触网事故的抢修过程和事故反思。

【技能目标】
- 能够对案例进行系统的分析，形成反思。

【素养目标】
- 培养自主学习新知识、新技能的习惯。
- 具有高度的职业责任心和安全生产意识，遵章守纪、规范操作。
- 具有严谨认真、实事求是的科学态度。
- 培养工匠精神，养成"怀匠心、铸匠魂、守匠情、践匠行"的精神，促进学生生成"匠意、匠思、匠智"。

案例一：接触线接头线夹抽脱

（1）事故经过。

某年某月某日，某某区间上行 158～160 号跨中导线接头抽脱，中断供电 1 h 57 min。

（2）设备损坏情况。

158～160 号跨中导线接头线夹抽脱，该锚段一侧补偿器坠砣落地，半个锚段定位吊弦偏移。

（3）抢修经过。

对现场情况全面了解后，抢修指挥负责人确定了抢修方案：将线拉起做接头。在办理停电手续、接好地线、设好防护后，开始抢修。在断头两端分别安装紧线器，用手扳葫芦将两紧线器连在一起，紧手扳葫芦，重做导线接头，然后调整补偿器及被破坏的定位点。

（4）事故原因。

导线从当天新做的导线接头线夹中抽脱。当天中午某接触网工区停电检修作业，因导线磨耗超标，决定截断导线做接头。接头做好后紧固接头螺栓时因没有带扭矩扳手，所以使用活扳手紧固的螺栓。由于线夹对导线的紧固力不够，再加上到了晚间温度下降，导线张力有所增加，22 时 30 分，发生了导线从导线接头线夹中抽脱的事故。

（5）事故反思。

① 准备工作不足，携带工具不全。

② 安全意识不强，准备工作不足时宁可取消该项作业，也不能留下安全隐患。

③ 必须加强技术纪律。工作领导人在分工时，要作业任务明确，分工详细，人员恰当，携带工具齐全，责任到人。

④ 严格执行工艺，不得简化操作。导线接头线夹一定要安装正确，拧螺栓必须使用扭矩扳手，达到扭矩要求。

⑤ 加强班组管理，提高接触网工业务技术素质。

⑥ 加强业务学习，开展实作演练，提高职工的实作技能，特别是非正常情况下的应急措施。

案例二：机车支持绝缘子击穿烧断接触线

（1）事故经过。

某年某月某日，某某车站站停电气列车升弓，将车站 2 道 22～24 号间的导线烧断。中断供电 38 min。

（2）设备损坏情况。

22 号杆处为中心锚结，24 号侧补偿器坠砣落地，半个锚段定位吊弦偏移。

（3）抢修经过。

对现场情况全面了解后，抢修指挥负责人确定了抢修方案：将导线脱离接地体，送电，封闭 2 道。在办理停电手续、接好地线、设好防护后，开始抢修。在断头两端分别安装紧线器，将 22 号杆处的断头固定在承力索上，将 24 号杆处的断头用滑轮组紧一下，使松弛的导线不低于 5000 mm 时，将断头固定在承力索上，调整松弛侧线岔，以不影响其他股道进车。送电，恢复行车。到车站办理封闭 2 道的手续。

（4）事故原因。

电力列车支持瓷瓶击穿短路，将导线烧断。当天车站 2 道事故点处停着一台故障机车，请求救援。司机为取暖升起带病机车受电弓，支持瓷瓶击穿，造成短路接地，烧断导线。

（5）事故反思。

① 变电所短路跳闸不及时。

② 司机安全意识不强，为了取暖造成了事故。

③ 研究调整变电所保护整定值，将时限值调整合理。

④ 加强安全教育，防止此类事故发生。

案例三：电连接线夹接触不良烧断承力索

（1）事故经过。

某年某月某日，某变电所 231 开关过流保护动作跳闸，重合失败，电调命令强送仍未成功。接触网工区出动查找故障，发现某车站西四跨承力索烧断，中断供电 1 h 52 min。

（2）设备损坏情况。

四跨处承力索烧断、隔离开关引线拉脱、腕臂拉弯 1 处、坠砣落地、正线线岔拉偏、5 处定位管及定位器拉脱。

（3）抢修经过。

对现场情况全面了解后，抢修指挥负责人确定了抢修方案：将承力索拉起来，用电连接线短接四跨，送电开通。在办理停电手续、接好地线、设好防护后，开始抢修。在承力索两端断口分别安装紧线器，挂上手扳葫芦，将手扳葫芦和紧线器连在一起，紧手扳葫芦使承力索张力达到要求，先不做接头，甩开隔离开关,用电连接线短接四跨,同时安装调整其他损坏的设备,完成后消令送电。

(4)事故原因。

四跨处电连接器长期失修,阻值增大,在大电流的情况下,局部发热严重烧断承力索。

烧断的承力索位于牵引变电所馈线始端,该处又是14‰的坡道,牵引电流较大。四跨检修时未对电连接器进行检修,使电连接器长期失修,接触电阻增大,使线夹局部发热严重,承力索受热,机械强度下降,在 15 kN 的张力作用下承力索被拉断。

(5)事故反思。

① 四跨电连接器处在主导电回路之中,长期失修将导致严重后果。
② 对主导电回路之中的电连接器要制定检修周期,严格执行。
③ 电连接器检修要严格执行工艺,解体检修,不得简化。
④ 研制测量仪器,尽早发现隐患,防止事故发生。

案例四:承力索终端锚固线夹抽脱

(1)事故经过。

某年某月某日,某牵引变电所馈线断路器跳闸,重合失败。经查找,发现某区间 5~6 号支柱间分相绝缘器处承力索抽脱,造成断路器跳闸,中断供电 3 h 56 min。

(2)设备损坏情况。

某区间 5~6 号支柱间分相处承力索抽脱;5 号、6 号腕臂绝缘子折断;4 号、7 号支柱悬挂脱落,承力索落地 260 余米,波及 8 号至相邻车站 88 号支柱间接触网设备。

(3)抢修经过。

由于事故造成的破坏较大,出动了三个接触网工区,40 余人参加了事故抢修。在对现场情况全面了解后,抢修指挥负责人确定了抢修方案:将承力索拉起来做接头,更换损坏的设备。在办理停电手续、接好地线、设好防护后,开始抢修。将损坏的承力索截断,准备一段新的承力索,将承力索吊起,重新制作承力索接头 2 个;更换棒式绝缘子 2 根;重新组装定位 4 处;整修损坏的接触线面 200 余米。

(4)事故原因。

承力索从使用的新型承力索终端锚固线夹中抽脱。该新型承力索终端锚固线夹为 T-120 型承力索终端锚固线夹,上网 35 h 就发生了本次事故。事后检查发现,工区人员安装使用不当,锚固线夹本身在制造上也存在着缺陷,导致截面 95 mm^2 的铜承力索夹不紧,发生了事故。

（5）事故反思。

① T-120 线夹在该段使用尚属首次，技术数据不够清楚，技术人员和接触网工区使用前只是粗略地看了一下使用说明，没有进行严格的检查、试验。

② 这次事故破坏范围大、抢修人员多。因涉及相邻两个段，在抢修指挥上不够得力，分工也存在着不合理的问题，组织协调不力，延误了抢修时间。

③ 对新型零件上网前要进行技术交底和技术培训。

④ 因该零件安装工艺比较复杂，须立即对接触网工区人员进行培训。

⑤ 立即对上网的该零件进行重装或更换。

案例五：全补偿链形悬挂直线中间支柱折断

（1）事故经过。

某年某月某日，某牵引变电所 232 开关过流保护动作跳闸，重合失败，强送后仍失败。据电气列车司机反映，某区间接触网设备有故障。电调通知接触网工区到现场，发现某区间 33 号接触网支柱折断。该事故中断供电 3 h 50 min。

（2）设备损坏情况。

某区间 33 号支柱折断；定位器、吊弦脱落两个跨距，接触线距离地面只有 2.5 m。

（3）抢修经过。

在对现场情况全面了解后，抢修指挥负责人确定了抢修方案：该支柱处在直线上，将断杆悬挂摘除，保证最低导高，送电开通。在办理停电手续、接好地线、设好防护后，开始抢修。清理破碎支柱及场地，拆除 33 号支柱悬挂装置，提高 32 号、34 号支柱处的导高，在 32～34 号支柱间形成 130 m 的大跨距，调节该跨距中的吊弦长度，保证达到最低导高的要求。检查两边设备没问题后送电开通。

（4）事故原因。

列车掉物，砸断支柱。这次事故的原因是不法分子在盗窃列车上装载的铝锭时，砸断接触网支柱。

（5）事故反思。

① 抢修时间过长，影响铁路运输。

② 应加强铁路治安防范工作，严厉打击盗窃铁路物资、破坏铁路运输设备的不法之徒。

③ 加强教育，提高抢通意识。

案例六：支柱烧毁倒地导致机车大破

（1）事故经过。

某年某月某日，某某区间 124 号支柱因瓷瓶脏污闪络放电，使该支柱被烧毁后倾倒。因该支柱位于曲线上，一列货物列车因瞭望困难发现较晚，来不及采取制动措施，撞上倾倒的 124 号支柱，造成机车大破。

（2）设备损坏情况。

124 号支柱烧断，125 号支柱被拉断；124 号、125 号支柱处棒式、悬式绝缘子、腕臂、定位器等设备损坏。同时还造成电气列车大破，经济损失非常严重。

（3）抢修经过。

在对现场情况全面了解后，抢修指挥负责人确定了抢修方案：在断杆处立临时杉木杆，更换损坏的设备。在办理停电手续、接好地线、设好防护后，开始抢修。在 124 号、125 号支柱处设立杉木杆，装配支持和定位装置，临时恢复供电。

（4）事故原因。

绝缘子脏污严重，闪络击穿，加之地线被盗，回流不畅，烧毁支柱。124 号支柱绝缘子脏污严重，加之地线被盗，绝缘子脏污后的闪络击穿放电电流无畅通路径流回变电所，只有经过电阻较大的水泥支柱流回大地。而由于短路电流小，牵引变电所馈线保护不能跳闸，长时间的电流冲击和发热，造成 124 号支柱烧毁。并引起货物列车撞杆，造成机车大破，还拉断了 125 号支柱，扩大了事故范围。

（5）事故反思。

① 绝缘子脏污，闪络击穿所造成的损失是巨大的。

② 地线的保护作用是不能忽视的。

③ 支柱和隧道地线被盗的情况时有发生，并多次酿成事故。在一些区间甚至全部被盗，问题相当严重。对丢失的地线应及时进行补装。

④ 按周期及时对绝缘子进行清扫，防止绝缘子闪络击穿。

⑤ 逐步改造设备，改用架空地线。

案例七：补偿绳偏磨造成折断

（1）事故经过。

某年某月某日，某牵引变电所 211 断路器电流阻抗 Ⅰ、Ⅱ 段保护动作跳闸，重合失败，经强送仍未成功，电调通知接触网工区出动查找故障。经查找发现某区间 81 号支柱处导线补偿绳折断。中断供电 3 h 55 min。

（2）设备损坏情况。

81 号支柱处导线补偿绳折断，76～80 号柱间定位拉坏、吊弦脱落，80 号支柱腕臂拉弯，三跨电连接损坏，补偿坠砣全部落地。

（3）抢修经过。

在对现场情况全面了解后，抢修指挥负责人确定了抢修方案：恢复导线下锚，更换损坏的零件。在办理停电手续、接好地线、设好防护后，开始抢修。临时悬挂导线在承力索上，在 81 号支柱处紧线下锚，安装新的补偿器。紧线使导线达到高度后，安装定位吊弦，更换腕臂。

（4）事故原因。

81号导线补偿绳钢绞线因锈蚀、在动滑轮处折断。

调查发现钢绞线上虽涂了一层油，但已干裂，钢绞线已锈蚀，再加上补偿滑轮轮径偏小，钢绞线在动滑轮处反复弯折疲劳，造成了此次事故。

（5）事故反思。

① 钢绞线因缺油而锈蚀严重。

② 钢绞线在轮径较小的轮子上反复弯折，金属耐疲劳程度降低。

③ 加强补偿器钢绞线防腐检修工作。

④ 采用耐疲劳程度更好的钢绞线。

⑤ 建议将补偿器滑轮轮径加大，减小对钢绞线造成疲劳的程度。

案例八：坠砣落地发生弓网事故

（1）事故经过。

某年某月某日，某变电所馈线断路器电流速断保护跳闸，重合失败，经强送后又失败。据某货物列车机车司机反映，某列车在通过某车站252号转换柱处时打坏机车受电弓。打坏的受电弓又剐坏接触网设备。中断行车4 h 10 min。

（2）设备损坏情况。

250～258号支柱处为四跨锚段关节，252号电分段绝缘子打坏；254～258号支柱间打坏了腕臂3个、棒式绝缘子折断3个、剐坏定位器3个；接触线被破坏160 m；承力索破坏80多米；电力列车受电弓被打坏。

（3）抢修经过。

在对现场情况全面了解后，抢修指挥负责人确定了抢修方案：更换被破坏的设备，调整补偿器 b 值。在办理停电手续、接好地线、设好防护后，开始抢修。在被破坏的支柱处安装腕臂；导线、承力索虽被破坏，但仍可临时使用，故未更换导线、承力索；更换被打坏的绝缘子；调整补偿器 b 值；将导线和承力索吊起。

（4）事故原因。

250号支柱处补偿器坠砣落地，导线张力降低，弛度增大，252号转换柱处隔断瓷瓶低于导线，机车通过时打坏受电弓，受电弓又打坏其他接触网设备。

补偿器坠 b 值偏小不符合要求，加之当天气温较高，造成补偿器坠砣落地。

（5）事故反思。

① 巡视不及时，在气温变化较大时应加强巡视，及时发现问题，及时解决。

② 补偿器装置检修不合格，造成 b 值偏小。

③ 严格按标准检修补偿装置，b 值并非小事。

④ 加强宣传工作，要求工务、工程等部门不能在坠砣附近特别是下方卸放片石、道砟、沙土、枕木等路用料，防止 b 值意外变小，温度升高时坠砣落地，接触悬挂失去补偿而酿成事故。

案例九：节定位钩折断

（1）事故经过。

某年某月某日，某牵引变电所 233 号断路器跳闸，重合失败。供电调度在强送失败后，通知接触网工区查找故障，经查找发现某站 2 号支柱定位钩折断。中断供电 2 h 10 min。

（2）设备损坏情况：2 号支柱处定位钩折断；电力列车受电弓被剐坏。

（3）抢修经过：将 2 号支柱损坏的定位装置进行了更换。

（4）事故原因：

定位装置反偏严重，在温度变化较大时折断。2 号支柱处定位装置调整不当，出现严重反偏，和导线在热胀冷缩时的偏移方向相反。该地区属于高寒地区，昼夜温差非常大，事故发生的时间又恰逢冬季，在凌晨气温最低时发生了定位钩折断。

（5）事故反思。

① 要坚持标准化作业，严格按设备的技术要求和工艺标准组装、检修设备，提高设备质量。

② 要加强设备的巡视检查，提高巡视的质量，特别是气温变化较大时的巡视，及时发现和解决接触网设备在运行中存在的问题。

③ 严格按标准检修设备。

④ 加强业务培训。

⑤ 加强爱岗敬业教育，增强责任心。

案例十：定位线夹断裂

（1）事故经过。

某年某月某日，某牵引变电所 1 号馈线断路器速断保护跳闸，重合失败。某接触网工区出动查找故障，发现某区间 1 号支柱处定位脱落。该处为曲线段，接触线在张力作用下与曲线内侧隧道壁相接触造成短路。中断供电 1 h 46 min。

（2）设备损坏情况。

定位线夹断裂 1 个。

（3）抢修经过。

更换定位线夹，检查调整邻近设备。

（4）事故原因。

定位线夹断裂，导线跑脱。该处接触线定位线夹属铜件，其内部断裂处有 40%的旧痕。在 300 mm 小半径曲线处，张力较大，长期作用于有伤的定位线夹，导致定位线夹断裂。

（5）事故反思。

① 要加强设备巡检，及时发现设备隐患及缺陷。

② 线夹螺栓不得拧得过紧，造成线夹裂纹，形成设备隐患。要使用扭矩扳手，掌握扭矩大小。

案例十一：三跨锚段关节电连接器故障，烧断软定位拉线

（1）事故经过。

某年某月某日，某牵引变电所 231 馈线断路器电流保护动作，重合失败。据某车站值班员反映，该站东头有闪光现象；牵引某次货物列车的电气列车受电弓被剐坏，站场中部也有放炮、闪光现象。供电调度通知接触网工区出动，发现某站位于曲线上的锚段关节 3 号转换支柱处软定位拉线烧断，中断供电 2 h 7 min。

（2）设备损坏情况。

3 号转换支柱处软定位拉线烧断，4 号支柱定位打弯，电气列车受电弓导弧角被剐断。

（3）抢修经过。

在对现场情况全面了解后，抢修指挥负责人确定了抢修方案：更换损坏的设备，在转换柱处安装一组电连接。在办理停电手续、接好地线、设好防护后，开始抢修。在 3 号支柱安装定位，安装电连接。处理 4 号定位器。

（4）事故原因。

电连接导流受阻，3 号转换柱软定位拉线导流被烧断。事故点处于机械锚段关节处，该锚段关节处于半径为 300 m 的曲线地段，3 号支柱为一转换支柱，由于 3 号支柱处电连接线夹失修严重，线夹内部生成大量的氧化物，其导电性能急剧下降，在转换支柱处形成了导线—拉杆—腕臂—长定位环—软定位拉线—导线的分流回路，导致软定位拉线被烧断。受电弓通过时打坏受电弓。

（5）事故反思

① 电连接器处在主导电回路之中，长期失修将导致严重后果。
② 对主导电回路之中的电连接器要制定检修周期，严格执行。
③ 电连接器检修要严格执行工艺，解体检修，不得简化。
④ 研制测量仪器，尽早发现隐患，防止事故发生。

案例十二：电连接安装不良坠落酿成弓网事故

（1）事故经过。

某年某月某日，某货物列车通过某区间 26 号柱时，已经脱落的电连接线缠绕在电气列车受电弓上。由于电气列车司机发现较早且及时采取了降弓停车措施，接触网遭到的破坏较小。中断供电 52 min。

（2）设备损坏情况。

26 号支柱处电连接脱落，电连接、电气列车受电弓均被拉坏。

(3)抢修经过。

对现场情况进行全面了解，发现设备损坏不大，重新安装电连接即可。在办理停电手续、接好地线、设好防护后，重新安装了电连接。这种故障处理起来比较简单。

(4)事故原因。

承力索与接触线之间的电连接线太短线夹被拉脱。26号支柱是锚段关节的转换支柱，接近下锚端，该区间为半补偿链形悬挂，在极限温度下，电连接线偏移过大。该处电连接线在安装时，未按照工艺标准进行，没有留有足够余度，温度下降后导致电连接对接触线的拉力过大，将电连接线夹拉脱，电连接线夹和电连接线一起坠落造成故障。

(5)事故反思。

① 电连接应按照安装曲线进行安装，其长度应满足补偿要求，留有一定的裕度，适应接触线和承力索温度变化时自由伸缩的要求。电连接线及直线处电连接线夹应保持铅垂状态，曲线处接触线电连接线夹应与接触线的倾斜度保持一致。否则会发生打碰弓现象甚至造成弓网事故。

② 气温急剧变冷或变热时，要加强对电连接的巡视检查，发现电连接偏移过大或电连接线夹偏移受力，立即进行调整，防止拉脱电连接线夹造成事故。

案例十三：线岔始触区线夹打碰弓发生弓网事故

(1)事故经过。

某年某月某日，某牵引变电所231号馈线断路器动作跳闸，重合失败。据某货物列车的电力列车司机反映，在某车站57号线岔支柱处发生弓网故障，受电弓剐坏。中断供电2 h 25 min。

(2)设备损坏情况。

51～59号支柱间接触线被剐断，55～115号支柱间所有吊弦被剐偏或剐脱，4个定位器被剐脱，67～115号支柱腕臂打弯。

(3)抢修经过。

在对现场情况全面了解后，抢修指挥负责人确定了抢修方案：先做导线接头，恢复损坏设备。

在办理停电手续、接好地线、设好防护后，开始抢修。先在51～59号支柱间做导线接头；然后对四处拉脱的定位进行恢复，对被破坏的腕臂、吊弦采取临时调整措施，在保证导线高度和拉出值符合要求的前提下，临时恢复送电。待有停电点的情况下再彻底恢复。

(4)事故原因。

线岔电连接线夹在始触区内，线夹螺栓打坏受电弓，病弓运行，剐坏接触网设备。事后对受电弓、接触网进行了检查，发现受电弓被打坏，导角处有严重打痕，线岔处电连接线夹螺栓头处有打碰痕迹。线岔之前网设备无剐痕，线岔之后设备有剐痕，该剐痕为坏弓所致。

（5）事故反思。

① 接触网打碰弓是发生弓网事故的主要原因。

② 线岔始触区内有线夹是接触网打碰弓的主要原因。

③ 对管内线岔始触区进行全面测量，检查有无线夹。

④ 限期对线岔始触区内的线夹移出始触区。

案例十四：线岔限制管脱落造成弓网故障

（1）事故经过。

某年某月某日，某货物列车通过某车站12号线岔处时，接触网设备剐坏电气列车受电弓，受电弓滑板翘起，剐坏接触网设备，造成弓网事故。

（2）设备损坏情况。

3处定位器被剐脱，6个跨距吊弦被剐坏，电气列车受电弓被剐坏。

（3）抢修经过。

对现场情况进行全面了解，办理作业手续、设好防护后，开始抢修。恢复3处定位装置，调整6个跨距被破坏的吊弦，消令恢复行车。

（4）事故原因。

线岔限制管一端脱落，造成弓网事故。该处线岔上限制管两端螺栓未加弹簧垫，由于列车通过时电气列车受电弓产生的震动，长期作用下螺帽松脱，螺栓脱落，导致限制管一端掉下。

（5）事故反思。

① 线岔限制管在安装时必须加防松螺帽或弹簧垫，螺栓一定要紧固。

② 日常维修中检修线岔时，对固定限制管的螺栓要用手锤轻轻敲打查看螺栓是否松动，若发现松动立即加以紧固，以防脱落。

③ 严格按工艺标准检修线岔。

复习与思考题

1. 接触网事故的种类有哪些？
2. 如何进行接触网事故类型的判定？
3. 如何进行接触网故障点的查找？
4. 接触网事故抢修工作原则是什么？
5. 接触网事故抢修应急机构由哪些人员组成？其职责是什么？
6. 接触网事故抢修保障措施有哪些？
7. 接触线断线如何处理？
8. 承力索断线如何处理？

9. 支柱折断如何处理?
10. 事故救援配合应遵守哪些原则?
11. 事故抢修中应注意哪些安全事项?

接触网事故抢修:电连接线夹接触不良烧断承力索实训考核标准及评分表

内容	考核要求	配分	评分标准	扣分	得分
准备工作	准备安全用具	15	没按规定准备扣5分,检查方法不当扣5分		
	准备防护工具				
	安全防护用品穿戴情况				
坐台防护	区间坐台防护	10	每落1处扣5分		
	车站坐台防护				
	联络员职责				
验电接地	接触网验电	20	每落1处扣5分		
	接触网挂接地线				
行车防护	停车手信号	10	每落1处扣5分		
	减速手信号				
	降弓手信号				
	升弓手信号				
判断事故影响范围	隔离开关引线拉脱	10分	每落1处扣5分		
	坠砣落地				
	处定位管及定位器拉脱				
	四跨处承力索烧断				
抢修	抢修方案	20分	每落1处扣5分		
	工具的使用				
	抢修效果				
	事故反思				
文明操作	工器具摆放整齐	10	凡违反有关规定,扣2~4分,但对发生严重事故者,则取消资格		
时间	按时完成	5	每超时2分钟酌扣3~5分		

参考文献

[1] 《牵引供电接触网运行与检修》编委会. 牵引供电接触网运行与检修[M]. 北京：中国铁道出版社，2015.

[2] 张道俊，张韬. 接触网运营检修与管理[M]. 3版. 北京：中国铁道出版社，2016.

[3] 陈江波. 城市轨道交通接触网运行与检修[M]. 北京：人民交通出版社，2016.

[4] 薛艳红，刘方中. 接触网运行与检修[M]. 北京：中国铁道出版社，2008.

[5] 张灵芝，龙剑，严兴喜. 接触网设备检修与维护[M]. 2版. 成都：西南交通大学出版社，2018.

[6] 朱申. 基于工作过程的接触网运营与检修教程[M]. 成都：西南交通大学出版社，2013.

[7] 人力资源和社会保障部教材办公室，广州市地下铁道总公司. 接触网检修工[M]. 北京：中国劳动社会保障出版社，2010.

[8] 邹祥龙. 高速铁路接触网施工与检修[M]. 成都：西南交通大学出版社，2018.

[9] 宋奇吼，陈劲草. 接触网维护与检修[M]. 北京：中国铁道出版社，2014.

[10] 人力资源和社会保障部教材办公室. 城轨接触网检修工[M]. 北京：中国劳动社会保障出版社，2017.

[11] 詹思阳. 城市轨道交通接触网设备结构与检修[M]. 成都：西南交通大学出版社，2018.

[12] 宋奇吼，周玉华. 城市轨道交通接触网检修工[M]. 北京：中国铁道出版社，2015.

[13] 张桂林. 接触网设备运营检测维护与抢修工作页[M]. 北京：化学工业出版社，2014.

[14] 于万聚. 高速电气化铁路接触网[M]. 成都：西南交通大学出版社，2005.

[15] 黄元才，吴良治. 交流电气化铁路接触网[M]. 北京：中国铁道出版社，2010.

[16] 刘国庆. 接触网作业车[M]. 北京：中国铁道出版社，2012.

[17] 中国国家铁路集团有限公司. 高速铁路接触网运行维修规则[M]. 北京：中国铁道出版社，2016.

[18] 中国国家铁路集团有限公司. 高速铁路接触网安全工作规则[M]. 北京：中国铁道出版社，2016.

[19] 吉鹏霄，张桂林. 电气化铁路接触网[M]. 2版. 北京：化学工业出版社，2011.

[20] 王艳荣. 城市轨道交通接触网维护[M]. 2版. 北京：人民交通出版社，2020.